NTC's
Dictionary
of
AMERICAN
ENGLISH
PRONUNCIATION

NTC's
Dictionary

of

AMERICAN
ENGLISH
PRONUNCIATION

Bernard Silverstein, Ph.D.

NTC Publishing Group

Library of Congress Cataloging-in-Publication Data
is available from the United States Library of Congress.

Published by NTC Publishing Group
An imprint of NTC/Contemporary Publishing Company
4255 West Touhy Avenue, Lincolnwood (Chicago), Illinois 60646-1975 U.S.A.
Copyright © 1994 by NTC/Contemporary Publishing Company
Manufactured in the United States of America
International Standard Book Number: 0-8442-0726-8
0-8442-0727-6

20   19   18   17   16   15   14   13   12   11   10   9   8   7   6

CONTENTS

Consonant Sounds and Symbols

[p], [b], [t], [d], [k], [g], [ʍ], [f], [v],
[θ], [ð], [s], [z], [ʃ], [ʒ], [h], [tʃ], [dʒ],
[m], [n], [ŋ], [w], [l], [r], [j]

INTRODUCTION

NTC's *Dictionary of American English Pronunciation* is ideal for native and nonnative speakers of English who would like to improve their ability to speak, spell, and read American English.

Learning to pronounce and spell English words is especially difficult because some sounds of the language can be spelled in many different ways. For example, the vowel sound in the word *eat*, represented by the phonetic symbol [i], can be spelled thirteen different ways, as illustrated in the following English words: C*ae*sar, b*e*, s*ea*, b*ee*, rec*ei*ve, L*ei*gh, k*ey*, safar*i*, bel*ie*f, subp*oe*na, q*uay*, mosqu*i*to and funn*y*. Pronunciation is especially difficult to learn because the correct pronunciation for each word often must be memorized, rather than determined by the way it is spelled.

The dictionary is divided into two sections. First is a detailed Pronunciation Guide that instructs the reader in the use of phonetic symbols, how to produce the sounds that go with them, and the way the sounds are used in English. To learn the IPA symbols, the dictionary user can enlist the services of a volunteer model speaker or use a prerecorded audiocassette made for this book. The model speaker should be an American English speaker with good, clear pronunciation. Instructions for serving as a model speaker can be found in the Pronunciation Guide. This guide is designed to help the dictionary user learn the correct perception and production for all the vowel, diphthong, and triphthong sounds of American English as well as the consonant sounds and consonant blends.

In addition, the material helps the user process the sounds in words better and to remember the sounds in their proper sequence. Information on speech syllabification and syllable stress improves both the comprehension and production of American English speech.

This is followed by the dictionary itself, consisting of a listing of over 22,000 English words, each followed by one typical and acceptable pronunciation.

This dictionary makes American English pronunciation easy to learn, by using a simplified version of the International Phonetic Alphabet (IPA) in which each sound of the language is represented by one phonetic symbol. The dictionary has been compiled to meet the special needs of a number of different groups.

1. Students of English as a Second Language, in the United States and throughout the world, who wish to improve their articulation, pronunciation, reading, and spelling skills.

2. Nonnative speakers of English who are teachers of English as a Second Language who wish to improve their articulation, pronunciation, syllabification, and syllable stress.

3. Native speakers of American English who wish to acquire a General American English pronunciation.

4. Persons with significantly defective speech sound production who wish to improve articulation and pronunciation skills.

5. Persons with hearing impairment who wish to learn how to produce the speech sounds of English and how to pronounce a large vocabulary.

6. Persons who wish to learn how to read English, or improve their reading and spelling skills and increase their vocabulary.

7. Students of phonetics who wish to learn to read and write broad phonetic transcription using the International Phonetic Alphabet and learn speech syllabification and syllable stress.

8. Professional speakers, students of radio or television broadcasting, and singers who wish to have a pronunciation reference guide and material for improving their articulation and pronunciation skills.

9. Teachers of English as a Second Language, audiologists and speech-language pathologists, teachers of the hearing impaired, reading specialists, teachers of reading, and teachers of phonetics.

How to Use the Dictionary

1. Make sure you know what sounds the phonetic symbols stand for. Use the Pronunciation Guide to help you learn which sounds the phonetic symbols used in the dictionary actually stand for. Use a model speaker—either on the audiotape or a live volunteer—to learn the sounds.

2. Look up the word you want to pronounce in the dictionary and pronounce the phonetic symbols.

3. Use the descriptions of the individual phonetic symbols in the Pronunciation Guide to help you with the individual symbols when it is not possible to use a model speaker.

4. Read the following notes on *NTC's Dictionary of American English Pronunciation* to learn about the organization of the dictionary entries.

Notes on the Dictionary

1. **Word list.** There are over 22,000 entries in the dictionary. Included are frequently used words and compounds, contractions, the names of the states and the larger cities, irregular noun plurals, and irregular verb forms.

2. **Phonetic symbols.** The transcription used is a broad American English implementation of the symbols of the International Phonetic Alphabet.

3. **Order.** The entries are listed in alphabetical order. In this alphabetical order, the hyphen is treated the same as a space.

4. **Typical pronunciation.** Each entry is provided with *only one* typical and acceptable pronunciation. Many words in Standard English have two or more frequently used and equally acceptable pronunciations. This dictionary provides the user with *only one* generally acceptable and widely used variant—while recognizing that there may be additional acceptable forms. Variation in the pronunciation of words is to be expected in all languages. Words may be pronounced differently in different parts of the country. Groups of people who differ in language, social, or educational backgrounds also contribute variant pronunciations. The goal of this dictionary is to give the user a single typical and acceptable pronunciation of each of the 22,000 words. The pronunciation generally conforms to what is called the General American dialect—the variety of American English most free of regional markers.

5. **Open o.** The dictionary makes a distinction between [ɑ] and open [ɔ] as found in the contrasting pronunciations of *cot* and *caught*, even though many speakers use a vowel that is somewhere between [ɑ] and [ɔ] in both *cot* and *caught*. Users of this dictionary should feel free to use the "in-between vowel." The speaker on the audiocassette distinguishes [ɑ] and [ɔ], but the model speaker you use for the exercises in the pronunciation guide may use the "in-between vowel."

6. **Voiceless [w].** The dictionary makes a distinction between voiced [w] and voiceless [ʍ] as found in the contrasting pronunciations of *witch* and *which*, even though a growing majority uses only the [w], so that *witch* and *which* sound exactly the same. Users of this dictionary should feel free to use the [w] for the voiceless [ʍ] in all cases. The speaker on the audiocassette distinguishes [w] and [ʍ], but the model speaker you use for the exercises in the pronunciation guide may not make this distinction.

7. **Schwa and schwar.** The symbol [ə] (schwa) is used for both the stressed and unstressed mid central vowel, as in the word *cut*. The primary stress mark ['] distinguishes the stressed [ə] from the unstressed [ə]. Similarly, the symbol [ɚ] (schwar) is used for both the stressed and unstressed vowel [r]. The primary stress mark, ['], distinguishes the stressed [ɚ] from the unstressed [ɚ]. The schwar, [ɚ], is used for all instances of vocalic [r].

8. **Offglides.** The dictionary uses a broad transcription that does not indicate the typical [ɪ] offglide on [e] or the typical [ʊ] offglide on [o].

9. **Vocalic consonants.** This dictionary often groups a vocalic [l, r, m] or [n] with the sounds that precede it. See, for instance, **fashion** [fæʃn]. This is done to encourage the dictionary user to say the vocalic sound with as little stress or emphasis as possible. Other possible transcriptions might be ['fæ ʃn] or ['fæʃən] for this word, but these transcriptions typically lead the dictionary user to place too much stress or emphasis on the vocalic sound. Technically, these vocalic consonants usually function as separate syllables, but they never receive significant stress or emphasis.

10. **Stress.** Primary and secondary syllable stresses are indicated with the standard I.P.A. ['] at the beginning of the syllable having primary stress and with the standard I.P.A. [ˌ] at the beginning of the syllable having secondary stress. Heavy stress occurs, but is not shown on single syllable words—words that do not contain a marked syllable boundary. The stresses shown here are for words pronounced in isolation, and these stresses may change when the words are used in context or because of normal linguistic variation.

11. **Syllable boundaries.** Speech syllable boundaries are indicated in the phonetic transcriptions by a space, with the exceptions noted above in number 9. These boundaries are very often quite different from the syllable boundaries that are used to break and hyphenate words at the end of a line of writing or printing. These speech syllable boundaries do not indicate a pause or break, but show which of the sounds are grouped together, and this grouping will have an effect on the way the sounds are pronounced. Heavy stress occurs, but is not indicated, on words that do not contain a marked syllable boundary.

12. **Parts of speech.** Words that are spelled the same but pronounced differently, depending on their parts of speech, are entered in the dictionary with their parts of speech marked. See, for instance, the entry for **abuse.** Where necessary, brief defining notes are included to distinguish the words. See, for instance, the entry for **bow.**

Terms and Abbreviations

blend See *consonant blend.*

cluster See *consonant cluster.*

consonant a speech sound that constricts the speech tract the most, usually introducing some sort of obstruction to alter the sound. (For example, *p, t, m, d.*)

consonant blend a sequence of *consonants* that occurs at the beginning of a *syllable.*

consonant cluster a sequence of *consonants* occurring in the same *syllable.*

dialect a variety of a language.

diphthong an unbroken sequence of two *vowels.*

International Phonetic Alphabet a standard set of symbols for writing human speech sounds.

IPA the *International Phonetic Alphabet*

offglide a short or minor *vowel* sound occurring after a full or regular *vowel.*

primary stress the heaviest or loudest *stress* in a word.

schwa the *vowel* sound in the word *nut.*

schwar the *vowel* sound in the word *turn.*

secondary stress the second heaviest or loudest *stress* in a word.

stress emphasis on a *syllable*, usually involving greater loudness, greater duration, and higher pitch.

syllable a group of speech sounds that is a subdivision of a word. (A syllable usually has a *vowel* or a *vocalic consonant* as its core. Syllables are the key units in the stress and rhythm patterns of language.)

triphthong an unbroken sequence of three *vowels.*

vocalic consonant a consonant sound functioning as a *vowel.*

vowel a smooth and sustainable voiced speech sound that is usually made with the mouth somewhat open and is usually found at the core of a syllable. (For example, *i, e, o, u.*)

OUR QUEER LANGUAGE

When the English tongue we speak,
Why is "break" [brek] not rhymed with "freak" [frik]?
Will you tell me why it's true
We say "sew" [so] but likewise "few" [fju];
And the maker of a verse
Cannot cap his "horse" [hɔɚs] with "worse" [wɚs] ?
"Beard" [bɪɚd] sounds not the same as "heard" [hɚd];
"Cord" [kɔɚd] is different from "word" [wɚd];
Cow is "cow" [kæʊ] but low is "low"[lo];
"Shoe" [ʃu] is never rhymed with "foe" [fo].
Think of "hose" [hoz] and "dose" [dos] and "lose" [luz];
And think of "goose" [gus] and yet of "choose" [tʃuz].
Think of "comb" [kom] and "tomb" [tum] and "bomb" [bɑm];
"Doll" [dɑl] and "roll" [rol] and "home" [hom] and "some" [səm];
And since "pay" [pe] is rhymed with "say" [se];
Why not "paid" [ped] with "said" [sɛd], I pray?
We have "blood" [blǝd] and "food" [fud] and "good" [gʊd];
"Mould" [mold] is not pronounced like "could" [kʊd].
Wherefore "done" [dǝn] but "gone" [gɔn] and "lone" [lon]?
Is there any reason known?
And, in short, it seems to me
Sounds and letters disagree.

(*Author unknown*)
Phonetic transcriptions have been
added to the original poem

PRONUNCIATION GUIDE

Notes on the Tables

Refer to Tables 1–9 on pages P-5 through P-13.

Table 1 The Vowel and Diphthong Sounds of American English

Column 1 contains the I.D. number for each of the vowel sounds of American English and the vowel combinations for the three phonemic diphthongs. The same numbers are found in Table 2.

Column 2 contains the I.P.A. vowel symbols for the vowel and diphthong sounds used throughout this dictionary. It is a simplified set of symbols representing all the vowel and diphthong sounds used in General American English, except those made with [l] and [r].

Column 3 contains the most typical spelling for each of the vowel and diphthong sounds. Alternative common spelling equivalents are also indicated in the basic information provided with the practice lists for each of the sounds.

Columns 4, 5, and 6 contain common, frequently used illustrative words for each sound in the initial, medial, and final positions in words. A dash (—) is used to indicate that a sound does not occur in one or more of these positions in American English.

Table 2 American English Vowel Sound Production

Table 2 contains information about how the twelve vowel sounds are produced. Each sound has its own vowel quality based on where in the mouth it is produced. For example, the vowel sounds 1–5 are all produced in the front of the mouth. But as Table 2 indicates, the position of the tongue is pulled back somewhat as the tongue is lowered slightly for some and more for others.

This information is also found in the basic information provided for each sound, which accompanies the word lists for each vowel sound. Table 2 does not provide information on the presence or absence of tongue tension, which modifies the texture of the mouth cavity and helps determine the vowel quality.

Lowering the position of the tongue within the oral cavity is made possible by increasing the mouth opening by lowering the jaw.

The degree of mouth opening along with the shape of the lips determines the visible components of the vowel and diphthong sounds.

Table 3 The Vowels [1] and [ɚ] Diphthong and Triphthong Sounds of American English

Column 1 contains the I.D. numbers for the vowel and diphthong sounds that combine with the vowel [1] and [ɚ] sounds to produce diphthongs and triphthongs. Column 2 contains the I.P.A. phonetic symbols for the sounds. Columns 3, 4, and 5 contain commonly used illustrative words for each diphthong and triphthong in the initial, medial, and final positions. A dash is used to indicate that the combination does not occur in a particular position.

Table 4 The Consonant Sounds of American English

Column 1 contains the I.D. numbers for the consonant sounds. The sequence of numbers is based on the alphabetical order of the typical spelling equivalents listed in column 3.

Column 2 contains the I.P.A. phonetic symbols for the consonant sounds. Columns 4, 5, and 6 contain commonly used illustrative words for each consonant sound in the initial, medial, and final positions. A dash is used to indicate that the sound does not occur in a particular position.

Table 5 American English Consonant Sound Production

Table 5 contains classification information for the consonant sounds. The table organizes the sounds by similarities and differences in their production and helps to explain why they sound the way they do. In classifying a sound the voicing information is usually mentioned first, followed by the place of articulation and then the manner of production. For example, the [p] sound is referred to as a "voiceless, bilabial, stop-plosive" and the [ʃ] sound is a "voiceless, alveolar-palatal, fricative." Descriptive information about the five manners of production may be found on pages P-26, 27.

It should be noted that the two affricate sounds [tʃ] and [dʒ] are combinations of two sounds that have different places of articulation. To produce these sounds the tongue moves back from the alveolar ridge to the area of the hard palate.

Table 6 Final Sounds for Plural Nouns in American English

This table indicates how nouns are normally pluralized depending on the final sound of the noun. The Table does not include the consonant sounds [h], [1], [r], [w], [ʍ], [j] because these sounds either do not occur in the final position of words or are considered to be vowel sounds in the final position.

There are a few exceptions to the rules of pluralizing words such as the words *foot* and *feet*, *tooth* and *teeth*, *man* and *men*, *woman* and *women*, *life* and *lives* etc. This dictionary does not normally include regular plural nouns, but does include third person singular, present tense verbs which are spelled and pronounced the same as the plural nouns.

Table 7 Final Sounds for Past and Present Tense Verbs in American English

This table indicates how verbs are normally changed to the past tense or third person singular, present tense depending on the final sound of the root word.

Column 2 indicates if the final sound of the root verb is voiced (V) or voiceless (Vs) and column 3 provides a list of illustrative words that are changed to the past tense in column 4 and the third person singular present tense in Column 5. The pronunciations of these tense endings are presented in phonetic transcription in the last column.

Table 8 Consonant Blends in the Initial Position in Words in American English

This table provides a list of illustrative words for the various [l] [r] [s] and [w] blends or clusters that occur in the initial position of words. The lists are in an alphabetical order based on the spelling equivalents of the consonant sounds that produce the blends.

Table 9 Consonant and Vowel [l] and [ɚ] Clusters in the Final Position in Words in American English

Columns 1 and 2 provide lists of words for the vowel [l] and vowel [ɚ] sounds preceded by various consonant sounds listed in alphabetical order of the spelling equivalents. It should be noted that no vowel sound is produced between the consonant and the vowel [l] or vowel [ɚ].

Columns 3 and 4 provide lists of words in which the vowel [l] and vowel [ɚ] sounds are followed by various consonant sounds listed in alphabetical order.

Table 1. **The Vowel and Diphthong Sounds of American English**

I.D. Numbers	Phonetic Symbol	Typical Spelling	Initial Position	Medial Position	Final Position
V-1	[i]	ee	eat	beat	see
V-2	[ɪ]	i	it	bit	—
V-3	[e]	ay	ate	bait	say
V-4	[ɛ]	e	edge	bet	—
V-5	[æ]	a	at	bat	—
V-6	[ɚ]	er	earn	burn	her
V-7	[ə]	u	up	but	sofa
V-8	[u]	oo	ooze	boot	two
V-9	[ʊ]	ou	—	book	—
V-10	[o]	o	okay	boat	sew
V-11	[ɔ]	aw	ought	bought	saw
V-12	[ɑ]	ah	opera	bottle	spa
D-12+2	[ɑɪ]	igh	ice	bite	high
D-5+9	[æʊ]	ow	out	bout	cow
D-11+2	[ɔɪ]	oy	oyster	boys	toy

Table 2. American English Vowel Sound Production

Place of Articulation in the Oral Cavity

Height of Tongue	Front Vowels	Central Vowels	Back Vowels	Degree of Mouth Opening
High Low-High	1 [i] 2 [ɪ]		8 [u] 9 [ʊ]	Narrow
Mid Low-Mid	3 [e] 4 [ɛ]	6 [ɚ] 7 [ə]	10 [o]	Medium
Low Low-Low	5 [æ]		11 [ɔ] 12 [ɑ]	Wide

Table 3. The Vowel [l] and [ɚ] Diphthong and Triphthong Sounds of American English

I.D.	Symbol	Initial	Medial	Final
D-1+l	[il]	eel	peels	peel
D-2+l	[ɪl]	ill	pills	pill
D-3+l	[el]	ale	fails	fail
D-4+l	[ɛl]	else	sells	sell
D-5+l	[æl]	alto	pals	pal
D-6+l	[ɚl]	earl	pearls	pearl
D-7+l	[əl]	ultra	pulse	mull
D-8+l	[ul]	—	pools	pool
D-9+l	[ʊl]	—	pulls	pull
D-10+l	[ol]	old	poles	pole
D-11+l	[ɔl]	all	falls	fall
D-12+l	[ɑl]	olive	dolls	doll
T-12,2+l	[ɑɪl]	I'll	piles	pile
T-5,9+l	[æʊl]	owl	owls	towel
T-11,2+l	[ɔɪl]	oil	boils	boil
D-2+6	[ɪɚ]	ear	clearing	fear
D-3+6	[eɚ]	—	players	mayor
D-4+6	[ɛɚ]	air	pairs	fair
D-5+6	[æɚ]	arrow	carry	—
D-8+6	[uɚ]	—	sewers	bluer
D-9+6	[ʊɚ]	—	touring	sure
D-10+6	[oɚ]	—	mowers	slower
D-11+6	[ɔɚ]	or	boring	four
D-12+6	[ɑɚ]	arch	farther	far
T-12,2+6	[ɑɪɚ]	iron	tires	fire
T-5,9+6	[æʊɚ]	our	showers	sour
T-11,2+6	[ɔɪɚ]	—	foyers	foyer

Table 4. **The Consonant Sounds of American English**

I.D.	Symbol	Spelling	Initial	Medial	Final
C-1	[b]	b	bow	table	rub
C-2	[tʃ]	ch	choke	teacher	watch
C-3	[d]	d	doe	ready	bed
C-4	[f]	f	foe	before	off
C-5	[g]	g	go	begin	dog
C-6	[h]	h	hoe	behind	—
C-7	[dʒ]	j	joke	danger	page
C-8	[k]	k	coat	because	book
C-9	[l]	l	low	only	—
C-10	[m]	m	mow	summer	home
C-11	[n]	n	no	funny	done
C-12	[ŋ]	ng	—	singer	ring
C-13	[p]	p	poke	happy	cup
C-14	[r]	r	row	around	—
C-15	[s]	s	so	also	face
C-16	[ʃ]	sh	show	washing	wish
C-17	[t]	t	toe	better	eat
C-18	[θ]	th	throw	nothing	mouth
C-19	[ð]	th	though	father	bathe
C-20	[v]	v	vote	over	give
C-21	[w]	w	woe	away	—
C-22	[ʍ]	wh	which	anywhere	—
C-23	[j]	y	yoke	million	—
C-24	[z]	z	zone	busy	his
C-25	[ʒ]	zh	genre	measure	garage

Table 5. American English Consonant Sound Production

Manner of Formation and Voicing

Place of Articulation	Stop-Plosive		Fricative		Affricate		Nasal	Glide
	Vs	V	Vs	V	Vs	V	V	V
Bilabial	[p] 13	[b] 1	wh [ʍ] 22				[m] 10	[w] 21
Labio-dental			[f] 4	[v] 20				
Inter-dental			th [θ] 18	th [ð] 19				
Alveolar	[t] 17	[d] 3	[s] 15	[z] 24			[n] 11	[l] 9
Alveolar-palatal			sh [ʃ] 16	zh [ʒ] 25	ch [tʃ] 2	j [dʒ] 7		y [r] [j] 14 23
Velar	[k] 8	[g] 5					ng [ŋ] 12	
Glottal			[h] 6					

[   ]　　= International Phonetic Alphabet Symbol for Sound
V　　　= Voiced (produced with vocal fold vibration)
Vs　　 = Voiceless (produced without vocal fold vibration)
Number = in Alphabetical Order of Spelling Equivalent

Bilabial (both lips)
Labio-dental (lower lip and upper front teeth)
Inter-dental (tongue tip between the front teeth)
Alveolar (gum ridge, behind the upper front teeth)
Alveolar-Palatal (gum ridge and hard palate, or just hard palate)
Velar (back of tongue to front of soft palate)
Glottal (between the vocal folds)

Table 6. **Final Sounds for Plural Nouns in American English**

Final Sound of Root Words	Voiced (V) or Voiceless (Vs) Final Sound	Example Words	Plural Words	Plural Endings
[b]	V	cab	cabs	[bz]
[tʃ]	Vs	match	matches	[tʃ ɪz]
[d]	V	bed	beds	[dz]
[f]	Vs	safe	safes	[fs]
[g]	V	bug	bugs	[gz]
[dʒ]	V	cage	cages	[dʒ ɪz]
[k]	Vs	book	books	[ks]
[m]	V	name	names	[mz]
[n]	V	ton	tons	[nz]
[ŋ]	V	ring	rings	[ŋz]
[p]	Vs	cup	cups	[ps]
[s]	Vs	house	houses	[s ɪz]
[ʃ]	Vs	dish	dishes	[ʃ ɪz]
[t]	Vs	cat	cats	[ts]
[θ]	Vs	bath	baths	[θs]
[ð]	V	lathe	lathes	[ðz]
[v]	V	stove	stoves	[vz]
[z]	V	nose	noses	[z ɪz]
[ʒ]	V	corsage	corsages	[ʒ ɪz]

As indicated above, nouns which end in voiced (V) consonant sounds are pluralized by adding a [z] sound to the root word. Nouns ending in a voiceless (Vs) consonant are pluralized by adding an [s] sound to the root word. The exceptions to these rules are root words that end in the [tʃ], [dʒ], [s], [z], [ʃ] or [ʒ] sounds, since [s] or [z] plural endings would be difficult to say or hear, and therefore an additional syllable [ɪz] is produced following the final sound of the root word.

Since all vowel, diphthong, and triphthong sounds are voiced, nouns which end in these sounds are pluralized by adding a [z] sound to the root word.

Table 7. **Final Sounds for Past and Present Tense Verbs in American English**

Final Sound of Root Word	Voiced (V) or Voiceless (Vs) Final Sound	Example Words	Past Tense	Present Tense	Tense Endings
[b]	V	rob	robbed	robs	[bd, bz]
[tʃ]	Vs	reach	reached	reaches	[tʃt, tʃ ɪz]
[d]	V	need	needed	needs	[d ɪd, dz]
[f]	Vs	cough	coughed	coughs	[ft, fs]
[g]	V	beg	begged	begs	[gd, gz]
[dʒ]	V	judge	judged	judges	[dʒd, dʒ ɪz]
[k]	Vs	like	liked	likes	[kt, ks]
[m]	V	climb	climbed	climbs	[md, mz]
[n]	V	fan	fanned	fans	[nd, nz]
[ŋ]	V	long	longed	longs	[ŋd, ŋz]
[p]	Vs	help	helped	helps	[pt, ps]
[s]	Vs	miss	missed	misses	[st, s ɪz]
[ʃ]	Vs	push	pushed	pushes	[ʃt, ʃ ɪz]
[t]	Vs	want	wanted	wants	[t ɪd, ts]
[ð]	V	bathe	bathed	bathes	[ðd, ðz]
[v]	V	move	moved	moves	[vd, vz]
[z]	V	use	used	uses	[zd, z ɪz]
[ʒ]	V	rouge	rouged	rouges	[ʒd, ʒ ɪz]

As indicated above, verbs that end in voiced (V) consonant sounds will have a past tense ending of [d] added to the root verb. Verbs that end in voiceless (Vs) consonants will have a past tense ending of [t] added to the root word. The exception to these rules are root words that end in [d] or [t] when an additional syllable [ɪd] is produced following the root word. Present tense endings for third person singular verbs ending in voiced (V) consonants will have a [z] sound added. Words ending in a voiceless (Vs) sound will have an [s] sound added. The exceptions for these rules are for verbs ending in [tʃ], [dʒ], [s], [z], [ʃ] or [ʒ], when an additional syllable [ɪz] is produced following the final sound of the root word.

Since all vowel, diphthong, and triphthong sounds are voiced, all verbs that end in these sounds will have a past tense ending of [d] and a present tense ending of [z] for third person singular words.

Table 8. Consonant Blends in the Initial Position of Words in American English

[l] Blends	[r] Blends	[s] Blends	[w] Blends
[bl] blue	[br] brown	[sk] skin	[dw] dwell
[fl] flag	[dr] drive	[sl] sleep	[kw] quit
[gl] glass	[fr] fresh	[sm] small	[sw] swim
[kl] clock	[gr] green	[sn] snow	[tw] twin
[pl] plate	[kr] crack	[sp] spell	
[sl] slip	[pr] proud	[st] stop	
[spl] split	[ʃr] shrimp	[sw] sweet	
	[tr] trip	[spl] splash	
	[θr] throw	[spr] spray	
	[skr] scream	[str] strong	
	[spr] spring		
	[str] street		

Table 9. Consonant and Vowel [l] and [ɚ] Clusters in the Final Position in Words in American English

Consonant plus Vowel [l] Clusters	Consonant Plus [ɚ] Clusters	Vowel [l] Plus Consonant Clusters	Vowel [ɚ] Plus Consonant Clusters
[bl] bubble	[bɚ] number	[lb] bulb	[ɚb] curb
[dl] ladle	[dɚ] ladder	[ld] build	[ɚtʃ] church
[tʃl] satchel	[tʃɚ] butcher	[lf] gulf	[ɚd] heard
[fl] waffle	[fɚ] wafer	[lk] bulk	[ɚf] surf
[gl] giggle	[gɚ] anger	[lm] film	[ɚdʒ] purge
[kl] wrinkle	[kɚ] broker	[lp] help	[ɚk] turk
[ml] camel	[mɚ] armor	[ls] pulse	[ɚl] pearl
[nl] funnel	[nɚ] corner	[lt] built	[ɚm] germ
[pl] people	[pɚ] paper	[lz] pulls	[ɚn] turn
[sl] whistle	[sɚ] answer		[ɚp] burp
[ʃl] bushel	[ʃɚ] censure		[ɚs] purse
[tl] little	[tɚ] actor		[ɚt] hurt
[θl] brothel	[θɚ] ether		[ɚθ] dearth
[zl] puzzle	[ðɚ] either		[ɚv] curve
	[zɚ] miser		

The Vowel, Diphthong, and Triphthong Sounds of American English

Production

All vowel sounds are produced with vocal fold vibration, which results when air is pushed from the lungs and passes between the two vocal folds (located in the larynx) that have been brought together, but not closed tightly. As the vowel sounds are produced, this vibration can be felt by placing the thumb and index finger on the front of the neck where the "voice box" is located.

Vocal fold vibration, or "voicing" as it is sometimes called, creates a complex sound that can be modified by changes in the size, shape, or texture of the mouth cavity. The mouth functions as a resonator that selectively changes the laryngeal sound to produce the different vowel sounds of the language.

Table 2, page P-6 contains information for each of the twelve American English vowel sounds, explaining how each of the sounds is produced. The position of the entire tongue plays a major role in producing the different vowel sounds. The tongue can be moved along two dimensions in the mouth, higher or lower and more front or more back. The front vowels, [i] [ɪ] [e] [ɛ] [æ], which are numbered 1 through 5, are made with the tongue more toward the front of the mouth, with the front of the tongue at its highest for [i] and its lowest for [æ]. The central vowels, [ɚ] [ə], which are numbered 6 through 7, are made with the tongue midway between high and low and midway between front and back. The back vowels, [u] [ʊ] [o] [ɔ] [ɑ], which are numbered 8 through 12, are made with the tongue more toward the back of the mouth, with the back of the tongue at its highest for [u] and its lowest for [ɑ]. Some degree of lip rounding accompanies the higher back vowels and [ɚ]. A greater degree of tongue muscle tension in the pronunciation of [i] [e] [u] [o] [ɔ] tends to lengthen these vowels slightly.

When attempting to imitate American English sounds, you should listen very carefully to a model speaker and try to match the sounds you hear by varying the position of the tongue and the size of the mouth cavity, and by changing the lip shape or the muscular tension of the articulators.

Diphthongs, e.g., [aɪ] [æʊ] [ɔɪ], are two vowel sounds produced in a sequence with articulators moving from the position of one vowel to the other. Triphthongs, e.g., [aɪl] [æʊl] [ɔɪl], and [aɪɚ], [æʊɚ], [ɔɪɚ] are three vowel sounds produced in sequence, with the articulators moving from the position of the first vowel, through the position of the second vowel, and reaching the position of the third vowel.

Additional specific information about each vowel and diphthong sound of the language will be found with the word lists for each sound.

THE VOWEL, DIPHTHONG, AND TRIPHTHONG SOUNDS OF AMERICAN ENGLISH

PRONUNCIATION

The following exercises utilize the pronunciation of a native speaker of American English as a model. You can use either the audiocassette available for use with this book or the services of the American English speaker who will read the lists of sounds and words in the tables that follow. The model speaker should pronounce the lists of words clearly and *naturally*. The speaker should *not* pronounce each syllable separately and should not emphasize any syllable that is not normally emphasized. Normal and natural American English is the goal.

First, turn to Table 1 on page P-5. Column 2 contains the IPA symbol for each of the vowel sounds and the diphthong sounds of English (except those that involve the vowel [1] or [ɚ]. Please note in column 1 the identification number for each vowel (V) and diphthong (D) sound.

Please listen to side A of the audiocassette or ask your model speaker to read from the columns as instructed below.

OBJECTIVE 1. To learn the phonetic symbol and identification number for each of the vowel and diphthong sounds.

Procedures:

A. As the model speaker says each sound, listen carefully and point to its phonetic symbol in column 2. Play the tape or ask an English speaker to pronounce the sounds in column 2 in order. (The speaker can identify the correct sound by saying first the example words in columns 4, 5, and 6.)

B. As the model speaker says each sound, write the correct phonetic symbols and I.D. number.
Repeat this procedure until you feel comfortable with the symbols.

OBJECTIVE 2. To be able to identify the vowel and diphthong symbols when they are presented in random order.

Procedures:

A. As the model speaker says the sounds in column 2 in random order, listen carefully and point to the proper symbols. Play the tape or ask an English speaker to pronounce the sounds in column 2 in random order.

B. The model speaker on the audiotape will identify the correct symbol by saying the I.D. number. The English speaker can simply point to the correct symbol.

OBJECTIVE 3. To be able to listen to two vowel or diphthong sounds and decide if the same sound was heard twice or if different sounds were heard.

Procedures:

A. Listen to paired sounds. B. Decide I.D. numbers of sounds heard. C. Listen for correct I.D. numbers. D. Repeat as necessary. (Use the audiotape or a model speaker.)

OBJECTIVE 4. To learn to say each vowel and diphthong sound correctly.

Procedures:

A. Listen to the sound. B. Imitate sound out loud. C. Point to its phonetic symbol. D. Write symbol. E. Listen for correct I.D. number. F. Repeat as necessary. (Use the audiotape or a model speaker.)

OBJECTIVE 5. To learn to identify the diphthong and triphthong sounds involving the vowel [l] and vowel [ɚ] and their phonetic transcriptions.

Procedures:

A. Turn to Table 3. B. Listen to combination of sounds. C. Point to their phonetic symbols. D. Imitate the sound out loud. E. Write the phonetic symbols. F. Listen to the correct I.D. number. G. Repeat as often as necessary. (Use the audiotape or a model speaker.)

OBJECTIVE 6. To listen to the correct production of word lists for each of the vowel and diphthong sounds of American English in the various word positions in which they occur. To learn how to read the phonetic transcriptions of the words and to say them with correct pronunciation.

Procedures:

A. Turn to page P-18 for the word lists for vowel [i]. B. Listen to words with the [i] sound in the initial position. C. Imitate the words heard while looking at the phonetic transcription. D. Continue with word lists for other positions and those with contrasting sounds. E. Continue with the word lists for the other vowel and diphthong sounds. F. Repeat as often as necessary. (Use the audiotape or a model speaker.)

[i]

1. Phonetic symbol and I.D. number: [i], V-1
2. Production information: a high, front, tense vowel
3. Positions in words: initial, medial, and final
4. Typical spellings: sh**e**, s**ea**, s**ee**
5. Visible information: narrow mouth opening, lips spread

[i] Word List

Initial	*Medial*	*Final*
east [ist]	keep [kip]	me [mi]
equal ['i kwəl]	need [nid]	free [fri]
even ['i vn]	please [pliz]	key [ki]
eagle ['i gl]	mean [min]	tea [ti]
eager ['i gɚ]	these [ðiz]	she [ʃi]

Contrasting Vowels:

[i]		[ɪ]		[i]		[ɛ]
each [itʃ]	—	itch [ɪtʃ]		feed [fid]	—	fed [fɛd]
eat [it]	—	it [ɪt]		speed [spid]	—	sped [spɛd]
green [grin]	—	grin [grɪn]		deed [did]	—	dead [dɛd]
feel [fil]	—	fill [fɪl]		lease [lis]	—	less [lɛs]
least [list]	—	list [lɪst]		bleed [blid]	—	bled [blɛd]

[ɪ]

1. Phonetic symbol and I.D. number: [ɪ], V-2
2. Production information: a low-high, front, lax vowel
3. Positions in words: initial and medial
4. Typical spelling: sh**i**p
5. Visible information: narrow mouth opening, lips relaxed

[ɪ] Word List

Initial	*Medial*
inch [ɪntʃ]	big [bɪg]
ink [ɪŋk]	give [gɪv]
is [ɪz]	him [hɪm]
in [ɪn]	built [bɪlt]
if [ɪf]	city ['sɪt i]

Contrasting Vowels:

[ɪ]		[i]		[ɪ]		[ɛ]
hill [hɪl]	—	heel [hil]		hid [hɪd]	—	head [hɛd]
fit [fɪt]	—	feet [fit]		sit [sɪt]	—	set [sɛt]
sin [sɪn]	—	seen [sin]		lid [lɪd]	—	led [lɛd]
dip [dɪp]	—	deep [dip]		pin [pɪn]	—	pen [pɛn]
ill [ɪl]	—	eel [il]		pig [pɪg]	—	peg [pɛg]

1. Phonetic symbol and I.D. number: [e], V-3
2. Production information: a mid, front, tense vowel
3. Positions in words: initial, medial, and final
4. Typical spellings: **ate**, **ai**d, w**ay**
5. Visible information: medium mouth opening, with the lips spread, often followed by a narrow-relaxed movement

[e] Word List

Initial	*Medial*	*Final*
eight [et]	name [nem]	pay [pe]
ace [es]	rain [ren]	day [de]
acre ['e kɚ]	same [sem]	they [ðe]
ache [ek]	great [gret]	stay [ste]
aim [em]	cake [kek]	play [ple]

Contrasting Vowels:

[e]	[ɛ]		[e]	[æ]
age [edʒ] —	edge [ɛdʒ]		made [med] —	mad [mæd]
sale [sel] —	sell [sɛl]		plane [plen] —	plan [plæn]
wait [wet] —	wet [wɛt]		aid [ed] —	add [æd]
date [det] —	debt [dɛt]		baked [bekt] —	backed [bækt]
raid [red] —	red [rɛd]		lame [lem] —	lamb [læm]

---

1. Phonetic symbol and I.D. number: [ɛ], V-4
2. Production information: a low-mid, front, lax vowel
3. Positions in words: initial and medial
4. Typical spelling: b**e**d
5. Visible information: medium mouth opening, lips spread

[ɛ] Word List

Initial	*Medial*
else [ɛls]	help [hɛlp]
etch [ɛtʃ]	said [sɛd]
egg [ɛg]	neck [nɛk]
any ['ɛn i]	guess [gɛs]
enter ['ɛn tɚ]	men [mɛn]

Contrasting Vowels:

[ɛ]	[æ]		[ɛ]	[ə]
end [ɛnd] —	and [ænd]		pep [pɛp] —	pup [pəp]
leg [lɛg] —	lag [læg]		fled [flɛd] —	flood [fləd]
pen [pɛn] —	pan [pæn]		deck [dɛk] —	duck [dək]
send [sɛnd] —	sand [sænd]		ten [tɛn] —	ton [tən]
then [ðɛn] —	than [ðæn]		net [nɛt] —	nut [nət]

[æ]

1. Phonetic symbol and I.D. number: [æ], V-5
2. Production information: a low, front, lax vowel
3. Positions in words: initial and medial
4. Typical spelling: s**a**d
5. Visible information: wide mouth opening, lips spread

[æ] Word List

Initial	*Medial*
at [æt]	map [mæp]
ask [æsk]	has [hæz]
am [æm]	bag [bæg]
add [æd]	had [hæd]
as [æz]	that [ðæt]

Contrasting Vowels:

[æ]	[ɑ]		[æ]	[ə]
sad [sæd]	— sod [sɑd]		pat [pæt]	— putt [pət]
hat [hæt]	— hot [hɑt]		mad [mæd]	— mud [məd]
map [mæp]	— mop [mɑp]		lack [læk]	— luck [lək]
cat [kæt]	— cot [kɑt]		bad [bæd]	— bud [bəd]
pad [pæd]	— pod [pɑd]		bat [bæt]	— but [bət]

[ɚ]

1. Phonetic symbol and I.D. number: [ɚ], V-6
2. Production information: a mid, central, tense vowel
3. Positions in words: initial, medial and final
4. Typical spellings: h**er**, d**ir**t, w**or**k, h**ur**t
5. Visible information: medium mouth opening, lips puckered or drawn up at the corners

[ɚ] Word List

Initial	*Medial*	*Final*
urge [ɚdʒ]	first [fɚst]	were [wɚ]
earn [ɚn]	serve [sɚv]	stir [stɚ]
err [ɚ]	curl [kɚl]	her [hɚ]
earnest ['ɚnɪst]	clerk [klɚk]	over ['o vɚ]
early ['ɚli]	heard [hɚd]	letter ['lɛt ɚ]

Contrasting Vowels and Diphthongs:

[ɚ]	[ə]		[ɚ]	[ɪɚ]
girl [gɚl]	— gull [gəl]		purr [pɚ]	— pier [pɪɚ]
third [θɚd]	— thud [θəd]		fur [fɚ]	— fear [fɪɚ]
stern [stɚn]	— stun [stən]		word [wɚd]	— weird [wɪɚd]
burn [bɚn]	— bun [bən]		burr [bɚ]	— beer [bɪɚ]
hurt [hɚt]	— hut [hət]		bird [bɚd]	— beard [bɪɚd]

[ə]

1. Phonetic symbol and I.D. number: [ə], V-7
2. Production information: a mid, central, lax vowel
3. Positions in words: initial, medial, and final
4. Typical spellings: **a**way, **o**ther, **u**s
5. Visible information: medium mouth opening, lips relaxed

[ə] Word List

Initial	*Medial*	*Final*
under ['ən dɚ]	mother ['mə ð ɚ]	data ['de tə]
other ['ə ð ɚ]	one [wən]	soda ['so də]
about [ə 'bæʊt]	balloon [bə 'lun]	vista ['vɪs tə]
oven [əvn]	love [ləv]	zebra ['zi brə]
asleep [ə 'slip]	done [dən]	arena [ə 'ri nə]

Contrasting Vowels:

[ə]	[ɪ]		[ə]	[ɑ]
love [ləv]	— live [lɪv]		hut [hət]	— hot [hɑt]
sunk [səŋk]	— sink [sɪŋk]		luck [lək]	— lock [lɑk]
rust [rəst]	— wrist [rɪst]		shut [ʃət]	— shot [ʃat]
bug [bəg]	— big [bɪg]		putt [pət]	— pot [pat]
truck [trək]	— trick [trɪk]		bum [bəm]	— bomb [bɑm]

---

[u]

1. Phonetic symbol and I.D. number: [u], V-8
2. Production information: a high, back, puckered, tense vowel
3. Positions in words: initial, medial, and final
4. Typical spellings: ch**ew**, d**o**, n**oo**n, tr**ue**
5. Visible information: narrow mouth opening, lips puckered

[u] Word List

Initial	*Medial*	*Final*
ooze [uz]	moon [mun]	shoe [ʃu]
oozed [uzd]	soon [sun]	too [tu]
oozing ['uz ɪŋ]	whose [huz]	who [hu]
	tomb [tum]	blue [blu]
	rule [rul]	grew [gru]

Contrasting Vowels and [u] and [ju]:

[u]	[ʊ]		[u]	[ju]
fool [ful]	— full [fʊl]		food [fud]	— feud [fjud]
cooed [kud]	— could [kʊd]		coo [ku]	— cue [kju]
wooed [wud]	— would [wʊd]		moot [mut]	— mute [mjut]
who'd [hud]	— hood [hʊd]		booty ['bu ti]	— beauty ['bju ti]
stewed [stud]	— stood [stʊd]		whose [huz]	— hues [hjuz]

[ʊ]

1. Phonetic symbol and I.D. number: [ʊ], V-9
2. Production information: a low-high, back, puckered, lax vowel
3. Position in words: medial
4. Typical spellings: look, full
5. Visible information: medium mouth opening, lips puckered

[ʊ] Word List

Medial
put [pʊt]
could [kʊd]
good [gʊd]
push [pʊʃ]
took [tʊk]

Contrasting Vowels:

[ʊ]		[ə]		[ʊ]		[o]
put [pʊt]	—	putt [pət]		full [fʊl]	—	foal [fol]
took [tʊk]	—	tuck [tək]		cook [kʊk]	—	coke [kok]
look [lʊk]	—	luck [lək]		pull [pʊl]	—	pole [pol]
book [bʊk]	—	buck [bək]		should [ʃʊd]	—	showed [ʃod]
could [kʊd]	—	cud [kəd]		brook [brʊk]	—	broke [brok]

---

[o]

1. Phonetic symbol and I.D. number: [o], V-10
2. Production information: a mid-back, puckered, tense vowel
3. Positions in words: initial, medial, and final
4. Typical spellings: go, coat, code, toe, show
5. Visible information: contracting puckered movement

[o] Word List

Initial	*Medial*	*Final*
own [on]	soap [sop]	toe [to]
old [old]	both [boθ]	go [go]
oath [oθ]	known [non]	low [lo]
odor ['o dɚ]	wrote [rot]	foe [fo]
open ['o pn]	goes [goz]	though [ðo]

Contrasting Vowels:

[o]		[ɑ]		[o]		[ɔ]
soak [sok]	—	sock [sɑk]		woke [wok]	—	walk [wɔk]
cope [kop]	—	cop [kɑp]		coal [kol]	—	call [kɔl]
robe [rob]	—	rob [rɑb]		loan [lon]	—	lawn [lɔn]
comb [kom]	—	calm [kɑm]		hole [hol]	—	haul [hɔl]
hope [hop]	—	hop [hɑp]		boat [bot]	—	bought [bɔt]

1. Phonetic symbol and I.D. number: [ɔ], V-11
2. Production information: a low, back, puckered, tense vowel
3. Positions in words: initial, medial, and final
4. Typical spellings: **al**so, **au**to, la**w**
5. Visible information: wide mouth opening, lips puckered

[ɔ] Word List

Initial	*Medial*	*Final*
all [ɔl]	walk [wɔk]	law [lɔ]
auto [ˈɔ to]	cause [kɔz]	jaw [dʒɔ]
office [ˈɔ fɪs]	hawk [hɔk]	raw [rɔ]
author [ˈɔ θɚ]	caught [kɔt]	thaw [θɔ]
awful [ˈɔ fl]	fought [fɔt]	draw [drɔ]

Contrasting Vowels and Diphthongs:

[ɔ]	[ə]		[ɔ]	[ɔɪ]
gone [gɔn]	— gun [gən]		jaw [dʒɔ]	— joy [dʒɔɪ]
talk [tɔk]	— tuck [tək]		tall [tɔl]	— toil [tɔɪl]
caught [kɔt]	— cut [kət]		saw [sɔ]	— soy [sɔɪ]
pawn [pɔn]	— pun [pən]		all [ɔl]	— oil [ɔɪl]
balk [bɔk]	— buck [bək]		pause [pɔz]	— poise [pɔɪz]

---

1. Phonetic symbol and I.D. number: [ɑ], V-12
2. Production information: low-low, back, lax vowel
3. Positions in words: initial and medial
4. Typical spelling: p**o**t, c**al**m
5. Visible information: wide mouth opening, lips relaxed

[ɑ] Word List

Initial	*Medial*
honest [ˈɑn ɪst]	doll [dɑl]
opera [ˈɑp rə]	calm [kɑm]
art [ɑɚt]	upon [ə ˈpɑn]
olive [ˈɑl ɪv]	mop [mɑp]
arm [ɑɚm]	car [kɑɚ]

Contrasting Vowels:

[ɑ]	[æ]		[ɑ]	[ɔ]
mop [mɑp]	— map [mæp]		sod [sɑd]	— sawed [sɔd]
cot [kɑt]	— cat [kæt]		nod [nɑd]	— gnawed [nɔd]
pot [pɑt]	— pat [pæt]		hock [hɑk]	— hawk [hɔk]
hot [hɑt]	— hat [hæt]		car [kɑɚ]	— core [kɔɚ]
not [nɑt]	— gnat [næt]		pod [pɑd]	— pawed [pɔd]

[ɑɪ]

1. Phonetic symbol and I.D. number: [ɑɪ], D-12 and 2
2. Production information: the [ɑ] sound followed by the [ɪ] sound
3. Positions in words: initial, medial, and final
4. Typical spellings: **i**vy, d**ie**, r**i**de, n**igh**t, b**y**
5. Visible information: wide-relaxed, followed by narrow relaxed

[ɑɪ] Word List

Initial	*Medial*	*Final*
idea [ɑɪ 'di ə]	kind [kɑɪnd]	tie [tɑɪ]
eyes [ɑɪz]	cried [krɑɪd]	buy [bɑɪ]
ivory ['ɑɪ vri]	light [lɑɪt]	guy [gɑɪ]
aisle [ɑɪl]	guide [gɑɪd]	my [mɑɪ]
idle [ɑɪdl]	fine [fɑɪn]	rye [rɑɪ]

Contrasting Vowels and Diphthongs:

[ɑɪ]	[ɑ]		[ɑɪ]	[ɔɪ]
like [lɑɪk]	— lock [lɑk]		buy [bɑɪ]	— boy [bɔɪ]
wide [wɑɪd]	— wad [wɑd]		bile [bɑɪl]	— boil [bɔɪl]
type [tɑɪp]	— top [tɑp]		pint [pɑɪnt]	— point [pɔɪnt]
night [nɑɪt]	— knot [nɑt]		tile [tɑɪl]	— toil [tɔɪl]
tire [tɑɪɚ]	— tar [tɑɚ]		vice [vɑɪs]	— voice [vɔɪs]

[æʊ]

1. Phonetic symbol and I.D. number: [æʊ], D-5 and 9
2. Production information: the [æ] sound followed by the [ʊ] sound
3. Positions in words: initial, medial, and final
4. Typical spellings: **ou**ch, h**ow**
5. Visible information: wide-spread, followed by a medium-puckered

[æʊ] Word List

Initial	*Medial*	*Final*
out [æʊt]	found [fæʊnd]	vow [væʊ]
hour [æʊɚ]	brown [bræʊn]	now [næʊ]
owl [æʊl]	house [hæʊs]	cow [kæʊ]
ouch [æʊtʃ]	loud [læʊd]	bough [bæʊ]
ounce [æʊns]	doubt [dæʊt]	allow [ə 'læʊ]

Contrasting Vowels and Diphthongs:

[æʊ]	[æ]		[æʊ]	[ɑɪ]
town [tæʊn]	— tan [tæn]		noun [næʊn]	— nine [nɑɪn]
pout [pæʊt]	— pat [pæt]		loud [læʊd]	— lied [lɑɪd]
rout [ræʊt]	— rat [ræt]		found [fæʊnd]	— find [fɑɪnd]
bout [bæʊt]	— bat [bæt]		mouse [mæʊs]	— mice [mɑɪs]
loud [læʊd]	— lad [læd]		tower [tæʊɚ]	— tire [tɑɪɚ]

1. Phonetic symbol and I.D. number: [ɔɪ], D-11 and 2
2. Production information: the [ɔ] sound followed by the [ɪ] sound
3. Positions in words: initial, medial, and final
4. Typical spellings: b**oi**l, b**oy**
5. Visible information: wide-puckered, followed by a narrow-relaxed

[ɔɪ] Word List

Initial	*Medial*	*Final*
oil [ɔɪl]	point [pɔɪnt]	toy [tɔɪ]
ointment ['ɔɪnt mənt]	boil [bɔɪl]	joy [dʒɔɪ]
oyster ['ɔɪs tɚ]	noise [nɔɪz]	boy [bɔɪ]
oily ['ɔɪl i]	coin [kɔɪn]	annoy [ə 'nɔɪ]
oiler ['ɔɪl ɚ]	voice [vɔɪs]	employ [ɛm 'plɔɪ]

Contrasting Vowels and Diphthongs:

[ɔɪ]	[æʊ]		[ɔɪ]	[ɑɪ]
boy [bɔɪ]	— bough [bæʊ]		boys [bɔɪz]	— buys [bɑɪz]
coy [kɔɪ]	— cow [kæʊ]		toyed [tɔɪd]	— tied [tɑɪd]
foil [fɔɪl]	— foul [fæʊl]		poise [pɔɪz]	— pies [pɑɪz]
oil [ɔɪl]	— owl [æʊl]		foil [fɔɪl]	— file [fɑɪl]
ploy [plɔɪ]	— plow [plæʊ]		boil [bɔɪl]	— bile [bɑɪl]

THE CONSONANT SOUNDS OF AMERICAN ENGLISH

PRODUCTION

Table 5, page P-9, contains information for each of the twenty-five American English consonant sounds, explaining how each sound is produced. The phonetic symbol for each sound is enclosed in brackets and the spelling equivalent is also indicated if it differs from the phonetic symbol.

It should be noted that some of the consonant sounds are voiceless (Vs), which means they are produced without vocal fold vibration, and others are voiced (V), and are produced with vocal fold vibration. The consonant sounds are also differentiated by their place of articulation, which indicates where the shaping of the sounds takes place. Lastly, the consonant sounds are classified by their manner of formation, or how they are produced.

1. THE STOP-PLOSIVE SOUNDS:

The [p] [b], [t] [d], and [k] [g] sounds are described as stop-plosive sounds because of their manner of formation, which can result in an audible release of air that sounds like a small "explosion." When these sounds are produced at the beginning of a word or syllable, they function as releasing consonants and are produced as plosive sounds. When these sounds are produced at the end of a word or syllable, they function as arresting consonants and may be produced as a stop or a plosive.

When these sounds are produced as plosives, the exhaled breath stream is blocked by the lips or tongue and air pressure is built up in the oral cavity and released when the articulators are separated. The released air can be heard for both the voiceless and voiced plosive sounds, but is stronger for the voiceless sounds. The bilabial plosives are produced with the greatest release of air and the velar plosives with the least amount of air released.

If the palm of the hand or several fingers are placed in front of the lips, a release of air can be felt when the sounds are produced. The vocal fold vibration for the voiced sounds can be felt by putting the thumb and index finger on the larynx. Voicing can also be heard very distinctly when the ears are closed with the fingers.

When the plosive sounds are produced as stops, the articulators make contact, but no buildup of pressure or release of air takes place. When the sounds are produced as stops they are less easily identified by the listener than when produced as plosive sounds.

2. THE FRICATIVE SOUNDS:

The [ʍ], [f] [v], [θ] [ð], [s] [z], [ʃ] [ʒ], and [h] sounds are described as fricative sounds, because of the audible friction noises that result when the exhaled air, under pressure, passes between surfaces or through spaces of different size or shape.

The fricative sounds, like the stop-plosive sounds, often come in pairs with the same place of articulation, one being voiceless and the other voiced. The voiceless sound of the pair will have more air flow than the voiced one and will have a stronger friction sound. The fricative sounds produced with smaller openings will tend to be higher-pitched sounds.

3. THE AFFRICATE SOUNDS:

The affricate sounds [tʃ] [dʒ] are sounds produced as a fusion of a plosive sound followed by a fricative sound. The place of articulation of the tongue moves from the alveolar ridge for the plosive sound to the alveolar palatal position for the fricative sound. Like the stop-plosive and fricative sounds, the affricates are produced with a buildup of breath pressure and a release of air, which is greater for the voiceless sound. The affricate sounds are some times referred to as "affricative" sounds.

4. THE NASAL SOUNDS:

The nasal sounds [m] [n] [ŋ] are voiced sounds that are resonated in both the oral and nasal cavities. The nasal resonance can be felt by placing the thumb and index fingers on the bones of the nose where the vibration can be felt. The nasal quality can be observed by pinching and releasing the nostrils while the sound is being produced. This variation in sound will not be present in the absence of nasal resonance or in the normal production of the American English vowel, diphthong, and triphthong sounds or other voiced consonant sounds.

5. THE GLIDE SOUNDS:

The glides [w] [l] [r] [j] are voiced sounds that are sometimes referred to as "semivowels." When they are produced as releasing consonants at the beginning of words or syllables they are produced as movements of the articulators, moving or gliding to the following vowel, diphthong, or triphthong sound. When the [l] and [r] sounds are produced in the arresting position, at the end of words or syllables, they function as vowel sounds and the tongue moves to the place of articulation rather than away from it.

Additional specific information about each consonant sound of the language will be found with the word lists for each sound.

THE CONSONANT AND CONSONANT BLEND SOUNDS OF AMERICAN ENGLISH

PRONUNCIATION

The following exercises, which primarily focus on the consonant sounds of American English, utilize the pronunciation of a native speaker of American English as a model. You can use either the audiocassette recorded for use with this book or the services of an American English speaker who will read the lists of sounds and words in the tables that follow. The model speaker should pronounce the lists of words clearly and *naturally*. The speaker should *not* pronounce each syllable separately and should not emphasize any syllable that is not normally emphasized. Normal and natural American English is the goal.

Please turn to Table 4 on page P-8. Column 2 contains the IPA symbol in brackets for each of the consonant sounds of English. Please note in column 1 the identification number of each sound, which corresponds to the alphabetical sequence of the consonant sound symbols. Please listen to side 2 of the audiocassette or ask your model speaker to read from the columns as instructed below.

OBJECTIVE 1. To learn the phonetic symbol that represents each of the consonant sounds.

Procedures:

A. As the model speaker says each consonant sound in isolation or combined with a vowel sound, listen carefully and point to the phonetic symbol in column 2 that represents that sound. Play the tape or ask an American English speaker to pronounce the sounds in column 2 in order. (The English speaker can identify the correct sound by saying first the example words in columns 4, 5, and 6.)

B. As the model speaker says each sound, write down the correct phonetic symbol and I.D. number. Repeat this procedure until you feel comfortable with the symbols.

OBJECTIVE 2. To be able to identify the correct consonant symbols when the sounds are presented in random order or grouped by their manner of production.

Procedures:

A. As the model speaker says the sounds in column 2 in random order or in specific groups, listen carefully and point to the proper symbols. (Play the tape or ask an American English speaker to pronounce the sounds in random order or grouped by manner of production.)

B. The model speaker on the audiotape will identify the correct symbol by saying the I.D. number. (The English speaker can simply point to the correct symbol.)

OBJECTIVE 3. To be able to listen to two consonant sounds and decide correctly if the same sound was heard twice or if different sounds were heard.

Procedures:

A. Listen to paired consonant sounds. B. Decide I.D. numbers of sounds heard. C. Listen to correct I.D. numbers. D. Repeat as necessary. (Use the audiotape or a model speaker.)

OBJECTIVE 4. To learn to correctly imitate each consonant sound.

Procedures:

A. Listen to the sound. B. Imitate sound out loud. C. Point to its phonetic symbol. D. Write symbol. E. Listen for correct I.D. number. F. Repeat as necessary. (Use the audiotape or a model speaker.)

OBJECTIVE 5. To listen to the correct production of word lists for each consonant sound of American English in the various word positions in which they occur. To learn how to read the phonetic transcriptions of the words and to say them with correct pronunciation.

Procedures:

A. Turn to page P-30 for the word lists for consonant [p]. B. Listen to the words for the [p] sound in the initial position. C. Imitate each word while looking at its phonetic transcription. D. Continue with word lists for other positions and those with contrasting sounds. E. Continue with the word lists for the other consonants with the same manner of production and then other manners of production. F. Repeat as often as necessary. (Use the audiotape or a model speaker.)

[p]

1. Phonetic symbol and I.D. number: [p], C-13
2. Production information: a voiceless, bilabial stop-plosive sound, the cognate of [b]
3. Positions in words: initial, medial, and final
4. Typical spellings: **p**eak, su**pp**er, ri**p**e
5. Use as a silent letter of the alphabet: **p**salm, **p**sychic, **p**sychosis
6. Visible information: lips opening from closed position (same as [b] and [m])
7. Initial blends: [pl] play; [pr] price; [sp] speak; [spl] splash
8. Final blends: [ps] wipes, cups; [pt] stopped, wiped

[p] Word List

Initial	*Medial*	*Final*
pet [pɛt]	apple [æpl]	rope [rop]
pole [pol]	rapid ['ræp ɪd]	cap [kæp]
pack [pæk]	carpet ['kaɚ pɪt]	help [hɛlp]
pull [pʊl]	report [rɪ 'pɔɚt]	jump [dʒəmp]
palm [pɑm]	oppose [ə 'poz]	stop [stɑp]

Contrasting Consonants:

[p]		[f]		[p]		[b]
pour [pɔɚ]	—	four [fɔɚ]		pair [pɛɚ]	—	bear [bɛɚ]
peel [pil]	—	feel [fil]		pat [pæt]	—	bat [bæt]
pin [pɪn]	—	fin [fɪn]		pill [pɪl]	—	bill [bɪl]
pit [pɪt]	—	fit [fɪt]		plank [plæŋk]	—	blank [blæŋk]
plea [pli]	—	flea [fli]		pride [prɑɪd]	—	bride [brɑɪd]

1. Phonetic symbol and I.D. number: [b], C-1
2. Production information: a voiced, bilabial stop-plosive sound, the cognate of [p]
3. Positions in words: initial, medial, and final
4. Typical spellings: **b**e, ri**bb**on, ro**b**e
5. Use as a silent letter of the alphabet: bom**b**, num**b**, lim**b**, com**b**, de**b**t
6. Visible information: lips opening from closed position (same as [p] and [m])
7. Initial blends: [bl] blue, black; [br] brown, bring; [bj] beauty
8. Final blends: [bz] cabs, ribs; [bd] robbed, robed

[b] Word List

Initial	*Medial*	*Final*
ball [bɔl]	rabbit ['ræb ɪt]	web [wɛb]
been [bɪn]	robber ['rɑb ɚ]	cab [kæb]
box [bɑks]	above [ə 'bəv]	rib [rɪb]
barn [bɑɚn]	number ['nəm bɚ]	robe [rob]
be [bi]	about [ə 'bæʊt]	rob [rɑb]

Contrasting Consonants:

[b]	[p]		[b]	[d]
bath [bæθ]	— path [pæθ]		bait [bet]	— date [det]
beer [bɪɚ]	— peer [pɪɚ]		bent [bɛnt]	— dent [dɛnt]
bees [biz]	— peas [piz]		bore [bɔɚ]	— door [dɔɚ]
cab [kæb]	— cap [kæp]		bribe [braɪb]	— bride [braɪd]
lab [læb]	— lap [læp]		robe [rob]	— rode [rod]

[t]

1. Phonetic symbol and I.D. number: [t], C-17
2. Production information: a voiceless, alveolar stop-plosive, the cognate of [d]
3. Positions in words: initial, medial, and final
4. Typical spellings: to, better, note
5. Use as a silent letter of the alphabet: listen, fasten
6. Visible information: the front of the tongue touching the upper gum ridge (same as [d] and [n])
7. Initial blends: [tr] try, treat; [tw] twin, twelve; [st] stop
8. Final blends: [ts] pets, puts; [ft] left; [kt] liked; [st] cost

[t] Word List

Initial	*Medial*	*Final*
tie [taɪ]	party ['pɑɚ ti]	cut [kət]
tree [tri]	after ['æf tɚ]	fast [fæst]
tool [tul]	latter ['læt ɚ]	left [lɛft]
tip [tɪp]	pretty ['prɪt i]	cat [kæt]
town [tæʊn]	sister ['sɪs tɚ]	liked [laɪkt]

Contrasting Consonants:

[t]	[d]		[t]	[θ]
tear [tɪɚ] —	dear [dɪɚ]		tin [tɪn] —	thin [θɪn]
time [taɪm] —	dime [daɪm]		true [tru] —	threw [θru]
writing ['raɪt ɪŋ] —	riding ['raɪd ɪŋ]		eater ['it ɚ] —	ether ['i θɚ]
waiting ['wet ɪŋ] —	wading ['wed ɪŋ]		debt [dɛt] —	death [dɛθ]
mat [mæt] —	mad [mæd]		boat [bot] —	both [boθ]

[d]

1. Phonetic symbol and I.D. number: [d], C-3
2. Production information: a voiced, alveolar stop-plosive sound, the cognate of [t].
3. Positions in words: initial, medial, and final
4. Typical spellings: **d**eep, la**dd**er, ri**d**e
5. Visible information: the front of the tongue touching the upper gum ridge (same as [t] and [n])
7. Initial blends: [dr] drink, dry; [dw] dwarf, dwindle
8. Final blends: [dz] beds, feeds; [bd] bribed, sobbed

[d] Word List

Initial	Medial	Final
down [dæʊn]	window ['wɪn do]	food [fud]
dress [drɛs]	louder ['læʊd ɚ]	hand [hænd]
dear [dɪɚ]	radio ['re di ˌo]	bread [brɛd]
door [dɔɚ]	candy ['kæn di]	hide [haɪd]
do [du]	today [tə 'de]	find [faɪnd]

Contrasting Consonants:

[d]	[t]		[d]	[dʒ]
do [du]	— to [tu]		dam [dæm]	— jam [dʒæm]
done [dən]	— ton [tən]		aiding ['ed ɪŋ]	— aging ['edʒ ɪŋ]
down [dæʊn]	— town [tæʊn]		paid [ped]	— page [pedʒ]
padding ['pæd ɪŋ]	— patting ['pæt ɪŋ]		debt [dɛt]	— jet [dʒɛt]
need [nid]	— neat [nit]		bud [bəd]	— budge [bədʒ]

[k]

1. Phonetic symbol and I.D. number: [k], C-8
2. Production information: a voiceless, velar stop-plosive sound, the cognate of [g]
3. Positions in words: initial, medial, and final
4. Typical spellings: **k**ill, ma**k**e, **c**ap, ac**c**ount, ne**ck**
5. Use as a silent letter of the alphabet: **k**now, **k**not, **k**nack
6. Visible information: lifting of the adam's apple, frequently identified by context (same as [g])
7. Initial blends: [kl] clean, class; [kr] cross, cry
8. Final blends: [ks] books, makes; [kt] looked, talked

[k] Word List

Initial	*Medial*	*Final*
come [kəm]	walking ['wɔk ɪŋ]	cook [kʊk]
cool [kul]	picnic ['pɪk nɪk]	take [tek]
count [kæʊnt]	likely ['laɪk li]	look [lʊk]
can [kæn]	second ['sɛk nd]	milk [mɪlk]
catch [kætʃ]	biscuit ['bɪs kɪt]	work [wɚk]

Contrasting Consonants:

[k]		[g]		[k]		[t]	
cab [kæb]	—	gab [gæb]		key [ki]	—	tea [ti]	
core [kɔɚ]	—	gore [gɔɚ]		kick [kɪk]	—	tick [tɪk]	
backing ['bæk ɪŋ]	—	bagging ['bæg ɪŋ]		kill [kɪl]	—	till [tɪl]	
tacking ['tæk ɪŋ]	—	tagging ['tæg ɪŋ]		can [kæn]	—	tan [tæn]	
tack [tæk]	—	tag [tæg]		back [bæk]	—	bat [bæt]	

[g]

1. Phonetic symbol and I.D. number: [g], C-5
2. Production information: a voiced, velar stop-plosive sound, the cognate of [k].
3. Positions in words: initial, medial, and final
4. Typical spellings: **g**o, e**gg**
5. Use as a silent letter of the alphabet: si**g**n, rin**g**
6. Visible information: lifting of the adam's apple, frequently identified by context (same as [k])
7. Initial blends: [gl] glad, glue; [gr] group, grey
8. Final blends: [gd] begged, fogged; [gz] bugs, digs

[g] Word List

Initial	Medial	Final
guess [gɛs]	legal ['li gl]	leg [lɛg]
gone [gɔn]	ago [ə 'go]	bug [bəg]
got [gɑt]	began [bɪ 'gæn]	egg [ɛg]
gun [gən]	forget [fɚ 'gɛt]	dig [dɪg]
game [gem]	organ [ɔɚ 'gn]	fog [fɑg]

Contrasting Consonants:

[g]	[k]		[gl]	[kr]
goal [gol]	— coal [kol]		glue [glu]	— crew [kru]
gap [gæp]	— cap [kæp]		glow [glo]	— crow [kro]
goat [got]	— coat [kot]		[gl]	[kl]
rag [ræg]	— rack [ræk]		glass [glæs]	— class [klæs]
nag [næg]	— knack [næk]		[gr]	[kr]
			great [gret]	— crate [kret]
			grab [græb]	— crab [kræb]

[ʍ]

1. Phonetic symbol and I.D. number: [ʍ], C-22
2. Production information: a voiceless, bilabial fricative sound
3. Positions in words: initial and medial
4. Typical spelling: **wh**ile
5. Visible information: the lips being drawn together or puckered (same as [w])

[ʍ] Word List

Initial	*Medial*
when [ʍɛn]	awhile [ə ˈʍɑɪl]
where [ʍɛɚ]	nowhere [ˈno ˌʍɛɚ]
what [ʍət]	everywhere [ˈɛv ri ˌʍɛɚ]
why [ʍɑɪ]	somewhat [ˈsəm ˌʍət]
which [ʍɪtʃ]	somewhere [ˈsəm ˌʍɛɚ]

Contrasting Consonants:

[ʍ]	[w]		[ʍ]	[h]
where [ʍɛɚ] —	wear [wɛɚ]	whim [ʍɪm] —	him [hɪm]
whine [ʍɑɪn] —	wine [wɑɪn]	which [ʍɪtʃ] —	hitch [hɪtʃ]
which [ʍɪtʃ] —	witch [wɪtʃ]	when [ʍɛn] —	hen [hɛn]
wheel [ʍil] —	we'll [wil]	whack [ʍæk] —	hack [hæk]
whether [ˈʍɛð ɚ] —	weather [ˈwɛð ɚ]	white [ʍɑɪt] —	height [hɑɪt]

[f]

1. Phonetic symbol and I.D. number: [f], C-4
2. Production information: a voiceless, labio-dental fricative, the cognate of [v]
3. Positions in words: initial, medial, and final
4. Typical spellings: **f**eet, cu**ff**, sa**f**e, tou**gh**, **ph**one
5. Visible information: movement of the lower lip to the upper teeth (same as [v])
6. Initial blends: [fl] flight, flat; [fr] fruit, free
7. Final blends: [fs] coughs, loafs; [ft] staffed, left

[f] Word List

Initial	Medial	Final
for [fɔɚ]	coffee ['kɔ fi]	life [lɑɪf]
fat [fæt]	suffer ['səf ɚ]	off [ɔf]
first [fɚst]	effort ['ɛf ɚt]	safe [sef]
fool [ful]	afraid [ə 'fred]	knife [nɑɪf]
find [fɑɪnd]	careful ['kɛɚ fl]	cough [kɔf]

Contrasting Consonants:

[f]	[v]		[f]	[θ]
fat [fæt] —	vat [væt]		free [fri] —	three [θri]
fine [fɑɪn] —	vine [vɑɪn]		frill [frɪl] —	thrill [θrɪl]
fast [fæst] —	vast [væst]	roofless ['ruf lɪs] —	ruthless ['ruθ lɪs]
half [hæf] —	have [hæv]		deaf [dɛf] —	death [dɛθ]
safe [sef] —	save [sev]		reef [rif] —	wreath [riθ]

[v]

1. Phonetic symbol and I.D. number: [v], C-20
2. Production information: a voiced, labio-dental fricative, the cognate of [f]
3. Positions in words: initial, medial, and final
4. Typical spellings: **v**ase, di**v**e
5. Visible information: movement of the lower lip to the upper teeth (same as [f])
6. Final blends: [vd] loved, dived; [vz] lives, gives

[v] Word List

Initial	Medial	Final
visit ['vɪz ɪt]	never ['nɛv ɚ]	five [fɑɪv]
very ['vɛɚ i]	ever ['ɛv ɚ]	drive [drɑɪv]
view [vju]	diving ['dɑɪv ɪŋ]	stove [stov]
vowel [vaʊl]	seven [sɛvn]	have [hæv]
veil [vel]	cover ['kəv ɚ]	move [muv]

Contrasting Consonants:

[v]		[f]		[v]		[b]
vase [ves]	—	face [fes]		very ['vɛɚ i]	—	berry ['bɛɚ i]
vast [væst]	—	fast [fæst]		vent [vɛnt]	—	bent [bɛnt]
vat [væt]	—	fat [fæt]		vote [vot]	—	boat [bot]
have [hæv]	—	half [hæf]		veil [vel]	—	bail [bel]
save [sev]	—	safe [sef]		vest [vɛst]	—	best [bɛst]

1. Phonetic symbol and I.D. number: [θ], C-18
2. Production information: a voiceless, inter-dental fricative sound, the cognate of [ð]
3. Positions in words: initial, medial, and final
4. Typical spelling: **th**ing
5. Visible information: the tip of the tongue showing between the front teeth (same as [ð])
6. Initial blends: [θr] three, throat
7. Final blends: [θs] deaths, months

[θ] Word List

Initial	*Medial*	*Final*
think [θɪŋk]	birthday ['bɚθ ˌde]	north [nɔɚθ]
three [θri]	healthy ['hɛl θi]	south [sæʊθ]
thank [θæŋk]	anything ['ɛn i ˌθɪŋ]	bath [bæθ]
thin [θɪn]	something ['səm θɪŋ]	teeth [tiθ]
thick [θɪk]	everything ['ɛv ri ˌθɪŋ]	month [mənθ]

Contrasting Consonants:

[θ]	[s]		[θ]	[t]
thick [θɪk] —	sick [sɪk]		thank [θæŋk] —	tank [tæŋk]
thing [θɪŋ] —	sing [sɪŋ]		thigh [θaɪ] —	tie [taɪ]
thin [θɪn] —	sin [sɪn]		thinker ['θɪŋk ɚ] —	tinker ['tɪŋk ɚ]
think [θɪŋk] —	sink [sɪŋk]		thought [θɔt] —	taught [tɔt]
thank [θæŋk] —	sank [sæŋk]		three [θri] —	tree [tri]

[ð]

1. Phonetic symbol and I.D. number: [ð], C-19
2. Production information: a voiced inter-dental fricative sound, the cognate of [θ]
3. Positions in words: initial, medial, and final
4. Typical spellings: **th**em, tee**the**
5. Visible information: the tip of the tongue showing between the front teeth (same as [θ])
6. Final blends: [ðd] breathed, bathed; [ðz] breathes, bathes

[ð] Word List

Initial	*Medial*	*Final*
this [ðɪs]	mother ['məð ɚ]	breathe [brið]
that [ðæt]	brother ['brəð ɚ]	smooth [smuð]
the [ðə]	another [ə 'nəð ɚ]	clothe [kloð]
them [ðɛm]	weather ['wɛð ɚ]	teethe [tið]
those [ðoz]	bother ['baðɚ]	wreathe [rið]

Contrasting Consonants:

[ð]	[θ]		[ð]	[d]
teethe [tið] —	teeth [tiθ]		then [ðɛn] —	den [dɛn]
bathe [beð] —	bath [bæθ]		they [ðe] —	day [de]
wreathe [rið] —	wreath [riθ]		there [ðɛɚ] —	dare [dɛɚ]
either ['i ðɚ] —	ether ['i θɚ]		though [ðo] —	dough [do]
sheathe [ʃið] —	sheath [ʃiθ]		those [ðoz] —	dose [doz]

1. Phonetic symbol and I.D. number: [s], C-15
2. Production information: a voiceless, alveolar fricative sound, the cognate of [z]
3. Positions in words: initial, medial, and final
4. Typical spellings: **s**it, lo**ss**, loo**s**e, **c**ity, ni**c**e
5. Visible information: narrow mouth opening, teeth close together, lips spread (same as [z])
6. Initial blends: [sk] skin; [sl] slip; [sm] smoke; [sn] snow; [sp] speak
7. Final blends: [sk] task; [sp] lisp; [st] last; [sps] grasps; [sks] risks

[s] Word List

Initial	*Medial*	*Final*
school [skul]	lesson [lɛsn]	miss [mɪs]
sing [sɪŋ]	listen [lɪsn]	us [əs]
said [sɛd]	mister ['mɪs tɚ]	nice [naɪs]
six [sɪks]	missing ['mɪs ɪŋ]	once [wəns]
sat [sæt]	eraser [ə 'res ɚ]	pass [pæs]

Contrasting Consonants:

[s]		[z]		[s]		[ʃ]
seal [sil]	—	zeal [zil]		sock [sɑk]	—	shock [ʃɑk]
sip [sɪp]	—	zip [zɪp]		seat [sit]	—	sheet [ʃit]
sag [sæg]	—	zag [zæg]		gas [gæs]	—	gash [gæʃ]
bus [bəs]	—	buzz [bəz]		mass [mæs]	—	mash [mæʃ]
loose [lus]	—	lose [luz]		class [klæs]	—	clash [klæʃ]

[z]

1. Phonetic symbol and I.D. number: [z], C-24
2. Production information: a voiced, alveolar fricative sound, the cognate of [s]
3. Positions in words: initial, medial, and final
4. Typical spellings: **z**ipper, bu**zz**, pri**z**e, ea**s**y, ri**se**
5. Visible information: narrow mouth opening, teeth close together, lips spread (same as [s])
6. Final blends: [zd] pleased, used; [bz] cabs; [dz] seeds; [gz] bugs; [lz] calls; [mz] names; [nz] coins; [vz] lives

[z] Word List

Initial	Medial	Final
zero ['zɪɚ o]	dozen ['də zn̩]	has [hæz]
zoo [zu]	easy ['i zi]	nose [noz]
zone [zon]	lazy ['le zi]	size [sɑɪz]
zeal [zil]	music ['mju zɪk]	as [æz]
zest [zɛst]	dizzy ['dɪz i]	use [juz]

Contrasting Consonants:

[z]	[s]		[z]	[ð]
raising ['rez ɪŋ]	— racing ['res ɪŋ]		bays [bez]	— bathe [beð]
razor ['rez ɚ]	— racer ['res ɚ]		tease [tiz]	— teethe [tið]
prizes ['prɑɪz ɪz]	— prices ['prɑɪs ɪz]		lays [lez]	— lathe [leð]
muzzle [məzl]	— muscle [məsl]		[z]	[ðz]
lazy ['le zi]	— lacy ['les i]		close [kloz]	— clothes [kloðz]
			ties [tɑɪz]	— tithes [tɑɪðz]

1. Phonetic symbol and I.D. number: [ʃ], C-16
2. Production information: a voiceless, alveolar-palatal fricative sound, the cognate of [ʒ]
3. Positions in words: initial, medial, and final
4. Typical spellings: **s**ure, pre**ss**ure, **sh**oe, mo**ti**on, ra**ci**al, o**ce**an
5. Visible information: lips are thrust forward or projected (same as [ʒ], [tʃ], and [dʒ])
6. Initial blends: [ʃr] shrine, shrimp
7. Final blends: [ʃt] pushed, cashed

[ʃ] Word List

Initial	*Medial*	*Final*
shop [ʃɑp]	machine [mə ˈʃin]	wash [wɑʃ]
should [ʃʊd]	ocean [ˈo ʃn]	push [pʊʃ]
shut [ʃət]	motion [ˈmo ʃn]	fish [fɪʃ]
shine [ʃɑɪn]	fishing [ˈfɪʃ ɪŋ]	dish [dɪʃ]
shout [ʃæʊt]	ashamed [ə ˈʃemd]	cash [kæʃ]

Contrasting Consonants:

[ʃ]	[tʃ]		[ʃ]	[s]
ship [ʃɪp]	— chip [tʃɪp]		shave [ʃev]	— save [sev]
shoe [ʃu]	— chew [tʃu]		shake [ʃek]	— sake [sek]
shin [ʃɪn]	— chin [tʃɪn]		shed [ʃɛd]	— said [sɛd]
cash [kæʃ]	— catch [kætʃ]		mesh [mɛʃ]	— mess [mɛs]
wish [wɪʃ]	— witch [wɪtʃ]		fashion [fæʃn]	— fasten [fæsn]

[ʒ]

1. Phonetic symbol and I.D. number: [ʒ], C-25
2. Production information: a voiced, alveolar-palatal fricative sound, the cognate of [ʃ]
3. Positions in words: initial, medial, and final
4. Typical spellings: vi**s**ion, mea**s**ure, gara**ge**, sei**z**ure
5. Visible information: lips are thrust forward or projected (same as [ʃ], [tʃ], [dʒ])
6. Final blends: [ʒd] gara**ged**, camoufla**ged**

[ʒ] Word List

Initial	*Medial*	*Final*
genre ['ʒan rə]	usual ['ju ʒu əl]	mirage [mɪ 'raʒ]
	casual ['kæʒ u əl]	corsage [kɔɚ 'saʒ]
	vision [vɪʒn]	beige [beʒ]
	visual ['vɪʒ u əl]	rouge [ruʒ]
	seizure ['si ʒɚ]	prestige [prɛs 'tiʒ]

Contrasting Consonants:

[ʒ]   [dʒ]

lesion ['li ʒn] — legion ['li dʒn]
version ['vɚ ʒn] — virgin ['vɚ dʒn]

---

1. Phonetic symbol and I.D. number: [h], C-6
2. Production information: a voiceless, glottal fricative sound.
3. Positions in words: initial and medial
4. Typical spelling: **h**and
5. Use as a silent letter of the alphabet: **h**onor, **h**ours, g**h**ost
6. Visible information: no visible component, must be obtained from context

[h] Word List

Initial	*Medial*
he [hi]	behave [bɪ 'hev]
hello [hɛ 'lo]	anyhow ['ɛn i ˌhæʊ]
half [hæf]	ahead [ə 'hɛd]
hear [hɪɚ]	behind [bɪ 'haɪnd]
horse [hɔɚs]	perhaps [pɚ 'hæps]

Contrasting Consonants:

[h]	[ʍ]		[h]	[æ, i, ɪ]
hair [hɛɚ]	— where [ʍɛɚ]		hat [hæt]	— at [æt]
hip [hɪp]	— whip [ʍɪp]		heat [hit]	— eat [it]
heat [hit]	— wheat [ʍit]		had [hæd]	— add [æd]
hail [hel]	— whale [ʍel]		has [hæz]	— as [æz]
heel [hil]	— wheel [ʍil]		hear [hɪɚ]	— ear [ɪɚ]

[tʃ]

1. Phonetic symbol and I.D. number: [tʃ], C-2
2. Production information: a voiceless, alveolar-palatal affricate sound, the cognate of [dʒ]
3. Positions in words: initial, medial, and final
4. Typical spellings: **ch**ain, cat**ch**, nature, mention
5. Visible information: lips are thrust forward or projected (same as [dʒ], [ʃ] and [ʒ])
6. Final blends: [tʃt] perched, reached; [ntʃt] lunched, pinched

[tʃ] Word List

Initial	*Medial*	*Final*
chew [tʃu]	kitchen [kɪtʃn]	lunch [ləntʃ]
chair [tʃɛɚ]	pitcher ['pɪtʃɚ]	catch [kætʃ]
chase [tʃes]	teaching ['titʃ ɪŋ]	much [mətʃ]
check [tʃɛk]	butcher ['bʊtʃɚ]	reach [ritʃ]
change [tʃendʒ]	ketchup ['kɛtʃ əp]	rich [rɪtʃ]

Contrasting Consonants:

[tʃ]	[ʃ]		[tʃ]	[dʒ]
cheap [tʃip] —	sheep [ʃip]	chunk [tʃəŋk] —	junk [dʒəŋk]
cheat [tʃit] —	sheet [ʃit]	chin [tʃɪn] —	gin [dʒɪn]
watching ['watʃ ɪŋ] —	washing ['waʃ ɪŋ]		
catch [kætʃ] —	cash [kæʃ]	rich [rɪtʃ] —	ridge [rɪdʒ]
ditch [dɪtʃ] —	dish [dɪʃ]	choke [tʃok] —	joke [dʒok]
		batch [bætʃ] —	badge [bædʒ]

[dʒ]

1. Phonetic symbol and I.D. number: [dʒ], C-7
2. Production information: a voiced, alveolar-palatal affricate sound, the cognate of [tʃ]
3. Positions in words: initial, medial, and final
4. Typical spellings: **j**oin, ma**g**ic, ca**ge**, lo**dg**ing, ba**dge**, a**g**ent, sol**d**ier
5. Visible information: lips are thrust forward or projected
6. Final blends: [dʒd] caged, paged; [ndʒd] hinged, ranged

[dʒ] Word List

Initial	*Medial*	*Final*
jar [dʒɑɾ]	magic ['mædʒ ɪk]	edge [ɛdʒ]
jacket ['dʒæk ɪt]	soldier ['sol dʒɚ]	large [lɑɚdʒ]
juice [dʒus]	engine ['ɛn dʒn]	bridge [brɪdʒ]
just [dʒəst]	agent ['e dʒənt]	huge [hjudʒ]
jail [dʒel]	region ['ri dʒn]	cage [kedʒ]

Contrasting Consonants:

[dʒ]		[tʃ]	[dʒ]		[z]
jest [dʒɛst]	—	chest [tʃɛst]	gypped [dʒɪpt]	—	zipped [zɪpt]
gyp [dʒɪp]	—	chip [tʃɪp]	jealous ['dʒɛl əs]	—	zealous ['zɛl əs]
jeer [dʒɪɚ]	—	cheer [tʃɪɚ]	budged [bədʒd]	—	buzzed [bəzd]
edge [ɛdʒ]	—	etch [ɛtʃ]	raging ['redʒ ɪŋ]	—	raising ['rez ɪŋ]
lunge [ləndʒ]	—	lunch [ləntʃ]	wage [wedʒ]	—	ways [wez]

1. Phonetic symbol and I.D. number: [m], C-10
2. Production information: a voiced, bilabial nasal sound.
3. Positions in words: initial, medial, and final
4. Typical spellings: **m**e, su**mm**er, na**m**e
5. Visible information: lips opening from a closed position (same as [p] and [b])
6. Initial blends: [sm] smile, small
7. Final blends: [md] named, combed; [mz] comes, dimes; [mp] lamp, stamp; [mpt] camped, limped; [mps] jumps, camps

[m] Word List

Initial	*Medial*	*Final*
mast [mæst]	farmer ['faɚm ɚ]	some [səm]
might [maɪt]	almost ['ɔl most]	time [taɪm]
may [me]	hammer ['hæm ɚ]	came [kem]
mood [mud]	coming ['kəm ɪŋ]	from [frəm]
make [mek]	empty ['ɛmp ti]	climb [klaɪm]

Contrasting Consonants:

[m]	[b]		[m]	[b]
make [mek]	— bake [bek]		rum [rəm]	— rub [rəb]
mill [mɪl]	— bill [bɪl]		Mom [mam]	— mob [mab]
match [mætʃ]	— batch [bætʃ]		roam [rom]	— robe [rob]
meat [mit]	— beat [bit]		rim [rɪm]	— rib [rɪb]
mug [məg]	— bug [bəg]		psalm [sam]	— sob [sab]

[n]

1. Phonetic symbol and I.D. number: [n], C-11
2. Production information: a voiced, alveolar nasal sound
3. Positions in words: initial, medial, and final
4. Typical spellings: **n**ot, fu**nn**y, o**n**e
5. Visible information: the front of the tongue touching the upper gum ridge (same as [t] and [d])
7. Initial blend: [sn] snow, sniff
8. Final blends: [nd] bend, burned; [nz] cans, trains; [ns] once, fence; [nt] went, paint; [nts] pants, wants; [ntʃ] pinch, ranch; [ndʒ] range, lounge

[n] Word List

Initial	*Medial*	*Final*
new [nu]	many ['mɛn i]	sun [sən]
knee [ni]	under ['ən dɚ]	fun [fən]
night [nɑɪt]	any ['ɛn i]	on [ɔn]
nest [nɛst]	raining ['ren ɪŋ]	ten [tɛn]
near [nɪɚ]	into ['ɪn tu]	ran [ræn]

Contrasting Consonants:

[n]		[d]		[n]		[ŋ]
noun [næʊn]	—	down [dæʊn]		win [wɪn]	—	wing [wɪŋ]
need [nid]	—	deed [did]		sin [sɪn]	—	sing [sɪŋ]
nip [nɪp]	—	dip [dɪp]		thin [θɪn]	—	thing [θɪŋ]
nor [nɔɚ]	—	door [dɔɚ]		ran [ræn]	—	rang [ræŋ]
rain [ren]	—	raid [red]		lawn [lɔn]	—	long [lɔŋ]

[ŋ]

1. Phonetic symbol and I.D. number: [ŋ], C-12
2. Production information: a voiced, velar nasal sound
3. Positions in words: medial and final
4. Typical spellings: si**ng**, ba**nk**
5. Visible information: identified by context
6. Final blends: [ŋd] hanged, ringed; [ŋz] sings, things; [ŋk] think, sink; [ŋks] thanks, banks; [ŋkt] banked, honked

[ŋ] Word List

Medial

singer ['sɪŋ ɚ]
banker ['bæŋk ɚ]
monkey ['mən ki]
ringing ['rɪŋ ɪŋ]
single ['sɪŋ gl]

Final

sang [sæŋ]
going ['go ɪŋ]
lung [ləŋ]
making ['mek ɪŋ]
long [lɔŋ]

Contrasting Consonants:

[ŋ]		[g]		[ŋ]		[ŋk]
rang [ræŋ]	—	rag [ræg]		sing [sɪŋ]	—	sink [sɪŋk]
hung [həŋ]	—	hug [həg]		bang [bæŋ]	—	bank [bæŋk]
lung [ləŋ]	—	lug [ləg]		rang [ræŋ]	—	rank [ræŋk]
sang [sæŋ]	—	sag [sæg]		ring [rɪŋ]	—	rink [rɪŋk]
gang [gæŋ]	—	gag [gæg]		thing [θɪŋ]	—	think [θɪŋk]

[w]

1. Phonetic symbol and I.D. number: [w], C-21
2. Production information: a voiced, bilabial glide sound
3. Positions in words: initial and medial
4. Typical spellings: **w**ill, **o**ne, **qu**ick
5. Use as a silent letter of the alphabet: kno**w**, se**w**, sa**w**, **w**rong
6. Visible information: the lips being drawn together or puckered
7. Initial blends: [kw] quiet, choir; [tw] twin, twice; [sw] sweet, swim

[w] Word List

Initial	*Medial*
water ['wɔ tɚ]	awake [ə 'wek]
we [wi]	always ['ɔl wez]
way [we]	anyway ['ɛn i ˌwe]
went [wɛnt]	everyone ['ɛv ri ˌwən]
were [wɚ]	sandwich ['sænd wɪtʃ]

Contrasting Consonants:

[w]		[v]		[w]		[r]
went [wɛnt]	—	vent [vɛnt]		wake [wek]	—	rake [rek]
wine [waɪn]	—	vine [vaɪn]		went [wɛnt]	—	rent [rɛnt]
worse [wɚs]	—	verse [vɚs]		wipe [waɪp]	—	ripe [raɪp]
wail [wel]	—	veil [vel]		weight [wet]	—	rate [ret]
wet [wɛt]	—	vet [vɛt]		ways [wez]	—	rays [rez]

1. Phonetic symbol and I.D. number: [l], C-9
2. Production information: a voiced, alveolar glide sound
3. Positions in words: initial and medial
4. Typical spellings: like, hello
5. Use as a silent letter of the alphabet: calm, palm
6. Visible information: movement of tongue tip leaving the gum ridge
7. Initial blends: [bl] blame, bleed; [fl] flag, flame; [gl] glad, glue; [kl] climb, clean; [pl] play, plenty; [sl] sleep, slow

[l] Word List

Initial	*Medial*
live [lɪv]	believe [bɪ 'liv]
like [laɪk]	solo ['so lo]
land [lænd]	follow ['fal o]
letter ['lɛt ɚ]	careless ['kɛɚ lɪs]
last [læst]	yellow ['jɛl o]

Contrasting Consonants and Blends:

[l]	[r]	[l] blends	[r] blends
law [lɔ] — raw [rɔ]		flee [fli] — free [fri]	
lake [lek] — rake [rek]		cloud [klæʊd] — crowd [kræʊd]	
lace [les] — race [res]		clue [klu] — crew [kru]	
lie [laɪ] — rye [raɪ]		glass [glæs] — grass [græs]	
limb [lɪm] — rim [rɪm]		fly [flaɪ] — fry [fraɪ]	

[r]

1. Phonetic symbol and I.D. number: [r], C-14
2. Production information: a voiced, alveolar-palatal glide sound
3. Positions in words: initial and medial
4. Typical spellings: **right**, ca**rr**y
5. Visible information: the lips drawing together or puckering
7. Initial blends: [br] bright, broom; [dr] drink, dream; [gr] grow, great; [kr] cream, cross; [pr] price, proud; [ʃr] shrink, shread; [tr] trip, trap; [θr] three, thread

[r] Word List

Initial	*Medial*
road [rod]	every ['ɛv ri]
ride [rɑɪd]	already [ɔl 'rɛd i]
room [rum]	caress [kə 'rɛs]
wrap [ræp]	arrest [ə 'rɛst]
round [ræʊnd]	around [ə 'ræʊnd]

Contrasting Consonants:

[r]	[w]	[r]	[l]
run [rən] —	one [wən]	erect [ə 'rɛkt] —	elect [ə 'lɛkt]
rate [ret] —	wait [wet]	correct [kə 'rɛkt] —	collect [kə 'lɛkt]
rise [rɑɪz] —	wise [wɑɪz]	berry ['bɛɚ i] —	belly ['bɛl i]
ride [rɑɪd] —	wide [wɑɪd]	bereaved [bɪ 'rivd] —	believed [bɪ 'livd]
rare [rɛɚ] —	wear [wɛɚ]	berated [bɪ 'ret ɪd] —	belated [bɪ 'let ɪd]

[j]

1. Phonetic symbol and I.D. number: [j], C-23
2. Production information: a voiced, alveolar-palatal glide sound
3. Positions in words: initial and medial
4. Typical spellings: **y**es, on**i**on, val**ue**
5. Visible information: narrow mouth opening, relaxed lips, often revealed by context
6. Initial blends: [bju] beauty, abuse; [kju] cute, accuse; [mju] mule, amuse

[j] Word List

Initial	*Medial*
yes [jɛs]	onion [ˈən jən]
year [jɪɚ]	amuse [ə ˈmjuz]
your [jʊɚ]	loyal [ˈlɔɪ (j)əl]
you [ju]	abuse [ə ˈbjuz]
yet [jɛt]	million [ˌmɪl jən]

Contrasting Sounds:

[ju]		[u]		[j]		[dʒ]
feud [fjud]	—	food [fud]		yam [jæm]	—	jam [dʒæm]
mute [mjut]	—	moot [mut]		yell [jɛl]	—	jell [dʒɛl]
beauty [ˈbju ti]	—	booty [ˈbu ti]		yacht [jɑt]	—	jot [dʒɑt]
Butte [bjut]	—	boot [but]		use [jus]	—	juice [dʒus]
use [juz]	—	ooze [uz]		yet [jɛt]	—	jet [dʒɛt]

VOCABULARY

Hints on Using *NTC's Dictionary of American English Pronunciation*

1. Make sure you know what sounds the phonetic symbols stand for. Use the Pronunciation Guide at the beginning of the book, pages P-1 through P-53, to help you learn which sounds the phonetic symbols used in the dictionary actually stand for. Use a model speaker—either on the audiotape or a live volunteer—to help you learn the sounds.

2. Use the descriptions of the individual phonetic symbols in the Pronunciation Guide to help you with the individual symbols when it is not possible to use a model speaker.

3. Look up the word you want to pronounce in the dictionary and pronounce the phonetic symbols.

A

A [e]

a [ə]

à la carte [ˌɑ lə ˈkɑɚt]

à la mode [ˌɑ lə ˈmod]

abandon [ə ˈbæn dn]

abandoned [ə ˈbæn dnd]

abandoning [ə ˈbæn dn ɪŋ]

abandons [ə ˈbæn dnz]

abbreviate [ə ˈbri vi ˌet]

abbreviated [ə ˈbri vi ˌet ɪd]

abbreviates [ə ˈbri vi ˌets]

abbreviating [ə ˈbri vi ˌet ɪŋ]

abbreviation [ə ˌbri vi ˈe ʃn]

abdicate [ˈæb də ˌket]

abdicated [ˈæb də ˌket ɪd]

abdicating [ˈæb də ˌket ɪŋ]

abdication [ˌæb də ˈke ʃn]

abdomen [ˈæb də mən]

abdominal [ˌæb ˈdɑm ə nl]

abduct [æb ˈdəkt]

abducted [æb ˈdək tɪd]

abducting [æb ˈdək tɪŋ]

aberration [ˌæb ə ˈre ʃn]

abeyance [ə ˈbe əns]

abhorrent [ˌæb ˈhɔɚ ənt]

abide [ə ˈbɑɪd]

ability [ə ˈbɪl ə ti]

able [ˈe bl]

abnormal [æb ˈnɔɚ ml]

abnormalities
  [ˌæb nɔɚ ˈmæl ɪ tiz]

abnormality
  [ˌæb nɔɚ ˈmæl ɪ ti]

aboard [ə ˈbɔɚd]

abolish [ə ˈbɑl ɪʃ]

abolished [ə ˈbɑl ɪʃt]

abolishes [ə ˈbɑl ɪʃ ɪz]

abolishing [ə ˈbɑl ɪʃ ɪŋ]

abominable [ə ˈbɑm ə nə bl]

abort [ə ˈbɔɚt]

aborted [ə ˈbɔɚ tɪd]

abortion [ə ˈbɔɚ ʃn]

abound [ə ˈbæund]

about [ə ˈbæut]

above [ə ˈbəv]

aboveboard [ə ˈbəv ˌbɔɚd]

abrasion [ə ˈbre ʒn]

abrasive [ə ˈbre sɪv]

abroad [ə ˈbrɔd]

abrupt [ə ˈbrəpt]

abruptly [ə ˈbrəpt li]

abscess [ˈæb sɛs]

abscessed [ˈæb sɛst]

absence [ˈæb səns]

absent [ˈæb sənt]

absentee [ˌæb sən ˈti]

absolute [ˈæb sə ˌlut]

absolutely [ˌæb sə ˈlut li]

absolve [æb ˈzɑlv]

absolved [æb ˈzɑlvd]

absorb [æb ˈzɔɚb]

absorbed [æb ˈzɔɚbd]

absorbing [æb ˈzɔɚb ɪŋ]

absorbs [æb ˈzɔɚbz]

absorption [æb ˈsɔɚp ʃn]

abstain [æb ˈsten]

abstained [æb ˈstend]

abstaining [æb ˈsten ɪŋ]

abstains [æb ˈstenz]

abstinence [ˈæb stə nəns]

abstract n., adj. [ˈæb ˌstrækt]
  v. [æb ˈstrækt]

abstracted [æb ˈstræk tɪd]

abstracting [æb ˈstræk tɪŋ]

abstraction [æb ˈstræk ʃn]

absurd [æb ˈsɚd]

abundance [ə ˈbən dns]

abundant [ə ˈbən dnt]

abuse n. [ə ˈbjus] v. [ə ˈbjuz]

abused [ə ˈbjuzd]

abuses n. [ə ˈbjus ɪz]
  v. [ə ˈbjuz ɪz]

abusing [ə ˈbjuz ɪŋ]

abusive [ə ˈbju sɪv]

abysmal [ə ˈbɪz ml]

abyss [ə ˈbɪs]

academic [ˌæk ə ˈdɛm ɪk]

academy [ə ˈkæd ə mi]

accelerate [æk ˈsɛl ə ˌret]

accelerated [æk ˈsɛl ə ˌret ɪd]

accelerates [æk ˈsɛl ə ˌrets]

accelerating [æk ˈsɛl ə ˌret ɪŋ]

acceleration [æk ˌsɛl ə ˈre ʃn]

accelerator [æk ˈsɛl ə ˌre tɚ]

accent [ˈæk sɛnt]

accented [ˈæk sɛn tɪd]

accenting [ˈæk sɛn tɪŋ]

accentuate [æk ˈsɛn tʃu ˌet]

accentuated [æk ˈsɛn tʃu ˌet ɪd]

accentuates [æk ˈsɛn tʃu ˌets]

accentuating
  [æk ˈsɛn tʃu ˌet ɪŋ]

accept [æk ˈsɛpt]

acceptable [æk ˈsɛp tə bl]

acceptance [æk ˈsɛp tns]

accepted [æk ˈsɛp tɪd]

accepting [æk ˈsɛp tɪŋ]

accepts [æk ˈsɛpts]

access [ˈæk sɛs]

accessed [ˈæk sɛst]

accessibility [æk ˌsɛs ə ˈbɪl ə ti]

accessible [æk ˈsɛs ə bl]

accessory [æk ˈsɛs ə ri]

accident [ˈæk sɪ dnt]

accident-prone
  [ˈæk sɪ dnt ˈpron]

accidental [ˌæk sɪ ˈdɛn tl]

accidentally [ˌæk sɪ ˈdɛnt li]

acclaim [ə ˈklem]

acclamation [ˌæk lə ˈme ʃn]

acclimate [ˈæk lə ˌmet]

acclimated [ˈæk lə ˌmet ɪd]

acclimating [ˈæk lə ˌmet ɪŋ]

accommodate [ə ˈkɑm ə ˌdet]

accommodated
[ə 'kam ə ˌdet ɪd]

accommodating
[ə 'kam ə ˌdet ɪŋ]

accommodation
[ə ˌkam ə 'de ʃn]

accompanied [ə 'kəm pə ˌnid]

accompaniment
[ə 'kəm pə nɪ mənt]

accompanist [ə 'kəm pə nɪst]

accompany [ə 'kəm pə ni]

accompanying
[ə 'kəm pə ni ɪŋ]

accomplice [ə 'kam plɪs]

accomplish [ə 'kam plɪʃ]

accomplished [ə 'kam plɪʃt]

accomplishing [ə 'kam plɪʃ ɪŋ]

accomplishment
[ə 'kam plɪʃ mənt]

accord [ə 'kɔɚd]

accordance [ə 'kɔɚ dns]

accorded [ə 'kɔɚ dɪd]

according [ə 'kɔɚ dɪŋ]

accordingly [ə 'kɔɚ dɪŋ li]

accordion [ə 'kɔɚ di ən]

account [ə 'kæʊnt]

accountable [ə 'kæʊnt ə bl]

accountant [ə 'kæʊnt nt]

accounted [ə 'kæʊnt ɪd]

accounting [ə 'kæʊnt ɪŋ]

accrue [ə 'kru]

accrued [ə 'krud]

accrues [ə 'kruz]

accruing [ə 'kru ɪŋ]

accumulate [ə 'kju mjə ˌlet]

accumulated
[ə 'kju mjə ˌlet ɪd]

accumulates [ə 'kju mjə ˌlets]

accumulating
[ə 'kju mjə ˌlet ɪŋ]

accumulation
[ə ˌkju mjə 'le ʃn]

accuracy ['æk jɚ ɪ si]

accurate ['æk jɚ ɪt]

accurately ['æk jɚ ɪt li]

accusation [ˌæk jə 'ze ʃn]

accuse [ə 'kjuz]

accused [ə 'kjuzd]

accusing [ə 'kjuz ɪŋ]

accustomed [ə 'kəs tmd]

ace [es]

ache [ek]

ached [ekt]

achieve [ə 'tʃiv]

achieved [ə 'tʃivd]

achievement [ə 'tʃiv mənt]

achieving [ə 'tʃiv ɪŋ]

aching ['ek ɪŋ]

acid ['æs ɪd]

acid rain ['æs ɪd 'ren]

acidity [ə 'sɪd ə ti]

acknowledge [æk 'nal ɪdʒ]

acknowledged [æk 'nal ɪdʒd]

acknowledgement
[æk 'nal ɪdʒ mənt]

acknowledging [æk 'nal ɪdʒ ɪŋ]

acne ['æk ni]

acorn ['e kɔɚn]

acoustic [ə 'ku stɪk]

acoustical [ə 'ku stɪ kl]

acquaint [ə 'kwent]

acquaintance [ə 'kwen tns]

acquainted [ə 'kwen tɪd]

acquire [ə 'kwaɪɚ]

acquired [ə 'kwaɪɚd]

acquiring   [ə 'kwɑɪɚ ɪŋ]
acquisition   [ˌæk wɪ 'zɪʃn]
acquisitive   [ə 'kwɪz ɪ tɪv]
acquit   [ə 'kwɪt]
acquittal   [ə 'kwɪtl]
acquitted   [ə 'kwɪt ɪd]
acquitting   [ə 'kwɪt ɪŋ]
acre   ['e kɚ]
acreage   ['e kɚ ɪdʒ]
acrid   ['æk rɪd]
acrimony   ['æk rɪ ˌmo ni]
acrobat   ['æk rə ˌbæt]
acrobatics   [ˌæk rə 'bæt ɪks]
across   [ə 'krɔs]
acrylic   [ə 'krɪl ɪk]
act   [ækt]
acted   ['æk tɪd]
acting   ['æk tɪŋ]
action   ['æk ʃn]
activate   ['æk tə ˌvet]
activated   ['æk tə ˌvet ɪd]
activating   ['æk tə ˌvet ɪŋ]
active   ['æk tɪv]
actively   ['æk tɪv li]
activism   ['æk tə ˌvɪzm]
activity   [æk 'tɪv ɪ ti]
actor   ['æk tɚ]
actress   ['æk trɪs]
actual   ['æk tʃu əl]
actuality   [ˌæk tʃu 'æl ɪ ti]
actually   ['æk tʃu ə li]
actuary   ['æk tʃu ˌɛɚ i]
actuate   ['æk tʃu ˌet]
acuity   [ə 'kju ɪ ti]
acumen   [ə 'kju mən]
acute   [ə 'kjut]
acutely   [ə 'kjut li]

ad   [æd]
ad infinitum   [æd ˌɪn fɪ 'nɑɪ tm]
ad-lib   ['æd 'lɪb]
ad-libbed   ['æd 'lɪbd]
ad-libbing   ['æd 'lɪb ɪŋ]
ad-libs   ['æd 'lɪbz]
adage   ['æd ɪdʒ]
adamant   ['æd ə mənt]
adapt   [ə 'dæpt]
adaptable   [ə 'dæp tə bl]
adaptation   [ˌæ dæp 'te ʃn]
adapted   [ə 'dæp tɪd]
adapting   [ə 'dæp tɪŋ]
adaptor   [ə 'dæp tɚ]
add   [æd]
added   ['æd ɪd]
addict   n. ['æ ˌdɪkt]
   v. [ə 'dɪkt]
addicted   [ə 'dɪk tɪd]
addicting   [ə 'dɪk tɪŋ]
addiction   [ə 'dɪk ʃn]
addictive   [ə 'dɪk tɪv]
adding   ['æd ɪŋ]
addition   [ə 'dɪʃn]
additional   [ə 'dɪʃ ə nl]
additive   ['æd ɪ tɪv]
address   n. ['æ drɛs]
   v. [ə 'drɛs]
addressed   [ə 'drɛst]
adenoids   ['æd nɔɪdz]
adept   [ə 'dɛpt]
adequacy   ['æd ə kwə si]
adequate   ['æd ə kwɪt]
adequately   ['æd ə kwɪt li]
adhere   [æd 'hɪɚ]
adhered   [æd 'hɪɚd]
adherence   [æd 'hɪɚ əns]

adherent   [æd 'hɪɚ nt]

adhering   [æd 'hɪɚ ɪŋ]

adhesion   [æd 'hi ʒn]

adhesive   [æd 'hi sɪv]

adhesive tape   [æd 'hi sɪv ˌtep]

adjacent   [ə 'dʒe snt]

adjective   ['ædʒ ɪk tɪv]

adjoining   [ə 'dʒɔɪn ɪŋ]

adjourn   [ə 'dʒɚn]

adjourned   [ə 'dʒɚnd]

adjourning   [ə 'dʒɚn ɪŋ]

adjudge   [ə 'dʒədʒ]

adjudged   [ə 'dʒədʒd]

adjunct   ['ædʒ əŋkt]

adjust   [ə 'dʒəst]

adjustable   [ə 'dʒəst ə bl]

adjusted   [ə 'dʒəs tɪd]

adjusting   [ə 'dʒəs tɪŋ]

adjustment   [ə 'dʒəst mənt]

administer   [æd 'mɪn ɪs tɚ]

administered   [æd 'mɪn ɪs tɚd]

administering
   [æd 'mɪn ɪs tɚ ɪŋ]

administration
   [æd ˌmɪn ɪ 'stre ʃn]

administrative
   [æd 'mɪn ɪ ˌstre tɪv]

administrator
   [æd 'mɪn ɪ ˌstre tɚ]

admirable   ['æd mɚ ə bl]

admirably   ['æd mɚ ə bli]

admiral   ['æd mɚ əl]

admiration   [ˌæd mə 're ʃn]

admire   [æd 'mɑɪɚ]

admired   [æd 'mɑɪɚd]

admirer   [æd 'mɑɪɚ ɚ]

admiring   [æd 'mɑɪɚ ɪŋ]

admissible   [æd 'mɪs ə bl]

admission   [æd 'mɪʃn]

admit   [æd 'mɪt]

admittance   [æd 'mɪt ns]

admitted   [æd 'mɪt ɪd]

admittedly   [æd 'mɪt ɪd li]

admitting   [æd 'mɪt ɪŋ]

admonish   [æd 'man ɪʃ]

admonished   [æd 'man ɪʃt]

admonishing   [æd 'man ɪʃ ɪŋ]

admonition   [ˌæd mə 'nɪ ʃn]

adolescence   [ˌæd ə 'lɛs ns]

adolescent   [ˌæd ə 'lɛs nt]

adopt   [ə 'dɑpt]

adopted   [ə 'dɑp tɪd]

adopting   [ə 'dɑp tɪŋ]

adoption   [ə 'dɑp ʃn]

adoptive   [ə 'dɑp tɪv]

adopts   [ə 'dɑpts]

adorable   [ə 'dɔɚ ə bl]

adore   [ə 'dɔɚ]

adored   [ə 'dɔɚd]

adores   [ə 'dɔɚz]

adorn   [ə 'dɔɚn]

adrenalin   [ə 'drɛn ə lɪn]

adroit   [ə 'drɔɪt]

adulation   [ˌædʒ ə 'le ʃn]

adult   [ə 'dəlt]

adulterate   [ə 'dəl tə ˌret]

adulterated   [ə 'dəl tə ˌret ɪd]

adultery   [ə 'dəl tə ri]

advance   [æd 'væns]

advanced   [æd 'vænst]

advancement
   [æd 'væns mənt]

advancing   [æd 'væns ɪŋ]

advantage   [æd 'væn tɪdʒ]

advantageous
[ˌæd væn ˈte dʒɪs]

adventure [æd ˈvɛn tʃɚ]

adventurer [æd ˈvɛn tʃɚ ɚ]

adventurous [æd ˈvɛn tʃɚ əs]

adverb [ˈæd vɚb]

adversary [ˈæd vɚ ˌsɛɚ i]

adverse [æd ˈvɚs]

adversity [æd ˈvɚ sɪ ti]

advertise [ˈæd vɚ ˌtɑɪz]

advertised [ˈæd vɚ ˌtɑɪzd]

advertisement
[ˌæd vɚ ˈtɑɪz mənt]

advertises [ˈæd vɚ ˌtɑɪz ɪz]

advertising [ˈæd vɚ ˌtɑɪz ɪŋ]

advice [æd ˈvɑɪs]

advisability [æd ˌvɑɪz ə ˈbɪl ɪ ti]

advisable [æd ˈvɑɪz ə bl]

advise [æd ˈvɑɪz]

advised [æd ˈvɑɪzd]

advises [æd ˈvɑɪz ɪz]

advising [æd ˈvɑɪz ɪŋ]

advisor [æd ˈvɑɪz ɚ]

advisory [æd ˈvɑɪz ə ri]

advocacy [ˈæd və kə si]

advocate [ˈæd və ˌket]

advocated [ˈæd və ˌket ɪd]

advocates [ˈæd və ˌkets]

advocating [ˈæd və ˌket ɪŋ]

aerodynamics
[ˌɛɚ o ˌdɑɪ ˈnæm ɪks]

aeronautical [ˌɛɚ ə ˈnɔ tɪ kl]

aeronautics [ˌɛɚ ə ˈnɔ tɪks]

aerosol [ˈɛɚ ə ˌsol]

aerospace [ˈɛɚ o ˌspes]

aesthetics [ɛs ˈθɛt ɪks]

affair [ə ˈfɛɚ]

affect [ə ˈfɛkt]

affected [ə ˈfɛk tɪd]

affecting [ə ˈfɛk tɪŋ]

affection [ə ˈfɛk ʃn]

affectionate [ə ˈfɛk ʃə nɪt]

affects [ə ˈfɛkts]

affidavit [ˌæf ɪ ˈde vɪt]

affiliate n. [ə ˈfɪl i ɪt]
v. [ə ˈfɪl i ˌet]

affiliated [ə ˈfɪl i ˌet ɪd]

affiliating [ə ˈfɪl i ˌet ɪŋ]

affiliation [ə ˌfɪl i ˈe ʃn]

affinity [ə ˈfɪn ɪ ti]

affirm [ə ˈfɚm]

affirmation [ˌæ fɚ ˈme ʃn]

affirmative [ə ˈfɚ mə tɪv]

affirmed [ə ˈfɚmd]

afflict [ə ˈflɪkt]

afflicted [ə ˈflɪk tɪd]

afflicting [ə ˈflɪk tɪŋ]

affliction [ə ˈflɪk ʃn]

afflicts [ə ˈflɪkts]

affluence [ˈæ ˌflu əns]

affluent [ˈæ flu ənt]

afford [ə ˈfɔɚd]

afforded [ə ˈfɔɚ dɪd]

affricate [ˈæf rɪ kɪt]

afoot [ə ˈfʊt]

aforementioned
[ə ˈfɔɚ ˈmɛn ʃənd]

afraid [ə ˈfred]

African [ˈæf rɪ kn]

after [ˈæf tɚ]

aftereffects [ˈæf tɚ ə ˌfɛkts]

aftermath [ˈæf tɚ ˌmæθ]

afternoon [ˌæf tɚ ˈnun]

afterthought [ˈæf tɚ ˌθɔt]

afterward [ˈæf tɚ wɚd]

afterwards [ˈæf tɚ wɚdz]

again [ə ˈgɛn]

against [ə ˈgɛnst]

age [edʒ]

aged [edʒd]

ageless [ˈedʒ lɪs]

agency [ˈe dʒən si]

agenda [ə ˈdʒɛn ˌdə]

agent [ˈe dʒənt]

aggrandize [ə ˈgræn ˌdaɪz]

aggravate [ˈæg rə ˌvet]

aggravated [ˈæg rə ˌvet ɪd]

aggravating [ˈæg rə ˌvet ɪŋ]

aggravation [ˌæg rə ˈve ʃn]

aggregate [ˈæg rə gɪt]

aggression [ə ˈgrɛʃn]

aggressive [ə ˈgrɛs ɪv]

aggressively [ə ˈgrɛs ɪv li]

aggressor [ə ˈgrɛs ɚ]

aghast [ə ˈgæst]

agile [ædʒl]

aging [ˈedʒ ɪŋ]

agitate [ˈædʒ ɪ ˌtet]

agitated [ˈædʒ ɪ ˌtet ɪd]

agitating [ˈædʒ ɪ ˌtet ɪŋ]

agitation [ˌædʒ ɪ ˈte ʃn]

agitator [ˈædʒ ɪ ˌte tɚ]

agleam [ə ˈglim]

aglow [ə ˈglo]

agnostic [æg ˈnɑs tɪk]

agnosticism [æg ˈnɑs tɪ ˌsɪzm]

ago [ə ˈgo]

agonize [ˈæg ə ˌnaɪz]

agonizes [ˈæg ə ˌnaɪz ɪz]

agonizing [ˈæg ə ˌnaɪz ɪŋ]

agony [ˈæg ə ni]

agrarian [ə ˈgrɛɚ i ən]

agree [ə ˈgri]

agreeable [ə ˈgri ə bl]

agreed [ə ˈgrid]

agreeing [ə ˈgri ɪŋ]

agreement [ə ˈgri mənt]

agrees [ə ˈgriz]

agricultural
  [ˌæg rə ˈkəl tʃɚ əl]

agriculture [ˈæg rə ˌkəl tʃɚ]

agronomy [ə ˈgrɑn ə mi]

ahead [ə ˈhɛd]

aid [ed]

aide [ed]

aided [ˈed ɪd]

aiding [ˈed ɪŋ]

AIDS [edz]

aids [edz]

ail [el]

ailing [ˈel ɪŋ]

ailment [ˈel mənt]

ails [elz]

aim [em]

aimless [ˈem lɪs]

air [ɛɚ]

air bag [ˈɛɚ ˌbæg]

air conditioner
  [ˈɛɚ kən ˌdɪʃn ɚ]

airborne [ˈɛɚ ˌbɔɚn]

aircraft [ˈɛɚ ˌkræft]

aired [ɛɚd]

airing [ˈɛɚ ɪŋ]

airline [ˈɛɚ ˌlaɪn]

airmail [ˈɛɚ ˌmel]

airplane [ˈɛɚ ˌplen]

airport [ˈɛɚ ˌpɔɚt]

airs [ɛɚz]

airspace ['ɛɚ ˌspes]
airstrip ['ɛɚ ˌstrɪp]
airtight ['ɛɚ ˌtaɪt]
aisle [aɪl]
ajar [ə 'dʒɑɚ]
akin [ə 'kɪn]
Akron (OH) ['æk rən]
Alabama [ˌæl ə 'bæm ə]
alarm [ə 'lɑɚm]
alarmed [ə 'lɑɚmd]
alarming [ə 'lɑɚm ɪŋ]
alarmist [ə 'lɑɚm ɪst]
alarms [ə 'lɑɚmz]
Alaska [ə 'læs kə]
Albany (NY) ['ɔl bə ni]
albino [æl 'baɪ no]
album ['æl bəm]
Albuquerque (NM)
  ['æl bə ˌkɚ ki]
alcohol ['æl kə ˌhɔl]
alcoholic [ˌæl kə 'hɔl ɪk]
alcoholism ['æl kə ˌhɔl ɪzm]
alcove ['æl ˌkov]
ale [el]
alert [ə 'lɚt]
alerted [ə 'lɚt ɪd]
alerting [ə 'lɚt ɪŋ]
alfalfa [æl 'fæl fə]
algae ['æl dʒi]
algebra ['æl dʒə brə]
alias ['e li əs]
alibi ['æl ə baɪ]
alibied ['æl ə baɪd]
alibiing ['æl ə baɪ ɪŋ]
alien ['e li ən]
alienate ['e li ə ˌnet]
alienated ['e li ə ˌnet ɪd]

alienating ['e li ə ˌnet ɪŋ]
alienation [e ˌli ə 'ne ʃn]
align [ə 'laɪn]
aligned [ə 'laɪnd]
alike [ə 'laɪk]
alimony ['æl ə ˌmo ni]
aline [ə 'laɪn]
alive [ə 'laɪv]
all [ɔl]
all-American [ˌɔl ə 'mɛɚ ə kn]
all-around ['ɔl ə 'ræʊnd]
all-important ['ɔl ɪm 'pɔɚt nt]
all-inclusive ['ɔl ɪn 'klu sɪv]
all-night ['ɔl 'naɪt]
all-out ['ɔl 'æʊt]
all right ['ɔl 'raɪt]
all-round ['ɔl 'ræʊnd]
all-star n. ['ɔl ˌstɑɚ]
  adj. ['ɔl 'stɑɚ]
all-time ['ɔl 'taɪm]
allegation [ˌæl ə 'ge ʃn]
allege [ə 'lɛdʒ]
alleged [ə 'lɛdʒd]
allegedly [ə 'lɛdʒ ɪd li]
alleges [ə 'lɛdʒ ɪz]
allegiance [ə 'li dʒəns]
allegory ['æl ə ˌgɔɚ i]
Allentown (PA) ['æl ən ˌtæʊn]
allergenic [ˌæl ɚ 'dʒɛn ɪk]
allergic [ə 'lɚ dʒɪk]
allergist ['æl ɚ dʒɪst]
allergy ['æl ɚ dʒi]
alleviate [ə 'li vi ˌet]
alleviated [ə 'li vi ˌet ɪd]
alleviates [ə 'li vi ˌets]
alleviating [ə 'li vi ˌet ɪŋ]
alleviation [ə ˌli vi 'e ʃn]

alley ['æl i]

alliance [ə 'laɪ əns]

allied ['æl aɪd]

allies ['æl aɪz]

alligator ['æl ɪ ˌge tɚ]

allocate ['æl ə ˌket]

allocated ['æl ə ˌket ɪd]

allocates ['æl ə ˌkets]

allocating ['æl ə ˌket ɪŋ]

allocation [ˌæl ə 'ke ʃn]

allot [ə 'lɑt]

allotment [ə 'lɑt mənt]

allotted [ə 'lɑt ɪd]

allotting [ə 'lɑt ɪŋ]

allow [ə 'læʊ]

allowance [ə 'læʊ əns]

allowed [ə 'læʊd]

allowing [ə 'læʊ ɪŋ]

allows [ə 'læʊz]

allude [ə 'lud]

alluded [ə 'lud ɪd]

alludes [ə 'ludz]

alluding [ə 'lud ɪŋ]

allure [ə 'lʊɚ]

allusion [ə 'lu ˌʒn]

ally n. ['æl aɪ] v. [ə 'laɪ]

alma mater ['æl mə 'mɑ tɚ]

almanac ['ɔl mə ˌnæk]

almighty [ɔl 'maɪ ti]

almond ['ɑ mənd]

almost ['ɔl most]

alms [ɑmz]

along [ə 'lɔŋ]

alongside [ə 'lɔŋ 'saɪd]

aloof [ə 'luf]

aloofness [ə 'luf nɪs]

aloud [ə 'læʊd]

alphabet ['æl fə ˌbɛt]

alphabetical [ˌæl fə 'bɛt ɪ kl]

alphabetically
  [ˌæl fə 'bɛt ɪk li]

alphabetize ['æl fə bɪ ˌtaɪz]

already [ɔl 'rɛd i]

also ['ɔl so]

also-ran ['ɔl so ˌræn]

altar ['ɔl tɚ]

alter ['ɔl tɚ]

alteration [ˌɔl tɚ 'e ʃn]

altercation [ˌɔl tɚ 'ke ʃn]

altered ['ɔl tɚd]

altering ['ɔl tɚ ɪŋ]

alternate n., adj. ['ɔl tɚ nət]
  v. ['ɔl tɚ ˌnet]

alternated ['ɔl tɚ ˌnet ɪd]

alternately ['ɔl tɚ ˌnɪt li]

alternates n. ['ɔl tɚ nəts]
  v. ['ɔl tɚ ˌnets]

alternating ['ɔl tɚ ˌnet ɪŋ]

alternative [ɔl 'tɚ nə tɪv]

although [ɔl 'ðo]

altimeter [æl 'tɪm ə tɚ]

altitude ['æl tɪ ˌtud]

alto ['æl to]

altogether [ˌɔl tə 'gɛð ɚ]

Altoona (PA) [ˌæl 'tu nə]

altruism ['æl tru ˌɪzm]

altruist ['æl tru ɪst]

altruistic [ˌæl tru 'ɪs tɪk]

aluminum [ə 'lu mə nəm]

alumna [ə 'ləm nə]

alumni [ə 'ləm naɪ]

alumnus [ə 'ləm nəs]

always ['ɔl wez]

am [æm]

Amarillo (TX)   [ˌæm ə 'rɪl o]
amateur   ['æ mə ˌtʃʊɚ]
amateurish   ['æ mə ˌtʃʊɚ ɪʃ]
amaze   [ə 'mez]
amazed   [ə 'mezd]
amazement   [ə 'mez mənt]
amazing   [ə 'mez ɪŋ]
ambassador   [æm 'bæs ə dɚ]
ambassadorial
   [æm ˌbæs ə 'dɔɚ i əl]
amber   ['æm bɚ]
ambiance   ['æm bi əns]
ambidextrous
   [ˌæm bɪ 'dɛk strəs]
ambiguity   [ˌæm bɪ 'gju ɪ ti]
ambiguous   [æm 'bɪg ju əs]
ambition   [æm 'bɪʃn]
ambitious   [æm 'bɪʃ əs]
ambivalence   [æm 'bɪv ə ləns]
ambivalent   [æm 'bɪv ə lənt]
amble   ['æm bl]
ambled   ['æm bld]
ambrosia   [æm 'bro ʒə]
ambulance   ['æm bjə ləns]
ambulate   ['æm bjə ˌlet]
ambulation   [ˌæm bjə 'le ʃn]
ambulatory
   ['æm bjə lə ˌtɔɚ i]
ambush   ['æm bʊʃ]
ambushed   ['æm bʊʃt]
ambushing   ['æm bʊʃ ɪŋ]
ameliorate   [ə 'mil jɚ ˌet]
amen   ['ɑ 'mɛn]
amenable   [ə 'mɛn ə bl]
amend   [ə 'mɛnd]
amended   [ə 'mɛn dɪd]
amending   [ə 'mɛn dɪŋ]

amendment   [ə 'mɛnd mənt]
amends   [ə 'mɛndz]
amenity   [ə 'mɛn ɪ ti]
American   [ə 'mɛɚ ə kn]
amiable   ['em i ə bl]
amicable   ['æm ə kə bl]
Amish   ['ɑ mɪʃ]
ammonia   [ə 'mon jə]
ammunition   [ˌæm jə 'nɪʃn]
amnesia   [æm 'ni ʒə]
amnesty   ['æm nɪs ti]
among   [ə 'məŋ]
amorous   ['æm ɚ əs]
amorphous   [ə 'mɔɚ fəs]
amortization   [ˌæm ɚ tɪ 'ze ʃn]
amortize   ['æm ɚ ˌtaɪz]
amortized   ['æm ɚ ˌtaɪzd]
amount   [ə 'mæʊnt]
amounted   [ə 'mæʊnt ɪd]
amounting   [ə 'mæʊnt ɪŋ]
amphibian   [æm 'fɪb i ən]
amphibious   [æm 'fɪb i əs]
amphitheater   ['æm fə ˌθi ə tɚ]
ample   ['æm pl]
amplification
   [ˌæm plɪ fɪ 'ke ʃn]
amplified   ['æm plɪ ˌfaɪd]
amplifier   ['æm plɪ ˌfaɪ ɚ]
amplify   ['æm plɪ ˌfaɪ]
amplitude   ['æm plɪ ˌtud]
amply   ['æm pli]
amputate   ['æm pjʊ ˌtet]
amputated   ['æm pjʊ ˌtet ɪd]
amputating   ['æm pjʊ ˌtet ɪŋ]
amputation   [ˌæm pjʊ 'te ʃn]
amputee   [ˌæm pjʊ 'ti]
amuse   [ə 'mjuz]

amused [ə 'mjuzd]
amusement [ə 'mjuz mənt]
amusing [ə 'mjuz ɪŋ]
an [æn]
analgesic [ˌæn əl 'dʒi zɪk]
analogous [ə 'næl ə gəs]
analogy [ə 'næl ə dʒi]
analyses [ə 'næl ə ˌsiz]
analysis [ə 'næl ə sɪs]
analyst ['æn ə lɪst]
analytical [ˌæn ə 'lɪt ɪ kl]
analyzable ['æn ə ˌlaɪz ə bl]
analyze ['æn ə ˌlaɪz]
analyzed ['æn ə ˌlaɪzd]
analyzing ['æn ə ˌlaɪz ɪŋ]
anarchy ['æn ɚ ki]
anatomical [ˌæn ə 'tam ɪ kl]
anatomy [ə 'næt ə mi]
ancestor ['æn ˌsɛs tɚ]
ancestral [æn 'sɛs trəl]
anchor ['æŋ kɚ]
Anchorage (AK) ['æŋ kɚ ɪdʒ]
anchored ['æŋ kɚd]
ancient ['en ʃnt]
and [ænd]
Anderson (IN) ['æn dɚ sn]
anecdote ['æn ɪk ˌdot]
anemia [ə 'ni mi ə]
anemic [ə 'ni mɪk]
anesthesia [ˌæn ɪs 'θi ʒə]
anesthesiologist
  [ˌæn ɪs ˌθi zi 'al ə dʒɪst]
anesthetic [ˌæn ɪs 'θɛt ɪk]
anesthetist [ə 'nɛs θɪ tɪst]
anesthetize [ə 'nɛs θɪ ˌtaɪz]
anesthetized [ə 'nɛs θɪ ˌtaɪzd]
angel ['en dʒl]

angelic [æn 'dʒɛl ɪk]
anger ['æŋ gɚ]
angered ['æŋ gɚd]
angering ['æŋ gɚ ɪŋ]
angina [æn 'dʒaɪ nə]
angle ['æŋ gl]
angled ['æŋ gld]
angler ['æŋ glɚ]
angrily ['æŋ grɪ li]
angry ['æŋ gri]
anguish ['æŋ gwɪʃ]
angular ['æŋ gjə lɚ]
animal ['æn ə ml]
animate ['æn ə ˌmet]
animated ['æn ə ˌmet ɪd]
animosity [ˌæn ə 'mas ɪ ti]
ankle ['æŋ kl]
Ann Arbor (MI) [ˌæn 'aɚ bɚ]
annals ['æn əlz]
Annapolis (MD) [ə 'næp ə lɪs]
annex *n.* ['æn ɛks]
  v. [ə 'nɛks]
annexation [ˌæn ɛk 'se ʃn]
annexed [ə 'nɛkst]
annexing [ə 'nɛks ɪŋ]
annihilate [ə 'naɪ ə ˌlet]
annihilated [ə 'naɪ ə ˌlet ɪd]
annihilating [ə 'naɪ ə ˌlet ɪŋ]
annihilation [ə ˌnaɪ ə 'le ʃn]
anniversary [ˌæn ə 'vɚ sɚ i]
annotated ['æn o ˌtet ɪd]
annotation [ˌæn o 'te ʃn]
announce [ə 'næʊns]
announced [ə 'næʊnst]
announcement
  [ə 'næʊns mənt]
announcer [ə 'næʊn sɚ]

announcing [ə 'næʊns ɪŋ]

annoy [ə 'nɔɪ]

annoyance [ə 'nɔɪ əns]

annoyed [ə 'nɔɪd]

annoying [ə 'nɔɪ ɪŋ]

annual ['æn ju əl]

annually ['æn ju ə li]

annuities [ə 'nu ɪ tiz]

annuity [ə 'nu ɪ ti]

annul [ə 'nəl]

annulled [ə 'nəld]

annulment [ə 'nəl mənt]

anoint [ə 'nɔɪnt]

anomaly [ə 'nɑm ə li]

anonymity [ˌæn ə 'nɪm ɪ ti]

anonymous [ə 'nɑn ə məs]

another [ə 'nəð ɚ]

answer ['æn sɚ]

answerable ['æn sɚ ə bl]

answered ['æn sɚd]

answering ['æn sɚ ɪŋ]

ant [ænt]

antacid [ænt 'æs ɪd]

antagonism [æn 'tæg ə ˌnɪzm]

antagonist [æn 'tæg ə nɪst]

antagonistic
   [æn ˌtæg ə 'nɪs tɪk]

antagonize [æn 'tæg ə ˌnɑɪz]

antagonized [æn 'tæg ə ˌnɑɪzd]

antagonizing
   [æn 'tæg ə ˌnɑɪz ɪŋ]

ante ['æn ti]

antebellum ['æn ti 'bɛl əm]

antecedent [ˌæn tɪ 'sid nt]

antelope ['æn tə ˌlop]

antenna [æn 'tɛn ə]

anterior [æn 'tɪɚ i ɚ]

anthem ['æn θəm]

anthology [æn 'θɑl ə dʒi]

anthropoid ['æn θrə ˌpɔɪd]

anti-Semitism
   [ˌæn ti 'sɛm ɪ tɪzm]

antiaircraft [ˌæn ti 'ɛɚ ˌkræft]

antibacterial
   ['æn ti ˌbæk 'tɪɚ i əl]

antibiotic [ˌæn ti bɑɪ 'ɑt ɪk]

antibody ['æn ti ˌbɑd i]

anticipate [æn 'tɪs ə ˌpet]

anticipating [æn 'tɪs ə ˌpet ɪŋ]

anticipation [æn ˌtɪs ə 'pe ʃn]

anticipatory [æn 'tɪs ə pə ˌtɔɚ i]

anticlimactic
   [ˌæn ti klɑɪ 'mæk tɪk]

anticlimax [ˌæn tɪ 'klɑɪ mæks]

antics ['æn tɪks]

antidepressant
   [ˌæn ti dɪ 'prɛs ənt]

antidote ['æn tɪ ˌdot]

antifreeze ['æn tɪ ˌfriz]

antigen ['æn tɪ dʒn]

antihistamine
   [ˌæn tɪ 'hɪs tə ˌmin]

antipathy [æn 'tɪp ə θi]

antiperspirant
   [ˌæn ti 'pɚ spɚ ənt]

antiquated ['æn tə ˌkwet ɪd]

antique [æn 'tik]

antiquing [æn 'tik ɪŋ]

antiquity [æn 'tɪk wɪ ti]

antiseptic [ˌæn tɪ 'sɛp tɪk]

antisocial [ˌæn ti 'so ʃl]

antithesis [æn 'tɪθ ɪ sɪs]

antitoxin [ˌæn ti 'tɑk sn]

antitrust [ˌæn ti 'trəst]

antonym   ['æn tə nɪm]

anus   ['e nəs]

anvil   ['æn vɪl]

anxiety   [ˌæŋ 'zaɪ ɪ ti]

anxious   ['æŋk ʃəs]

anxiously   ['æŋk ʃəs li]

any   ['ɛn i]

anybody   ['ɛn i ˌbad i]

anyhow   ['ɛn i ˌhæʊ]

anyone   ['ɛn i ˌwən]

anyplace   ['ɛn i ˌples]

anything   ['ɛn i ˌθɪŋ]

anyway   ['ɛn i ˌwe]

anywhere   ['ɛn i ˌʍɛɚ]

aorta   [e 'ɔɚ tə]

apart   [ə 'paɚt]

apartheid   [ə 'paɚt ˌhaɪt]

apartment   [ə 'paɚt mənt]

apathetic   [ˌæ pə 'θɛt ɪk]

apathy   ['æ pə θi]

ape   [ep]

aperture   ['æp ɚ tʃɚ]

apex   ['e pɛks]

aphasia   [ə 'fe ʒə]

aphrodisiac   [ˌæf rə 'diz i æk]

apiece   [ə 'pis]

apologetic   [ə ˌpal ə 'dʒɛt ɪk]

apologize   [ə 'pal ə ˌdʒaɪz]

apologized   [ə 'pal ə ˌdʒaɪzd]

apologizing
    [ə 'pal ə ˌdʒaɪz ɪŋ]

apology   [ə 'pal ə dʒi]

apostle   [ə 'pasl]

apostrophe   [ə 'pas trə fi]

appall   [ə 'pɔl]

appalled   [ə 'pɔld]

appalling   [ə 'pɔl ɪŋ]

apparatus   [ˌæp ə 'ræt əs]

apparel   [ə 'pæɚ əl]

apparent   [ə 'pæɚ ənt]

apparently   [ə 'pæɚ ənt li]

appeal   [ə 'pil]

appealed   [ə 'pild]

appealing   [ə 'pil ɪŋ]

appeals   [ə 'pilz]

appear   [ə 'pɪɚ]

appearance   [ə 'pɪɚ əns]

appeared   [ə 'pɪɚd]

appearing   [ə 'pɪɚ ɪŋ]

appears   [ə 'pɪɚz]

appease   [ə 'piz]

appeased   [ə 'pizd]

appeasement   [ə 'piz mənt]

appeasing   [ə 'piz ɪŋ]

appendage   [ə 'pɛn dɪdʒ]

appendectomy
    [ˌæ pən 'dɛk tə mi]

appendices   [ə 'pɛn dɪ ˌsiz]

appendicitis
    [ə ˌpɛn dɪ 'saɪ tɪs]

appendix   [ə 'pɛn dɪks]

appetite   ['æp ə ˌtaɪt]

appetizer   ['æp ə ˌtaɪ zɚ]

appetizing   ['æp ə ˌtaɪ zɪŋ]

applaud   [ə 'plɔd]

applauded   [ə 'plɔd ɪd]

applauding   [ə 'plɔd ɪŋ]

applause   [ə 'plɔz]

apple   [æpl]

applesauce   ['æpl sɔs]

Appleton (WI)   ['æpl tn]

appliance   [ə 'plaɪ əns]

applicable   ['æp lə kə bl]

applicant   ['æp lə kənt]

application   [ˌæp lə 'ke ʃn]
applicator   ['æp lə ˌke tɚ]
applied   [ə 'plaɪd]
applique   [ˌæp lə 'ke]
apply   [ə 'plaɪ]
applying   [ə 'plaɪ ɪŋ]
appoint   [ə 'pɔɪnt]
appointed   [ə 'pɔɪn tɪd]
appointing   [ə 'pɔɪn tɪŋ]
appointment   [ə 'pɔɪnt mənt]
apportion   [ə 'pɔɚ ʃn]
apportioned   [ə 'pɔɚ ʃnd]
appraisal   [ə 'prezl]
appraise   [ə 'prez]
appraised   [ə 'prezd]
appraiser   [ə 'prez ɚ]
appraising   [ə 'prez ɪŋ]
appreciable   [ə 'priʃ ə bl]
appreciably   [ə 'priʃ ə bli]
appreciate   [ə 'pri ʃi ˌet]
appreciated   [ə 'pri ʃi ˌet ɪd]
appreciation   [ə ˌpri ʃi 'e ʃn]
appreciative   [ə 'pri ʃi ə tɪv]
apprehend   [ˌæp ri 'hɛnd]
apprehended   [ˌæp ri 'hɛn dɪd]
apprehending   [ˌæp ri 'hɛn dɪŋ]
apprehension   [ˌæp ri 'hɛn ʃn]
apprehensive   [ˌæp ri 'hɛn sɪv]
apprentice   [ə 'prɛn tɪs]
apprenticing   [ə 'prɛn tɪs ɪŋ]
approach   [ə 'protʃ]
approachable   [ə 'protʃ ə bl]
approached   [ə 'protʃt]
approaching   [ə 'protʃ ɪŋ]
appropriate   adj. [ə 'pro pri ɪt]
   v. [ə 'pro pri ˌet]
appropriated   [ə 'pro pri ˌet ɪd]

appropriating
   [ə 'pro pri ˌet ɪŋ]
appropriation   [ə ˌpro pri 'e ʃn]
approval   [ə 'pru vl]
approve   [ə 'pruv]
approved   [ə 'pruvd]
approving   [ə 'pruv ɪŋ]
approximate
   adj. [ə 'prak sə ˌmɪt]
   v. [ə 'prak sə ˌmet]
approximately
   [ə 'prak sə mɪt li]
approximation
   [ə ˌprak sə 'me ʃn]
apricot   ['e prə ˌkat]
April   ['e prəl]
apron   ['e prən]
apropos   [ˌæ prə 'po]
apt   [æpt]
aptitude   ['æp tɪ ˌtud]
aquarium   [ə 'kwɛɚ i əm]
aquatic   [ə 'kwat ɪk]
aqueduct   ['æ kwɪ ˌdəkt]
aqueous   ['e kwi əs]
Arab   ['æɚ əb]
Arabian   [ə 're bi ən]
Arabic   ['æɚ ə bɪk]
arbitrary   ['aɚ bɪ ˌtrɛɚ i]
arbitrate   ['aɚ bɪ ˌtret]
arbitration   [ˌaɚ bɪ 'tre ʃn]
arbor   ['aɚ bɚ]
arc   [aɚk]
arcade   [aɚ 'ked]
arch   [aɚtʃ]
archaeological
   [ˌaɚ ki ə 'la dʒɪ kl]
archaeologist
   [ˌaɚ ki 'al ə dʒɪst]

archaeology [ˌɑɚ ki 'al ə dʒi]

archaic [ɑɚ 'ke ɪk]

archbishop ['ɑɚtʃ 'bɪʃ əp]

arched [ɑɚtʃt]

archenemy ['ɑɚtʃ 'ɛn ə mi]

archer ['ɑɚ tʃɚ]

archery ['ɑɚ tʃə ri]

archetype ['ɑɚ kɪ ˌtaɪp]

architect ['ɑɚ kɪ ˌtɛkt]

architectural
  [ˌɑɚ kɪ 'tɛk tʃɚ əl]

architecturally
  [ˌɑɚ kɪ 'tɛk tʃɚ ə li]

architecture ['ɑɚ kɪ ˌtɛk tʃɚ]

archives ['ɑɚ kaɪvz]

archway ['ɑɚtʃ ˌwe]

arctic ['ark tɪk]

ardent ['ɑɚ dnt]

ardor ['ɑɚ dɚ]

arduous ['ɑɚ dʒu əs]

are [ɑɚ]

area ['ɛɚ i ə]

area code ['ɛɚ i ə ˌkod]

arena [ə 'ri nə]

aren't [ɑɚnt]

arguable ['ɑɚ gju ə bl]

argue ['ɑɚ gju]

argued ['ɑɚ gjud]

arguing ['ɑɚ gju ɪŋ]

argument ['ɑɚ gjə mənt]

argumentative
  [ˌɑɚ gjə 'mɛn tə tɪv]

argyle ['ɑɚ gaɪl]

aria ['ɑɚ i ə]

arid ['æɚ ɪd]

arise [ə 'raɪz]

aristocracy [ˌæɚ ɪ 'stak rə si]

aristocrat [ə 'rɪs tə ˌkræt]

aristocratic [ə ˌrɪs tə 'kræt ɪk]

arithmetic [ə 'rɪθ mə tɪk]

arithmetical [ˌæɚ ɪθ 'mɛt ɪ kl]

Arizona [ˌæɚ ɪ 'zo nə]

ark [ɑɚk]

Arkansas ['ɑɚ kn ˌsɔ]

arm [ɑɚm]

armada [ɑɚ 'ma də]

armament ['ɑɚ mə mənt]

armchair ['ɑɚm ˌtʃɛɚ]

armed [ɑɚmd]

armful ['ɑɚm ˌfʊl]

armhole ['ɑɚm ˌhol]

armistice ['ɑɚ mɪ stɪs]

armor ['ɑɚ mɚ]

armored ['ɑɚ mɚd]

armory ['ɑɚ mə ri]

armpit ['ɑɚm ˌpɪt]

armrest ['ɑɚm ˌrɛst]

army ['ɑɚ mi]

aroma [ə 'ro mə]

aromatic [ˌæɚ ə 'mæt ɪk]

around [ə 'ræʊnd]

arouse [ə 'ræʊz]

aroused [ə 'ræʊzd]

arraign [ə 'ren]

arraignment [ə 'ren mənt]

arrange [ə 'rendʒ]

arranged [ə 'rendʒd]

arrangement [ə 'rendʒ mənt]

arranger [ə 'rendʒ ɚ]

arranging [ə 'rendʒ ɪŋ]

array [ə 're]

arrears [ə 'rɪɚz]

arrest [ə 'rɛst]

arrested [ə 'rɛs tɪd]

arresting   [ə 'rɛs tɪŋ]
arrival   [ə 'raɪ vl]
arrive   [ə 'raɪv]
arrived   [ə 'raɪvd]
arriving   [ə 'raɪv ɪŋ]
arrogance   ['æɚ ə gəns]
arrogant   ['æɚ ə gənt]
arrow   ['æɚ o]
arrowhead   ['æɚ o ˌhɛd]
arsenal   ['ɑɚ sə nl]
arsenic   ['ɑɚs nɪk]
arson   ['ɑɚ sn]
arsonist   ['ɑɚ sn ɪst]
art   [ɑɚt]
arteriosclerosis
   [ɑɚ ˌtɪɚ i o sklə 'ro sɪs]
artery   ['ɑɚ tə ri]
arthritis   [ɑɚ 'θraɪ tɪs]
article   ['ɑɚ tɪ kl]
articulate   adj.   [ɑɚ 'tɪk jə lɪt]
   v.   [ɑɚ 'tɪk jə ˌlet]
articulated   [ɑɚ 'tɪk jə ˌlet ɪd]
articulating   [ɑɚ 'tɪk jə ˌlet ɪŋ]
articulation   [ɑɚ ˌtɪk jə 'le ʃn]
artifact   ['ɑɚ tə ˌfækt]
artificial   [ˌɑɚ tə 'fɪʃl]
artificially   [ˌɑɚ tə 'fɪʃ ə li]
artisan   ['ɑɚ tɪ zn]
artist   ['ɑɚ tɪst]
artistic   [ɑɚ 'tɪs tɪk]
artistry   ['ɑɚ tɪ stri]
as   [æz]
asbestos   [æz 'bɛs təs]
ascend   [ə 'sɛnd]
ascended   [ə 'sɛn dɪd]
ascending   [ə 'sɛn dɪŋ]
ascent   [ə 'sɛnt]

ascertain   [ˌæ sɚ 'ten]
ascribe   [ə 'skraɪb]
ascribed   [ə 'skraɪbd]
aseptic   [e 'sɛp tɪk]
asexual   [e 'sɛk ʃu əl]
ash   [æʃ]
ashamed   [ə 'ʃemd]
ashen   [æʃn]
Asheville (NC)   ['æʃ vɪl]
Ashland (KY)   ['æʃ lənd]
ashore   [ə 'ʃɔɚ]
ashtray   ['æʃ ˌtre]
Asiatic   [ˌe ʒi 'æt ɪk]
aside   [ə 'saɪd]
asinine   ['æs ə ˌnaɪn]
ask   [æsk]
askew   [ə 'skju]
asking   ['æsk ɪŋ]
asleep   [ə 'slip]
asocial   [e 'so ʃl]
asparagus   [ə 'spæɚ ə gəs]
aspect   ['æs pɛkt]
aspersion   [ə 'spɚ ʒn]
asphalt   ['æs ˌfɔlt]
asphyxiate   [æs 'fɪk si ˌet]
aspiration   [ˌæs pə 're ʃn]
aspirator   ['æs pə ˌre tɚ]
aspire   [ə 'spaɪɚ]
aspired   [ə 'spaɪɚd]
aspirin   ['æs prɪn]
aspiring   [ə 'spaɪɚ ɪŋ]
assail   [ə 'sel]
assailant   [ə 'sel ənt]
assassin   [ə 'sæs ɪn]
assassinate   [ə 'sæs ə ˌnet]
assassinated   [ə 'sæs ə ˌnet ɪd]
assassinating   [ə 'sæs ə ˌnet ɪŋ]

assassination [ə ˌsæs ə 'ne ʃn]

assault [ə 'sɔlt]

assaulted [ə 'sɔlt ɪd]

assay *n.* ['æs e] *v.* [ə 'se]

assemblage [ə 'sɛm blɪdʒ]

assemble [ə 'sɛm bl]

assembled [ə 'sɛm bld]

assemblies [ə 'sɛm bliz]

assembling [ə 'sɛm blɪŋ]

assembly [ə 'sɛm bli]

assemblyman
[ə 'sɛm bli mən]

assemblymen [ə 'sɛm bli mɛn]

assent [ə 'sɛnt]

assert [ə 'sɚt]

asserted [ə 'sɚ tɪd]

asserting [ə 'sɚ tɪŋ]

assertion [ə 'sɚ ʃn]

assess [ə 'sɛs]

assessment [ə 'sɛs mənt]

assessor [ə 'sɛs ɚ]

asset ['æs ɛt]

assiduous [ə 'sɪdʒ u əs]

assiduously [ə 'sɪdʒ u əs li]

assign [ə 'saɪn]

assigned [ə 'saɪnd]

assignment [ə 'saɪn mənt]

assimilate [ə 'sɪm ə ˌlet]

assimilated [ə 'sɪm ə ˌlet ɪd]

assimilating [ə 'sɪm ə ˌlet ɪŋ]

assimilation [ə ˌsɪm ə 'le ʃn]

assist [ə 'sɪst]

assistance [ə 'sɪs təns]

assistant [ə 'sɪs tənt]

assisted [ə 'sɪs tɪd]

assisting [ə 'sɪs tɪŋ]

associate *n., adj.* [ə 'so ʃi ɪt]

v. [ə 'so ʃi ˌet]

associated [ə 'so ʃi ˌet ɪd]

associating [ə 'so ʃi ˌet ɪŋ]

association [ə ˌso ʃi 'e ʃn]

assorted [ə 'sɔɚ tɪd]

assortment [ə 'sɔɚt mənt]

assume [ə 'sum]

assumed [ə 'sumd]

assuming [ə 'sum ɪŋ]

assumption [ə 'səmp ʃn]

assurance [ə 'ʃʊɚ əns]

assure [ə 'ʃʊɚ]

assured [ə 'ʃʊɚd]

assuredly [ə 'ʃʊɚ əd li]

assuring [ə 'ʃʊɚ ɪŋ]

asterisk ['æs tɚ ɪsk]

asthma ['æz mə]

astigmatism
[ə 'stɪg mə ˌtɪzm]

astonish [ə 'stan ɪʃ]

astonished [ə 'stan ɪʃt]

astonishing [ə 'stan ɪʃ ɪŋ]

astonishment
[ə 'stan ɪʃ mənt]

astound [ə 'stæʊnd]

astounded [ə 'stæʊn dɪd]

astounding [ə 'stæʊn dɪŋ]

astride [ə 'straɪd]

astrologer [ə 'stral ə dʒɚ]

astrological [ˌæs trə 'ladʒ ɪ kl]

astrology [ə 'stral ə dʒi]

astronaut ['æs trə ˌnat]

astronomer [ə 'stran ə mɚ]

astronomic [ˌæs trə 'nam ɪk]

astronomical
[ˌæs trə 'nam ɪ kl]

astronomy [ə 'stran ə mi]

astrophysicist
[ˌæs tro 'fɪz ɪ sɪst]

astrophysics [ˌæs tro 'fɪz ɪks]

astute [ə 'stut]

asylum [ə 'saɪ ləm]

at [æt]

ate [et]

atheism ['e θi ˌɪzm]

atheist ['e θi ɪst]

atheistic [ˌe θi 'ɪs tɪk]

athlete ['æθ lit]

athlete's foot ['æθ lits ˌfʊt]

athletic [ˌæθ 'lɛt ɪk]

Atlanta (GA) [æt 'læn tə]

Atlantic City (NJ)
[æt 'læn tɪk 'sɪt i]

atlas ['æt ləs]

atmosphere ['æt məs ˌfɪɚ]

atmospheric [ˌæt məs 'fɛɚ ɪk]

atom ['æt əm]

atomic [ə 'tɑm ɪk]

atomizer ['æt ə ˌmaɪ zɚ]

atone [ə 'ton]

atoned [ə 'tond]

atonement [ə 'ton mənt]

atoning [ə 'ton ɪŋ]

atop [ə 'tap]

atrium ['e tri əm]

atrocious [ə 'tro ʃəs]

atrociously [ə 'tro ʃəs li]

atrocity [ə 'trɑs ɪ ti]

atrophy ['æ trə fi]

atrophying ['æ trə fi ɪŋ]

attach [ə 'tætʃ]

attache case [ˌæ ˌtæ 'ʃe ˌkes]

attached [ə 'tætʃt]

attaching [ə 'tætʃ ɪŋ]

attachment [ə 'tætʃ mənt]

attack [ə 'tæk]

attacked [ə 'tækt]

attacking [ə 'tæk ɪŋ]

attain [ə 'ten]

attainable [ə 'ten ə bl]

attained [ə 'tend]

attaining [ə 'ten ɪŋ]

attainment [ə 'ten mənt]

attempt [ə 'tɛmpt]

attempted [ə 'tɛmp tɪd]

attempting [ə 'tɛmp tɪŋ]

attend [ə 'tɛnd]

attendance [ə 'tɛn dəns]

attendant [ə 'tɛn dənt]

attended [ə 'tɛn dɪd]

attending [ə 'tɛn dɪŋ]

attention [ə 'tɛn ʃn]

attentive [ə 'tɛn tɪv]

attenuate [ə 'tɛn ju ˌet]

attenuated [ə 'tɛn ju ˌet ɪd]

attic ['æt ɪk]

attire [ə 'taɪɚ]

attitude ['æt ɪ ˌtud]

attorney [ə 'tɚ ni]

attorney general
[ə 'tɚ ni 'dʒɛn rəl]

attract [ə 'trækt]

attracted [ə 'træk tɪd]

attracting [ə 'træk tɪŋ]

attraction [ə 'træk ʃn]

attractive [ə 'træk tɪv]

attractively [ə 'træk tɪv li]

attractiveness
[ə 'træk tɪv nəs]

attributable [ə 'trɪ bjə tə bl]

attribute *n.* ['æ trə bjut]

v. [ə 'trɪb jut]
attributed [ə 'trɪb ju tɪd]
attune [ə 'tun]
atypical [e 'tɪp ɪ kl]
au jus [o 'ʒu]
auburn ['ɔ bɚn]
auction ['ɔk ʃn]
auctioned ['ɔk ʃnd]
auctioneer [ˌɔk ʃə 'nɪɚ]
auctioning ['ɔk ʃn ɪŋ]
audacious [ɔ 'de ʃəs]
audacity [ɔ 'dæs ɪ ti]
audibility [ˌɔ də 'bɪl ɪ ti]
audible ['ɔ də bl]
audience ['ɔ di əns]
audio ['ɔ di ˌo]
audiology [ˌɔ di 'al ə dʒi]
audiometer [ˌɔ di 'am ə tɚ]
audiovisual ['ɔ di ˌo 'vɪʒ u əl]
audiovisual aids
    [ˌɔ di ˌo 'vɪʒ u əl 'edz]
audit ['ɔ dɪt]
audited ['ɔ dɪt ɪd]
auditing ['ɔ dɪt ɪŋ]
audition [ɔ 'dɪʃn]
auditioned [ɔ 'dɪʃnd]
auditioning [ɔ 'dɪʃn ɪŋ]
auditor ['ɔ dɪ tɚ]
auditorium [ˌɔ dɪ 'tɔɚ i əm]
auditory ['ɔ də ˌtɔɚ i]
augment *n.* ['ɔg mɛnt]
    v. [ɔg 'mɛnt]
augur ['ɔ gɚ]
August ['ɔ gəst]
august [ɔ 'gəst]
Augusta (GA) [ɔ 'gəs tə]
aunt [ænt]

auspicious [ˌɔ 'spɪ ʃəs]
auspiciously [ɔ 'spɪ ʃəs li]
austere [ɔ 'stɪɚ]
austerity [ˌɔ 'stɛɚ ɪ ti]
Austin (TX) ['ɔ stn]
Australian [ˌɔ 'strel jən]
authentic [ɔ 'θɛn tɪk]
authentically [ˌɔ 'θɛn tɪk li]
authentication [ɔ ˌθɛn tɪ 'ke ʃn]
authenticity [ˌɔ θɛn 'tɪs ɪ ti]
author ['ɔ θɚ]
authoritarian
    [ə ˌθɔɚ ə 'tɛɚ i ən]
authoritative [ə 'θɔɚ ɪ ˌte tɪv]
authority [ə 'θɔɚ ɪ ti]
authorization [ˌɔ θɚ ɪ 'ze ʃn]
authorize ['ɔ θə ˌraɪz]
authorized ['ɔ θə ˌraɪzd]
authorizing ['ɔ θə ˌraɪz ɪŋ]
authorship ['ɔ θɚ ˌʃɪp]
autism ['ɔ tɪzm]
auto ['ɔ to]
autobiographical
    [ˌɔ tə baɪ ə 'græf ɪ kl]
autobiography
    [ˌɔ tə baɪ 'ag rə fi]
autocracy [ɔ 'tak rə si]
autocrat ['ɔ tə ˌkræt]
autograph ['ɔ tə ˌgræf]
automat ['ɔ tə ˌmæt]
automatic [ˌɔ tə 'mæt ɪk]
automatically [ˌɔ tə 'mæt ɪk li]
automation [ˌɔ tə 'me ʃn]
automobile [ˌɔ tə mə 'bil]
automotive [ˌɔ tə 'mo tɪv]
autonomous [ɔ 'tan ə məs]
autonomy [ɔ 'tan ə mi]

autopsy [ˈɔ tɑp si]

autumn [ˈɔ təm]

auxiliary [ɔg ˈzɪl jə ri]

avail [ə ˈvel]

availability [ə ˌvel ə ˈbɪl ɪ ti]

available [ə ˈvel ə bl]

availed [ə ˈveld]

avalanche [ˈæ və ˌlæntʃ]

avant-garde [ə vɑnt ˈgɑ˞d]

avarice [ˈæv ə˞ ɪs]

avenge [ə ˈvɛndʒ]

avenged [ə ˈvɛndʒd]

avenger [ə ˈvɛndʒ ə˞]

avenging [ə ˈvɛndʒ ɪŋ]

avenue [ˈæv ə ˌnju]

average [ˈæv rɪdʒ]

averaged [ˈæv rɪdʒd]

averaging [ˈæv rɪdʒ ɪŋ]

averse [ə ˈvə˞s]

aversion [ə ˈvə˞ ʒn]

avert [ə ˈvə˞t]

averted [ə ˈvə˞t ɪd]

averting [ə ˈvə˞t ɪŋ]

aviary [ˈe vi ˌɛ˞ i]

aviation [ˌe vi ˈe ʃn]

aviator [ˈe vi ˌe tə˞]

avid [ˈæv ɪd]

avidly [ˈæv ɪd li]

avocation [ˌæv ə ˈke ʃn]

avoid [ə ˈvɔɪd]

avoidable [ə ˈvɔɪd ə bl]

avoidance [ə ˈvɔɪd əns]

avoided [ə ˈvɔɪd ɪd]

avoiding [ə ˈvɔɪd ɪŋ]

avow [ə ˈvæʊ]

await [ə ˈwet]

awaited [ə ˈwet ɪd]

awaiting [ə ˈwet ɪŋ]

awake [ə ˈwek]

awaken [ə ˈwe kn]

awakened [ə ˈwe knd]

awakening [ə ˈwe kn ɪŋ]

award [ə ˈwɔ˞d]

awarded [ə ˈwɔ˞ dɪd]

awarding [ə ˈwɔ˞ dɪŋ]

aware [ə ˈwɛ˞]

awareness [ə ˈwɛ˞ nɪs]

away [ə ˈwe]

awestruck [ˈɔ ˌstrək]

awesome [ˈɔ səm]

awful [ˈɔ fl]

awfully [ˈɔf li]

awhile [ə ˈʍɑɪl]

awkward [ˈɔk wə˞d]

awkwardly [ˈɔk wə˞d li]

awkwardness [ˈɔk wə˞d nɪs]

awning [ˈɔ nɪŋ]

awoke [ə ˈwok]

axe [æks]

axiom [ˈæk si əm]

axis [ˈæk sɪs]

axle [ˈæk sl]

azalea [ə ˈzel jə]

azure [ˈæʒ ə˞]

B

B [bi]
babble [bæbl]
babbled [bæbld]
babbling ['bæb lɪŋ]
babe [beb]
babied ['be bid]
baboon [bæ 'bun]
baby ['be bi]
baby-sit ['be bi ˌsɪt]
baby-sitter ['be bi ˌsɪt ɚ]
baby-sitting ['be bi ˌsɪt ɪŋ]
babying ['be bi ɪŋ]
babyish ['be bi ɪʃ]
bachelor ['bætʃ lɚ]
back [bæk]
backboard ['bæk ˌbɔɚd]
backbone ['bæk ˌbon]
backbreaking ['bæk ˌbre kɪŋ]
backed [bækt]
backer ['bæk ɚ]
backfield ['bæk ˌfild]
backfire ['bæk ˌfaɪɚ]
background ['bæk ˌgræund]
backhand ['bæk ˌhænd]
backhanded ['bæk ˌhæn dɪd]

backing ['bæk ɪŋ]
backlash ['bæk ˌlæʃ]
backlog ['bæk ˌlɑg]
backorder ['bæk 'ɔɚ dɚ]
backpack ['bæk ˌpæk]
backpedal ['bæk ˌpɛdl]
backrest ['bæk ˌrɛst]
backside ['bæk ˌsaɪd]
backslapper ['bæk ˌslæp ɚ]
backslide ['bæk ˌslaɪd]
backspace ['bæk ˌspes]
backstage ['bæk 'stedʒ]
backstop ['bæk ˌstɑp]
backstretch ['bæk ˌstrɛtʃ]
backstroke ['bæk ˌstrok]
backup ['bæk ˌəp]
backward ['bæk wɚd]
backwards ['bæk wɚdz]
backwoods ['bæk 'wʊdz]
backyard ['bæk 'jɑɚd]
bacon ['be kn]
bacteria [ˌbæk 'tɪɚ i ə]
bacterial [ˌbæk 'tɪɚ i əl]
bacteriologist
 [bæk ˌtɪɚ i 'ɑl ə dʒɪst]

bacteriology
 [bæk ˌtɪɚ i 'ɑl ə dʒi]
bad [bæd]
badge [bædʒ]
badger ['bædʒ ɚ]
badgered ['bædʒ ɚd]
badgering ['bædʒ ɚ ɪŋ]
badgers ['bædʒ ɚz]
badly ['bæd li]
badminton ['bæd mɪn tn]
baffle [bæfl]
baffled [bæfld]
baffling ['bæf lɪŋ]
bag [bæg]
bagel ['be gl]
baggage ['bæg ɪdʒ]
bagged [bægd]
bagging ['bæg ɪŋ]
baggy ['bæg i]
bagpipes ['bæg ˌpɑɪps]
bail [bel]
bailed [beld]
bailiff ['be lɪf]
bait [bet]
baited ['bet ɪd]
bake [bek]
baked [bekt]
baker ['bek ɚ]
Bakersfield (CA) ['bek ɚz ˌfild]
bakery ['bek ə ri]
baking ['bek ɪŋ]
baking powder
 ['bek ɪŋ ˌpæʊ dɚ]
balance ['bæl əns]
balanced ['bæl ənst]
balancing ['bæl ən sɪŋ]
balcony ['bæl kə ni]

bald [bɔld]
bald eagle ['bɔld 'i gl]
balding ['bɔld ɪŋ]
baldness ['bɔld nɪs]
bale [bel]
balk [bɔk]
ball [bɔl]
ballad ['bæl əd]
ballast ['bæl əst]
ballerina [ˌbæl ə 'ri nə]
ballet [bæ 'le]
ballistics [bə 'lɪs tɪks]
balloon [bə 'lun]
ballooned [bə 'lund]
ballot ['bæl ət]
Baltimore (MD) ['bɔl tɪ ˌmɔɚ]
bamboo [bæm 'bu]
ban [bæn]
banana [bə 'næn ə]
band [bænd]
Band-Aid ['bæn ˌded]
bandage ['bæn dɪdʒ]
bandaged ['bæn dɪdʒd]
bandaging ['bæn dɪdʒ ɪŋ]
bandit ['bæn dɪt]
bandwagon ['bænd ˌwægn]
bang [bæŋ]
banged [bæŋd]
banging ['bæŋ ɪŋ]
Bangor (ME) ['bæŋ ˌgɔɚ]
banish ['bæn ɪʃ]
banished ['bæn ɪʃt]
banishing ['bæn ɪʃ ɪŋ]
banishment ['bæ nɪʃ mənt]
banjo ['bæn dʒo]
bank [bæŋk]
bank account ['bæŋk ə ˌkæʊnt]

bank card   ['bæŋk 'kaɚd]
banked   [bæŋkt]
banker   ['bæŋk ɚ]
banking   ['bæŋ kɪŋ]
bankrupt   ['bæŋk rəpt]
bankruptcy   ['bæŋk rəp si]
banks   [bæŋks]
banned   [bænd]
banner   ['bæn ɚ]
banning   ['bæn ɪŋ]
banquet   ['bæŋ kwɪt]
baptism   ['bæp tɪzm]
Baptist   ['bæp tɪst]
baptize   [bæp 'taɪz]
baptized   [bæp 'taɪzd]
baptizing   [bæp 'taɪz ɪŋ]
bar   [baɚ]
barbell   ['baɚ ˌbɛl]
bar code   ['baɚ ˌkod]
bar mitzvah   [baɚ 'mɪts və]
barbarian   [ˌbaɚ 'bɛɚ i ən]
barbaric   [ˌbaɚ 'bæɚ ɪk]
barbecue   ['baɚ bə ˌkju]
barbecued   ['baɚ bə ˌkjud]
barbecuing   ['baɚ bə ˌkju ɪŋ]
barber   ['baɚ bɚ]
bard   [baɚd]
bare   [bɛɚ]
bareback   ['bɛɚ ˌbæk]
bared   [bɛɚd]
barefaced   ['bɛɚ ˌfest]
barefoot   ['bɛɚ ˌfʊt]
barefooted   ['bɛɚ ˌfʊt ɪd]
barehanded   ['bɛɚ ˌhæn dɪd]
bareheaded   ['bɛɚ ˌhɛd ɪd]
barely   ['bɛɚ li]
bargain   ['baɚ gɪn]

bargained   ['baɚ gɪnd]
bargaining   ['baɚ gɪn ɪŋ]
barge   [baɚdʒ]
barged   [baɚdʒd]
barging   ['baɚdʒ ɪŋ]
baritone   ['bæɚ ɪ ˌton]
barium   ['bæɚ i əm]
bark   [baɚk]
barked   [baɚkt]
barker   ['baɚ kɚ]
barking   ['baɚ kɪŋ]
barley   ['baɚ li]
barn   [baɚn]
barnstorm   ['baɚn ˌstɔɚm]
barnstormed   ['baɚn ˌstɔɚmd]
barnstorming   ['baɚn ˌstɔɚm ɪŋ]
barnyard   ['baɚn ˌjaɚd]
barometer   [bə 'ram ɪ tɚ]
baron   ['bæɚ ən]
baroness   ['bæɚ ə nɪs]
barracks   ['bæɚ əks]
barracuda   [ˌbæɚ ə 'ku də]
barrage   [bə 'raʒ]
barred   [baɚd]
barrel   ['bæɚ əl]
barreled   ['bæɚ əld]
barreling   ['bæɚ ə lɪŋ]
barren   ['bæɚ ən]
barrette   [bə 'rɛt]
barricade   ['bæɚ ə ˌked]
barricaded   ['bæɚ ə ˌked ɪd]
barricading   ['bæɚ ə ˌked ɪŋ]
barrier   ['bæɚ i ɚ]
barring   ['baɚ ɪŋ]
barroom   ['baɚ ˌrum]
bartender   ['baɚ ˌtɛn dɚ]
barter   ['baɚ tɚ]

bartered ['baɚ tɚd]
bartering ['baɚ tɚ ɪŋ]
base [bes]
baseball ['bes ˌbɔl]
baseboard ['bes ˌbɔɚd]
based [best]
baseless ['bes lɪs]
baseline ['bes ˌlaɪn]
basement ['bes mənt]
bases ['be siz]
bash [bæʃ]
bashed [bæʃt]
bashful ['bæʃ fl]
bashfulness ['bæʃ fl nɪs]
bashing ['bæʃ ɪŋ]
basic ['be sɪk]
basically ['be sɪk li]
basin ['be sn]
basis ['be sɪs]
basket ['bæs kɪt]
basketball ['bæs kɪt ˌbɔl]
bass [bes]
bassinet [ˌbæs ə 'nɛt]
bassoon [bə 'sun]
bastard ['bæs tɚd]
baste [best]
basted ['bes tɪd]
basting ['bes tɪŋ]
bastion ['bæs tʃn]
bat [bæt]
bat mitzvah [bat 'mɪts və]
batch [bætʃ]
bath [bæθ]
bath towel ['bæθ ˌtæʊl]
bathe [beð]
bathed [beðd]
bathes [beðz]

bathing ['beð ɪŋ]
bathrobe ['bæθ ˌrob]
bathroom ['bæθ ˌrum]
bathtub ['bæθ ˌtəb]
baton [bə 'tan]
Baton Rouge (LA)
  [ˌbætn 'ruʒ]
battalion [bə 'tæl jən]
batted ['bæt ɪd]
batter ['bæt ɚ]
battered ['bæt ɚd]
battering ram ['bæt ə rɪŋ ˌræm]
battery ['bæt ə ri]
batting ['bæt ɪŋ]
battle [bætl]
battled [bætld]
battlefield ['bætl ˌfild]
battleship ['bætl ˌʃɪp]
battling ['bætl ɪŋ]
bauble ['bɔ bl]
bawl [bɔl]
bawled [bɔld]
bawling ['bɔl ɪŋ]
bay [be]
bayonet ['be ə ˌnɛt]
bayou ['baɪ u]
bays [bez]
bazaar [bə 'zaɚ]
bazooka [bə 'zu kə]
be [bi]
beach [bitʃ]
beachcomber ['bitʃ ˌko mɚ]
beachhead ['bitʃ ˌhɛd]
beacon ['bi kn]
bead [bid]
beaded ['bid ɪd]
beading ['bid ɪŋ]

beagle ['bi gl]

beak [bik]

beam [bim]

beamed [bimd]

beaming ['bim ɪŋ]

bean [bin]

beansprouts ['bin ˌspræʊts]

bear [bɛɚ]

bearable ['bɛɚ ə bl]

beard [bɪɚd]

bearded ['bɪɚ dɪd]

bearing ['bɛɚ ɪŋ]

beast [bist]

beastly ['bist li]

beat [bit]

beaten [bitn]

beater ['bit ɚ]

beating ['bit ɪŋ]

beats [bits]

Beaumont (TX) ['bo mant]

beautician [ˌbju 'tɪʃn]

beauties ['bju tiz]

beautification
  [ˌbju tə fɪ 'ke ʃn]

beautified [ˌbju tə 'faɪd]

beautiful ['bju tə fl]

beautifully ['bju tə fli]

beautify ['bju tə ˌfaɪ]

beautifying ['bju tɪ ˌfaɪ ɪŋ]

beauty ['bju ti]

beaver ['bi vɚ]

became [bɪ 'kem]

because [bɪ 'kɔz]

beckon [bɛkn]

beckoned [bɛknd]

beckoning ['bɛkn ɪŋ]

become [bɪ 'kəm]

becoming [bɪ 'kəm ɪŋ]

bed [bɛd]

bedazzle [bɪ 'dæzl]

bedclothes ['bɛd ˌkloz]

bedded ['bɛd ɪd]

bedding ['bɛd ɪŋ]

bedeck [bɪ 'dɛk]

bedecked [bɪ 'dɛkt]

bedfast ['bɛd ˌfæst]

bedfellow ['bɛd ˌfɛl o]

bedlam ['bɛd ləm]

bedpan ['bɛd ˌpæn]

bedridden ['bɛd ˌrɪdn]

bedrock ['bɛd ˌrak]

bedroll ['bɛd ˌrol]

bedroom ['bɛd ˌrum]

bedside ['bɛd ˌsaɪd]

bedsore ['bɛd ˌsɔɚ]

bedspread ['bɛd ˌsprɛd]

bedtime ['bɛd ˌtaɪm]

bee [bi]

beef [bif]

beefsteak ['bif ˌstek]

beehive ['bi ˌhaɪv]

beekeeper ['bi ˌki pɚ]

beeline ['bi ˌlaɪn]

been [bɪn]

beep [bip]

beeper ['bi pɚ]

beer [bɪɚ]

bees [biz]

beeswax ['biz ˌwæks]

beet [bit]

beetle [bitl]

befall [bɪ 'fɔl]

befit [bɪ 'fɪt]

befitting [bɪ 'fɪt ɪŋ]

before [bɪ 'fɔ˞]

beforehand [bɪ 'fɔ˞ ˌhænd]

befuddle [bɪ 'fədl]

beg [bɛg]

began [bɪ 'gæn]

beggar ['bɛg ə˞]

begged [bɛgd]

begging ['bɛg ɪŋ]

begin [bɪ 'gɪn]

beginner [bɪ 'gɪn ə˞]

beginning [bɪ 'gɪn ɪŋ]

begrudge [bɪ 'grədʒ]

begun [bɪ 'gən]

behalf [bɪ 'hæf]

behave [bɪ 'hev]

behaved [bɪ 'hevd]

behaving [bɪ 'hev ɪŋ]

behavior [bɪ 'hev jə˞]

behead [bɪ 'hɛd]

beheld [bɪ 'hɛld]

behind [bɪ 'haɪnd]

behold [bɪ 'hold]

beige [beʒ]

being ['bi ɪŋ]

belabor [bɪ 'le bə˞]

belated [bɪ 'let ɪd]

belch [bɛltʃ]

belched [bɛltʃt]

belching ['bɛltʃ ɪŋ]

Belgian ['bɛl dʒn]

belief [bɪ 'lif]

believe [bɪ 'liv]

believed [bɪ 'livd]

believer [bɪ 'liv ə˞]

believing [bɪ 'liv ɪŋ]

belittle [bɪ 'lɪtl]

bell [bɛl]

bellicose ['bɛl ə ˌkos]

belligerency [bə 'lɪdʒ ə˞ ən si]

belligerent [bə 'lɪdʒ ə˞ ənt]

belligerently [bə 'lɪdʒ ə˞ ənt li]

belly ['bɛl i]

bellyache ['bɛl i ˌek]

belong [bɪ 'lɔŋ]

belonged [bɪ 'lɔŋd]

belongings [bɪ 'lɔŋ ɪŋz]

belongs [bɪ 'lɔŋz]

beloved [bɪ 'ləvd]

below [bɪ 'lo]

belt [bɛlt]

beltway ['bɛlt ˌwe]

bench [bɛntʃ]

bend [bɛnd]

bendable ['bɛnd ə bl]

bending ['bɛn dɪŋ]

beneath [bɪ 'niθ]

benediction [ˌbɛn ə 'dɪk ʃn]

benefactor ['bɛn ə ˌfæk tə˞]

beneficence [bə 'nɛf ɪ səns]

beneficial [ˌbɛn ə 'fɪʃl]

beneficiary [ˌbɛn ə 'fɪʃ ə ri]

benefit ['bɛn ə fɪt]

benefited ['bɛn ə fɪt ɪd]

benefiting ['bɛn ə fɪt ɪŋ]

benevolence [bə 'nɛv ə ləns]

benevolent [bə 'nɛv ə lənt]

benign [bɪ 'naɪn]

bent [bɛnt]

bequeath [bɪ 'kwið]

bequeathed [bɪ 'kwiðd]

bequeathing [bɪ 'kwið ɪŋ]

bequest [bɪ 'kwɛst]

berate [bɪ 'ret]

berated [bɪ 'ret ɪd]

berating [bɪ 'ret ɪŋ]

bereaved [bɪ 'rivd]

bereavement [bɪ 'riv mənt]

beret [bə 're]

berries ['bɛɚ iz]

berry ['bɛɚ i]

berserk [bɚ 'zɚk]

berth [bɚθ]

beset [bɪ 'sɛt]

beside [bɪ 'saɪd]

besides [bɪ 'saɪdz]

best [bɛst]

bestial ['bis ti əl]

bet [bɛt]

Bethlehem (PA) ['bɛθ lɪ ˌhɛm]

betray [bɪ 'tre]

betrothed [bɪ 'troðd]

Bettendorf (IA) ['bɛtn ˌdɔɚf]

better ['bɛt ɚ]

betterment ['bɛt ɚ mənt]

betting ['bɛt ɪŋ]

between [bɪ 'twin]

bevel [bɛvl]

beverage ['bɛv rɪdʒ]

bevy ['bɛv i]

beware [bɪ 'wɛɚ]

bewilder [bɪ 'wɪl dɚ]

bewildered [bɪ 'wɪl dɚd]

bewildering [bɪ 'wɪl dɚ ɪŋ]

bewilderment [bɪ 'wɪl dɚ mənt]

beyond [bi 'jand]

biannual [baɪ 'æn ju əl]

bias ['baɪ əs]

biased ['baɪ əst]

bib [bɪb]

Bible ['baɪ bl]

biblical ['bɪb lɪ kl]

bibliography [ˌbɪb li 'ag rə fi]

bicker ['bɪk ɚ]

bicycle ['baɪ sɪ kl]

bicycled ['baɪ sɪ kld]

bicycling ['baɪ sɪk lɪŋ]

bid [bɪd]

biddable ['bɪd ə bl]

bidder ['bɪd ɚ]

bidding ['bɪd ɪŋ]

biennial [baɪ 'ɛn i əl]

bier [bɪɚ]

bifocals ['baɪ ˌfo klz]

big [bɪg]

bigamy ['bɪg ə mi]

bigger ['bɪg ɚ]

bigheaded ['bɪg ˌhɛd ɪd]

bighearted ['bɪg ˌhaɚ tɪd]

bigot ['bɪg ət]

bigoted ['bɪg ə tɪd]

bigotry ['bɪg ə tri]

bike [baɪk]

biker ['baɪk ɚ]

bikini [bɪ 'ki ni]

bilabial [baɪ 'leb i əl]

bilateral [baɪ 'læt ɚ əl]

bile [baɪl]

bilingual [baɪ 'lɪŋ gwəl]

bilk [bɪlk]

bilked [bɪlkt]

bill [bɪl]

billboard ['bɪl ˌbɔɚd]

billed [bɪld]

billfold ['bɪl ˌfold]

billiards ['bɪl jɚdz]

billing ['bɪl ɪŋ]

Billings (MT) ['bɪl ɪŋz]

billion ['bɪl jən]

billow [ˈbɪl o]
Biloxi (MS) [bɪ ˈlək si]
bimonthly [baɪ ˈmənθ li]
bin [bɪn]
binary [ˈbaɪ nə ri]
binaural [baɪ ˈnɔɚ əl]
bind [baɪnd]
binder [ˈbaɪnd ɚ]
binding [ˈbaɪn dɪŋ]
binge [bɪndʒ]
binged [bɪndʒd]
Binghamton (NY) [ˈbɪŋ əm tn]
binging [ˈbɪndʒ ɪŋ]
bingo [ˈbɪŋ go]
binoculars [bə ˈnak jə lɚz]
biochemistry [ˌbaɪ o ˈkɛm ɪs tri]
biodegradable [ˌbaɪ o də ˈgred ə bl]
biographer [ˌbaɪ ˈag rə fɚ]
biographical [ˌbaɪ ə ˈgræf ɪ kl]
biography [ˌbaɪ ˈag rə fi]
biological [ˌbaɪ ə ˈladʒ ɪ kl]
biologist [ˌbaɪ ˈal ə dʒɪst]
biology [ˌbaɪ ˈal ə dʒi]
bionics [ˌbaɪ ˈan ɪks]
biophysics [ˌbaɪ o ˈfɪz ɪks]
biopsy [ˈbaɪ ˌap si]
bipartisan [baɪ ˈpaɚ tɪ zn]
biracial [baɪ ˈre ʃl]
birch [bɚtʃ]
bird [bɚd]
bird's-eye view [ˈbɚdz aɪ ˌvju]
Birmingham (AL) [ˈbɚ mɪŋ ˌhæm]
birth [bɚθ]

birth certificate [ˈbɚθ sɚ ˈtɪf ɪ kət]
birthday [ˈbɚθ ˌde]
birthmark [ˈbɚθ ˌmaɚk]
birthplace [ˈbɚθ ˌples]
birthrate [ˈbɚθ ˌret]
birthright [ˈbɚθ ˌraɪt]
birthstone [ˈbɚθ ˌston]
biscuit [ˈbɪs kɪt]
bisect [ˈbaɪ ˌsɛkt]
bisexual [baɪ ˈsɛk ʃu əl]
bishop [ˈbɪʃ əp]
bit [bɪt]
bitch [bɪtʃ]
bite [baɪt]
biting [ˈbaɪt ɪŋ]
bitten [bɪtn]
bitter [ˈbɪt ɚ]
bitterly [ˈbɪt ɚ li]
bitterness [ˈbɪt ɚ nɪs]
biweekly [baɪ ˈwik li]
bizarre [bɪ ˈzaɚ]
black [blæk]
blackball [ˈblæk ˌbɔl]
blackberry [ˈblæk ˌbɛɚ i]
blackbird [ˈblæk ˌbɚd]
blackboard [ˈblæk ˌbɔɚd]
blacken [ˈblæk ən]
blackened [ˈblæk ənd]
blackjack [ˈblæk ˌdʒæk]
blacklist [ˈblæk ˌlɪst]
blackmail [ˈblæk ˌmel]
blackmailed [ˈblæk ˌmeld]
blackmailing [ˈblæk ˌmel ɪŋ]
blackness [ˈblæk nɪs]
blackout [ˈblæk ˌæʊt]
blacksmith [ˈblæk ˌsmɪθ]

blacktop ['blæk ˌtɑp]

bladder ['blæd ɚ]

blade [bled]

blame [blem]

blamed [blemd]

blameless ['blem lɪs]

blaming ['blem ɪŋ]

bland [blænd]

blank [blæŋk]

blank check ['blæŋk 'tʃɛk]

blanket ['blæŋ kɪt]

blare [blɛɚ]

blasphemy ['blæs fə mi]

blast [blæst]

blasted ['blæst ɪd]

blasting ['blæst ɪŋ]

blatant ['blet nt]

blaze [blez]

blazed [blezd]

blazer ['ble zɚ]

blazing ['blez ɪŋ]

bleach [blitʃ]

bleached [blitʃt]

bleachers ['blitʃ ɚz]

bleak [blik]

bleary ['blɪɚ i]

bleary-eyed ['blɪɚ i 'ɑɪd]

bled [blɛd]

bleed [blid]

bleeding ['blid ɪŋ]

bleep [blip]

blemish ['blɛm ɪʃ]

blemished ['blɛm ɪʃt]

blend [blɛnd]

blended ['blɛn dɪd]

blender ['blɛn dɚ]

blending ['blɛn dɪŋ]

bless [blɛs]

blessed [blɛst]

blessing ['blɛs ɪŋ]

blew [blu]

blight [blɑɪt]

blimp [blɪmp]

blind [blɑɪnd]

blinded ['blɑɪn dɪd]

blindfold ['blɑɪnd ˌfold]

blinding ['blɑɪn dɪŋ]

blindly ['blɑɪnd li]

blindness ['blɑɪnd nɪs]

blink [blɪŋk]

blinked [blɪŋkt]

blinkers ['blɪŋ kɚz]

blinking ['blɪŋ kɪŋ]

bliss [blɪs]

blissfully ['blɪs fə li]

blister ['blɪs tɚ]

blithe [blɑɪð]

blizzard ['blɪz ɚd]

bloated ['blot ɪd]

blob [blɑb]

block [blɑk]

blockade [blɑ 'ked]

blockage ['blɑk ɪdʒ]

blockbuster ['blɑk ˌbəs tɚ]

blocked [blɑkt]

blocking ['blɑk ɪŋ]

blond [blɑnd]

blonde [blɑnd]

blood [bləd]

blood poisoning
  ['bləd ˌpɔɪz ə nɪŋ]

bloodhound ['bləd ˌhæʊnd]

bloodless ['bləd lɪs]

bloodshed ['bləd ˌʃɛd]

bloodshot ['bləd ˌʃat]

bloodstream ['bləd ˌstrim]

bloody ['bləd i]

bloom [blum]

bloomed [blumd]

blooming ['blum ɪŋ]

blooper ['blu pɚ]

blossom [blasm]

blossomed [blasmd]

blot [blat]

blotch [blatʃ]

blotted ['blat ɪd]

blotter ['blat ɚ]

blouse [blæʊs]

blow [blo]

blowing ['blo ɪŋ]

blubber ['bləb ɚ]

bludgeon [blədʒn]

blue [blu]

blue cheese ['blu ˌtʃiz]

blue jay ['blu ˌdʒe]

blue jeans ['blu ˌdʒinz]

blueberry ['blu ˌbɛɚ i]

bluebird ['blu ˌbɚd]

bluer ['blu ɚ]

blueprint ['blu ˌprɪnt]

bluff [bləf]

bluffed [bləft]

bluffing ['bləf ɪŋ]

blunder ['blən dɚ]

blunt [blənt]

bluntly ['blənt li]

blur [blɚ]

blurred [blɚd]

blurring ['blɚ ɪŋ]

blurry ['blɚ i]

blurt [blɚt]

blurted ['blɚt ɪd]

blurting ['blɚt ɪŋ]

blush [bləʃ]

blushed [bləʃt]

blushing ['bləʃ ɪŋ]

bluster ['bləs tɚ]

board [bɔɚd]

boarded ['bɔɚ dɪd]

boarder ['bɔɚ dɚ]

boarding ['bɔɚ dɪŋ]

boarding school ['bɔɚ dɪŋ ˌskul]

boardinghouse ['bɔɚ dɪŋ ˌhæʊs]

boardwalk ['bɔɚd ˌwɔk]

boast [bost]

boasted ['bost ɪd]

boasting ['bost ɪŋ]

boat [bot]

boating ['bot ɪŋ]

bobsled ['bab ˌslɛd]

bodice ['bad ɪs]

bodily ['bad ə li]

body ['bad i]

bodybuilding ['bad i 'bɪl dɪŋ]

bodyguard ['bad i ˌgɑɚd]

bodywork ['bad i ˌwɚk]

bogey ['bʊg i]

bogeyman ['bʊg i ˌmæn]

boggle the mind
['bagl ðə ˌmaɪnd]

bogus ['bo gəs]

boil [bɔɪl]

boiled [bɔɪld]

boiler ['bɔɪl ɚ]

boiling ['bɔɪl ɪŋ]

Boise (ID) ['bɔɪ zi]

boisterous ['bɔɪs trəs]

bold [bold]

boldfaced ['bold 'fest]

boldly ['bold li]

boldness ['bold nɪs]

bolero [bə 'lɛɚ o]

bolster ['bol stɚ]

bolt [bolt]

bolted ['bolt ɪd]

bomb [bɑm]

bombard [bɑm 'bɑɚd]

bombarded [bɑm 'bɑɚ dɪd]

bombardier [ˌbɑm bə 'dɪɚ]

bombarding [bɑm 'bɑɚ dɪŋ]

bombardment
  [bɑm 'bɑɚd mənt]

bombed [bɑmd]

bomber ['bɑm ɚ]

bombing ['bɑm ɪŋ]

bombshell ['bɑm ˌʃɛl]

bona fide ['bon ə ˌfaɪd]

bonanza [bə 'næn zə]

bond [bɑnd]

bondage ['bɑn dɪdʒ]

bonded ['bɑn dɪd]

bonding ['bɑn dɪŋ]

bondsman ['bɑndz mən]

bone [bon]

bone-dry ['bon 'draɪ]

boned [bond]

boneless ['bon lɪs]

bonfire ['bɑn ˌfaɪɚ]

bong [bɑŋ]

bongo drum ['bɑŋ go ˌdrəm]

bonnet ['bɑn ɪt]

bonus ['bo nəs]

boo [bu]

boo-boo ['bu ˌbu]

booby trap ['bu bi ˌtræp]

booed [bud]

booing ['bu ɪŋ]

book [bʊk]

bookcase ['bʊk ˌkes]

booked [bʊkt]

bookend ['bʊk ˌɛnd]

booking ['bʊk ɪŋ]

bookish ['bʊk ɪʃ]

bookkeeper ['bʊk ˌki pɚ]

bookkeeping ['bʊk ˌki pɪŋ]

booklet ['bʊk lɪt]

bookmark ['bʊk ˌmɑɚk]

bookstore ['bʊk ˌstɔɚ]

bookworm ['bʊk ˌwɚm]

boom [bum]

boomed [bumd]

boomerang ['bu mə ˌræŋ]

booming ['bum ɪŋ]

boon [bun]

boor [bʊɚ]

boost [bust]

boosted ['bus tɪd]

boosting ['bus tɪŋ]

boot [but]

booted ['but ɪd]

booth [buθ]

bootleg ['but ˌlɛg]

booty ['bu ti]

booze [buz]

border ['bɔɚ dɚ]

borderline ['bɔɚ dɚ ˌlaɪn]

bore [bɔɚ]

boredom ['bɔɚ dm]

boring ['bɔɚ ɪŋ]

born [bɔɚn]

borough ['bɚ o]

borrow ['bɑɚ o]

borrowed   ['baə od]

borrowing   ['baə o ɪŋ]

bosom   [bʊzm]

boss   [bɔs]

bossy   ['bɔs i]

Boston (MA)   ['bɔs tn]

botany   ['bat ə ni]

both   [boθ]

bother   ['bað ə]

bothered   ['bað əd]

bothering   ['bað ə ɪŋ]

bottle   [batl]

bottle-opener   ['batl ˌo pə nə]

bottled   [batld]

bottleneck   ['batl ˌnɛk]

bottom   [batm]

botulism   ['batʃ ə ˌlɪzm]

bough   [bæʊ]

bought   [bɔt]

bouillon   ['bʊl jən]

boulder   ['bol də]

boulevard   ['bʊl ə ˌvaəd]

bounce   [bæʊns]

bounced   [bæʊnst]

bouncer   ['bæʊn sə]

bouncing   ['bæʊn sɪŋ]

boundary   ['bæʊn dri]

bountiful   ['bæʊn tə fl]

bouquet   [bo 'ke]

bourbon   ['bə bn]

bout   [bæʊt]

boutique   [bu 'tik]

boutonniere   [ˌbut ə 'nɪə]

bovine   ['bo vaɪn]

bow   n. a decorative knot [bo] v. to bend into a curve [bo] n. an act of bending the body in

deference [bæʊ] v. to bend the body in deference [bæʊ]

bow tie   ['bo 'taɪ]

bowels   [bæʊlz]

bowl   [bol]

bowled   [bold]

bowlegged   ['bo ˌlɛg ɪd]

bowler   ['bol ə]

bowling   ['bol ɪŋ]

bowling ball   ['bol ɪŋ ˌbɔl]

Bowling Green (KY, OH)   ['bol ɪŋ ˌgrin]

box   [baks]

boxcar   ['baks ˌkaə]

boxed   [bakst]

boxer   ['baks ə]

boxing   ['baks ɪŋ]

boxing gloves   ['baks ɪŋ ˌgləvz]

boy   [bɔɪ]

boycott   ['bɔɪ ˌkat]

boycotted   ['bɔɪ ˌkat ɪd]

boycotting   ['bɔɪ ˌkat ɪŋ]

boyfriend   ['bɔɪ ˌfrɛnd]

boyhood   ['bɔɪ ˌhʊd]

boys   [bɔɪz]

bra   [bra]

brace   [bres]

braced   [brest]

bracelet   ['bres lɪt]

bracing   ['bres ɪŋ]

bracket   ['bræk ɪt]

brackish   ['bræk ɪʃ]

brad   [bræd]

brag   [bræg]

braggart   ['bræg ət]

bragged   [brægd]

bragging [ˈbræg ɪŋ]
braid [bred]
braided [ˈbred ɪd]
Braille [brel]
brain [bren]
brainchild [ˈbren ˌtʃaɪld]
brainless [ˈbren lɪs]
brainstorm [ˈbren ˌstɔɚm]
brainwash [ˈbren ˌwaʃ]
brainwave [ˈbren ˌwev]
brainy [ˈbre ni]
braise [brez]
brake [brek]
braked [brekt]
brakeman [ˈbrek mən]
braking [ˈbrek ɪŋ]
bran [bræn]
branch [bræntʃ]
branched [bræntʃt]
branching [ˈbræntʃ ɪŋ]
brand [brænd]
brand-new [ˈbrænd ˈnu]
brandish [ˈbræn dɪʃ]
brandy [ˈbræn di]
brash [bræʃ]
brashness [ˈbræʃ nɪs]
brass [bræs]
brassiere [brə ˈzɪɚ]
brat [bræt]
bravado [brə ˈva do]
brave [brev]
braved [brevd]
bravely [ˈbrev li]
bravery [ˈbrev ə ri]
braving [ˈbrev ɪŋ]
bravo [ˈbra vo]
brawl [brɔl]

brawny [ˈbrɔ ni]
brazen [ˈbre zn]
breach [britʃ]
breached [britʃt]
bread [brɛd]
breadbox [ˈbrɛd ˌbaks]
breadcrumbs [ˈbrɛd ˌkrəmz]
breadth [brɛdθ]
breadwinner [ˈbrɛd ˌwɪn ɚ]
break [brek]
breakneck [ˈbrek ˌnɛk]
breakable [ˈbrek ə bl]
breakage [ˈbrek ɪdʒ]
breakdown [ˈbrek ˌdæʊn]
breaker [ˈbrek ɚ]
breakfast [ˈbrɛk fəst]
breakfront [ˈbrek ˌfrənt]
breaking [ˈbrek ɪŋ]
breakthrough [ˈbrek ˌθru]
breast [brɛst]
breast-fed [ˈbrɛst ˌfɛd]
breast-feed [ˈbrɛst ˌfid]
breastbone [ˈbrɛst ˌbon]
breaststroke [ˈbrɛst ˌstrok]
breath [brɛθ]
breathe [brið]
breathed [briðd]
breather [ˈbri ðɚ]
breathing [ˈbrið ɪŋ]
breathless [ˈbrɛθ lɪs]
breathlessly [ˈbrɛθ lɪs li]
breathtaking [ˈbrɛθ ˌte kɪŋ]
breathy [ˈbrɛθ i]
bred [brɛd]
breech [britʃ]
breeches [ˈbritʃ ɪz]
breed [brid]

breeding ['brid ɪŋ]

breeze [briz]

breezed [brizd]

breezeway ['briz ˌwe]

breezy ['briz i]

brevity ['brɛv ɪ ti]

brew [bru]

brewed [brud]

brewer ['bru ɚ]

brewery ['bru ə ri]

brewing ['bru ɪŋ]

bribe [braɪb]

bribed [braɪbd]

bribery ['braɪb ə ri]

bribing ['braɪb ɪŋ]

brick [brɪk]

bricklayer ['brɪk ˌle ɚ]

bridal [braɪdl]

bride [braɪd]

bridegroom ['braɪd ˌgrum]

bridesmaid ['braɪdz ˌmed]

bridge [brɪdʒ]

bridged [brɪdʒd]

Bridgeport (CT) ['brɪdʒ ˌpɔɚt]

bridgework ['brɪdʒ ˌwɚk]

bridging ['brɪdʒ ɪŋ]

bridle [braɪdl]

brief [brif]

briefcase ['brif ˌkes]

briefed [brift]

briefing ['brif ɪŋ]

briefly ['brif li]

brier [braɪ ɚ]

bright [braɪt]

brighten [braɪtn]

brightly ['braɪt li]

brightness ['braɪt nɪs]

brilliance ['brɪl jəns]

brilliant ['brɪl jənt]

brilliantly ['brɪl jənt li]

brim [brɪm]

brimful ['brɪm 'fʊl]

brimming ['brɪm ɪŋ]

brine [braɪn]

bring [brɪŋ]

brink [brɪŋk]

brinkmanship ['brɪŋk mən ˌʃɪp]

brisk [brɪsk]

briskly ['brɪsk li]

bristle [brɪsl]

bristled [brɪsld]

British ['brɪt ɪʃ]

brittle [brɪtl]

broad [brɔd]

broad-minded ['brɔd 'maɪn dɪd]

broadcast ['brɔd ˌkæst]

broadcaster ['brɔd ˌkæs tɚ]

broadcasting ['brɔd ˌkæs tɪŋ]

broaden [brɔdn]

broadly ['brɔd li]

broadside ['brɔd ˌsaɪd]

broccoli ['brak ə li]

brochure [bro 'ʃʊɚ]

brogue [brog]

broil [brɔɪl]

broiled [brɔɪld]

broiler ['brɔɪl ɚ]

broke [brok]

broken ['bro kn]

broken-down ['bro kn 'dæʊn]

brokenhearted
    ['bro kn 'haɚ tɪd]

broker ['bro kɚ]

brokerage ['bro kɚ ɪdʒ]

bronchitis [ˌbrɑŋ ˈkɑɪ tɪs]

bronco [ˈbrɑŋ ko]

bronze [brɑnz]

bronzed [brɑnzd]

brood [brud]

brook [brʊk]

broom [brum]

broomstick [ˈbrum ˌstɪk]

broth [brɔθ]

brothel [brɔθl]

brother [ˈbrəð ɚ]

brother-in-law [ˈbrəð ɚ ɪn ˌlɔ]

brotherhood [ˈbrəð ɚ ˌhʊd]

brotherly [ˈbrəð ɚ li]

brought [brɔt]

brow [bræʊ]

brown [bræʊn]

brownie [ˈbræʊ ni]

brownish [ˈbræʊn ɪʃ]

brownout [ˈbræʊn ˌæʊt]

browse [bræʊz]

browsed [bræʊzd]

browsing [ˈbræʊz ɪŋ]

bruise [bruz]

bruised [bruzd]

bruiser [ˈbru zɚ]

bruising [ˈbruz ɪŋ]

brunch [brəntʃ]

brunette [bru ˈnɛt]

brunt [brənt]

brush [brəʃ]

brushed [brəʃt]

brushing [ˈbrəʃ ɪŋ]

brusque [brəsk]

brutal [brutl]

brutality [bru ˈtæl ɪ ti]

brutalization [ˌbrut ə lɪ ˈze ʃn]

brutalize [ˈbrut ə ˌlɑɪz]

brutalized [ˈbrut ə ˌlɑɪzd]

brute [brut]

bubble [bəbl]

bubbled [bəbld]

bubbling [ˈbəb lɪŋ]

buck [bək]

bucked [bəkt]

bucket [ˈbək ɪt]

bucket seat [ˈbək ɪt ˈsit]

buckle [bəkl]

buckled [bəkld]

buckshot [ˈbək ˌʃɑt]

buckskin [ˈbək ˌskɪn]

bucktooth [ˈbək ˈtuθ]

bud [bəd]

budded [ˈbəd ɪd]

budding [ˈbəd ɪŋ]

buddy [ˈbəd i]

budge [bədʒ]

budged [bədʒd]

budget [ˈbədʒ ɪt]

budgetary [ˈbədʒ ɪ ˌtɛɚ i]

buff [bəf]

buffalo [ˈbəf ə ˌlo]

Buffalo (NY) [ˈbəf ə ˌlo]

buffed [bəft]

buffer [ˈbəf ɚ]

buffet [bə ˈfe]

buffoon [bə ˈfun]

bug [bəg]

bugged [bəgd]

buggies [ˈbəg iz]

bugging [ˈbəg ɪŋ]

buggy [ˈbəg i]

bugle   ['bju gl]

bugler   ['bju glə-]

build   [bɪld]

builder   ['bɪld ə-]

building   ['bɪld ɪŋ]

built   [bɪlt]

built-in   n. ['bɪlt ˌɪn]
    adj. ['bɪlt 'ɪn]

bulb   [bəlb]

bulge   [bəldʒ]

bulged   [bəldʒd]

bulging   ['bəldʒ ɪŋ]

bulk   [bəlk]

bulky   ['bəlk i]

bull   [bʊl]

bulldog   ['bʊl ˌdɔg]

bulldoze   ['bʊl ˌdoz]

bulldozed   ['bʊl ˌdozd]

bulldozer   ['bʊl ˌdo zə-]

bulldozing   ['bʊl ˌdoz ɪŋ]

bullet   ['bʊl ɪt]

bulletin   ['bʊl ɪ tn]

bulletproof   ['bʊl ɪt ˌpruf]

bullfight   ['bʊl ˌfaɪt]

bullfighter   ['bʊl ˌfaɪt ə-]

bullfighting   ['bʊl ˌfaɪt ɪŋ]

bullfrog   ['bʊl ˌfrag]

bullheaded   ['bʊl ˌhɛd ɪd]

bullhorn   ['bʊl ˌhɔə-n]

bullish   ['bʊl ɪʃ]

bullpen   ['bʊl ˌpɛn]

bullring   ['bʊl ˌrɪŋ]

bulls-eye   ['bʊlz ˌaɪ]

bully   ['bʊl i]

bum   [bəm]

bumblebee   ['bəm bl ˌbi]

bump   [bəmp]

bumped   [bəmpt]

bumper   ['bəm pə-]

bumpy   ['bəm pi]

bun   [bən]

bunch   [bəntʃ]

bundle   [bəndl]

bundled   [bəndld]

bundling   ['bənd lɪŋ]

bungalow   ['bəŋ gə ˌlo]

bungle   ['bəŋ gl]

bunion   ['bən jən]

bunk   [bəŋk]

bunk beds   ['bəŋk ˌbɛdz]

bunked   [bəŋkt]

bunker   ['bəŋ kə-]

bunny   ['bən i]

bunt   [bənt]

buoy   ['bu i]

buoyant   ['bɔɪ ənt]

burden   ['bə- dn]

burdened   ['bə- dnd]

burdening   ['bə- dn ɪŋ]

burdensome   ['bə- dn səm]

bureau   ['bjʊə- o]

bureaucracy   [bjʊə- 'ak rə si]

bureaucrat   ['bjʊə- ə ˌkræt]

bureaucratic   [ˌbjʊə- ə 'kræt ɪk]

burglar   ['bə- glə-]

burglar alarm
    ['bə- glə- ə ˌlaə-m]

burglarize   ['bə- glə ˌraɪz]

burglarized   ['bə- glə ˌraɪzd]

burglary   ['bə- glə ri]

burial   ['bɛə- i əl]

burlap   ['bə- læp]

burlesque   [bə- 'lɛsk]

Burlington (VT)   ['bə- lɪŋ tn]

burly ['bɚ li]

burn [bɚn]

burned [bɚnd]

burning ['bɚn ɪŋ]

burnish ['bɚ nɪʃ]

burnt [bɚnt]

burp [bɚp]

burr [bɚ]

burrow ['bɚ o]

bursitis [bɚ 'sɑɪ tɪs]

burst [bɚst]

bursting ['bɚst ɪŋ]

bury ['bɛɚ i]

bus [bəs]

bus stop ['bəs ˌstɑp]

busboy ['bəs ˌbɔɪ]

bush [bʊʃ]

bushed [bʊʃt]

bushel [bʊʃl]

bushy ['bʊʃ i]

busier ['bɪz i ɚ]

busiest ['bɪz i ɪst]

busily ['bɪz ə li]

business ['bɪz nɪs]

businesslike ['bɪz nɪs ˌlɑɪk]

businessman ['bɪz nɪs ˌmæn]

businesswoman
  ['bɪz nɪs ˌwʊ mən]

busing ['bəs ɪŋ]

bussed [bəst]

bustle [bəsl]

busy ['bɪz i]

busybody ['bɪz i ˌbɑd i]

but [bət]

butcher ['bʊtʃ ɚ]

butler ['bət lɚ]

Butte (MT) [bjut]

butter ['bət ɚ]

buttercup ['bət ɚ ˌkəp]

butterfat ['bət ɚ ˌfæt]

butterfly ['bət ɚ ˌflɑɪ]

butterfly stroke
  ['bət ɚ ˌflɑɪ 'strok]

buttermilk ['bət ɚ ˌmɪlk]

buttocks ['bət əks]

button [bətn]

buttoned [bətnd]

buttonhole ['bətn ˌhol]

buttoning ['bətn ɪŋ]

buttons [bətnz]

buxom ['bək sm]

buy [bɑɪ]

buyer ['bɑɪ ɚ]

buys [bɑɪz]

buzz [bəz]

buzzard ['bəz ɚd]

buzzed [bəzd]

buzzer ['bəz ɚ]

buzzing ['bəz ɪŋ]

by [bɑɪ]

by-product ['bɑɪ ˌprɑ dəkt]

bye [bɑɪ]

bye-bye ['bɑɪ 'bɑɪ]

bylaw ['bɑɪ ˌlɔ]

byline ['bɑɪ ˌlɑɪn]

bypass ['bɑɪ ˌpæs]

bypassed ['bɑɪ ˌpæst]

bypassing ['bɑɪ ˌpæs ɪŋ]

bystander ['bɑɪ ˌstæn dɚ]

byte [bɑɪt]

C

C [si]

cab [kæb]

cabana [kə 'bæn ə]

cabaret [ˌkæ bə 're]

cabbage ['kæb ɪdʒ]

cabby ['kæb i]

cabin [kæbn]

cabinet ['kæb ə nɪt]

cabinetmaker
    ['kæb ə nɪt ˌme kɚ]

cable ['ke bl]

cable-gram ['ke bl ˌgræm]

caboose [kə 'bus]

cackle [kækl]

cactus ['kæk təs]

cad [kæd]

cadaver [kə 'dæv ɚ]

cadet [kə 'dɛt]

cafe [kæ 'fe]

cafeteria [ˌkæf ɪ 'tɪɚ i ə]

caffeine [kæ 'fin]

cage [kedʒ]

caged [kedʒd]

cahoots [kə 'huts]

cajole [kə 'dʒol]

cajoled [kə 'dʒold]

cajoling [kə 'dʒol ɪŋ]

cake [kek]

caked [kekt]

calamity [kə 'læm ɪ ti]

calcify ['kæl sə ˌfaɪ]

calcium ['kæl si əm]

calculate ['kæl kjə ˌlet]

calculated ['kæl kjə ˌlet ɪd]

calculating ['kæl kjə ˌlet ɪŋ]

calculation [ˌkæl kjə 'le ʃn]

calculator ['kæl kjə ˌle tɚ]

calculus ['kæl kjə ləs]

calendar ['kæl ən dɚ]

calf [kæf]

calfskin ['kæf ˌskɪn]

caliber ['kæl ə bɚ]

calibrate ['kæl ə ˌbret]

calibrating ['kæl ə ˌbret ɪŋ]

calibration [ˌkæl ə 'bre ʃn]

calibrator ['kæl ə ˌbre tɚ]

California [ˌkæl ə 'fɔɚn jə]

calisthenics [ˌkæl ɪs 'θɛn ɪks]

call [kɔl]

call-in ['kɔl ˌɪn]

called [kɔld]

caller ['kɔl ɚ]

calligraphy [kə 'lɪg rə fi]

calling ['kɔl ɪŋ]

callous ['kæl əs]

callously ['kæl əs li]

callousness ['kæl əs nɪs]

calls [kɔlz]

callus ['kæl əs]

calm [kɑm]

calmed [kɑmd]

calming ['kɑm ɪŋ]

calmly ['kɑm li]

caloric [kə 'lɔɚ ɪk]

calorie ['kæl ə ri]

calves [kævz]

camaraderie [ˌkɑ mə 'rɑ də ri]

came [kem]

camel ['kæml]

cameo ['kæm i ˌo]

camera ['kæm rə]

cameraman ['kæm rə ˌmæn]

camouflage ['kæm ə ˌflɑʒ]

camouflaged ['kæm ə ˌflɑʒd]

camouflaging ['kæm ə ˌflɑʒ ɪŋ]

camp [kæmp]

campaign [kæm 'pen]

campaigned [kæm 'pend]

campaigning [kæm 'pen ɪŋ]

camped [kæmpt]

camper ['kæm pɚ]

campfire ['kæmp ˌfɑɪɚ]

camphor ['kæm fɚ]

camping ['kæm pɪŋ]

camps [kæmps]

campsite ['kæmp ˌsɑɪt]

campus ['kæm pəs]

can [kæn]

Canadian [kə 'ne di ən]

canal [kə 'næl]

canary [kə 'nɛɚ i]

cancan ['kæn ˌkæn]

cancel ['kæn sl]

canceled ['kæn sld]

canceling ['kæn sl ɪŋ]

cancellation [ˌkæn sə 'le ʃn]

cancer ['kæn sɚ]

cancerous ['kæn sɚ əs]

candid ['kæn dɪd]

candidate ['kæn dɪ ˌdet]

candidly ['kæn dɪd li]

candied ['kæn did]

candies ['kæn diz]

candle ['kæn dl]

candlestick ['kæn dl ˌstɪk]

candor ['kæn dɚ]

candy ['kæn di]

cane [ken]

canine ['ke ˌnɑɪn]

canister ['kæn ɪ stɚ]

canker ['kæŋ kɚ]

canned [kænd]

cannery ['kæn ə ri]

cannibal ['kæn ə bl]

cannibalize ['kæn ə bə ˌlɑɪz]

canning ['kæn ɪŋ]

cannon ['kæn ən]

cannot [kə 'nɑt]

canny ['kæn i]

canoe [kə 'nu]

canoeing [kə 'nu ɪŋ]

canonize ['kæn ə ˌnɑɪz]

canopy ['kæn ə pi]

can't [kænt]

39

cantaloupe ['kæn tə ,lop]

cantankerous [kæn 'tæŋ kə əs]

cantata [kən 'tɑ tə]

canteen [kæn 'tin]

canter ['kæn tɚ]

Canton (OH) [kæntn]

canvas ['kæn vəs]

canvass ['kæn vəs]

canvassed ['kæn vəst]

canvassing ['kæn və sɪŋ]

canyon ['kæn jən]

cap [kæp]

capability [,ke pə 'bɪl ɪ ti]

capable ['ke pə bl]

capably ['ke pə bli]

capacity [kə 'pæs ɪ ti]

cape [kep]

caper ['ke pɚ]

capillary ['kæp ə ,lɛɚ i]

capital ['kæp ɪ tl]

capitalism ['kæp ɪ tl ,ɪzm]

capitalist ['kæp ɪ tl ɪst]

capitalize ['kæp ɪ tl ,aɪz]

capitalized ['kæp ɪ tl ,aɪzd]

capitalizing ['kæp ɪ tl ,aɪz ɪŋ]

capitol ['kæp ɪ tl]

capitulate [kə 'pɪtʃ ə ,let]

capped [kæpt]

capping ['kæp ɪŋ]

capricious [kə 'pri ʃəs]

capsize ['kæp ,saɪz]

capsized ['kæp ,saɪzd]

capsizing ['kæp ,saɪz ɪŋ]

capsule ['kæp sl]

captain ['kæp tn]

caption ['kæp ʃn]

captioned ['kæp ʃnd]

captioning ['kæp ʃn ɪŋ]

captivate ['kæp tə ,vet]

captive ['kæp tɪv]

captivity [kæp 'tɪv ɪ ti]

captor ['kæp tɚ]

capture ['kæp tʃɚ]

captured ['kæp tʃɚd]

captures ['kæp tʃɚz]

car [kaɚ]

carafe [kə 'ræf]

caramel ['kaɚ ml]

carat ['kæɚ ət]

carbohydrates [,kaɚ bə 'haɪ drets]

carbon ['kaɚ bn]

carbon dioxide ['kaɚ bn daɪ 'ɑk ,saɪd]

carbon monoxide ['kaɚ bn mən 'ɑk ,saɪd]

carburetor ['kaɚ bə ,e tɚ]

carcass ['kaɚ kəs]

carcinogen [kaɚ 'sɪn ə dʒn]

carcinogenic [,kaɚ sɪn ə 'dʒɛn ɪk]

carcinoma [,kaɚ sə 'no mə]

card [kaɚd]

cardboard ['kaɚd ,bɔɚd]

cardiac ['kaɚ di ,æk]

cardiac arrest ['kaɚ di ,æk ə ,rɛst]

cardigan ['kaɚ də gn]

cardinal ['kaɚd nl]

cardiogram ['kaɚ di ə ,græm]

cardiology [,kaɚ di 'al ə dʒi]

care [kɛɚ]

cared [kɛɚd]

career [kə 'rɪɚ]

carefree ['kɛɚ ˌfri]

careful ['kɛɚ fl]

carefully ['kɛɚ fə li]

careless ['kɛɚ lɪs]

carelessly ['kɛɚ lɪs li]

carelessness ['kɛɚ lɪs nɪs]

cares [kɛɚz]

caress [kə 'rɛs]

caressed [kə 'rɛst]

caressing [kə 'rɛs ɪŋ]

caretaker ['kɛɚ ˌte kɚ]

carfare ['kɑɚ ˌfɛɚ]

cargo ['kɑɚ go]

carhop ['kɑɚ ˌhɑp]

caricature ['kæɚ ə kə ˌtʃɚ]

caries ['kæɚ iz]

caring ['kɛɚ ɪŋ]

carload ['kɑɚ ˌlod]

carnation [kɑɚ 'ne ʃn]

carnival ['kɑɚ nə vl]

carnivorous [kɑɚ 'nɪv ɚ əs]

carol ['kæɚ əl]

caroled ['kæɚ əld]

caroling ['kæɚ ə lɪŋ]

carousel [ˌkæɚ ə 'sɛl]

carp [kɑɚp]

carpenter ['kɑɚ pən tɚ]

carpentry ['kɑɚ pən tri]

carpet ['kɑɚ pɪt]

carpeted ['kɑɚ pɪ tɪd]

carpeting ['kɑɚ pɪ tɪŋ]

carport ['kɑɚ ˌpɔɚt]

carriage ['kæɚ ɪdʒ]

carried ['kæɚ id]

carrier ['kæɚ i ɚ]

carries ['kæɚ iz]

carrot ['kæɚ ət]

carry ['kæɚ i]

carryon ['kæɚ i ˌɔn]

carryover ['kæɚ i ˌo vɚ]

carsick ['kɑɚ ˌsɪk]

Carson City (NV) ['kɑɚ sn 'sɪt i]

cart [kɑɚt]

carte blanche ['kɑɚt 'blɑntʃ]

cartel [kɑɚ 'tɛl]

cartilage ['kɑɚt lɪdʒ]

carton [kɑɚtn]

cartoon [kɑɚ 'tun]

cartoonist [kɑɚ 'tun ɪst]

cartridge ['kɑɚ trɪdʒ]

carve [kɑɚv]

carved [kɑɚvd]

carving ['kɑɚv ɪŋ]

carwash ['kɑɚ ˌwɑʃ]

case [kes]

cash [kæʃ]

cashed [kæʃt]

cashes ['kæ ʃɪz]

cashew ['kæʃ u]

cashier [kæ 'ʃɪɚ]

cashing ['kæʃ ɪŋ]

cashmere ['kæʒ ˌmɪɚ]

casino [kə 'si no]

cask [kæsk]

casket ['kæs kɪt]

Casper (WY) ['kæs pɚ]

casserole ['kæs ə ˌrol]

cassette [kə 'sɛt]

cassette player [kə 'sɛt pleɚ]

cassette recorder
  [kə 'sɛt rə 'kɔɚ dɚ]

cast [kæst]

castanets [ˌkæs tə 'nɛts]

castaway ['kæs tə ˌwe]

caste [kæst]

castigate ['kæs tə ˌget]

casting ['kæs tɪŋ]

castle [kæsl]

castrate ['kæs ˌtret]

casual ['kæʒ u əl]

casually ['kæʒ u ə li]

casualness ['kæʒ u əl nɪs]

casualty ['kæʒ u əl ti]

cat [kæt]

cataclysm ['kæt ə ˌklɪzm]

catalog ['kæt ə ˌlag]

catalyst ['kæt ə lɪst]

catamaran [ˌkæt ə mə 'ræn]

catapult ['kæt ə ˌpʊlt]

cataract ['kæt ə ˌrækt]

catastrophe [kə 'tæs trə fi]

catch [kætʃ]

catchall ['kætʃ ˌɔl]

catching ['kætʃ ɪŋ]

categorical [ˌkæt ə 'gɔɚ ɪ kl]

categorize ['kæt ə gə ˌraɪz]

category ['kæt ə ˌgɔɚ i]

cater ['ke tɚ]

caterer ['ke tɚ ɚ]

catering ['ke tɚ ɪŋ]

caterpillar ['kæt ə ˌpɪl ɚ]

catfish ['kæt ˌfɪʃ]

catgut ['kæt ˌgət]

catharsis [kə 'θɑɚ sɪs]

cathartic [kə 'θɑɚ tɪk]

cathedral [kə 'θi drəl]

catheter ['kæθ ɪ tɚ]

catheterize ['kæθ ɪ tɚ ˌaɪz]

Catholic ['kæθ lɪk]

catnap ['kæt ˌnæp]

catnapping ['kæt ˌnæp ɪŋ]

cattle [kætl]

catty ['kæt i]

catwalk ['kæt ˌwɔk]

Caucasian [kɔ 'ke ʒn]

caucus ['kɔ kəs]

caucusing ['kɔ kəs ɪŋ]

caudal ['kɔ dl]

caught [kɔt]

cauliflower ['kɑl ə ˌflæʊ ɚ]

caulk [kɔk]

causal ['kɔ zl]

causality [kɔ 'zæl ɪ ti]

causation [kɔ 'ze ʃn]

cause [kɔz]

cause way ['kɔz ˌwe]

caused [kɔzd]

causes ['kɔz ɪz]

causing ['kɔz ɪŋ]

caustic ['kɔ stɪk]

cauterize ['kɔt ə ˌraɪz]

caution ['kɔ ʃn]

cautionary ['kɔ ʃn ˌɛɚ i]

cautious ['kɔ ʃəs]

cautiously ['kɔ ʃəs li]

cavalcade [ˌkæv əl 'ked]

cavalier [ˌkæv ə 'lɪɚ]

cavalry ['kæv əl ri]

cave [kev]

cave-in ['kev ˌɪn]

caved [kevd]

cavern ['kæv ɚn]

caviar ['kæv i ˌɑɚ]

caving ['kev ɪŋ]

cavity ['kæv ɪ ti]

cavort [kə 'vɔɚt]

cease [sis]

cease-fire ['sis 'faɪɚ]

ceased [sist]

ceaseless ['sis lɪs]

ceaselessly ['sis lɪs li]

cedar ['si dɚ]

Cedar Rapids (IA)
['si dɚ 'ræp ɪdz]

ceded ['sid ɪd]

ceiling ['si lɪŋ]

celebrate ['sɛl ə ˌbret]

celebrated ['sɛl ə ˌbret ɪd]

celebrating ['sɛl ə ˌbret ɪŋ]

celebration [ˌsɛl ə 'bre ʃn]

celebrity [sə 'lɛb rɪ ti]

celery ['sɛl ə ri]

celestial [sə 'lɛs tʃl]

celibacy ['sɛl ə bə si]

celibate ['sɛl ə bət]

cell [sɛl]

cellar ['sɛl ɚ]

cellist ['tʃɛl ɪst]

cello ['tʃɛl o]

cellular ['sɛl jə lɚ]

cellulose ['sɛl jə ˌlos]

cement [sɪ 'mɛnt]

cemetery ['sɛm ɪ ˌtɛɚ i]

censor ['sɛn sɚ]

censored ['sɛn sɚd]

censoring ['sɛn sɚ ɪŋ]

censors ['sɛn sɚz]

censorship ['sɛn sɚ ˌʃɪp]

censure ['sɛn ʃɚ]

censured ['sɛn ʃɚd]

censuring ['sɛn ʃɚ ɪŋ]

census ['sɛn səs]

cent [sɛnt]

centenarian [ˌsɛn tə 'nɛɚ i ən]

centennial [ˌsɛn 'tɛn i əl]

center ['sɛn tɚ]

centerpiece ['sɛn tɚ ˌpis]

centigrade ['sɛn tə ˌgred]

centimeter ['sɛn tə ˌmi tɚ]

centipede ['sɛn tə ˌpid]

central ['sɛn trəl]

centralize ['sɛn trə ˌlɑɪz]

centrally ['sɛn trə li]

centrifugal [sɛn 'trɪf ə gl]

centrifuge ['sɛn trə ˌfjudʒ]

centripetal [sɛn 'trɪp ɪ tl]

centrist ['sɛn trɪst]

century ['sɛn tʃə ri]

cephalic [sə 'fæl ɪk]

ceramic [sə 'ræm ɪk]

cereal ['sɪɚ i əl]

cerebral ['sɛɚ ə brəl]

cerebral palsy
['sɛɚ ə brəl 'pɔl zi]

cerebration [ˌsɛɚ ə 'bre ʃn]

ceremonial [ˌsɛɚ ə 'mo ni əl]

ceremonious [ˌsɛɚ ə 'mo ni əs]

ceremony ['sɛɚ ə ˌmo ni]

certain ['sɚtn]

certainly ['sɚtn li]

certainty ['sɚtn ti]

certifiable ['sɚ tə ˌfɑɪ ə bl]

certificate [sɚ 'tɪf ə kɪt]

certification [ˌsɚ tə fɪ 'ke ʃn]

certified ['sɚt ə ˌfɑɪd]

certify ['sɚ tə ˌfɑɪ]

certitude ['sɚ tɪ ˌtud]

cervical ['sɚ vɪ kl]

cervix ['sɚ vɪks]

cessation [sɛ 'se ʃn]

cesspool ['sɛs ˌpul]

chafe [tʃef]

chaff [tʃæf]

chafing dish ['tʃef ɪŋ ˌdɪʃ]

chagrin [ʃə 'grɪn]

chain [tʃen]

chain smoker ['tʃen ˌsmok ɚ]

chain store ['tʃen ˌstɔɚ]

chained [tʃend]

chair [tʃɛɚ]

chaired [tʃɛɚd]

chairing ['tʃɛɚ ɪŋ]

chairlift ['tʃɛɚ ˌlɪft]

chairman ['tʃɛɚ mən]

chairmanship ['tʃɛɚ mən ˌʃɪp]

chairs [tʃɛɚz]

chaise lounge ['tʃez 'læʊndʒ]

chalet [ʃæ 'le]

chalice ['tʃæl ɪs]

chalk [tʃɔk]

chalkboard ['tʃɔk ˌbɔɚd]

chalky ['tʃɔk i]

challenge ['tʃæl ɪndʒ]

challenged ['tʃæl ɪndʒd]

challenging ['tʃæl ɪndʒ ɪŋ]

chamber ['tʃem bɚ]

chamber music
   ['tʃem bɚ ˌmju zɪk]

chambermaid ['tʃem bɚ ˌmed]

chameleon [kə 'mil jən]

champ [tʃæmp]

champagne [ʃæm 'pen]

Champaign (IL) [ʃæm 'pen]

champion ['tʃæm pi ən]

championship ['tʃæm pi ən ˌʃɪp]

chance [tʃæns]

chancellor ['tʃæns lɚ]

chancy ['tʃæn si]

chandelier [ˌʃæn də 'lɪɚ]

change [tʃendʒ]

changeable ['tʃendʒ ə bl]

changed [tʃendʒd]

changeover ['tʃendʒ ˌo vɚ]

changes ['tʃendʒ ɪz]

changing ['tʃendʒ ɪŋ]

channel [tʃænl]

channeled [tʃænld]

channeling ['tʃænl ɪŋ]

chant [tʃænt]

chanted ['tʃænt ɪd]

chanting ['tʃænt ɪŋ]

chants [tʃænts]

chaos ['ke ˌas]

chap [tʃæp]

chapel [tʃæpl]

chaplain ['tʃæp lɪn]

chapped [tʃæpt]

chapter ['tʃæp tɚ]

character ['kæɚ ɪk tɚ]

characteristic
   [ˌkæɚ ɪk tə 'rɪs tɪk]

characterization
   [ˌkæɚ ɪk tə rɪ 'ze ʃn]

characterize ['kæɚ ɪk tə ˌraɪz]

characterized ['kæɚ ɪk tə ˌraɪzd]

charades [ʃə 'redz]

charcoal ['tʃaɚ ˌkol]

charcoaled ['tʃaɚ ˌkold]

charge [tʃaɚdʒ]

charged [tʃaɚdʒd]

charges ['tʃaɚdʒ ɪz]

charging ['tʃaɚdʒ ɪŋ]

chariot ['tʃæɚ i ət]

charisma [kə 'rɪz mə]

charitable ['tʃæɚ ɪ tə bl]

charity ['tʃæɚ ɪ ti]

charlatan [ˈʃɑˑ lə tn]
Charleston (SC, WV)
  [ˈtʃɑˑlz tn]
Charlotte (NC) [ˈʃɑˑ lət]
charm [tʃɑˑm]
charmed [tʃɑˑmd]
charmer [ˈtʃɑˑm ɚ]
charming [ˈtʃɑˑm ɪŋ]
charred [tʃɑˑd]
chart [tʃɑˑt]
charter [ˈtʃɑˑ tɚ]
charter flight [ˈtʃɑˑ tɚ ˌflaɪt]
chartered [ˈtʃɑˑ tɚd]
chartering [ˈtʃɑˑ tɚ ɪŋ]
chase [tʃes]
chased [tʃest]
chases [ˈtʃes ɪz]
chasing [ˈtʃes ɪŋ]
chasm [kæzm]
chassis [ˈtʃæs i]
chaste [tʃest]
chasten [ˈtʃe sn]
chastise [tʃæs ˈtaɪz]
chastity [ˈtʃæs tɪ ti]
Chattanooga (TN)
  [ˌtʃæt ə ˈnu gə]
chatter [ˈtʃæt ɚ]
chatterbox [ˈtʃæt ɚ ˌbaks]
chauffeur [ˈʃo fɚ]
chauvinism [ˈʃo və nɪzm]
cheap [tʃip]
cheapskate [ˈtʃip ˌsket]
cheapen [ˈtʃi pən]
cheaper [ˈtʃip ɚ]
cheapest [ˈtʃip ɪst]
cheaply [ˈtʃip li]
cheat [tʃit]

cheated [ˈtʃit ɪd]
cheating [ˈtʃit ɪŋ]
cheats [tʃits]
check [tʃɛk]
checkbook [ˈtʃɛk ˌbʊk]
checked [tʃɛkt]
checkerboard [ˈtʃɛk ɚ ˌbɔˑd]
checkered [ˈtʃɛk ɚd]
checkers [ˈtʃɛk ɚz]
checking [ˈtʃɛk ɪŋ]
checkmate [ˈtʃɛk ˌmet]
checkout [ˈtʃɛk ˌaʊt]
checkroom [ˈtʃɛk ˌrum]
checkup [ˈtʃɛk ˌəp]
cheddar cheese [ˈtʃɛd ɚ ˌtʃiz]
cheek [tʃik]
cheekbone [ˈtʃik ˌbon]
cheep [tʃip]
cheer [tʃɪɚ]
cheered [tʃɪɚd]
cheerful [ˈtʃɪɚ fl]
cheerfully [ˈtʃɪɚ fə li]
cheerfulness [ˈtʃɪɚ fl nɪs]
cheerily [ˈtʃɪɚ ə li]
cheering [ˈtʃɪɚ ɪŋ]
cheerleader [ˈtʃɪɚ ˌlid ɚ]
cheery [ˈtʃɪɚ i]
cheese [tʃiz]
cheeseburger [ˈtʃiz ˌbɚ gɚ]
cheesecake [ˈtʃiz ˌkek]
cheetah [ˈtʃi tə]
chef [ʃɛf]
chemical [ˈkɛm ɪ kl]
chemist [ˈkɛm ɪst]
chemistry [ˈkɛm ɪs tri]
chemotherapy [ˌkim ə ˈθɛɚ ə pi]
cherish [ˈtʃɛɚ ɪʃ]

cherished   ['tʃɛɚ ɪʃt]
cherry   ['tʃɛɚ i]
chess   [tʃɛs]
chessboard   ['tʃɛs ˌbɔɚd]
chest   [tʃɛst]
chestnut   ['tʃɛs ˌnət]
chew   [tʃu]
chewable   ['tʃu ə bl]
chewed   ['tʃud]
chewing   ['tʃu ɪŋ]
chewy   ['tʃu i]
Cheyenne (WY)   [ʃaɪ 'æn]
chic   [ʃik]
Chicago (IL)   [ʃɪ 'ka go]
chick   [tʃɪk]
chicken   [tʃɪkn]
chicken pox   ['tʃɪkn ˌpaks]
chide   [tʃaɪd]
chided   ['tʃaɪd ɪd]
chiding   ['tʃaɪd ɪŋ]
chief   [tʃif]
chief executive
   ['tʃif ɛg 'zɛk jə tɪv]
chiefly   ['tʃif li]
chigger   ['tʃɪg ɚ]
child   [tʃaɪld]
childbirth   ['tʃaɪld ˌbɚθ]
childhood   ['tʃaɪld ˌhʊd]
childish   ['tʃaɪld ɪʃ]
childishness   ['tʃaɪld ɪʃ nɪs]
childless   ['tʃaɪld lɪs]
childlike   ['tʃaɪld ˌlaɪk]
children   ['tʃɪl drɪn]
chili   ['tʃɪl i]
chill   [tʃɪl]
chill factor   ['tʃɪl ˌfæk tɚ]
chilled   [tʃɪld]

chilly   ['tʃɪl i]
chime   [tʃaɪm]
chimed   [tʃaɪmd]
chiming   ['tʃaɪm ɪŋ]
chimney   ['tʃɪm ni]
chimp   [tʃɪmp]
chimpanzee   [ˌtʃɪm 'pæn zi]
chin   [tʃɪn]
china   ['tʃaɪ nə]
Chinese   [tʃaɪ 'niz]
chinning   ['tʃɪn ɪŋ]
chintz   [tʃɪnts]
chintzy   ['tʃɪnt si]
chip   [tʃɪp]
chipmunk   ['tʃɪp ˌməŋk]
chipped   [tʃɪpt]
chipper   ['tʃɪp ɚ]
chipping   ['tʃɪp ɪŋ]
chiropodist   [ʃə 'rap ə dɪst]
chirp   [tʃɚp]
chirped   [tʃɚpt]
chisel   [tʃɪzl]
chiseled   [tʃɪzld]
chiseling   ['tʃɪzl ɪŋ]
chivalrous   ['ʃɪvl rəs]
chivalry   ['ʃɪvl ri]
chives   [tʃaɪvz]
chlorinate   ['klɔɚ ə ˌnet]
chlorine   ['klɔɚ in]
chock-full   ['tʃak 'fʊl]
chocolate   ['tʃak lɪt]
choice   [tʃɔɪs]
choir   [kwaɪ ɚ]
choirboy   ['kwaɪ ɚ ˌbɔɪ]
choke   [tʃok]
choked   [tʃokt]
chokes   [tʃoks]

choking   ['tʃok ɪŋ]
cholesterol   [kə 'lɛs tə ˌɔl]
choose   [tʃuz]
choosy   ['tʃu zi]
chop   [tʃɑp]
chop suey   [ˌtʃɑp 'su i]
chopped   [tʃɑpt]
chopping   ['tʃɑp ɪŋ]
choppy   ['tʃɑp i]
chopsticks   ['tʃɑp ˌstɪks]
chord   [kɔɚd]
chore   [tʃɔɚ]
choreograph   ['kɔɚ i ə ˌɡræf]
choreographer   [ˌkɔɚ i 'ɑɡ rə fɚ]
choreography   [ˌkɔɚ i 'ɑɡ rə fi]
chorus   ['kɔɚ əs]
chose   [tʃoz]
chosen   ['tʃo zn]
chow mein   [ˌtʃæʊ 'men]
chowder   ['tʃæʊ dɚ]
Christ   [kraɪst]
christen   [krɪsn]
christening   ['krɪsn ɪŋ]
Christian   ['krɪs tʃn]
Christianity   [ˌkrɪs tʃi 'æn ɪ ti]
Christmas   ['krɪs məs]
Christmas Eve   ['krɪs məs 'iv]
Christmas tree   ['krɪs məs ˌtri]
chromatic   [kro 'mæt ɪk]
chrome   [krom]
chromosome   ['kro mə ˌsom]
chronic   ['krɑn ɪk]
chronicle   ['krɑn ɪkl]
chronological   [ˌkrɑn ə 'lɑdʒ ɪ kl]
chronology   [krə 'nɑl ə dʒi]
chrysanthemum
   [krɪ 'sæn θə məm]

chubby   ['tʃəb i]
chuck   [tʃək]
chuckhole   ['tʃək ˌhol]
chuckle   [tʃəkl]
chuckled   [tʃəkld]
chuckles   [tʃəklz]
chuckling   ['tʃək lɪŋ]
chug   [tʃəg]
chugging   ['tʃəg ɪŋ]
chump   [tʃəmp]
chunk   [tʃəŋk]
chunky   ['tʃəŋ ki]
church   [tʃɚtʃ]
chute   [ʃut]
cider   ['saɪ dɚ]
cigar   [sɪ 'ɡɑɚ]
cigarette   [ˌsɪɡ ə 'rɛt]
cinch   [sɪntʃ]
Cincinnati (OH)   [ˌsɪn sə 'næt i]
cinder   ['sɪn dɚ]
cinema   ['sɪn ə mə]
cinematic   [ˌsɪn ə 'mæt ɪk]
cinematographer
   [ˌsɪn ə mə 'tɑg rə fɚ]
cinematography
   [ˌsɪn ə mə 'tɑg rə fi]
cinnamon   ['sɪn ə mən]
cipher   ['saɪ fɚ]
circle   ['sɚ kl]
circled   ['sɚ kld]
circles   ['sɚ klz]
circling   ['sɚk lɪŋ]
circuit   ['sɚ kɪt]
circuit breaker   ['sɚ kɪt ˌbrek ɚ]
circuitous   [ˌsɚ 'kju ɪ təs]
circular   ['sɚ kjə lɚ]
circularize   ['sɚ kjə lə ˌraɪz]

circulate ['sɚ kjə ˌlet]

circulated ['sɚ kjə ˌlet ɪd]

circulates ['sɚ kjə ˌlets]

circulating ['sɚ kjə ˌlet ɪŋ]

circulation [ˌsɚ kjə 'le ʃn]

circumcise ['sɚ kəm ˌsaɪz]

circumcision [ˌsɚ kəm 'sɪ ʒn]

circumference [sɚ 'kəm frəns]

circumlocution
[ˌsɚ kəm lo 'kju ʃn]

circumnavigate
[ˌsɚ kəm 'næv ə get]

circumscribe ['sɚ kəm ˌskraɪb]

circumspect ['sɚ kəm ˌspɛkt]

circumstance ['sɚ kəm ˌstæns]

circumvent [ˌsɚ kəm 'vɛnt]

circumvented [ˌsɚ kəm 'vɛn tɪd]

circumventing
[ˌsɚ kəm 'vɛn tɪŋ]

circus ['sɚ kəs]

cirrhosis [sɪ 'ro sɪs]

cirrus ['sɪɚ əs]

cistern ['sɪs tɚn]

citation [saɪ 'te ʃn]

cite [saɪt]

cited ['saɪt ɪd]

cites [saɪts]

citified ['sɪt ɪ ˌfaɪd]

citing ['saɪt ɪŋ]

citizen ['sɪt ɪ zn]

citizenry ['sɪt ɪ zn ri]

citizenship ['sɪt ɪ zn ˌʃɪp]

citrus ['sɪ trəs]

citrus fruit ['sɪ trəs ˌfrut]

city ['sɪt i]

civic ['sɪv ɪk]

civics ['sɪv ɪks]

civil [sɪvl]

civil engineer ['sɪvl ˌen dʒə 'nɪɚ]

civil rights ['sɪvl 'raɪts]

Civil Service ['sɪvl 'sɚ vɪs]

civil war ['sɪvl 'wɔɚ]

civilian [sɪ 'vɪl jən]

civility [sɪ 'vɪl ɪ ti]

civilization [ˌsɪvl ɪ 'ze ʃn]

civilize ['sɪv ə ˌlaɪz]

civilized ['sɪv əl ˌaɪzd]

civilly ['sɪv ə li]

clad [klæd]

claim [klem]

claimant ['kle mənt]

claimed [klemd]

claiming ['klem ɪŋ]

claims [klemz]

clairvoyance [ˌklɛɚ 'vɔɪ əns]

clairvoyant [ˌklɛɚ 'vɔɪ ənt]

clam [klæm]

clammed [klæmd]

clammy ['klæm i]

clamor ['klæm ɚ]

clamored ['klæm ɚd]

clamoring ['klæm ɚ ɪŋ]

clamors ['klæm ɚz]

clamp [klæmp]

clamped [klæmpt]

clams [klæmz]

clan [klæn]

clandestine [klæn 'dɛs tn]

clang [klæŋ]

clank [klæŋk]

clansman ['klænz mən]

clap [klæp]

clapped [klæpt]

clapping ['klæp ɪŋ]

claps [klæps]
clarification [ˌklæɚ ə fɪ 'ke ʃn]
clarified ['klæɚ ɪ ˌfaɪd]
clarifies ['klæɚ ɪ ˌfaɪz]
clarify ['klæɚ ɪ ˌfaɪ]
clarifying ['klæɚ ɪ ˌfaɪ ɪŋ]
clarinet [ˌklæɚ ɪ 'nɛt]
clarity ['klæɚ ɪ ti]
clash [klæʃ]
clashed [klæʃt]
clasp [klæsp]
clasped [klæspt]
clasping ['klæs pɪŋ]
clasps [klæsps]
class [klæs]
classic ['klæs ɪk]
classical ['klæs ɪ kl]
classification [ˌklæs ə fɪ 'ke ʃn]
classified ['klæs ə ˌfaɪd]
classify ['klæs ə ˌfaɪ]
classifying ['klæs ə ˌfaɪ ɪŋ]
classmate ['klæs ˌmet]
classroom ['klæs ˌrum]
classy ['klæs i]
clatter ['klæt ɚ]
clause [klɔz]
claustrophobia
 [ˌklɔ strə 'fo bi ə]
clavichord ['klæv ə ˌkɔɚd]
clavicle ['klæv ə kl]
claw [klɔ]
clay [kle]
clean [klin]
clean-cut ['klin ˌkət]
clean-shaven [ˌklin 'ʃe vn]
cleaned [klind]
cleaner ['klin ɚ]

cleaning ['klin ɪŋ]
cleanliness ['klɛn li nɪs]
cleans [klinz]
cleanse [klɛnz]
cleansed [klɛnzd]
cleanser ['klɛnz ɚ]
cleansing ['klɛnz ɪŋ]
clear [klɪɚ]
clear-cut ['klɪɚ 'kət]
clearance ['klɪɚ əns]
cleared [klɪɚd]
clearing ['klɪɚ ɪŋ]
clearly ['klɪɚ li]
cleavage ['kli vɪdʒ]
cleave [kliv]
cleaver ['kli vɚ]
cleft [klɛft]
clemency ['klɛm ən si]
clench [klɛntʃ]
clenched [klɛntʃt]
clergy ['klɚ dʒi]
clergyman ['klɚ dʒi mən]
clerical ['klɛɚ ɪ kl]
clerk [klɚk]
clerked [klɚkt]
clerking ['klɚk ɪŋ]
Cleveland (OH) ['kliv lənd]
clever ['klɛv ɚ]
click [klɪk]
clicked [klɪkt]
clicking ['klɪk ɪŋ]
client ['klaɪ ənt]
clientele [ˌklaɪ ən 'tɛl]
cliff [klɪf]
cliffhanger ['klɪf ˌhæŋ ɚ]
climate ['klaɪ mət]
climax ['klaɪ mæks]

climaxed ['klɑɪ mækst]
climb [klɑɪm]
climbed [klɑɪmd]
climber ['klɑɪm ɚ]
climbing ['klɑɪm ɪŋ]
climbs [klɑɪmz]
clinch [klɪntʃ]
clinched [klɪntʃt]
clincher ['klɪn tʃɚ]
cling [klɪŋ]
clinging ['klɪŋ ɪŋ]
clinic ['klɪn ɪk]
clinical ['klɪn ɪ kl]
clinician [klɪ 'nɪʃn]
clink [klɪŋk]
clinker ['klɪŋ kɚ]
clip [klɪp]
clipped [klɪpt]
clippers ['klɪp ɚz]
clipping ['klɪp ɪŋ]
clique [klɪk]
cliquish ['klɪ kɪʃ]
cloak [klok]
cloaked [klokt]
cloakroom ['klok ˌrum]
clobber ['klɑb ɚ]
clock [klɑk]
clocked [klɑkt]
clockwise ['klɑk ˌwɑɪz]
clockwork ['klɑk ˌwɚk]
clod [klɑd]
clog [klɑg]
clogged [klɑgd]
clogging ['klɑg ɪŋ]
cloister ['klɔɪs tɚ]
clop [klɑp]
clopping ['klɑp ɪŋ]

close adj. [klos] v. [kloz]
close-knit ['klos 'nɪt]
close-up ['klos ˌəp]
closed [klozd]
closefisted ['klos 'fɪs tɪd]
closely ['klos li]
closeness ['klos nɪs]
closer ['klos ɚ]
closes ['kloz ɪz]
closest ['klos ɪst]
closet ['klɑz ɪt]
closing ['kloz ɪŋ]
closure ['klo ʒɚ]
clot [klɑt]
cloth [klɔθ]
clothe [kloð]
clothed [kloðd]
clothes n. [kloz] v. [kloðz]
clothes pin ['kloz ˌpɪn]
clothier ['kloð jɚ]
clothing ['kloð ɪŋ]
clotted ['klɑt ɪd]
clotting ['klɑt ɪŋ]
cloud [klæʊd]
cloudburst ['klæʊd ˌbɚst]
cloudier ['klæʊd i ɚ]
cloudiest ['klæʊd i əst]
cloudy ['klæʊd i]
clout [klæʊt]
clove [klov]
cloven ['klo vn]
clover ['klo vɚ]
cloverleaf ['klo vɚ ˌlif]
clown [klæʊn]
clowned [klæʊnd]
clowning ['klæʊn ɪŋ]
clownish ['klæʊn ɪʃ]

club [kləb]
clubbed [kləbd]
clubfoot ['kləb 'fʊt]
clubhouse ['kləb ˌhæʊs]
cluck [klək]
clue [klu]
clued [klud]
clump [kləmp]
clumped [kləmpt]
clumsily ['kləm zɪ li]
clumsiness ['kləm zi nɪs]
clumsy ['kləm zi]
clung [kləŋ]
clunker ['kləŋ kɚ]
cluster ['kləs tɚ]
clutch [klətʃ]
clutched [klətʃt]
clutching ['klətʃ ɪŋ]
clutter ['klət ɚ]
coach [kotʃ]
coached [kotʃt]
coaching ['kotʃ ɪŋ]
coagulate [ko 'æg jə ˌlet]
coagulating [ko 'ag jə ˌlet ɪŋ]
coagulation [ˌko ag jə 'le ʃn]
coal [kol]
coalesce [ˌko ə 'les]
coalition [ˌko ə 'lɪʃn]
coal mine ['kol ˌmaɪn]
coarse [kɔɚs]
coast [kost]
coast guard ['kost ˌgaɚd]
coastal ['kos tl]
coaster ['ko stɚ]
coasting ['kos tɪŋ]
coastline ['kost ˌlaɪn]
coasts [kosts]

coat [kot]
coated ['kot ɪd]
coating ['kot ɪŋ]
coauthor ['ko ˌɔ θɚ]
coax [koks]
coaxing ['koks ɪŋ]
cobbler ['kab lɚ]
cobblestones ['kabl ˌstonz]
cobra ['ko brə]
cobweb ['kab ˌwɛb]
cocaine [ko 'ken]
cock [kak]
cockeyed ['kak ˌaɪd]
cockfight ['kak ˌfaɪt]
cockiness ['ka ki nɪs]
cockpit ['kak ˌpɪt]
cockroach ['kak ˌrotʃ]
cocksure ['kak 'sʊɚ]
cocktail ['kak ˌtel]
cocky ['kak i]
cocoa ['ko ko]
coconut ['ko kə ˌnət]
cocoon [kə 'kun]
cod [kad]
coddle [kadl]
code [kod]
coded ['kod ɪd]
codeine ['ko din]
codfish ['kad ˌfɪʃ]
codicil ['kad ɪ sl]
codification [ˌkad ə fɪ 'ke ʃn]
codify ['kad ə ˌfaɪ]
coding ['kod ɪŋ]
coed ['ko 'ɛd]
coeducation [ko ˌɛdʒ ʊ 'ke ʃn]
coequal [ˌko 'i kwəl]
coerce [ko 'ɚs]

coerced   [ko 'ɚst]

coercing   [ko 'ɚs ɪŋ]

coercion   [ko 'ɚ ʃn]

coexist   [ˌko ɛg 'zɪst]

coffee   ['kɔ fi]

coffee break   ['kɔ fi ˌbrek]

coffeepot   ['kɔ fi ˌpat]

coffin   ['kɔ fn]

cog   [kag]

cogent   ['ko dʒənt]

cogitate   ['kadʒ ɪ ˌtet]

cognac   ['kɔn ˌjæk]

cognition   [kag 'nɪ ʃn]

cognizance   ['kag nɪ zəns]

cognizant   ['kag nɪ zənt]

cohabit   [ko 'hæb ɪt]

coherent   [ko 'hɪɚ ənt]

cohesion   [ko 'hi ʒn]

cohort   ['ko ˌhɔɚt]

coil   [kɔɪl]

coiled   [kɔɪld]

coin   [kɔɪn]

coin-box   ['kɔɪn ˌbaks]

coincide   [ˌko ɪn 'saɪd]

coincided   [ˌko ɪn 'saɪd ɪd]

coincidence   [ˌko 'ɪn sɪ dəns]

coincidental   [ko ˌɪn sɪ 'dɛn tl]

coincidentally
    [ko ˌɪn sɪ 'dɛnt li]

coinciding   [ˌko ɪn 'saɪd ɪŋ]

coined   [kɔɪnd]

coke   [kok]

cola   ['ko lə]

colander   ['kal ən dɚ]

cold   [kold]

cold-blooded   ['kold 'bləd ɪd]

cold cuts   ['kold ˌkəts]

cold sore   ['kold ˌsɔɚ]

coldly   ['kold li]

coleslaw   ['kol ˌslɔ]

colic   ['kal ɪk]

coliseum   [ˌkal ɪ 'si əm]

collaborate   [kə 'læb ə ˌret]

collaborating   [kə 'læb ə ˌret ɪŋ]

collaboration   [kə ˌlæb ə 're ʃn]

collaborator   [kə 'læb ə ˌre tɚ]

collage   [kə 'laʒ]

collapse   [kə 'læps]

collapsed   [kə 'læpst]

collapsible   [kə 'læp sɪ bl]

collapsing   [kə 'læp sɪŋ]

collar   ['kal ɚ]

collarbone   ['kal ɚ ˌbon]

collate   ['ko ˌlet]

collateral   [kə 'læt ɚ əl]

colleague   ['kal ˌig]

collect   [kə 'lɛkt]

collected   [kə 'lɛk tɪd]

collecting   [kə 'lɛk tɪŋ]

collection   [kə 'lɛk ʃn]

collective   [kə 'lɛk tɪv]

collectively   [kə 'lɛk tɪv li]

collector   [kə 'lɛk tɚ]

college   ['kal ɪdʒ]

collegiate   [kə 'li dʒɪt]

collide   [kə 'laɪd]

collided   [kə 'laɪd ɪd]

colliding   [kə 'laɪd ɪŋ]

collie   ['kal i]

collision   [kə 'lɪʒn]

colloquial   [kə 'lo kwi əl]

colloquialism
    [kə 'lo kwi əl ˌɪzm]

collusion   [kə 'lu ʒn]

cologne [kə 'lon]

colon ['ko lən]

colonel ['kɚ nl]

colonial [kə 'lo ni əl]

colonialism [kə 'lo ni əl ˌɪzm]

colonist ['kɑl ə nɪst]

colonize ['kɑl ə ˌnaɪz]

colony ['kɑl ə ni]

color ['kəl ɚ]

color-blind ['kəl ɚ ˌblaɪnd]

Colorado [ˌkɑ lə 'rɑ do]

coloration [ˌkəl ə 're ʃn]

colored ['kəl ɚd]

colorful ['kəl ɚ fl]

coloring ['kəl ɚ ɪŋ]

colorless ['kəl ɚ lɪs]

colossal [kə 'lɑsl]

colt [kolt]

Columbia (MO, SC)
[kə 'ləm bi ə]

Columbus (GA, OH)
[kə 'ləm bəs]

column ['kɑl əm]

columnist ['kɑl əm nɪst]

coma ['ko mə]

comatose ['kɑm ə ˌtos]

comb [kom]

combat n. ['kɑm ˌbæt]
v. [kəm 'bæt]

combatant [kəm 'bæt nt]

combating [kəm 'bæt ɪŋ]

combative [kəm 'bæt ɪv]

combed [komd]

combination [ˌkɑm bɪ 'ne ʃn]

combine n. a farm machine; a
consortium ['kɑm baɪn]
v. to join [kəm 'baɪn]

combined [kəm 'baɪnd]

combing ['kom ɪŋ]

combining [kəm 'baɪn ɪŋ]

combo ['kɑm bo]

combustibility
[kəm ˌbəs tə 'bɪl ɪ ti]

combustible [kəm 'bəs tə bl]

combustion [kəm 'bəs tʃn]

come [kəm]

come-on ['kəm ˌɔn]

comedian [kə 'mi di ən]

comedienne [kə ˌmi di 'ɛn]

comedy ['kɑm ə di]

comely ['kom li]

comes [kəmz]

comet ['kɑm ət]

comeuppance [ˌkəm 'ə pəns]

comfort ['kəm fɚt]

comfortable ['kəm fɚ tə bl]

comfortably ['kəm fɚ tə bli]

comforter ['kəm fɚ tɚ]

comic ['kɑm ɪk]

comic strip ['kɑm ɪk ˌstrɪp]

comical ['kɑm ɪkl]

coming ['kəm ɪŋ]

comma ['kɑm ə]

command [kə 'mænd]

commanded [kə 'mæn dɪd]

commandeer [ˌkɑ mən 'dɪɚ]

commander [kə 'mæn dɚ]

commanding [kə 'mæn dɪŋ]

commandment
[kə 'mænd mənt]

commando [kə 'mæn do]

commemorate [kə 'mɛm ə ˌret]

commemorated
[kə 'mɛm ə ˌret ɪd]

commemorates
[kə 'mɛm ə ˌrets]

commemorating
[kə 'mɛm ə ˌret ɪŋ]

commemorative
[kə 'mɛm ə rə tɪv]

commence   [kə 'mɛns]

commenced   [kə 'mɛnst]

commencement
[kə 'mɛns mənt]

commences   [kə 'mɛn sɪz]

commencing   [kə 'mɛn sɪŋ]

commend   [kə 'mɛnd]

commendable   [kə 'mɛnd ə bl]

commendation   [ˌka mɛn 'de ʃn]

commended   [kə 'mɛn dɪd]

commensurate   [kə 'mɛn sɚ ɪt]

comment   ['ka mɛnt]

commentary   ['ka mən ˌtɛɚ i]

commentator   ['ka mən ˌte tɚ]

commented   ['ka mɛn tɪd]

commenting   ['ka mɛn tɪŋ]

commerce   ['ka mɚs]

commercial   [kə 'mɚ ʃl]

commercialize   [kə 'mɚ ʃə ˌlaɪz]

commingle   [ˌko 'mɪŋ gl]

commiserate   [kə 'mɪz ə ˌret]

commiserated   [kə 'mɪz ə ˌret ɪd]

commiserating
[kə 'mɪz ə ˌret ɪŋ]

commissary   ['ka mɪ ˌsɛɚ i]

commission   [kə 'mɪʃn]

commissioned   [kə 'mɪʃ ənd]

commissioner   [kə 'mɪʃ ə nɚ]

commit   [kə 'mɪt]

commitment   [kə 'mɪt mənt]

committed   [kə 'mɪt ɪd]

committee   [kə 'mɪt i]

committing   [kə 'mɪt ɪŋ]

commode   [kə 'mod]

commodity   [kə 'mad ɪ ti]

commodore   ['kam ə ˌdɔɚ]

common   ['kam ən]

commonly   ['kam ən li]

commonplace   ['kam ən ˌples]

commonwealth   ['kam ən ˌwɛlθ]

commotion   [kə 'mo ʃn]

communal   [kə 'mju nl]

commune   n. ['ka ˌmjun]
   v. [kə 'mjun]

communicate   [kə 'mju nə ˌket]

communicated
[kə 'mju nə ˌket ɪd]

communicating
[kə 'mju nə ˌket ɪŋ]

communication
[kə ˌmju nə 'ke ʃn]

communicative
[kə 'mju nə ˌke tɪv]

communion   [kə 'mjun jən]

communique   [kə 'mju nə ˌke]

communism   ['kam jə ˌnɪzm]

communist   ['kam jə nɪst]

community   [kə 'mju nɪ ti]

commutation   [ˌkam jə 'te ʃn]

commute   [kə 'mjut]

commuted   [kə 'mjut ɪd]

commuter   [kə 'mjut ɚ]

commutes   [kə 'mjuts]

commuting   [kə 'mjut ɪŋ]

compact   n. ['kam ˌpækt]
   adj., v. [kəm 'pækt]

compact disc   ['kam pækt 'dɪsk]

compacted   [kəm 'pæk tɪd]

companion [kəm 'pæn jən]

companionship
[kəm 'pæn jən ˌʃɪp]

company ['kəm pə ni]

comparable ['kɑm pɚ ə bl]

comparative [kəm 'pæɚ ə tɪv]

comparatively
[kəm 'pæɚ ə tɪv li]

compare [kəm 'pɛɚ]

compared [kəm 'pɛɚd]

compares [kəm 'pɛɚz]

comparing [kəm 'pɛɚ ɪŋ]

comparison [kəm 'pæɚ ɪ sn]

compartment
[kəm 'pɑɚt ˌmənt]

compass ['kəm pəs]

compassion [kəm 'pæʃn]

compassionate [kəm 'pæʃ ə ˌnət]

compatibility
[kəm ˌpæt ə 'bɪl ɪ ti]

compatible [kəm 'pæt ə bl]

compatriot [kəm 'pe tri ət]

compel [kəm 'pɛl]

compelled [kəm 'pɛld]

compelling [kəm 'pɛl ɪŋ]

compels [kəm 'pɛlz]

compendium [kəm 'pɛn di əm]

compensate ['kɑm pən ˌset]

compensating
['kɑm pən ˌset ɪŋ]

compensation [ˌkɑm pən 'se ʃn]

compete [kəm 'pit]

competed [kəm 'pit ɪd]

competence ['kɑm pə tns]

competent ['kɑm pə tnt]

competently ['kɑm pə tnt li]

competes [kəm 'pits]

competing [kəm 'pit ɪŋ]

competition [ˌkɑm pɪ 'tɪʃn]

competitive [kəm 'pɛt ɪ tɪv]

competitor [kəm 'pɛt ɪ tɚ]

compilation [ˌkɑm pə 'le ʃn]

compile [kəm 'paɪl]

compiled [kəm 'paɪld]

compiles [kəm 'paɪlz]

compiling [kəm 'paɪl ɪŋ]

complacence [kəm 'ple səns]

complacency [kəm 'ple sən si]

complacent [kəm 'ple sənt]

complain [kəm 'plen]

complained [kəm 'plend]

complainer [kəm 'plen ɚ]

complaining [kəm 'plen ɪŋ]

complains [kəm 'plenz]

complaint [kəm 'plent]

complement ['kɑm plə mənt]

complementary
[ˌkɑm plə 'mɛn tri]

complete [kəm 'plit]

completed [kəm 'plit ɪd]

completely [kəm 'plit li]

completeness [kəm 'plit nɪs]

completes [kəm 'plits]

completing [kəm 'plit ɪŋ]

completion [kəm 'pli ʃn]

complex n. ['kɑm plɛks]
adj. [kəm 'plɛks]

complexion [kəm 'plɛk ʃn]

complexity [kəm 'plɛks ɪ ti]

compliance [kəm 'plaɪ əns]

complicate ['kɑm plə ˌket]

complicated ['kɑm plə ˌket ɪd]

complicating ['kɑm plə ˌket ɪŋ]

complication [ˌkɑm plɪ 'ke ʃn]

complicity [ˌkəm ˈplɪs ɪ ti]

complied [kəm ˈplaɪd]

complies [kəm ˈplaɪz]

compliment
n. [ˈkɑm plə mənt]
v. [ˈkɑm plə ˌmɛnt]

complimentary
[ˌkɑm plə ˈmɛn tri]

complimented
[ˈkɑm plə ˌmɛn tɪd]

complimenting
[ˈkɑm plə ˌmɛn tɪŋ]

compliments [ˈkɑm plə mənts]

comply [kəm ˈplaɪ]

complying [ˌkəm ˈplaɪ ɪŋ]

component [kəm ˈpo nənt]

comportment
[kəm ˈpɔɚt mənt]

compose [kəm ˈpoz]

composed [kəm ˈpozd]

composer [kəm ˈpoz ɚ]

composes [kəm ˈpoz ɪz]

composing [kəm ˈpoz ɪŋ]

composite [kəm ˈpɑz ɪt]

composition [ˌkɑm pə ˈzɪʃn]

compost [ˈkɑm post]

composure [kəm ˈpo ʒɚ]

compote [ˈkɑm pot]

compound
n., adj. [ˈkɑm ˌpæund]
v. [kəm ˈpæund]

compounded [kəm ˈpæun dɪd]

compounding [kəm ˈpæun dɪŋ]

comprehend [ˌkɑm prɪ ˈhɛnd]

comprehended
[ˌkɑm prɪ ˈhɛn dɪd]

comprehending
[ˌkɑm prɪ ˈhɛn dɪŋ]

comprehends [ˌkɑm prɪ ˈhɛndz]

comprehension
[ˌkɑm prɪ ˈhɛn ʃn]

comprehensive
[ˌkɑm prɪ ˈhɛn sɪv]

compress *n.* [ˈkɑm prɛs]
v. [kəm ˈprɛs]

compressed [kəm ˈprɛst]

compression [kəm ˈprɛʃn]

compressor [kəm ˈprɛs ɚ]

comprise [kəm ˈpraɪz]

comprised [kəm ˈpraɪzd]

comprising [kəm ˈpraɪz ɪŋ]

compromise [ˈkɑm prə ˌmaɪz]

compromised
[ˈkɑm prə ˌmaɪzd]

compromising
[ˈkɑm prə ˌmaɪz ɪŋ]

comptroller [kən ˈtro lɚ]

compulsion [kəm ˈpəl ʃn]

compulsive [kəm ˈpəl sɪv]

compulsory [kəm ˈpəl sə ri]

compunction [kəm ˈpəŋk ʃn]

computation [ˌkɑm pju ˈte ʃn]

compute [kəm ˈpjut]

computed [kəm ˈpjut ɪd]

computer [kəm ˈpju tɚ]

computerize [kəm ˈpju tə ˌraɪz]

computing [kəm ˈpjut ɪŋ]

comrade [ˈkɑm ræd]

con man [ˈkɑn ˌmæn]

concave [kɑn ˈkev]

conceal [kən ˈsil]

concealed [kən ˈsild]

concealing [kən ˈsil ɪŋ]

concealment [kən ˈsil mənt]

concede [kən ˈsid]

conceded [kən 'sid ɪd]

conceding [kən 'sid ɪŋ]

conceit [kən 'sit]

conceited [kən 'sit ɪd]

conceivable [kən 'siv ə bl]

conceive [kən 'siv]

conceived [kən 'sivd]

conceiving [kən 'siv ɪŋ]

concentrate ['kan sən ˌtret]

concentrated ['kan sən ˌtret ɪd]

concentrating ['kan sən ˌtret ɪŋ]

concentration [ˌkan sən 'tre ʃn]

concentric [kən 'sɛn trɪk]

concept ['kan sɛpt]

conception [kən 'sɛp ʃn]

conceptual [kən 'sɛp ʃu əl]

concern [kən 'sɚn]

concerned [kən 'sɚnd]

concerning [kən 'sɚn ɪŋ]

concerns [kən 'sɚnz]

concert ['kan sɚt]

concerted [kən 'sɚ tɪd]

concertize ['kan sɚ ˌtaɪz]

concertizing ['kan sɚ ˌtaɪz ɪŋ]

concerto [kən 'tʃɛɚ to]

concession [kən 'sɛʃn]

conciliate [kən 'sɪl i ˌet]

conciliation [kən ˌsɪl i 'e ʃn]

conciliatory [kən 'sɪl i ə ˌtɔɚ i]

concise [kən 'saɪs]

concisely [kən 'saɪs li]

conciseness [kən 'saɪs ˌnɪs]

conclave ['kan klev]

conclude [kən 'klud]

concluded [kən 'klud ɪd]

concluding [kən 'klud ɪŋ]

conclusion [kən 'klu ʒn]

conclusive [kən 'klu sɪv]

conclusively [kən 'klu sɪv li]

concoct [kən 'kakt]

concocted [kən 'kak tɪd]

concoction [kən 'kak ʃn]

concomitant [kan 'kam ɪ tnt]

concord ['kan ˌkɔɚd]

concourse ['kan ˌkɔɚs]

concrete n ['kan ˌkrit]
  adj. [kan 'krit]

concretely [kan 'krit li]

concur [kən 'kɚ]

concurred [kən 'kɚd]

concurrent [kən 'kɚ ənt]

concurrently [kən 'kɚ ənt li]

concurring [kən 'kɚ ɪŋ]

concussion [kən 'kə ʃn]

condemn [kən 'dɛm]

condemnation
  [ˌkan dɛm 'ne ʃn]

condemned [kən 'dɛmd]

condensation [ˌkan dɛn 'se ʃn]

condense [kən 'dɛns]

condensed [kən 'dɛnst]

condenser [kən 'den sɚ]

condescend [ˌkan dɪ 'sɛnd]

condescended [ˌkan dɪ 'sɛn dɪd]

condescending
  [ˌkan dɪ 'sɛn dɪŋ]

condescension [ˌkan dɪ 'sɛn ʃn]

condiment ['kan də mənt]

condition [kən 'dɪʃn]

conditional [kən 'dɪʃnl]

conditionally [kən 'dɪʃn ə li]

conditioned [kən 'dɪʃnd]

conditioner [kən 'dɪʃn ɚ]

conditioning [kən 'dɪʃn ɪŋ]

condolences [kən 'dol ən sɪz]

condom ['kɑn dəm]

condominium
[ˌkɑn də 'mɪn i əm]

condone [kən 'don]

condoned [kən 'dond]

condoning [kən 'don ɪŋ]

conducive [kən 'du sɪv]

conduct n. ['kɑn dəkt]
v. [kən 'dəkt]

conducted [kən 'dək tɪd]

conducting [kən 'dək tɪŋ]

conduction [kən 'dək ʃn]

conductive [kən 'dək tɪv]

conductor [kən 'dək tɚ]

conduit ['kɑn ˌdu ɪt]

cone [kon]

confection [kən 'fɛk ʃn]

confectionery
[kən 'fɛk ʃə ˌnɛɚ i]

confederacy [kən 'fɛd ɚ ə si]

confederate [kən 'fɛd ɚ ɪt]

confederation [kən ˌfɛd ə 'reʃn]

confer [kən 'fɚ]

conferee [ˌkɑn fə 'ri]

conference ['kɑn frəns]

conferred [kən 'fɚd]

conferring [kən 'fɚ ɪŋ]

confess [kən 'fɛs]

confessed [kən 'fɛst]

confesses [kən 'fɛs ɪz]

confessing [kən 'fɛs ɪŋ]

confession [kən 'fɛʃn]

confessional [kən 'fɛʃ ə nl]

confessor [kən 'fɛs ɚ]

confetti [kən 'fɛt i]

confidant [ˌkɑn fɪ 'dɑnt]

confide [kən 'faɪd]

confided [kən 'faɪd ɪd]

confidence ['kɑn fɪ dəns]

confident ['kɑn fɪ dənt]

confidential [ˌkɑn fɪ 'dɛn ʃl]

confidently ['kɑn fɪ dənt li]

confides [kən 'faɪdz]

confiding [kən 'faɪd ɪŋ]

configuration [kən ˌfɪg jə 'reʃn]

confine [kən 'faɪn]

confined [kən 'faɪnd]

confinement [kən 'faɪn mənt]

confines [kən 'faɪnz]

confining [kən 'faɪn ɪŋ]

confirm [kən 'fɚm]

confirmation [ˌkɑn fɚ 'meʃn]

confirmed [kən 'fɚmd]

confirming [kən 'fɚm ɪŋ]

confirms [kən 'fɚmz]

confiscate ['kɑn fɪ ˌsket]

confiscated ['kɑn fɪ ˌsket ɪd]

confiscating ['kɑn fɪ ˌsket ɪŋ]

conflagration [ˌkɑn flə 'greʃn]

conflict n. ['kɑn flɪkt]
v. [kən 'flɪkt]

conflicted [kən 'flɪk tɪd]

conflicting [kən 'flɪk tɪŋ]

conflicts [kən 'flɪkts]

confluence ['kɑn flu əns]

conform [kən 'fɔɚm]

conformation [ˌkɑn fɔɚ 'meʃn]

conformed [kən 'fɔɚmd]

conforming [kən 'fɔɚm ɪŋ]

conformist [kən 'fɔɚm ɪst]

conformity [kən 'fɔɚm ɪ ti]

conforms [kən 'fɔɚmz]

confound [kən 'fæʊnd]

confront [kən 'frənt]
confrontation [ˌkan frən 'te ʃn]
confronted [kən 'frənt ɪd]
confuse [kən 'fjuz]
confused [kən 'fjuzd]
confuses [kən 'fjuz ɪz]
confusing [kən 'fjuz ɪŋ]
confusion [kən 'fju ʒn]
confutation [ˌkan fju 'te ʃn]
congeal [kən 'dʒil]
congenial [kən 'dʒin jəl]
congeniality [kən ˌdʒi ni 'æl ɪ ti]
congenital [kən 'dʒɛn ɪ tl]
congenitally [kən 'dʒɛn ɪ tə li]
congested [kən 'dʒɛs tɪd]
congestion [kən 'dʒɛs tʃn]
conglomerate
  n. [kən 'glam ə rət]
  v. [kən 'glam ə ˌret]
conglomeration
  [kən ˌglam ə 're ʃn]
congratulate [kən 'grætʃ ə ˌlet]
congratulated
  [kən 'grætʃ ə ˌlet ɪd]
congratulating
  [kən 'grætʃ ə ˌlet ɪŋ]
congratulation
  [kən ˌgrætʃ ə 'le ʃn]
congratulatory
  [kən 'grætʃ ə lə ˌtɔə i]
congregate ['kaŋ grə ˌget]
congregated ['kaŋ grə ˌget ɪd]
congregating ['kaŋ grə ˌget ɪŋ]
congregation [ˌkaŋ grə 'ge ʃn]
congress ['kaŋ grɪs]
congressional [kən 'grɛʃ ə nl]
congressman ['kaŋ grɪs mən]

congruous ['kaŋ gru əs]
conjecture [kən 'dʒɛk tʃə]
conjugal ['kan dʒə gl]
conjugate ['kan dʒə ˌget]
conjugated ['kan dʒə ˌget ɪd]
conjugation [ˌkan dʒə 'ge ʃn]
conjunction [kən 'dʒəŋk ʃn]
conjure ['kan dʒə]
conjured ['kan dʒəd]
connect [kə 'nɛkt]
connected [kə 'nɛk tɪd]
Connecticut [kə ˌnɛt ɪ kət]
connecting [kə 'nɛk tɪŋ]
connection [kə 'nɛk ʃn]
connective [kə 'nɛk tɪv]
connector [kə 'nɛk tə]
conniption [kə 'nɪp ʃn]
connive [kə 'naɪv]
connived [kə 'naɪvd]
conniver [kə 'naɪv ə]
conniving [kə 'naɪv ɪŋ]
connoisseur [ˌka nə 'sʊə]
conquer ['kaŋ kə]
conquered ['kaŋ kəd]
conqueror ['kaŋ kə ə]
conquest ['kaŋ ˌkwɛst]
conscience ['kan ʃəns]
conscientious [ˌkan ʃi 'ɛn ʃəs]
conscientiously
  [ˌkan ʃi 'ɛn ʃəs li]
conscious ['kan ʃəs]
consciously ['kan ʃəs li]
consciousness ['kan ʃəs nɪs]
conscript n. ['kan ˌskrɪpt]
  v. [kən 'skrɪpt]
conscription [kən 'skrɪp ʃn]
consecrate ['kan sə ˌkret]

consecrated   ['kan sə ˌkret ɪd]

consecration   [ˌkan sə 'kre ʃn]

consecutive   [kən 'sɛk jə tɪv]

consecutively   [kən 'sɛk jə tɪv li]

consensus   [kən 'sɛn səs]

consent   [kən 'sɛnt]

consented   [kən 'sɛn tɪd]

consenting   [kən 'sɛn tɪŋ]

consequence   ['kan sə ˌkwɛns]

consequent   ['kan sə ˌkwɛnt]

consequently   ['kan sə ˌkwɛnt li]

conservation   [ˌkan sɚ 've ʃn]

conservative   [kən 'sɚ və tɪv]

conservatively
  [kən 'sɚ və tɪv li]

conservatory   [kən 'sɚ və ˌtɔɚ i]

conserve   [kən 'sɚv]

conserved   [kən 'sɚvd]

conserving   [kən 'sɚv ɪŋ]

consider   [kən 'sɪd ɚ]

considerable   [kən 'sɪd ɚ ə bl]

considerably   [kən 'sɪd ɚ ə bli]

considerate   [kən 'sɪd ɚ ɪt]

consideration   [kən ˌsɪd ə 're ʃn]

considered   [kən 'sɪd ɚd]

considering   [kən 'sɪd ɚ ɪŋ]

considers   [kən 'sɪd ɚz]

consign   [kən 'saɪn]

consigned   [kən 'saɪnd]

consigning   [kən 'saɪn ɪŋ]

consignment   [kən 'saɪn mənt]

consist   [kən 'sɪst]

consisted   [kən 'sɪs tɪd]

consistency   [kən 'sɪs tən si]

consistent   [kən 'sɪs tənt]

consistently   [kən 'sɪs tənt li]

consisting   [kən 'sɪs tɪŋ]

consists   [kən 'sɪsts]

consolation   [ˌkan sə 'le ʃn]

console   n. furniture; a control
  center ['kan ˌsol]
    v. to comfort   [kən 'sol]

consoled   [kən 'sold]

consolidate   [kən 'sal ɪ ˌdet]

consolidated   [kən 'sal ɪ ˌdet ɪd]

consolidating   [kən 'sal ɪ ˌdet ɪŋ]

consolidation   [kən ˌsal ɪ 'de ʃn]

consolidator   [kən 'sal ɪ ˌdet ɚ]

consoling   [kən 'sol ɪŋ]

consonant   ['kan sə nənt]

consortium   [kən 'sɔɚ ʃi əm]

conspicuous   [kən 'spɪk ju əs]

conspiracy   [kən 'spɪɚ ə si]

conspirator   [kən 'spɪɚ ə tɚ]

conspire   [kən 'spaɪɚ]

conspired   [kən 'spaɪɚd]

conspiring   [kən 'spaɪɚ ɪŋ]

constancy   ['kan stən si]

constant   ['kan stənt]

constantly   ['kan stənt li]

constellation   [ˌkan stə 'le ʃn]

consternation   [ˌkan stɚ 'ne ʃn]

constipated   ['kan stə ˌpet ɪd]

constipating   ['kan stɪ ˌpet ɪŋ]

constipation   [ˌkan stə 'pe ʃn]

constituency   [kən 'stɪtʃ u ən si]

constituent   [kən 'stɪtʃ u ənt]

constitute   ['kan stɪ ˌtut]

constitution   [ˌkan stɪ 'tu ʃn]

constitutional   [ˌkan stɪ 'tu ʃə nl]

constrain   [kən 'stren]

constraint   [kən 'strent]

constrict   [kən 'strɪkt]

constrictor   [kən 'strɪk tɚ]

construct [kən 'strəkt]

constructed [kən 'strək tɪd]

constructing [kən 'strək tɪŋ]

construction [kən 'strək ʃn]

constructive [kən 'strək tɪv]

constructs [kən 'strəkts]

construed [kən 'strud]

consul ['kan sl]

consulate ['kan sə lɪt]

consult [kən 'səlt]

consultant [kən 'səl tənt]

consultation [ˌkan səl 'te ʃn]

consulted [kən 'səl tɪd]

consulting [kən 'səl tɪŋ]

consults [kən 'səlts]

consume [kən 'sum]

consumed [kən 'sumd]

consumer [kən 'su mɚ]

consumerism [kən 'su mɚ ˌɪzm]

consumes [kən 'sumz]

consuming [kən 'sum ɪŋ]

consummate adj. ['kan sə mɪt]
v. ['kan sə ˌmet]

consummated ['kan sə ˌmet ɪd]

consummating ['kan sə ˌmet ɪŋ]

consummation [ˌkan sə 'me ʃn]

consumption [kən 'səmp ʃn]

consumptive [kən 'səmp tɪv]

contact ['kan ˌtækt]

contacted ['kan ˌtæk tɪd]

contacting ['kan ˌtæk tɪŋ]

contacts ['kan ˌtækts]

contagious [kən 'te dʒəs]

contain [kən 'ten]

contained [kən 'tend]

container [kən 'te nɚ]

containing [kən 'ten ɪŋ]

contains [kən 'tenz]

contaminate [kən 'tæm ə ˌnet]

contaminated
[kən 'tæm ə ˌnet ɪd]

contaminates [kən 'tæm ə ˌnets]

contaminating
[kən 'tæm ə ˌnet ɪŋ]

contamination
[kən ˌtæm ə 'ne ʃn]

contemplate ['kan təm ˌplet]

contemplated
['kan təm ˌplet ɪd]

contemplates ['kan təm ˌplets]

contemplating
['kan təm ˌplet ɪŋ]

contemplation
[ˌkan təm 'ple ʃn]

contemporary
[kən 'tɛm pə ˌrɛɚ i]

contempt [kən 'tempt]

contemptible [kən 'tɛmp tə bl]

contemptuous
[kən 'tɛmp tʃu əs]

contend [kən 'tɛnd]

contended [kən 'tɛn dɪd]

contender [kən 'tɛn dɚ]

contending [kən 'tɛn dɪŋ]

content n. ['kan tɛnt]
adj. [kən 'tɛnt]

contented [kən 'tɛn tɪd]

contention [kən 'tɛn ʃn]

contentment [kən 'tɛnt mənt]

contest n. ['kan tɛst]
v. [kən 'tɛst]

contestant [kən 'tɛs tənt]

contested [kən 'tɛs tɪd]

contesting [kən 'tɛs tɪŋ]

context ['kan tɛkst]

contiguous [kən 'tɪg ju əs]

continence ['kan tə nəns]

continent ['kan tə nənt]

continental [ˌkan tə 'nɛn tl]

contingency [kən 'tɪn dʒən si]

contingent [kən 'tɪn dʒənt]

continual [kən 'tɪn ju əl]

continually [kən 'tɪn ju ə li]

continuation [kən ˌtɪn ju 'e ʃn]

continue [kən 'tɪn ˌju]

continued [kən 'tɪn jud]

continuing [kən 'tɪn ju ɪŋ]

continuity [ˌkan tɪ 'nu ɪ ti]

continuous [kən 'tɪn ju əs]

continuously [kən 'tɪn ju əs li]

continuum [kən 'tɪn ju əm]

contortionist [kən 'tɔɚ ʃə nɪst]

contour ['kan tʊɚ]

contraband ['kan trə ˌbænd]

contraception [ˌkan trə 'sɛp ʃn]

contraceptive [ˌkan trə 'sɛp tɪv]

contract n. a legal document
['kan trækt] v. to acquire;
to enter into an agreement
[kən 'trækt]

contracted [kən 'træk tɪd]

contracting [kən 'træk tɪŋ]

contraction [kən 'træk ʃn]

contractor ['kan ˌtræk tɚ]

contractual [kən 'træk ʃu əl]

contradict [ˌkan trə 'dɪkt]

contradicted [ˌkan trə 'dɪk tɪd]

contradicting [ˌkan trə 'dɪk tɪŋ]

contradiction [ˌkan trə 'dɪk ʃn]

contradictory
[ˌkan trə 'dɪk tə ri]

contraption [kən 'træp ʃn]

contrary ['kan ˌtrɛɚ i]

contrast n. ['kan træst]
v. [kən 'træst]

contrasted [kan 'træs tɪd]

contrasting [kan 'træs tɪŋ]

contribute [kən 'trɪb jut]

contributed [kən 'trɪb jut ɪd]

contributing [kən 'trɪb jut ɪŋ]

contribution [ˌkan trɪ 'bju ʃn]

contributor [kən 'trɪb jə tɚ]

contrite [kən 'traɪt]

contrition [kən 'trɪ ʃn]

contrivance [kən 'traɪv əns]

contrive [kən 'traɪv]

contrived [kən 'traɪvd]

contriving [kən 'traɪv ɪŋ]

control [kən 'trol]

controlled [kən 'trold]

controller [kən 'tro lɚ]

controlling [kən 'trol ɪŋ]

controversial [ˌkan trə 'vɚ ʃl]

controversy ['kan trə ˌvɚ si]

contusion [kən 'tu ʒn]

convalesce [ˌkan və 'lɛs]

convalescence [ˌkan və 'lɛs əns]

convalescent [ˌkan və 'lɛs ənt]

convalescing [ˌkan və 'lɛs ɪŋ]

convene [kən 'vin]

convened [kən 'vind]

convenes [kən 'vinz]

convenience [kən 'vin jəns]

convenient [kən 'vin jənt]

conveniently [kən 'vin jənt li]

convening [kən 'vin ɪŋ]

convent ['kan vɛnt]

convention [kən 'vɛn ʃn]

conventional [kən 'vɛn ʃə nl]

converge [kən 'və-dʒ]

converging [kən 'və-dʒ ɪŋ]

conversant [kən 'və snt]

conversation [ˌkɑn və 'se ʃn]

conversational
[ˌkɑn və 'se ʃə nl]

converse *n.* the opposite
['kɑn və-s]
v. to talk [kən 'və-s]

conversely [kɑn 'və-s li]

conversion [kən 'və ʒn]

convert *n.* ['kɑn və-t]
v. [kən 'və-t]

converted [kən 'və-t ɪd]

convertible [kən 'və-t ə bl]

converting [kən 'və-t ɪŋ]

convex [kɑn 'vɛks]

convey [kən 've]

conveyance [kən 've əns]

conveyor [kən 've ə-]

convict *n.* ['kɑn vɪkt]
v. [kən 'vɪkt]

convicted [kən 'vɪk tɪd]

conviction [kən 'vɪk ʃn]

convince [kən 'vɪns]

convinces [kən 'vɪns ɪz]

convincing [kən 'vɪns ɪŋ]

convivial [kən 'vɪv i əl]

convocation [ˌkɑn və 'ke ʃn]

convoluted [ˌkɑn və 'lu tɪd]

convolution [ˌkɑn və 'lu ʃn]

convoy ['kɑn vɔɪ]

convulsion [kən 'vəl ʃn]

convulsive [kən 'vəl sɪv]

coo [ku]

cooed [kud]

cook [kʊk]

cookbook ['kʊk ˌbʊk]

cooked [kʊkt]

cookie ['kʊk i]

cooking ['kʊk ɪŋ]

cookout ['kʊk ˌæʊt]

cooks [kʊks]

cool [kul]

coolant ['ku lənt]

cooled [kuld]

cooler ['ku lə-]

cooling ['kul ɪŋ]

coolly ['kul li]

coolness ['kul nɪs]

coop [kup]

cooperate [ko 'ap ə ˌret]

cooperated [ko 'ap ə ˌret ɪd]

cooperates [ko 'ap ə ˌrets]

cooperating [ko 'ap ə ˌret ɪŋ]

cooperation [ko ˌap ə 're ʃn]

cooperative [ko 'ap ə rə tɪv]

coordinate *n.* [ko 'ɔ- dɪ nət]
v. [ko 'ɔ- də ˌnet]

coordinated [ko 'ɔ- dɪ ˌnet ɪd]

coordinates [ko 'ɔ- dɪ ˌnets]

coordinating [ko 'ɔ- dɪ ˌnet ɪŋ]

coordination [ko ˌɔ- dɪ 'ne ʃn]

coordinator [ko 'ɔ- dɪ ˌne tə-]

cop [kap]

cope [kop]

coped [kopt]

copied ['kap id]

copies ['kap iz]

copilot ['ko ˌpaɪ lət]

copious ['ko pi əs]

cop-out ['kap ˌæʊt]

copped [kapt]

copper ['kap ə-]

copulate [ˈkɑp jə ˌlet]

copulating [ˈkɑp jə ˌlet ɪŋ]

copulation [ˌkɑp jə ˈle ʃn]

copy [ˈkɑp i]

copying [ˈkɑp i ɪŋ]

copyright [ˈkɑp i ˌraɪt]

coral [ˈkɔɚ əl]

cord [kɔɚd]

cordial [ˈkɔɚ dʒl]

cordiality [ˌkɔɚ dʒi ˈæl ɪ ti]

cordially [ˈkɔɚ dʒə li]

cordless [ˈkɔɚd lɪs]

corduroy [ˈkɔɚ də ˌrɔɪ]

core [kɔɚ]

cork [kɔɚk]

corkscrew [ˈkɔɚk ˌskru]

corn [kɔɚn]

corn on the cob
  [ˈkɔɚn ɔn ðə ˈkɑb]

cornea [ˈkɔɚ ni ə]

corner [ˈkɔɚ nɚ]

cornered [ˈkɔɚ nɚd]

corners [ˈkɔɚ nɚz]

cornerstone [ˈkɔɚ nɚ ˌston]

cornfield [ˈkɔɚn ˌfild]

cornflakes [ˈkɔɚn ˌfleks]

cornstarch [ˈkɔɚn ˌstɑɚtʃ]

cornucopia [ˌkɔɚ nə ˈko pi ə]

corny [ˈkɔɚ ni]

coronary [ˈkaɚ ə ˌnɛɚ i]

coronation [ˌkaɚ ə ˈne ʃn]

coroner [ˈkaɚ ə nɚ]

corporal [ˈkɔɚ prəl]

corporate [ˈkɔɚ prɪt]

corporation [ˌkɔɚ pə ˈre ʃn]

corps [kɔɚ]

corpse [kɔɚps]

Corpus Christi (TX)
  [ˌkɔɚ pəs ˈkrɪs ti]

corpuscle [ˈkɔɚ pəsl]

corral [kə ˈræl]

correct [kə ˈrɛkt]

corrected [kə ˈrɛk tɪd]

correction [kə ˈrɛkt ʃn]

correctly [kə ˈrɛkt li]

correlate [ˈkɔɚ ə ˌlet]

correlated [ˈkɔɚ ə ˌlet ɪd]

correlating [ˈkɔɚ ə ˌlet ɪŋ]

correlation [ˌkɔɚ ə ˈle ʃn]

correspond [ˌkɔɚ ə ˈspɑnd]

correspondence
  [ˌkɔɚ ə ˈspɑn dns]

correspondent
  [ˌkɔɚ ə ˈspɑn dnt]

corridor [ˈkɔɚ ə dɚ]

corroborate [kə ˈrɑb ə ˌret]

corrode [kə ˈrod]

corroded [kə ˈrod ɪd]

corroding [kə ˈrod ɪŋ]

corrosion [kə ˈro ʒn]

corrugated [ˈkɔɚ ə ˌget ɪd]

corrupt [kə ˈrəpt]

corrupted [kə ˈrəpt ɪd]

corruptible [kə ˈrəp tɪ bl]

corruption [kə ˈrəp ʃn]

corsage [kɔɚ ˈsɑʒ]

corset [ˈkɔɚ sɪt]

cortex [ˈkɔɚ tɛks]

cortisone [ˈkɔɚ tɪ ˌzon]

cosign [ˈko ˌsaɪn]

cosmetic [ˌkaz ˈmɛt ɪk]

cosmic [ˈkaz mɪk]

cosmopolitan [ˌkaz mə ˈpal ɪ tn]

cosmos [ˈkaz mos]

cosponsor   [ˌko ˈspɑn sɚ]

cost   [kɔst]

cost-effective   [ˈkɔst ə ˌfɛk tɪv]

costar   n. [ˈko ˌstɑɚ]
    v. [ˈko ˈstɑɚ]

costarring   [ˈko ˈstɑɚ ɪŋ]

costly   [ˈkɔst li]

costume   [ˈkɑs tum]

cot   [kɑt]

cottage   [ˈkɑt ɪdʒ]

cottage cheese   [ˈkɑt ɪdʒ ˌtʃiz]

cotton   [kɑtn]

cottontail   [ˈkɑtn ˌtel]

couch   [kæʊtʃ]

cougar   [ˈku gɚ]

cough   [kɔf]

cough drop   [ˈkɔf ˌdrɑp]

coughed   [kɔft]

coughing   [ˈkɔf ɪŋ]

could   [kʊd]

couldn't   [ˈkʊd nt]

council   [ˈkæʊn sl]

Council Bluffs (IA)
    [ˌkæʊn sl ˈbləfs]

councilman   [ˈkæʊn sl mən]

councilmen   [ˈkæʊn sl ˌmɛn]

counsel   [ˈkæʊn sl]

counseled   [ˈkæʊn sld]

counseling   [ˈkæʊn sə lɪŋ]

counselor   [ˈkæʊn sə lɚ]

count   [kæʊnt]

countdown   [ˈkæʊnt ˌdæʊn]

counted   [ˈkæʊn tɪd]

countenance   [ˈkæʊn tə nəns]

counter   [ˈkæʊn tɚ]

counteract   [ˌkæʊn tɚ ˈækt]

counterattack   [ˈkæʊn tɚ ə ˌtæk]

counterbalance
    [ˈkæʊn tɚ ˌbæl əns]

counterclockwise
    [ˈkæʊn tɚ ˈklɑk ˌwaɪz]

countered   [ˈkæʊn tɚd]

counterespionage
    [ˈkæʊn tɚ ˈɛs pi ə ˌnɑʒ]

counterfeit   [ˈkæʊn tɚ ˌfɪt]

counterfeiter   [ˈkæʊn tɚ ˌfɪt ɚ]

countermand
    [ˈkæʊn tɚ ˌmænd]

counterpart   [ˈkæʊn tɚ ˌpɑɚt]

countersign   [ˈkæʊn tɚ ˌsaɪn]

countess   [ˈkæʊn tɪs]

counting   [ˈkæʊnt ɪŋ]

countless   [ˈkæʊnt lɪs]

country   [ˈkən tri]

countryman   [ˈkən tri mən]

countryside   [ˈkən tri ˌsaɪd]

county   [ˈkæʊn ti]

coup   [ku]

coupe   [kup]

couple   [ˈkə pl]

coupled   [ˈkə pld]

coupling   [ˈkəp lɪŋ]

coupon   [ˈku ˌpɑn]

courage   [ˈkɚ ɪdʒ]

courageous   [kə ˈre dʒəs]

courier   [ˈkʊɚ i ɚ]

course   [kɔɚs]

court   [kɔɚt]

court-martial   [ˈkɔɚt ˌmɑɚ ʃl]

court-martialed
    [ˈkɔɚt ˌmɑɚ ʃld]

courted   [ˈkɔɚ tɪd]

courteous   [ˈkɚ ti əs]

courteously   [ˈkɚ ti əs li]

courtesy   ['kɚ tı si]

courthouse   ['kɔɚt ˌhæʊs]

courting   ['kɔɚt ɪŋ]

courtly   ['kɔɚt li]

courtroom   ['kɔɚt ˌrum]

courtship   ['kɔɚt ˌʃɪp]

courtyard   ['kɔɚt ˌjaɚd]

cousin   [kəzn]

cove   [kov]

covenant   ['kəv ə nənt]

cover   ['kəv ɚ]

coverage   ['kəv ɚ ɪdʒ]

coverall   ['kəv ɚ ˌɔl]

covered   ['kəv ɚd]

covering   ['kəv ɚ ɪŋ]

covert   ['ko vɚt]

covet   ['kəv ɪt]

coveted   ['kəv ɪt ɪd]

covetous   ['kəv ə təs]

Covington (KY)   ['kəv ɪŋ tn]

cow   [kæʊ]

coward   ['kæʊ ɚd]

cowardice   ['kæʊ ɚ dɪs]

cowardly   ['kæʊ ɚd li]

cowboy   ['kæʊ ˌbɔɪ]

cower   ['kæʊ ɚ]

cowhide   ['kæʊ ˌhaɪd]

coworker   ['ko ˌwɚ kɚ]

coy   [kɔɪ]

coyote   [kaɪ 'o ti]

cozy   ['ko zi]

crab   [kræb]

crabgrass   ['kræb ˌgræs]

crabby   ['kræb i]

crack   [kræk]

cracked   [krækt]

cracker   ['kræk ɚ]

cracking   ['kræk ɪŋ]

crackle   [krækl]

crackpot   ['kræk ˌpat]

cradle   [kredl]

cradled   [kredld]

cradling   ['kred lɪŋ]

craft   [kræft]

crafted   ['kræf tɪd]

craftsman   ['kræfts mən]

craftsmanship
    ['kræfts mən ˌʃɪp]

crafty   ['kræf ti]

crag   [kræg]

cram   [kræm]

crammed   [kræmd]

cramming   ['kræm ɪŋ]

cramp   [kræmp]

cramped   [kræmpt]

cramping   ['kræmp ɪŋ]

cranberry   ['kræn ˌbɛɚ i]

crane   [kren]

cranium   ['kre ni əm]

crank   [kræŋk]

crankcase   ['kræŋk ˌkes]

cranked   [kræŋkt]

crankshaft   ['kræŋk ˌʃæft]

cranky   ['kræŋ ki]

crap   [kræp]

crash   [kræʃ]

crashed   [kræʃt]

crass   [kræs]

crate   [kret]

crated   ['kret ɪd]

crater   ['kre tɚ]

crating   ['kret ɪŋ]

crave   [krev]

craved   [krevd]

craving   ['krev ɪŋ]

crawl   [krɔl]

crawled   [krɔld]

crawling   ['krɔl ɪŋ]

crayon   ['kre ɑn]

craze   [krez]

crazed   [krezd]

crazy   ['kre zi]

crazy quilt   ['kre zi ˌkwɪlt]

creak   [krik]

creaked   [krikt]

cream   [krim]

cream cheese   ['krim ˌtʃiz]

creamer   ['kri mɚ]

creamy   ['kri mi]

crease   [kris]

creased   [krist]

create   [kri 'et]

created   [kri 'et ɪd]

creates   [kri 'ets]

creating   [kri 'et ɪŋ]

creation   [kri 'e ʃn]

creative   [kri 'e tɪv]

creativity   [ˌkri e 'tɪv ɪ ti]

creator   [kri 'e tɚ]

creature   ['kri tʃɚ]

credentials   [krɪ 'dɛn ʃlz]

credibility   [ˌkrɛd ə 'bɪl ɪ ti]

credible   ['krɛd ə bl]

credit   ['krɛd ɪt]

credited   ['krɛd ɪt ɪd]

crediting   ['krɛd ɪt ɪŋ]

creditor   ['krɛd ɪt ɚ]

creed   [krid]

creek   [krik]

creep   [krip]

creeping   ['krip ɪŋ]

creepy   ['kri pi]

cremate   ['kri ˌmet]

cremation   [kri 'me ʃn]

crematorium   [ˌkri mə 'tɔɚ i əm]

Creole   ['kri ol]

crept   [krɛpt]

crescendo   [krɪ 'ʃɛn do]

crescent   ['krɛs ənt]

crest   [krɛst]

crestfallen   ['krɛst ˌfɔl ən]

crevasse   [krə 'væs]

crevice   ['krɛv ɪs]

crew   [kru]

crew cut   ['kru ˌkət]

crew neck   ['kru ˌnɛk]

crib   [krɪb]

crick   [krɪk]

cricket   ['krɪk ɪt]

cried   [kraɪd]

crime   [kraɪm]

criminal   ['krɪm ə nl]

criminologist   [ˌkrɪm ɪ 'nal ə dʒɪst]

criminology   [ˌkrɪm ɪ 'nal ə dʒi]

crimson   ['krɪm zn]

cringe   [krɪndʒ]

cringed   [krɪndʒd]

cringes   ['krɪndʒ ɪz]

cringing   ['krɪndʒ ɪŋ]

crinkle   ['krɪŋ kl]

cripple   [krɪpl]

crippled   [krɪpld]

cripples   [krɪplz]

crippling   ['krɪp lɪŋ]

crises   ['kraɪ ˌsiz]

crisis   ['kraɪ sɪs]

crisp   [krɪsp]

crispy ['krɪsp i]

crisscross ['krɪs ˌkrɔs]

criteria [krɑɪ 'tɪɚ i ə]

criterion [krɑɪ 'tɪɚ i ən]

critic ['krɪt ɪk]

critical ['krɪt ɪ kl]

critically ['krɪt ɪk li]

criticism ['krɪt ɪ ˌsɪzm]

criticize ['krɪt ɪ ˌsɑɪz]

criticized ['krɪt ɪ ˌsɑɪzd]

criticizes ['krɪt ɪ ˌsɑɪz ɪz]

criticizing ['krɪt ɪ ˌsɑɪz ɪŋ]

critique [krɪ 'tik]

critter ['krɪt ɚ]

croak [krok]

croaked [krokt]

croaking ['krok ɪŋ]

crochet [kro 'ʃe]

crocheted [kro 'ʃed]

crocheting [kro 'ʃe ɪŋ]

crock [krak]

crocodile ['krak ə ˌdɑɪl]

crocus ['kro kəs]

croissant [krə 'sant]

crony ['kro ni]

crook [krʊk]

crooked ['krʊk ɪd]

croon [krun]

crooner ['krun ɚ]

crop [krap]

croquet [kro 'ke]

cross [krɔs]

cross-country ['krɔs 'kən tri]

cross-examine ['krɔs ɛg 'zæ mɪn]

cross-eyed ['krɔs ˌɑɪd]

cross-reference ['krɔs 'rɛf rəns]

crossed [krɔst]

crossfire ['krɔs ˌfɑɪɚ]

crossing ['krɔs ɪŋ]

crossroad ['krɔs ˌrod]

crosswalk ['krɔs ˌwɔk]

crossword ['krɔs ˌwɚd]

crotch [kratʃ]

crotchety ['kratʃ ɪt i]

crouch [kræʊtʃ]

crouched [kræʊtʃt]

crouching ['kræʊtʃ ɪŋ]

croup [krup]

croupier ['kru pi ˌe]

crouton ['kru ˌtan]

crow [kro]

crowbar ['kro ˌbaɚ]

crowd [kræʊd]

crowded ['kræʊd ɪd]

crowding ['kræʊd ɪŋ]

crown [kræʊn]

crowned [kræʊnd]

crowning ['kræʊn ɪŋ]

crucial ['kru ʃl]

crucifix ['kru sə ˌfɪks]

crucifixion [ˌkru sə 'fɪk ʃn]

crucify ['kru sə ˌfɑɪ]

crude [krud]

crudeness ['krud nɪs]

cruel ['kru əl]

cruelly ['kru ə li]

cruelty ['kru əl ti]

cruise [kruz]

cruised [kruzd]

cruiser ['kru zɚ]

cruising ['kruz ɪŋ]

crumb [krəm]

crumble ['krəm bl]

crumbled   ['krəm bld]

crumbling   ['krəm blɪŋ]

crunch   [krəntʃ]

crunchier   ['krəntʃ i ɚ]

crunchiest   ['krəntʃ i ɪst]

crunchy   ['krəntʃ i]

crusade   [kru 'sed]

crusaded   [kru 'sed ɪd]

crusading   [kru 'sed ɪŋ]

crush   [krəʃ]

crushed   [krəʃt]

crushing   ['krəʃ ɪŋ]

crust   [krəst]

crusted   ['krəs tɪd]

crutch   [krətʃ]

crux   [krəks]

cry   [kraɪ]

crybaby   ['kraɪ ˌbe bi]

cryosurgery   [ˌkraɪ o 'sɚ dʒə ri]

crypt   [krɪpt]

cryptic   ['krɪp tɪk]

cryptogram   ['krɪp tə ˌgræm]

cryptographer   [ˌkrɪp 'tag rə fɚ]

cryptography   [ˌkrɪp 'tag rə fi]

crystal   ['krɪs tl]

crystal-clear   ['krɪs tl ˌklɪɚ]

crystallize   ['krɪs tə ˌlaɪz]

cub   [kəb]

cubbyhole   ['kəb i ˌhol]

cube   [kjub]

cubed   [kjubd]

cubic   ['kju bɪk]

cubicle   ['kju bɪ kl]

cubism   ['kju bɪzm]

cuckoo   ['ku ku]

cuckoo clock   ['ku ku ˌklak]

cucumber   ['kju ˌkəm bɚ]

cud   [kəd]

cuddle   [kədl]

cuddled   [kədld]

cuddles   [kədlz]

cuddling   ['kəd lɪŋ]

cue   [kju]

cue stick   ['kju ˌstɪk]

cued   [kjud]

cuff   [kəf]

cufflink   ['kəf ˌlɪŋk]

cuing   ['kju ɪŋ]

cuisine   [kwɪ 'zin]

cull   [kəl]

culminate   ['kəl mɪ ˌnet]

culminated   ['kəl mɪ ˌnet ɪd]

culminating   ['kəl mɪ ˌnet ɪŋ]

culmination   [ˌkəl mɪ 'ne ʃn]

culprit   ['kəl prɪt]

cult   [kəlt]

cultivate   ['kəl tə ˌvet]

cultivated   ['kəl tə ˌvet ɪd]

cultivating   ['kəl tɪ ˌvet ɪŋ]

cultivation   [ˌkəl tə 've ʃn]

cultural   ['kəl tʃɚ əl]

culture   ['kəl tʃɚ]

cultured   ['kəl tʃɚd]

culvert   ['kəl vɚt]

cumbersome   ['kəm bɚ səm]

cummerbund   ['kə mɚ ˌbənd]

cumulative   ['kjum jə lə tɪv]

cunning   ['kən ɪŋ]

cup   [kəp]

cupboard   ['kə bɚd]

cupcake   ['kəp ˌkek]

cupful   ['kəp ˌfʊl]

cupped [kəpt]
cur [kɚ]
curable ['kjʊɚ ə bl]
curative ['kjʊɚ ə tɪv]
curator ['kjʊɚ ˌe tɚ]
curb [kɚb]
curbed [kɚbd]
curbing ['kɚb ɪŋ]
curbstone ['kɚb ˌston]
curd [kɚd]
cure [kjʊɚ]
cure-all ['kjʊɚ ˌɔl]
cured [kjʊɚd]
cures [kjʊɚz]
curfew ['kɚ fju]
curing ['kjʊɚ ɪŋ]
curiosity [ˌkjʊɚ i 'as ɪ ti]
curious ['kjʊɚ i əs]
curiously ['kjʊɚ i əs li]
curl [kɚl]
curled [kɚld]
curling ['kɚl ɪŋ]
curly ['kɚl i]
currency ['kɚ ən si]
current ['kɚ ənt]
currently ['kɚ ənt li]
curriculum [kə 'rɪk jə ləm]
curse [kɚs]
cursed [kɚst]
curses ['kɚ sɪz]
cursing ['kɚs ɪŋ]
cursive ['kɚ sɪv]
cursor ['kɚs ɚ]
cursory ['kɚs ə ri]
curt [kɚt]
curtail [kɚ 'tel]
curtailed [kɚ 'teld]

curtain [kɚtn]
curtsy ['kɚt si]
curvaceous [kɚ 've ʃəs]
curvature ['kɚ və tʃɚ]
curve [kɚv]
curved [kɚvd]
curving ['kɚv ɪŋ]
cushion [kʊʃn]
cushioned [kʊʃnd]
cuss [kəs]
cussed [kəst]
custard ['kəs tɚd]
custodian [kə 'sto di ən]
custody ['kəs tə di]
custom ['kəs tm]
custom-made ['kəs tm 'med]
customary ['kəs tə ˌmɛɚ i]
customer ['kəs tə mɚ]
cut [kət]
cut-price ['kət ˌpraɪs]
cut-rate ['kət ˌret]
cutback ['kət ˌbæk]
cute [kjut]
cuticle ['kju tɪ kl]
cutlass ['kət ləs]
cutlery ['kət lə ri]
cutlet ['kət lɪt]
cutout ['kət ˌæʊt]
cuts [kəts]
cutter ['kət ɚ]
cutting ['kət ɪŋ]
cyanide ['saɪ ə ˌnaɪd]
cybernetics [ˌsaɪ bɚ 'nɛt ɪks]
cycle ['saɪ kl]
cycled ['saɪ kld]
cycling ['saɪk lɪŋ]
cyclist ['saɪk lɪst]

cyclone   ['saɪ ˌklon]

cylinder   ['sɪl ɪn dɚ]

cymbals   ['sɪm blz]

cynic   ['sɪn ɪk]

cynical   ['sɪn ɪ kl]

cynicism   ['sɪn ə ˌsɪzm]

cypress   ['saɪ prəs]

cyst   [sɪst]

czar   [zɑɚ]

Czech   [tʃɛk]

D

D [di]

dabble [dæbl]

dabbled [dæbld]

dabbling ['dæb lɪŋ]

dachshund ['dɑks ˌhʊnt]

Dacron ['dæk rɑn]

dad [dæd]

daddy ['dæd i]

daffodil ['dæf ə ˌdɪl]

dagger ['dæg ɚ]

daily ['de li]

dainty ['den ti]

dairy ['dɛɚ i]

dais ['de əs]

daisy ['de zi]

Dallas (TX) ['dæl əs]

Dalmatian [ˌdæl 'me ʃn]

dam [dæm]

damage ['dæm ɪdʒ]

damaged ['dæm ɪdʒd]

damages ['dæm ɪdʒ ɪz]

damaging ['dæm ɪdʒ ɪŋ]

dame [dem]

dammed [dæmd]

damming ['dæm ɪŋ]

damn [dæm]

damnable ['dæm nə bl]

damnation [dæm 'ne ʃn]

damned [dæmd]

damning ['dæm ɪŋ]

damp [dæmp]

dampen ['dæm pn]

damper ['dæm pɚ]

damsel ['dæm zl]

dance [dæns]

danced [dænst]

dancer ['dæns ɚ]

dancing ['dæns ɪŋ]

dandelion ['dæn də ˌlɑɪ ən]

dander ['dæn dɚ]

dandruff ['dæn drəf]

danger ['den dʒɚ]

dangerous ['den dʒɚ əs]

dangerously ['den dʒɚ əs li]

dangle ['dæŋ gl]

dangled ['dæŋ gld]

dangling ['dæŋ glɪŋ]

Danish ['de nɪʃ]

dare [dɛɚ]

dared [dɛɚd]

daredevil ['dɛɚˌdɛ vl]

daring ['dɛɚ ɪŋ]

dark [daɚk]

darken ['daɚ kn]

darkly ['daɚk li]

darkness ['daɚk nɪs]

darkroom ['daɚk ˌrum]

darling ['daɚ lɪŋ]

darn [daɚn]

darned [daɚnd]

darning ['daɚn ɪŋ]

dart [daɚt]

dartboard ['daɚt ˌboɚd]

darted ['daɚt ɪd]

dash [dæʃ]

dashboard ['dæʃ ˌboɚd]

dashed [dæʃt]

data ['de tə]

database ['de tə ˌbes]

date [det]

dated ['det ɪd]

dateline ['det ˌlaɪn]

dating ['det ɪŋ]

daughter ['dɔ tɚ]

daughter-in-law ['dɔ tɚ ɪn ˌlɔ]

dauntless ['dɔnt lɪs]

davenport ['dævn ˌpoɚt]

Davenport (IA) ['dævn ˌpoɚt]

dawdle ['dɔdl]

dawn [dɔn]

dawned [dɔnd]

day [de]

day-to-day ['de tə 'de]

daybed ['de ˌbɛd]

daybreak ['de ˌbrek]

daydream ['de ˌdrim]

daylight ['de ˌlaɪt]

daytime ['de ˌtaɪm]

Dayton (OH) [detn]

daze [dez]

dazed [dezd]

dazzle [dæzl]

dazzled [dæzld]

dazzling ['dæz lɪŋ]

de-escalate [di 'ɛs kə ˌlet]

de-ice [di 'aɪs]

deacon ['di kn]

deactivate [di 'æk tə ˌvet]

dead [dɛd]

deadbeat ['dɛd ˌbit]

deaden [dɛdn]

deadened [dɛdnd]

deadline ['dɛd ˌlaɪn]

deadlock ['dɛd ˌlak]

deadlocked ['dɛd ˌlakt]

deadly ['dɛd li]

deadpan ['dɛd ˌpæn]

deadwood ['dɛd ˌwʊd]

deaf [dɛf]

deaf-mute ['dɛf ˌmjut]

deafen [dɛfn]

deafening ['dɛf ə nɪŋ]

deafness ['dɛf nɪs]

deal [dil]

dealer ['dil ɚ]

dealership ['dil ɚ ˌʃɪp]

dealing ['dil ɪŋ]

dealt [dɛlt]

dean [din]

dear [dɪɚ]

dearest ['dɪɚ ɪst]

dearly ['dɪɚ li]

dearth [dɚθ]

death [dɛθ]

deathbed   ['dɛθ ,bɛd]

deathtrap   ['dɛθ ,træp]

debatable   [dɪ 'bet ə bl]

debate   [dɪ 'bet]

debated   [dɪ 'bet ɪd]

debating   [dɪ 'bet ɪŋ]

debilitate   [dɪ 'bɪl ɪ ,tet]

debilitated   [dɪ 'bɪl ɪ ,tet ɪd]

debilitating   [dɪ 'bɪl ɪ ,tet ɪŋ]

debit   ['dɛb ɪt]

debrief   [di 'brif]

debriefed   [di 'brift]

debriefing   [di 'brif ɪŋ]

debris   [də 'bri]

debt   [dɛt]

debtor   ['dɛt ɚ]

debunk   [dɪ 'bəŋk]

debut   [de 'bju]

decade   ['dɛk ed]

decadence   ['dɛk ə dəns]

decaffeinated   [di 'kæf ə ,net ɪd]

decanter   [dɪ 'kæn tɚ]

decapitate   [dɪ 'kæp ɪ ,tet]

decathlon   [dɪ 'kæθ lan]

Decatur (IL)   [də 'ket ɚ]

decay   [dɪ 'ke]

decayed   [dɪ 'ked]

decaying   [dɪ 'ke ɪŋ]

decays   [dɪ 'kez]

deceased   [dɪ 'sist]

deceit   [dɪ 'sit]

deceitful   [dɪ 'sit fl]

deceive   [dɪ 'siv]

deceived   [dɪ 'sivd]

deceiving   [dɪ 'siv ɪŋ]

decelerate   [di 'sɛl ə ,ret]

decelerated   [di 'sɛl ə ,ret ɪd]

December   [dɪ 'sɛm bɚ]

decency   ['di sən si]

decent   ['di sənt]

decentralize   [di 'sɛn trə ,laɪz]

decentralized   [di 'sɛn trə ,laɪzd]

decentralizing
    [di 'sɛn trə ,laɪz ɪŋ]

deception   [dɪ 'sɛp ʃn]

deceptive   [dɪ 'sɛp tɪv]

decide   [dɪ 'saɪd]

decided   [dɪ 'saɪd ɪd]

decidedly   [dɪ 'saɪd ɪd li]

deciding   [dɪ 'saɪd ɪŋ]

deciduous   [,dɪ 'sɪdʒ u əs]

decimal   ['dɛs ə ml]

decimal point   ['dɛs ə ml ,pɔɪnt]

decimate   ['dɛs ə ,met]

decimation   [,dɛs ə 'me ʃn]

decipher   [dɪ 'saɪ fɚ]

deciphered   [dɪ 'saɪ fɚd]

decision   [dɪ 'sɪʒn]

decisive   [dɪ 'saɪ sɪv]

deck   [dɛk]

declamation   [,dɛk lə 'me ʃn]

declaration   [,dɛk lə 're ʃn]

declare   [dɪ 'klɛɚ]

declared   [dɪ 'klɛɚd]

declaring   [dɪ 'klɛɚ ɪŋ]

declassified   [di 'klæs ə ,faɪd]

declassify   [di 'klæs ə ,faɪ]

declassifying   [di 'klæs ə ,faɪ ɪŋ]

decline   [dɪ 'klaɪn]

declined   [dɪ 'klaɪnd]

declining   [dɪ 'klaɪn ɪŋ]

decode   [di 'kod]

decoded   [di 'kod ɪd]

decoding   [di 'kod ɪŋ]

decompose [ˌdi kəm 'poz]

decomposed [ˌdi kəm 'pozd]

decongestant
  [ˌdi kən 'dʒɛs tənt]

decor [ˌde 'kɔɚ]

decorate ['dɛk ə ret]

decorated ['dɛk ə ret ɪd]

decorating ['dɛk ə ret ɪŋ]

decoration [ˌdɛk ə 're ʃn]

decorative ['dɛk ə rə tɪv]

decorator ['dɛk ə ˌre tɚ]

decorum [dɪ 'kɔɚ əm]

decoy ['di ˌkɔɪ]

decrease n. ['di kris]
  v. [dɪ 'kris]

decreased [dɪ 'krist]

decreases [dɪ 'kris ɪz]

decreasing [dɪ 'kris ɪŋ]

decree [dɪ 'kri]

decrepit [dɪ 'krɛp ɪt]

dedicate ['dɛd ə ket]

dedicated ['dɛd ə ˌket ɪd]

dedicating ['dɛd ə ˌket ɪŋ]

dedication [ˌdɛd ə 'ke ʃn]

deduce [dɪ 'dus]

deduced [dɪ 'dust]

deduct [dɪ 'dəkt]

deducted [dɪ 'dək tɪd]

deductible [dɪ 'dək tɪ bl]

deducting [dɪ 'dək tɪŋ]

deduction [dɪ 'dək ʃn]

deed [did]

deeded ['did ɪd]

deeding ['did ɪŋ]

deem [dim]

deemed [dimd]

deemphasis [di 'ɛm fə sɪs]

deemphasize [di 'ɛm fə ˌsaɪz]

deemphasized [di 'ɛm fə ˌsaɪzd]

deemphasizing
  [di 'ɛm fə ˌsaɪz ɪŋ]

deep [dip]

deep-freeze ['dip 'friz]

deep-fry ['dip ˌfraɪ]

deep-rooted ['dip ˌrut ɪd]

deep-sea fishing ['dip 'si ˌfɪʃ ɪŋ]

deep-seated [ˌdip 'sit ɪd]

deer [dɪɚ]

deface [dɪ 'fes]

defaced [dɪ 'fest]

defacing [dɪ 'fes ɪŋ]

default [dɪ 'fɔlt]

defaulted [dɪ 'fɔlt ɪd]

defaulting [dɪ 'fɔlt ɪŋ]

defeat [dɪ 'fit]

defeated [dɪ 'fit ɪd]

defeating [dɪ 'fit ɪŋ]

defeatist [dɪ 'fit ɪst]

defecate ['dɛf ə ˌket]

defecation [ˌdɛf ə 'ke ʃn]

defect n. a flaw ['di fɛkt]
  v. to go over to the other side
  [dɪ 'fɛkt]

defected [dɪ 'fɛk tɪd]

defecting [dɪ 'fɛk tɪŋ]

defective [dɪ 'fɛk tɪv]

defector [dɪ 'fɛk tɚ]

defend [dɪ 'fɛnd]

defendant [dɪ 'fɛn dənt]

defended [dɪ 'fɛn dɪd]

defender [dɪ 'fɛn dɚ]

defending [dɪ 'fɛn dɪŋ]

defense [dɪ 'fɛns]

defenseless [dɪ 'fɛns lɪs]

defensible [dɪ 'fɛn sɪ bl]
defensive [dɪ 'fɛn sɪv]
defer [dɪ 'fɚ]
deference ['dɛf ɚ əns]
deferential [ˌdɛf ɚ 'ɛn ʃl]
deferment [dɪ 'fɚ mənt]
deferred [dɪ 'fɚd]
deferring [dɪ 'fɚ ɪŋ]
defiance [dɪ 'faɪ əns]
defiant [dɪ 'faɪ ənt]
deficiency [dɪ 'fɪʃn si]
deficient [dɪ 'fɪʃ ənt]
deficit ['dɛf ɪ sɪt]
defied [dɪ 'faɪd]
defile [dɪ 'faɪl]
define [dɪ 'faɪn]
defined [dɪ 'faɪnd]
defining [dɪ 'faɪn ɪŋ]
definite ['dɛf ə nɪt]
definitely ['dɛf ə nɪt li]
definition [ˌdɛf ə 'nɪʃn]
definitive [dɪ 'fɪn ɪ tɪv]
deflate [dɪ 'flet]
deflated [dɪ 'flet ɪd]
deflating [dɪ 'flet ɪŋ]
deflation [dɪ 'fle ʃn]
defoliant [dɪ 'fo li ənt]
defoliate [di 'fo li ˌet]
deform [dɪ 'fɔɚm]
deformed [dɪ 'fɔɚmd]
deformity [dɪ 'fɔɚm ɪ ti]
defraud [dɪ 'frɔd]
defrauded [dɪ 'frɔd ɪd]
defray [dɪ 'fre]
defrost [dɪ 'frɔst]
defrosted [dɪ 'frɔs tɪd]
defrosting [dɪ 'frɔs tɪŋ]

deft [dɛft]
defunct [dɪ 'fəŋkt]
defuse [di 'fjuz]
defused [di 'fjuzd]
defusing [di 'fjuz ɪŋ]
defy [dɪ 'faɪ]
defying [dɪ 'faɪ ɪŋ]
degenerate [di 'dʒɛn ə ˌret]
degenerated [di 'dʒɛn ə ˌret ɪd]
degenerating [di 'dʒɛn ə ret ɪŋ]
degradation [ˌdɛg rə 'de ʃn]
degrade [dɪ 'gred]
degraded [dɪ 'gred ɪd]
degrading [dɪ 'gred ɪŋ]
degree [dɪ 'gri]
dehumanize [di 'hju mə ˌnaɪz]
dehumidifier
   [ˌdi hju 'mɪd ə ˌfaɪ ɚ]
dehumidify [ˌdi hju 'mɪd ə ˌfaɪ]
dehydrated [ˌdi 'haɪ dret ɪd]
dehydration [ˌdi haɪ 'dre ʃn]
deify ['di ə ˌfaɪ]
deity ['di ə ti]
dejected [dɪ 'dʒɛk tɪd]
dejection [dɪ 'dʒɛk ʃn]
Delaware ['dɛl ə ˌwɛɚ]
delay [dɪ 'le]
delayed [dɪ 'led]
delaying [dɪ 'le ɪŋ]
delectable [dɪ 'lɛk tə bl]
delegate n. ['dɛl ə gɪt]
   v. ['dɛl ə ˌget]
delegated ['dɛl ə ˌget ɪd]
delegating ['dɛl ə ˌget ɪŋ]
delegation [ˌdɛl ə 'ge ʃn]
delete [dɪ 'lit]
deleted [dɪ 'lit ɪd]

deleterious [ˌdɛl ɪ 'tɪɚ i əs]

deleting [dɪ 'lit ɪŋ]

deliberate *adj.* on purpose
[dɪ 'lɪb ɚ ɪt] *v.* to ponder
[di 'lɪb ə ˌret]

deliberated [dɪ 'lɪb ə ˌret ɪd]

deliberately [dɪ 'lɪb ə rət li]

deliberating [dɪ 'lɪb ə ˌret ɪŋ]

deliberation [dɪ ˌlɪb ə 're ʃn]

delicacy ['dɛl ə kə si]

delicate ['dɛl ə kɪt]

delicately ['dɛl ə kɪt li]

delicatessen [ˌdɛl ə kə 'tɛsn]

delicious [dɪ 'lɪʃ əs]

delight [dɪ 'laɪt]

delightful [dɪ 'laɪt fl]

delighting [dɪ 'laɪt ɪŋ]

delineate [dɪ 'lɪn i ˌet]

delinquency [dɪ 'lɪŋ kwən si]

delinquent [dɪ 'lɪŋ kwənt]

delirious [dɪ 'lɪɚ i əs]

deliver [dɪ 'lɪv ɚ]

deliverance [dɪ 'lɪv ɚ əns]

delivered [dɪ 'lɪv ɚd]

delivering [dɪ 'lɪv ɚ ɪŋ]

delivery [dɪ 'lɪv ə ri]

delude [dɪ 'lud]

deluded [dɪ 'lud ɪd]

deluding [dɪ 'lud ɪŋ]

deluge ['dɛl judʒ]

deluged ['dɛl judʒd]

delusion [dɪ 'lu ʒn]

deluxe [də 'ləks]

delving ['dɛlv ɪŋ]

demagogue ['dɛm ə ˌgɑg]

demand [dɪ 'mænd]

demanded [dɪ 'mæn dɪd]

demanding [dɪ 'mæn dɪŋ]

demarcation [ˌdɪ mɑɚ 'ke ʃn]

demeanor [dɪ 'mi nɚ]

demented [dɪ 'mɛn tɪd]

dementia [dɪ 'mɛn ʃə]

demerit [di 'mɛɚ ɪt]

demilitarize [di 'mɪl ɪ tə ˌraɪz]

demise [dɪ 'maɪz]

demitasse ['dɛm i ˌtæs]

demo ['dɛm o]

demobilize [di 'mo bə ˌlaɪz]

democracy [dɪ 'mɑk rə si]

Democrat ['dɛm ə ˌkræt]

democratic [dɛm ə 'kræt ɪk]

demolish [dɪ 'mɑl ɪʃ]

demolished [dɪ 'mɑl ɪʃt]

demolishing [dɪ 'mɑl ɪʃ ɪŋ]

demolition [ˌdɛm ə 'lɪʃn]

demon ['di mən]

demonstrable [dɪ 'mɑn strə bl]

demonstrate ['dɛm ən ˌstret]

demonstrated
['dɛm ən ˌstret ɪd]

demonstrating
['dɛm ən ˌstret ɪŋ]

demonstration
[ˌdɛm ən 'stre ʃn]

demonstrative
[də 'mɑn strə tɪv]

demonstrator ['dɛm ən ˌstret ɚ]

demoralize [dɪ 'mɑɚ ə ˌlaɪz]

demoralized [dɪ 'mɑɚ ə ˌlaɪzd]

demoralizing
[dɪ 'mɑɚ ə ˌlaɪz ɪŋ]

demote [dɪ 'mot]

demoted [dɪ 'mot ɪd]

den [dɛn]

denial   [dɪ 'naɪ əl]

denied   [dɪ 'naɪd]

denies   [dɪ 'naɪz]

denim   ['dɛn əm]

denomination   [dɪ ˌnɑm ə 'ne ʃn]

denominational
   [dɪ ˌnɑm ə 'ne ʃə nl]

denominator   [dɪ 'nɑm ə ˌne tɚ]

denounce   [dɪ 'næʊns]

denounced   [dɪ 'næʊnst]

denouncing   [dɪ 'næʊns ɪŋ]

dense   [dɛns]

densely   ['dɛns li]

density   ['dɛn sɪ ti]

dent   [dɛnt]

dental   ['dɛn tl]

dental surgeon   ['dɛn tl ˌsɚ dʒn]

dented   ['dɛnt ɪd]

dentist   ['dɛn tɪst]

denture   ['dɛn tʃɚ]

denunciation   [dɪ ˌnən si 'e ʃn]

Denver (CO)   ['dɛn vɚ]

deny   [dɪ 'naɪ]

denying   [dɪ 'naɪ ɪŋ]

deodorant   [di 'od ə rənt]

deodorize   [di 'od ə ˌraɪz]

deodorizer   [di 'od ə ˌraɪz ɚ]

depart   [dɪ 'pɑɚt]

departed   [dɪ 'pɑɚt ɪd]

departing   [dɪ 'pɑɚt ɪŋ]

department   [dɪ 'pɑɚt mənt]

departs   [dɪ 'pɑɚts]

departure   [dɪ 'pɑɚ tʃɚ]

depend   [dɪ 'pɛnd]

dependability
   [dɪ ˌpɛnd ə 'bɪl ɪ ti]

dependable   [dɪ 'pɛn də bl]

depended   [dɪ 'pɛn dɪd]

dependence   [dɪ 'pɛn dəns]

dependency   [dɪ 'pɛn dən si]

dependent   [dɪ 'pɛn dənt]

depending   [dɪ 'pɛn dɪŋ]

depends   [dɪ 'pɛndz]

depict   [dɪ 'pɪkt]

depicted   [dɪ 'pɪk tɪd]

depicting   [dɪ 'pɪk tɪŋ]

depicts   [dɪ 'pɪkts]

deplane   [di 'plen]

depleted   [dɪ 'plit ɪd]

deplorable   [dɪ 'plɔɚ ə bl]

deplore   [dɪ 'plɔɚ]

deplored   [dɪ 'plɔɚd]

deplores   [dɪ 'plɔɚz]

deploring   [dɪ 'plɔɚ ɪŋ]

deploy   [dɪ 'plɔɪ]

depopulate   [di 'pɑp jə ˌlet]

deport   [dɪ 'pɔɚt]

deportation   [ˌdi pɔɚ 'te ʃn]

deported   [dɪ 'pɔɚ tɪd]

deporting   [dɪ 'pɔɚ tɪŋ]

deposit   [dɪ 'pɑz ɪt]

deposited   [dɪ 'pɑz ɪt ɪd]

depositing   [dɪ 'pɑz ɪt ɪŋ]

deposition   [ˌdɛp ə 'zɪʃn]

depository   [dɪ 'pɑz ɪ ˌtɔɚ i]

deposits   [dɪ 'pɑz ɪts]

depot   ['di po]

depreciate   [dɪ 'pri ʃi ˌet]

depreciated   [dɪ 'pri ʃi ˌet ɪd]

depreciating   [dɪ 'pri ʃi ˌet ɪŋ]

depreciation   [dɪ ˌpri ʃi 'e ʃn]

depress   [dɪ 'prɛs]

depressed   [dɪ 'prɛst]

depresses   [dɪ 'prɛs ɪz]

depressing [dɪ 'prɛs ɪŋ]

depression [dɪ 'prɛʃn]

deprivation [ˌdɛ prə 've ʃn]

deprive [dɪ 'praɪv]

deprived [dɪ 'praɪvd]

deprives [dɪ 'praɪvz]

depriving [dɪ 'praɪv ɪŋ]

depth [dɛpθ]

deputize ['dɛp jə ˌtaɪz]

deputized ['dɛp jə ˌtaɪzd]

deputy ['dɛp jə ti]

derail [di 'rel]

derailed [di 'reld]

derailing [di 'rel ɪŋ]

derelict ['dɛɚ ə ˌlɪkt]

dereliction [ˌdɛɚ ə 'lɪk ʃn]

deride [dɪ 'raɪd]

derision [dɪ 'rɪʒn]

derivation [ˌdɛɚ ə 've ʃn]

derivative [dɪ 'rɪv ə tɪv]

derive [dɪ 'raɪv]

derived [dɪ 'raɪvd]

deriving [dɪ 'raɪv ɪŋ]

dermatitis [ˌdɚ mə 'taɪ tɪs]

dermatologist
  [ˌdɚ mə 'tal ə dʒɪst]

dermatology [ˌdɚ mə 'tal ə dʒi]

derogate ['dɛɚ ə ˌget]

derogatory [dɪ 'rag ə ˌtɚ i]

Des Moines (IA) [də 'mɔɪn]

desalinate [di 'sæl ə ˌnet]

desalination [di ˌsæl ə 'ne ʃn]

descend [dɪ 'sɛnd]

descendant [dɪ 'sɛn dənt]

descended [dɪ 'sɛn dɪd]

descending [dɪ 'sɛn dɪŋ]

descent [dɪ 'sɛnt]

describe [dɪ 'skraɪb]

described [dɪ 'skraɪbd]

describes [dɪ 'skraɪbz]

describing [dɪ 'skraɪb ɪŋ]

description [dɪ 'skrɪp ʃn]

descriptive [dɪ 'skrɪp tɪv]

desecrate ['dɛs ə ˌkret]

desecrated ['dɛs ə ˌkret ɪd]

desecrating ['dɛs ə ˌkret ɪŋ]

desecration [ˌdɛs ə 'kre ʃn]

desegregation [di ˌsɛg rə 'ge ʃn]

desensitize [di 'sɛn sɪ ˌtaɪz]

desert n. ['dɛ zɚt] v. [dɪ 'zɚt]

desert island ['dɛ zɚt 'aɪ lənd]

deserted [dɪ 'zɚt ɪd]

deserter [dɪ 'zɚt ɚ]

deserting [dɪ 'zɚt ɪŋ]

desertion [dɪ 'zɚ ʃn]

deserve [dɪ 'zɚv]

deserved [dɪ 'zɚvd]

deserves [dɪ 'zɚvz]

deserving [dɪ 'zɚv ɪŋ]

design [dɪ 'zaɪn]

designate ['dɛz ɪg ˌnet]

designated ['dɛz ɪg ˌnet ɪd]

designates ['dɛz ɪg ˌnets]

designating ['dɛz ɪg ˌnet ɪŋ]

designation [ˌdɛz ɪg 'ne ʃn]

designed [dɪ 'zaɪnd]

designer [dɪ 'zaɪ nɚ]

designing [dɪ 'zaɪ nɪŋ]

designs [dɪ 'zaɪnz]

desirability [dɪ ˌzaɪɚ ə 'bɪl ɪ ti]

desirable [dɪ 'zaɪɚ ə bl]

desire [dɪ 'zaɪɚ]

desired [dɪ 'zaɪɚd]

desires [dɪ 'zaɪɚz]

desiring [dɪ 'zaɪə ɪŋ]

desirous [dɪ 'zaɪə əs]

desist [dɪ 'sɪst]

desk [dɛsk]

desolate ['dɛs ə lɪt]

desolated ['dɛs ə ‚let ɪd]

desolation [‚dɛs ə 'le ʃn]

despair [dɪ 'spɛə]

despaired [dɪ 'spɛəd]

despairing [dɪ 'spɛə ɪŋ]

desperado [‚dɛs pə 'ra do]

desperate ['dɛs pə ɪt]

desperately ['dɛs pə ɪt li]

desperation [‚dɛs pə 're ʃn]

despicable [dɪ 'spɪk ə bl]

despise [dɪ 'spaɪz]

despised [dɪ 'spaɪzd]

despises [dɪ 'spaɪz ɪz]

despite [dɪ 'spaɪt]

despondency [dɪ 'span dən si]

despondent [dɪ 'span dənt]

despot ['dɛs pət]

dessert [dɪ 'zət]

destination [‚dɛs tə 'ne ʃn]

destined ['dɛs tɪnd]

destiny ['dɛs tə ni]

destitute ['dɛs tɪ ‚tut]

destroy [dɪ 'strɔɪ]

destroyed [dɪ 'strɔɪd]

destroyer [dɪ 'strɔɪ ə]

destroying [dɪ 'strɔɪ ɪŋ]

destroys [dɪ 'strɔɪz]

destruct [dɪ 'strəkt]

destruction [dɪ 'strək ʃn]

destructive [dɪ 'strək tɪv]

detach [dɪ 'tætʃ]

detachable [dɪ 'tætʃ ə bl]

detached [dɪ 'tætʃt]

detachment [dɪ 'tætʃ mənt]

detail n. ['di ‚tel] n., v. [dɪ 'tel]

detailed [dɪ 'teld]

detailing [dɪ 'tel ɪŋ]

detain [dɪ 'ten]

detained [dɪ 'tend]

detaining [dɪ 'ten ɪŋ]

detains [dɪ 'tenz]

detect [dɪ 'tɛkt]

detectable [dɪ 'tɛk tə bl]

detected [dɪ 'tɛk tɪd]

detecting [dɪ 'tɛk tɪŋ]

detection [dɪ 'tɛk ʃn]

detective [dɪ 'tɛk tɪv]

detector [dɪ 'tɛk tə]

detention [dɪ 'tɛn ʃn]

deter [dɪ 'tə]

detergent [dɪ 'tə dʒənt]

deteriorate [dɪ 'tɪə i ə ret]

deteriorating [dɪ 'tɪə i ə ‚ret ɪŋ]

deterioration [dɪ ‚tɪə i ə 're ʃn]

determinate [dɪ 'tə mɪ nɪt]

determination [dɪ ‚tə mɪ 'ne ʃn]

determine [dɪ 'tə mɪn]

determined [dɪ 'tə mɪnd]

determining [dɪ 'tə mɪn ɪŋ]

deterred [dɪ 'təd]

deterrent [dɪ 'tə ənt]

deterring [dɪ 'tə ɪŋ]

detest [dɪ 'tɛst]

detestable [dɪ 'tɛst ə bl]

detested [dɪ 'tɛs tɪd]

detesting [dɪ 'tɛs tɪŋ]

detests [dɪ 'tɛsts]

dethrone [di 'θron]

detonate ['dɛt ə ‚net]

detonated ['dɛt ə ˌnet ɪd]

detonation [ˌdɛt ə 'ne ʃn]

detour ['di tʊɚ]

detoured ['di tʊɚd]

detract [dɪ 'trækt]

detracted [dɪ 'træk tɪd]

detracting [dɪ 'træk tɪŋ]

detraction [dɪ 'træk ʃn]

detractor [dɪ 'træk tɚ]

detracts [dɪ 'trækts]

detriment ['dɛ trə mənt]

detrimental [ˌdɛ trə 'mɛn tl]

Detroit (MI) [də 'trɔɪt]

deuce [dus]

devaluation [di ˌvæl ju 'e ʃn]

devalue [di 'væl ju]

devaluing [di 'væl ju ɪŋ]

devastate ['dɛv ə ˌstet]

devastated ['dɛv ə ˌstet ɪd]

devastating ['dɛv ə ˌstet ɪŋ]

develop [dɪ 'vɛl əp]

developed [dɪ 'vɛl əpt]

developer [dɪ 'vɛl əp ɚ]

developing [dɪ 'vɛl əp ɪŋ]

development [dɪ 'vɛl əp mənt]

develops [dɪ 'vɛl əps]

deviate ['di vi ˌet]

deviated ['di vi ˌet ɪd]

deviating ['di vi ˌet ɪŋ]

deviation [ˌdi vi 'e ʃn]

device [dɪ 'vaɪs]

devil [dɛvl]

devilish ['dɛv ə lɪʃ]

devious ['di vi əs]

devise [dɪ 'vaɪz]

devised [dɪ 'vaɪzd]

devising [dɪ 'vaɪz ɪŋ]

devitalize [di 'vaɪt ə ˌlaɪz]

devoid [dɪ 'vɔɪd]

devote [dɪ 'vot]

devoted [dɪ 'vot ɪd]

devotee [ˌdɛ vo 'ti]

devoting [dɪ 'vot ɪŋ]

devotion [dɪ 'vo ʃn]

devour [dɪ 'væʊ ɚ]

devoured [dɪ 'væʊ ɚd]

devout [dɪ 'væʊt]

dew [du]

dewdrop ['du ˌdrɑp]

dewy ['du i]

dexterity [dɛk 'stɛɚ ɪ ti]

dexterous ['dɛk strəs]

diabetes [ˌdaɪ ə 'bi tɪs]

diabetic [ˌdaɪ ə 'bɛt ɪk]

diabolic [ˌdaɪ ə 'bɑl ɪk]

diabolical [ˌdaɪ ə 'bɑl ɪ kl]

diagnose ['daɪ əg ˌnos]

diagnosed ['daɪ əg ˌnost]

diagnoses [ˌdaɪ əg 'no siz]

diagnosing [ˌdaɪ əg 'nos ɪŋ]

diagnosis [ˌdaɪ əg 'no sɪs]

diagnostic [ˌdaɪ əg 'nas tɪk]

diagnostician [ˌdaɪ əg nas 'tɪʃn]

diagonal [daɪ 'æg ə nl]

diagram ['daɪ ə ˌgræm]

diagramed ['daɪ ə ˌgræmd]

diagraming ['daɪ ə ˌgræm ɪŋ]

dial [daɪl]

dial tone ['daɪl ˌton]

dialect ['daɪ ə ˌlɛkt]

dialed [daɪld]

dialing ['daɪl ɪŋ]

dialogue ['daɪ ə ˌlɑg]

diameter [daɪ 'æm ɪ tɚ]

diamond [ˈdaɪ mənd]

diaper [ˈdaɪ pɚ]

diapered [ˈdaɪ pɚd]

diapering [ˈdaɪ pɚ ɪŋ]

diaphragm [ˈdaɪ ə ˌfræm]

diarrhea [ˌdaɪ ə ˈri ə]

diary [ˈdaɪ ə ri]

diatribe [ˈdaɪ ə ˌtraɪb]

dice [daɪs]

dichotomy [daɪ ˈkat ə mi]

dictate [ˈdɪk tet]

dictated [ˈdɪk ˌtet ɪd]

dictates [ˈdɪk ˌtets]

dictating [ˈdɪk ˌtet ɪŋ]

dictation [ˌdɪk ˈte ʃn]

dictator [ˈdɪk ˌte tɚ]

dictatorship [ˌdɪk ˈte tɚ ˌʃɪp]

diction [ˈdɪk ʃn]

dictionary [ˈdɪk ʃə ˌnɛɚ i]

did [dɪd]

didn't [ˈdɪd nt]

die [daɪ]

died [daɪd]

diehard [ˈdaɪ ˌhaɚd]

diesel [ˈdi zl]

diet [ˈdaɪ ɪt]

dieted [ˈdaɪ ɪt ɪd]

dietician [ˌdaɪ ɪ ˈtɪʃn]

dieting [ˈdaɪ ɪt ɪŋ]

diets [ˈdaɪ ɪts]

differ [ˈdɪf ɚ]

differed [ˈdɪf ɚd]

difference [ˈdɪf rəns]

different [ˈdɪf rənt]

differential [ˌdɪf ə ˈrɛn ʃl]

differentiate [ˌdɪf ə ˈrɛn ʃi ˌet]

differently [ˈdɪf rənt li]

differing [ˈdɪf ɚ ɪŋ]

differs [ˈdɪf ɚz]

difficult [ˈdɪf ə ˌkəlt]

difficulty [ˈdɪf ə ˌkəl ti]

diffident [ˈdɪf ɪ dənt]

diffuse [dɪ ˈfjuz]

diffused [dɪ ˈfjuzd]

dig [dɪg]

digest n. a compact version [ˈdaɪ ˌdʒɛst] v. to assimilate food or ideas [dɪ ˈdʒɛst]

digested [dɪ ˈdʒɛs tɪd]

digestible [dɪ ˈdʒɛs tɪ bl]

digesting [dɪ ˈdʒɛs tɪŋ]

digestion [dɪ ˈdʒɛs tʃn]

digestive [dɪ ˈdʒɛs tɪv]

digger [ˈdɪg ɚ]

digit [ˈdɪdʒ ɪt]

digital [ˈdɪdʒ ɪtl]

digitalis [ˌdɪdʒ ɪ ˈtæl ɪs]

dignified [ˈdɪg nə ˌfaɪd]

dignify [ˈdɪg nə ˌfaɪ]

dignitary [ˈdɪg nɪ ˌtɛɚ i]

dignity [ˈdɪg nɪ ti]

digress [daɪ ˈgrɛs]

digressed [daɪ ˈgrɛst]

digression [daɪ ˈgrɛʃn]

dike [daɪk]

dilapidated [dɪ ˈlæp ɪ ˌde tɪd]

dilate [daɪ ˈlet]

dilated [daɪ ˈlet ɪd]

dilating [daɪ ˈlet ɪŋ]

dilation [daɪ ˈle ʃn]

dilatory [ˈdɪl ə ˌtɔɚ i]

dilemma [dɪ ˈlɛm ə]

diligence [ˈdɪl ɪ dʒəns]

diligent [ˈdɪl ɪ dʒənt]

diligently   ['dɪl ɪ dʒənt li]
dill   [dɪl]
dilly-dally   ['dɪl i ˌdæl i]
dilute   [dɪ 'lut]
diluted   [dɪ 'lut ɪd]
dilutes   [dɪ 'luts]
diluting   [dɪ 'lut ɪŋ]
dim   [dɪm]
dime   [daɪm]
dimension   [dɪ 'mɛn ʃn]
diminish   [dɪ 'mɪn ɪʃ]
diminished   [dɪ 'mɪn ɪʃt]
diminishing   [dɪ 'mɪn ɪʃ ɪŋ]
diminutive   [dɪ 'mɪn jə tɪv]
dimly   ['dɪm li]
dimmed   [dɪmd]
dimmer   ['dɪm ɚ]
dimming   ['dɪm ɪŋ]
dimple   ['dɪm pl]
dims   [dɪmz]
dimwit   ['dɪm ˌwɪt]
din   [dɪn]
dine   [daɪn]
dined   [daɪnd]
diner   ['daɪ nɚ]
dines   [daɪnz]
dinette   [daɪ 'nɛt]
dingy   ['dɪn dʒi]
dining   ['daɪn ɪŋ]
dinner   ['dɪn ɚ]
dinosaur   ['daɪ nə ˌsɔɚ]
dip   [dɪp]
diphtheria   [dɪf 'θɪɚ i ə]
diphthong   ['dɪf ˌθɑŋ]
diploma   [dɪ 'plo mə]
diplomacy   [dɪ 'plo mə si]
diplomat   ['dɪp lə ˌmæt]

diplomatic   [ˌdɪp lə 'mæt ɪk]
dipped   [dɪpt]
dipper   ['dɪp ɚ]
dipping   ['dɪp ɪŋ]
dips   [dɪps]
dipstick   ['dɪp ˌstɪk]
dire   [daɪɚ]
direct   [dɪ 'rɛkt]
directed   [dɪ 'rɛk tɪd]
directing   [dɪ 'rɛk tɪŋ]
direction   [dɪ 'rɛk ʃn]
directive   [dɪ 'rɛk tɪv]
directly   [dɪ 'rɛkt li]
director   [dɪ 'rɛk tɚ]
directory   [dɪ 'rɛk tə ri]
directs   [dɪ 'rɛkts]
dirigible   ['dɪr ɪ dʒə bl]
dirt   [dɚt]
dirt-cheap   ['dɚt 'tʃip]
dirtied   ['dɚ tid]
dirty   ['dɚ ti]
disability   [ˌdɪs ə 'bɪl ɪ ti]
disable   [dɪs 'e bl]
disabled   [dɪs 'e bld]
disabling   [dɪs 'e blɪŋ]
disadvantage   [ˌdɪs æd 'væn tɪdʒ]
disagree   [ˌdɪs ə 'gri]
disagreeable   [ˌdɪs ə 'gri ə bl]
disagreed   [ˌdɪs ə 'grid]
disagreement   [ˌdɪs ə 'gri mənt]
disagrees   [ˌdɪs ə 'griz]
disallow   [ˌdɪs ə 'laʊ]
disallowed   [ˌdɪs ə 'laʊd]
disappear   [ˌdɪs ə 'pɪɚ]
disappearance   [ˌdɪs ə 'pɪɚ əns]
disappeared   [ˌdɪs ə 'pɪɚd]
disappearing   [ˌdɪs ə 'pɪɚ ɪŋ]

disappears [ˌdɪs ə 'pɪɚz]

disappoint [ˌdɪs ə 'pɔɪnt]

disappointed [ˌdɪs ə 'pɔɪnt ɪd]

disappointing [ˌdɪs ə 'pɔɪnt ɪŋ]

disappointment
[ˌdɪs ə 'pɔɪnt mənt]

disappoints [ˌdɪs ə 'pɔɪnts]

disapproval [ˌdɪs ə 'pru vl]

disapprove [dɪs ə 'pruv]

disapproved [dɪs ə 'pruvd]

disapproves [dɪs ə 'pruvz]

disarm [dɪs 'aɚm]

disarmament
[ˌdɪs 'aɚ mə mənt]

disarmed [dɪs 'aɚmd]

disarming [dɪs 'aɚ mɪŋ]

disarrange [ˌdɪs ə 'rendʒ]

disarranged [ˌdɪs ə 'rendʒd]

disarray [ˌdɪs ə 're]

disassemble [ˌdɪs ə 'sɛm bl]

disassociate [ˌdɪs ə 'so ʃi ˌet]

disaster [dɪ 'zæs tɚ]

disastrous [dɪ 'zæs trəs]

disband [dɪs 'bænd]

disbanded [dɪs 'bæn dɪd]

disbanding [dɪs 'bæn dɪŋ]

disbar [dɪs 'baɚ]

disbelief [ˌdɪs bə 'lif]

disburse [dɪs 'bɚs]

disbursed [dɪs 'bɚst]

disbursing [dɪs 'bɚs ɪŋ]

disc [dɪsk]

disc jockey ['dɪsk ˌdʒak i]

discard n. ['dɪs kaɚd]
v. [dɪ 'skaɚd]

discarded [dɪ 'skaɚ dɪd]

discarding [dɪ 'skaɚ dɪŋ]

discards [dɪ 'skaɚdz]

discern [dɪ 'sɚn]

discerning [dɪ 'sɚn ɪŋ]

discharge n. ['dɪs ˌtʃaɚdʒ]
v. [dɪs 'tʃaɚdʒ]

discharged [dɪs 'tʃaɚdʒd]

discharges [dɪs 'tʃaɚdʒ ɪz]

discharging [dɪs 'tʃaɚdʒ ɪŋ]

disciple [dɪ 'saɪ pl]

discipline ['dɪs ə plɪn]

disciplined ['dɪs ə plɪnd]

disciplines ['dɪs ə plɪnz]

disciplining ['dɪs ə plɪn ɪŋ]

disclaim [dɪs 'klem]

disclaimed [dɪs 'klemd]

disclaimer [dɪs 'klem ɚ]

disclaiming [dɪs 'klem ɪŋ]

disclaims [dɪs 'klemz]

disclose [dɪ 'skloz]

disclosed [dɪ 'sklozd]

discloses [dɪ 'skloz ɪz]

disclosing [dɪ 'skloz ɪŋ]

disclosure [dɪ 'klo ʒɚ]

disco ['dɪs ko]

discolor [dɪs 'kə lɚ]

discomfort [dɪs 'kəm fɚt]

disconnect [ˌdɪs kə 'nɛkt]

disconnected [ˌdɪs kə 'nɛk tɪd]

disconnecting [ˌdɪs kə 'nɛk tɪŋ]

discontent [ˌdɪs kən 'tɛnt]

discontented [ˌdɪs kən 'tɛn tɪd]

discontinue [ˌdɪs kən 'tɪn ju]

discontinued [ˌdɪs kən 'tɪn jud]

discontinuing
[ˌdɪs kən 'tɪn ju ɪŋ]

discord ['dɪs kɚd]

discount *n.* an amount subtracted from the selling price ['dɪs ˌkæʊnt] *v.* to subtract an amount from the selling price ['dɪs ˌkæʊnt] *v.* to disregard [dɪs 'kæʊnt]

discounted *adj.* having an amount subtracted from the selling price ['dɪs kæʊnt ɪd] *v.* subtracted an amount from the selling price ['dɪs kæʊnt ɪd] *v.* disregarded [dɪs 'kæʊnt ɪd]

discounting *v.* subtracting an amount from the selling price ['dɪs ˌkæʊnt ɪŋ] *v.* disregarding [dɪs 'kæʊnt ɪŋ]

discounts *n.* amounts subtracted from the selling price ['dɪs ˌkæʊnts] *v.* subtracts an amount from a selling price ['dɪs ˌkæʊnts]*v.* disregards [dɪs 'kæʊnts]

discourage [dɪ 'skɚ ɪdʒ]

discouraged [dɪ 'skɚ ɪdʒd]

discouragement [dɪ 'skɚ ɪdʒ mənt]

discourages [dɪ 'skɚ ɪdʒ ɪz]

discouraging [dɪ 'skɚ ɪdʒ ɪŋ]

discourse ['dɪs kɔɚs]

discourteous [dɪs 'kɚ ti əs]

discourtesy [dɪs 'kɚ tɪ si]

discover [dɪ 'skə vɚ]

discovered [dɪ 'skə vɚd]

discovering [dɪ 'skə vɚ ɪŋ]

discovers [dɪ 'skə vɚz]

discovery [dɪ 'skəv ɚ i]

discredit [dɪs 'krɛd ɪt]

discredited [dɪs 'krɛd ɪt ɪd]

discreet [dɪ 'skrit]

discrepancy [dɪ 'skrɛp ən si]

discretion [dɪ 'skrɛʃn]

discriminate [dɪ 'skrɪm ə ˌnet]

discriminated [dɪ 'skrɪm ə ˌnet ɪd]

discriminating [dɪ 'skrɪm ə ˌnet ɪŋ]

discrimination [dɪ ˌskrɪm ə 'ne ʃn]

discriminatory [dɪ 'skrɪm ə nə ˌtɔɚ i]

discuss [dɪ 'skəs]

discussed [dɪ 'skəst]

discussing [dɪ 'skəs ɪŋ]

discussion [dɪ 'skə ʃn]

disease [dɪ 'ziz]

diseased [dɪ 'zizd]

disembark [ˌdɪs ɛm 'baɚk]

disembarked [ˌdɪs ɛm 'baɚkt]

disfavor [dɪs 'fe vɚ]

disfigure [dɪs 'fɪg jɚ]

disfigured [dɪs 'fɪg jɚd]

disgrace [dɪs 'gres]

disgraced [dɪs 'grest]

disgraceful [dɪs 'gres fl]

disgruntled [dɪs 'grən tld]

disguise [dɪs 'gaɪz]

disguised [dɪs 'gaɪzd]

disgust [dɪs 'gəst]

disgusted [dɪs 'gəs tɪd]

disgusting [dɪs 'gəs tɪŋ]

dish [dɪʃ]

dish towel ['dɪʃ ˌtæʊ əl]

dishcloth ['dɪʃ ˌklɔθ]

dishearten [dɪs 'haɚtn]

disheartened [dɪs 'haɚtnd]

disheartening [dɪs 'haɚtn ɪŋ]

dished [dɪʃt]

disheveled [dɪ 'ʃɛv ld]

dishing ['dɪʃ ɪŋ]

dishonest [dɪs 'ɑ nɪst]

dishonor [dɪs 'ɑ nɚ]

dishonored [dɪs 'ɑ nɚd]

dishwasher ['dɪʃ ˌwɑʃ ɚ]

disillusion [ˌdɪs ɪ 'lu ʒn]

disillusioned [ˌdɪs ɪ 'lu ʒnd]

disillusioning [ˌdɪs ɪ 'lu ʒn ɪŋ]

disinfect [ˌdɪs ɪn 'fɛkt]

disinfectant [ˌdɪs ɪn 'fɛk tənt]

disintegrate [dɪ 'sɪn tə ˌgret]

disintegrated [dɪ 'sɪn tə ˌgret ɪd]

disintegrating
  [dɪ 'sɪn tə ˌgret ɪŋ]

disintegration [dɪ ˌsɪn tə 'gre ʃn]

disinterested [dɪs 'ɪn trɪs tɪd]

disjointed [dɪs 'dʒɔɪn tɪd]

disk [dɪsk]

diskette [dɪ 'skɛt]

dislike [dɪs 'laɪk]

disliked [dɪs 'laɪkt]

dislocate ['dɪs lo ˌket]

dislocated ['dɪs lo ˌket ɪd]

dislodge [dɪs 'lɑdʒ]

dislodged [dɪs 'lɑdʒd]

dislodging [dɪs 'lɑdʒ ɪŋ]

disloyal [dɪs 'lɔɪ əl]

dismal ['dɪz ml]

dismantle [dɪs 'mæn tl]

dismantled [dɪs 'mæn tld]

dismantling [dɪs 'mænt lɪŋ]

dismay [dɪs 'me]

dismayed [dɪs 'med]

dismaying [dɪs 'me ɪŋ]

dismiss [dɪs 'mɪs]

dismissed [dɪs 'mɪst]

dismissing [dɪs 'mɪs ɪŋ]

dismount [dɪs 'mæʊnt]

dismounted [dɪs 'mæʊn tɪd]

dismounting [dɪs 'mæʊn tɪŋ]

disobedience [ˌdɪs ə 'bi di əns]

disobedient [ˌdɪs ə 'bi di ənt]

disobey [ˌdɪs ə 'be]

disobeyed [ˌdɪs ə 'bed]

disorder [dɪs 'ɔɚ dɚ]

disordered [dɪs 'ɔɚ dɚd]

disorderly [dɪs 'ɔɚ dɚ li]

disoriented [dɪs 'ɔɚ i ˌɛn tɪd]

disown [dɪs 'on]

disowned [dɪs 'ond]

dispatch [dɪ 'spætʃ]

dispatched [dɪ 'spætʃt]

dispatcher [dɪ 'spætʃ ɚ]

dispel [dɪ 'spɛl]

dispelled [dɪ 'spɛld]

dispensable [dɪ 'spɛn sə bl]

dispensary [dɪ 'spɛn sə ri]

dispense [dɪ 'spɛns]

dispensed [dɪ 'spɛnst]

disperse [dɪ 'spɚs]

dispersed [dɪ 'spɚst]

displace [dɪs 'ples]

displaced [dɪs 'plest]

display [dɪ 'sple]

displayed [dɪ 'spled]

displease [dɪs 'pliz]

displeased [dɪs 'plizd]

displeasure [dɪs 'plɛʒ ɚ]

disposable [dɪ 'spoz ə bl]

disposal [dɪ 'spozl]

dispose [dɪ 'spoz]

disposed [dɪ 'spozd]

disposing   [dɪ 'spoz ɪŋ]

disposition   [ˌdɪs pə 'zɪ ʃn]

dispossess   [ˌdɪs pə 'zɛs]

dispossessed   [ˌdɪs pə 'zɛst]

disproportion   [ˌdɪs prə 'pɔɚ ʃn]

disprove   [dɪs 'pruv]

disproved   [dɪs 'pruvd]

dispute   [dɪ 'spjut]

disputed   [dɪ 'spjut ɪd]

disqualified   [dɪs 'kwɑl ə ˌfaɪd]

disqualify   [dɪs 'kwɑl ə ˌfaɪ]

disregard   [ˌdɪs rɪ 'gɑɚd]

disregarded   [ˌdɪs rɪ 'gɑɚ dɪd]

disreputable   [dɪs 'rɛp jə tə bl]

disrespect   [ˌdɪs rɪ 'spɛkt]

disrupt   [dɪs 'rəpt]

disrupted   [dɪs 'rəp tɪd]

disrupting   [dɪs 'rəp tɪŋ]

dissatisfaction
   [ˌdɪs sæt ɪs 'fæk ʃn]

dissect   [dɪ 'sɛkt]

dissected   [dɪ 'sɛk tɪd]

dissecting   [dɪ 'sɛk tɪŋ]

disseminate   [dɪ 'sɛm ə ˌnet]

disseminated   [dɪ 'sɛm ə ˌnet ɪd]

disseminating   [dɪ 'sɛm ə ˌnet ɪŋ]

dissension   [dɪ 'sɛn ʃn]

dissent   [dɪ 'sɛnt]

dissertation   [ˌdɪs ɚ 'te ʃn]

disservice   [dɪs 'sɚ vɪs]

dissimilar   [dɪ 'sɪm ə lɚ]

dissipate   ['dɪs ə ˌpet]

dissipated   ['dɪs ə ˌpet ɪd]

dissipating   ['dɪs ə ˌpet ɪŋ]

dissolution   [ˌdɪs ə 'lu ʃn]

dissolve   [dɪ 'zɑlv]

dissolved   [dɪ 'zɑlvd]

dissolving   [dɪ 'zɑlv ɪŋ]

distance   ['dɪs təns]

distant   ['dɪs tənt]

distaste   [dɪs 'test]

distasteful   [dɪs 'test fl]

distil   [dɪ 'stɪl]

distilled   [dɪ 'stɪld]

distinct   [dɪ 'stɪŋkt]

distinction   [dɪ 'stɪŋk ʃn]

distinctive   [dɪ 'stɪŋk tɪv]

distinctly   [dɪ 'stɪŋkt li]

distinguish   [dɪ 'stɪŋ gwɪʃ]

distinguishable
   [dɪ 'stɪŋ gwɪʃ ə bl]

distinguished   [dɪ 'stɪŋ gwɪʃt]

distort   [dɪ 'stɔɚt]

distorted   [dɪ 'stɔɚ tɪd]

distorting   [dɪ 'stɔɚ tɪŋ]

distract   [dɪ 'strækt]

distracted   [dɪ 'stræk tɪd]

distracting   [dɪ 'stræk tɪŋ]

distraction   [dɪ 'stræk ʃn]

distraught   [dɪ 'strɔt]

distress   [dɪ 'strɛs]

distressed   [dɪ 'strɛst]

distressing   [dɪ 'strɛs ɪŋ]

distribute   [dɪ 'strɪb jut]

distributed   [dɪ 'strɪb jut ɪd]

distributing   [dɪ 'strɪb jut ɪŋ]

distribution   [ˌdɪ strɪ 'bju ʃn]

distributor   [dɪ 'strɪb jə tɚ]

district   ['dɪs trɪkt]

distrust   [dɪs 'trəst]

disturb   [dɪ 'stɚb]

disturbance   [dɪ 'stɚb əns]

disturbed   [dɪ 'stɚbd]

disturbing   [dɪ 'stɚb ɪŋ]

disuse [dɪs 'jus]
ditch [dɪtʃ]
ditched [dɪtʃt]
ditto ['dɪt o]
dive [daɪv]
diver ['daɪv ɚ]
diverse [dɪ 'vɚs]
diversion [dɪ 'vɚ ʒn]
diversity [dɪ 'vɚ sɪ ti]
divert [dɪ 'vɚt]
diverted [dɪ 'vɚt ɪd]
diverting [dɪ 'vɚt ɪŋ]
diverts [dɪ 'vɚts]
divide [dɪ 'vaɪd]
divided [dɪ 'vaɪd ɪd]
dividend ['dɪ vɪ ˌdɛnd]
divides [dɪ 'vaɪdz]
dividing [dɪ 'vaɪd ɪŋ]
divine [dɪ 'vaɪn]
diving ['daɪv ɪŋ]
divinity [dɪ 'vɪn ɪ ti]
divisible [dɪ 'vɪz ə bl]
division [dɪ 'vɪʒn]
divisive [dɪ 'vaɪ sɪv]
divisor [dɪ 'vaɪ zɚ]
divorce [dɪ 'vɔɚs]
divorced [dɪ 'vɔɚst]
divorcee [dɪ ˌvɔɚ 'si]
divorcing [dɪ 'vɔɚs ɪŋ]
divot ['dɪv ət]
divulge [dɪ 'vəldʒ]
divulged [dɪ 'vəldʒd]
divulging [dɪ 'vəldʒ ɪŋ]
dizzy ['dɪz i]
do [du]
do-it-yourself ['du ɪt jɚ 'sɛlf]
docile [dasl]

dock [dak]
docked [dakt]
docking ['dak ɪŋ]
doctor ['dak tɚ]
doctorate ['dak tɚ ɪt]
doctrine ['dak trɪn]
document ['dak jə mənt]
documentary
[ˌdak jə 'mɛn tə ri]
documentation
[ˌdak jə mɛn 'te ʃn]
dodge [dadʒ]
dodged [dadʒd]
doe [do]
doer [du ɚ]
does [dəz]
doeskin ['do ˌskɪn]
doesn't ['dəz ənt]
dog [dɔg]
dog-tired ['dɔg 'taɪɚd]
dogged [dɔgd]
doghouse ['dɔg ˌhæʊs]
dogma ['dɔg mə]
dogmatic [dɔg 'mæt ɪk]
doing ['du ɪŋ]
doings ['du ɪŋz]
doldrums ['dol drəmz]
dole [dol]
doled [dold]
doling ['dol ɪŋ]
doll [dal]
dollar ['dal ɚ]
dolly ['dal i]
dolphin ['dal fɪn]
domain [do 'men]
dome [dom]
domed [domd]

domestic [də 'mɛs tɪk]

domesticate [də 'mɛs tə ˌket]

domicile ['dɑm ɪ sɪl]

dominant ['dɑm ə nənt]

dominate ['dɑm ə ˌnet]

dominating ['dɑm ɪ ˌnet ɪŋ]

domination [ˌdɑm ə 'ne ʃn]

domineering [ˌdɑm ə 'nɪɚ ɪŋ]

dominion [də 'mɪn jən]

dominoes ['dɑm ə ˌnoz]

don [dɑn]

donate ['do net]

donated ['do net ɪd]

donating ['do net ɪŋ]

donation [do 'ne ʃn]

done [dən]

donkey ['dɔŋ ki]

donor ['do nɚ]

don't [dont]

doodle [dudl]

doom [dum]

doomed [dumd]

doomsday ['dumz ˌde]

door [dɔɚ]

doorbell ['dɔɚ ˌbɛl]

doorman ['dɔɚ ˌmæn]

doormat ['dɔɚ ˌmæt]

doorstep ['dɔɚ ˌstɛp]

doorway ['dɔɚ ˌwe]

dope [dop]

doped [dopt]

dorm [dɔɚm]

dormant ['dɔɚ mənt]

dormitory ['dɔɚ mɪ ˌtɔɚ i]

dose *n.* a portion, as with medicine [dos] *v.* to give a portion of medicine [dos]

dossier ['dɑs i ˌe]

dot [dɑt]

double [dəbl]

double-barreled ['dəbl 'bæɚ əld]

double-breasted ['dəbl 'brɛs tɪd]

double-cross ['dəbl 'krɔs]

double-decker ['dəbl 'dɛk ɚ]

double-jointed ['dəbl 'dʒɔɪnt ɪd]

double-space ['dəbl 'spes]

doubled [dəbld]

doubleheader ['dəbl 'hɛd ɚ]

doubly ['dəb li]

doubt [dæʊt]

doubted ['dæʊt ɪd]

doubtful ['dæʊt fl]

doubtless ['dæʊt lɪs]

douche [duʃ]

dough [do]

doughnut ['do ˌnət]

douse [dæʊs]

doused [dæʊst]

dove *n.* a bird [dəv] *v.* past tense of dive [dov]

dovetail ['dəv ˌtel]

dowager ['dæʊ ə dʒɚ]

dowdy ['dæʊ di]

dowel ['dæʊ əl]

down [dæʊn]

down-and-out [ˌdæʊn ən 'æʊt]

down-to-earth [ˌdæʊn tə 'ɚθ]

downcast ['dæʊn ˌkæst]

downfall ['dæʊn ˌfɔl]

downgrade ['dæʊn ˌgred]

downhearted ['dæʊn 'hɑɚ tɪd]

downhill ['dæʊn 'hɪl]

downpour ['dæʊn ˌpɔɚ]

downstairs ['dæʊn 'stɛɚz]

downstream ['dæʊn 'strim]

downtown ['dæʊn 'tæʊn]

downtrodden ['dæʊn ,tradn]

downward ['dæʊn wɚd]

downwards ['dæʊn wɚdz]

dowry ['dæʊ ri]

doze *n.* a short nap [doz] *v.* to take a short nap [doz]

dozed [dozd]

dozen [dəzn]

dozing ['doz ɪŋ]

Dr. ['dɑk tɚ]

drab [dræb]

draft [dræft]

drafted ['dræft ɪd]

draftee [dræf 'ti]

draftsman ['dræfts mən]

drag [dræg]

dragged [drægd]

dragging ['dræg ɪŋ]

draggy ['dræg i]

dragnet ['dræg ,nɛt]

dragon [drægn]

dragonfly ['drægn ,flaɪ]

drain [dren]

drainage ['dre nɪdʒ]

drained [drend]

draining ['dren ɪŋ]

drainpipe ['dren ,paɪp]

drama ['dra mə]

dramatic [drə 'mæt ɪk]

dramatist ['dram ə tɪst]

dramatize ['dram ə ,taɪz]

drank [dræŋk]

drape [drep]

draped [drept]

drapery ['drep ə ri]

drastic ['dræs tɪk]

draw [drɔ]

drawback ['drɔ ,bæk]

drawbridge ['drɔ ,brɪdʒ]

drawer [drɔ ɚ]

drawing ['drɔ ɪŋ]

drawl [drɔl]

drawn [drɔn]

draws [drɔz]

drawstring ['drɔ ,strɪŋ]

dread [drɛd]

dreaded ['drɛd ɪd]

dreadful ['drɛd fl]

dreadfully ['drɛd fə li]

dreading ['drɛd ɪŋ]

dreads [drɛdz]

dream [drim]

dreamed [drimd]

dreamer ['drim ɚ]

dreaming ['drim ɪŋ]

dreamy ['drim i]

dreary ['drɪɚ i]

dredge [drɛdʒ]

dredged [drɛdʒd]

dredging ['drɛdʒ ɪŋ]

dregs [drɛgz]

drench [drɛntʃ]

drenched [drɛntʃt]

dress [drɛs]

dress rehearsal ['drɛs rɪ 'hɚ sl]

dressed [drɛst]

dresser ['drɛs ɚ]

dresses ['drɛs ɪz]

dressing ['drɛs ɪŋ]

dressmaker ['drɛs ,me kɚ]

drew [dru]

dribble [ˈdrɪbl]

dribbled [ˈdrɪbld]

dribbling [ˈdrɪb lɪŋ]

dried [draɪd]

drier [ˈdraɪ ɚ]

driest [ˈdraɪ ɪst]

drift [drɪft]

drifted [ˈdrɪf tɪd]

drifting [ˈdrɪf tɪŋ]

driftwood [ˈdrɪft ˌwʊd]

drill [drɪl]

drilled [drɪld]

drilling [ˈdrɪl ɪŋ]

drink [drɪŋk]

drinker [ˈdrɪŋk ɚ]

drinking [ˈdrɪŋk ɪŋ]

drinks [drɪŋks]

drip [drɪp]

drip-dry [ˈdrɪp ˌdraɪ]

dripped [drɪpt]

dripping [ˈdrɪp ɪŋ]

drive [draɪv]

drive-in [ˈdraɪv ˌɪn]

drivel [ˈdrɪvl]

driven [ˈdrɪvn]

driver [ˈdraɪv ɚ]

driver's license
  [ˈdraɪv ɚz ˈlaɪ səns]

drives [draɪvz]

driveway [ˈdraɪv ˌwe]

driving [ˈdraɪv ɪŋ]

drizzle [drɪzl]

drizzled [drɪzld]

drizzling [ˈdrɪz lɪŋ]

drone [dron]

drool [drul]

drooled [druld]

drooling [ˈdrul ɪŋ]

droop [drup]

drop [drap]

dropped [drapt]

dropping [ˈdrap ɪŋ]

drove [drov]

drown [dræʊn]

drowned [dræʊnd]

drowning [ˈdræʊn ɪŋ]

drowsy [ˈdræʊz i]

drudgery [ˈdrədʒ ə ri]

drug [drəg]

drugged [drəgd]

drugstore [ˈdrəg ˌstɔɚ]

drum [drəm]

drummed [drəmd]

drummer [ˈdrəm ɚ]

drumming [ˈdrəm ɪŋ]

drumstick [ˈdrəm ˌstɪk]

drunk [drəŋk]

drunkard [ˈdrəŋk ɚd]

drunken [drəŋkn]

dry [draɪ]

dry ice [ˈdraɪ ˈaɪs]

dryer [ˈdraɪ ɚ]

dryly [ˈdraɪ li]

dryness [ˈdraɪ nɪs]

dual [ˈdu əl]

dubious [ˈdu bi əs]

duchess [ˈdətʃ ɪs]

duck [dək]

ducked [dəkt]

duct [dəkt]

duct tape [ˈdəkt ˈtep]

dud [dəd]

dude [dud]

due [du]

duel   ['du əl]
dueled   ['du əld]
dueling   ['du əl ɪŋ]
duet   [du 'ɛt]
duffle bag   ['dəfl ˌbæg]
dug   [dəg]
dugout   ['dəg ˌæʊt]
duke   [duk]
dull   [dəl]
dulled   [dəld]
Duluth (MN)   [də 'luθ]
duly   ['du li]
dumb   [dəm]
dumbbell   ['dəm ˌbɛl]
dumbfounded   [dəm 'fæʊn dɪd]
dummy   ['dəm i]
dump   [dəmp]
dumped   [dəmpt]
dumping   ['dəm pɪŋ]
dun   [dən]
dunce   [dəns]
dune buggy   ['dun ˌbəg i]
dung   [dəŋ]
dungarees   [ˌdəŋ gə 'riz]
dungeon   ['dən dʒn]
dunk   [dəŋk]
dupe   [dup]
duped   [dupt]
duplex   ['du ˌplɛks]
duplicate   n. ['du plə kɪt]
    v. ['du plə ˌket]
duplicated   ['du plə ˌket ɪd]
duplicating   ['du plə ˌket ɪŋ]

duplicity   [du 'plɪs ɪ ti]
durable   ['dʊɚ ə bl]
duration   [dʊɚ 'e ʃn]
duress   [dʊɚ 'ɛs]
Durham (NC)   ['dʊɚ əm]
during   ['dʊɚ ɪŋ]
dusk   [dəsk]
dust   [dəst]
dusted   ['dəst ɪd]
duster   ['dəs tɚ]
dusting   ['dəst ɪŋ]
dustpan   ['dəst ˌpæn]
dusty   ['dəs ti]
Dutch   [dətʃ]
Dutchman   ['dətʃ mən]
duty   ['du ti]
duty-free   ['du ti 'fri]
dwarf   [dwɔɚf]
dwell   [dwɛl]
dwelled   [dwɛld]
dweller   ['dwɛl ɚ]
dwelling   ['dwɛl ɪŋ]
dwelt   [dwɛlt]
dwindle   ['dwɪn dl]
dwindled   ['dwɪn dld]
dwindling   ['dwɪnd lɪŋ]
dye   [daɪ]
dying   ['daɪ ɪŋ]
dynamic   [daɪ 'næm ɪk]
dynamite   ['daɪ nə ˌmaɪt]
dynamo   ['daɪ nə ˌmo]
dynasty   ['daɪ nə sti]
dysentery   ['dɪs ən ˌtɛɚ i]

E

E [i]
each [itʃ]
eager ['i gɚ]
eagerly ['i gɚ li]
eagle ['i gl]
eagle-eyed ['i gl ˌaɪd]
ear [ɪɚ]
earache ['ɪɚ ˌek]
eardrum ['ɪɚ ˌdrəm]
earl [ɚl]
earlier ['ɚ li ɚ]
early ['ɚ li]
earmark ['ɪɚ ˌmɑɚk]
earmarked ['ɪɚ ˌmɑɚkt]
earmuffs ['ɪɚ ˌməfs]
earn [ɚn]
earned [ɚnd]
earnest ['ɚ nɪst]
earnestly ['ɚ nɪst li]
earnestness ['ɚ nɪst nɪs]
earning ['ɚ nɪŋ]
earnings ['ɚ nɪŋz]
earphones ['ɪɚ ˌfonz]
earring ['ɪɚ ˌrɪŋ]
earshot ['ɪɚ ˌʃɑt]

earth [ɚθ]
earthen ['ɚ θn]
earthenware ['ɚ θn ˌwɛɚ]
earthly ['ɚθ li]
earthquake ['ɚθ ˌkwek]
earthward ['ɚθ ˌwɚd]
earthworm ['ɚθ ˌwɚm]
earthy ['ɚ θi]
ease [iz]
eased [izd]
easel ['i zl]
easier ['i zi ɚ]
easiest ['i zi ɪst]
easily ['i zə li]
easing ['iz ɪŋ]
east [ist]
Easter ['i stɚ]
eastern ['i stɚn]
eastward ['ist wɚd]
easy ['i zi]
easy chair ['i zi ˌtʃɛɚ]
easygoing [ˌi zi 'go ɪŋ]
eat [it]
eaten [itn]
eater ['it ɚ]

eating ['it ɪŋ]

eaves [ivz]

eavesdrop ['ivz ˌdrɑp]

eavesdropper ['ivz ˌdrɑp ɚ]

eavesdropping ['ivz ˌdrɑp ɪŋ]

ebb [ɛb]

ebony ['ɛb ə ni]

eccentric [ɛk 'sɛn trɪk]

eccentricity [ˌɛk sɛn 'trɪs ɪ ti]

ecclesiastic [ɪ ˌkli zi 'æs tɪk]

ecclesiastical [ɪ ˌkli zi 'æs tɪ kl]

echelon ['ɛʃ ə ˌlɑn]

echo ['ɛk o]

echoed ['ɛk od]

echoing ['ɛk o ɪŋ]

eclectic [ɪ 'klɛk tɪk]

eclipse [ɪ 'klɪps]

eclipsed [ɪ 'klɪpst]

eclipsing [ɪ 'klɪp sɪŋ]

ecology [ɪ 'kɑl ə dʒi]

economic [ˌɛ kə 'nɑm ɪk]

economical [ˌɛ kə 'nɑm ɪ kl]

economics [ˌɛk ə 'nɑm ɪks]

economist [ɪ 'kɑn ə ˌmɪst]

economize [ɪ 'kɑn ə ˌmɑɪz]

economizing [ɪ 'kɑn ə ˌmɑɪz ɪŋ]

economy [ɪ 'kɑn ə mi]

ecosystem ['ɛk o ˌsɪs tm]

ecru ['ɛk ru]

ecstasy ['ɛk stə si]

ecstatic [ɛk 'stæt ɪk]

ecstatically [ˌɛk 'stæt ɪk li]

ecumenical [ˌɛ kju 'mɛn ɪ kl]

edema [ɪ 'di mə]

edge [ɛdʒ]

edged [ɛdʒd]

edging ['ɛdʒ ɪŋ]

edgy ['ɛdʒ i]

edible ['ɛd ə bl]

edict ['i dɪkt]

edification [ˌɛd ə fɪ 'ke ʃn]

edifice ['ɛd ə fɪs]

edify ['ɛd ɪ ˌfɑɪ]

edit ['ɛd ɪt]

edited ['ɛd ɪt ɪd]

editing ['ɛd ɪt ɪŋ]

edition [ɪ 'dɪʃn]

editor ['ɛd ɪ tɚ]

editorial [ˌɛd ɪ 'tɔɚ i əl]

editorialize [ˌɛd ɪ 'tɔɚ i ə ˌlɑɪz]

educable ['ɛdʒ ʊ kə bl]

educate ['ɛdʒ ʊ ˌket]

educated ['ɛdʒ ʊ ˌket ɪd]

educating ['ɛdʒ ʊ ˌket ɪŋ]

education [ˌɛdʒ ʊ 'ke ʃn]

educational [ˌɛdʒ ʊ 'ke ʃə nl]

eel [il]

effect [ɪ 'fɛkt]

effective [ɪ 'fɛk tɪv]

effectively [ɪ 'fɛk tɪv li]

effectiveness [ɪ 'fɛk tɪv nɪs]

effectual [ɪ 'fɛk tʃu əl]

effeminacy [ɪ 'fɛm ə nə si]

effeminate [ɪ 'fɛm ə nɪt]

effervescence [ˌɛf ɚ 'vɛs əns]

effervescent [ˌɛf ɚ 'vɛs ənt]

efficacious [ˌɛf ə 'ke ʃəs]

efficiency [ɪ 'fɪ ʃən si]

efficient [ɪ 'fɪʃ ənt]

efficiently [ɪ 'fɪʃ ənt li]

effigy ['ɛf ɪ dʒi]

effort ['ɛf ɚt]

effortless ['ɛf ɚt lɪs]

effusion [ɪ 'fju ʒn]

egalitarian [ɪ ˌgæl ɪ 'tɛɚ i ən]

egg [ɛg]

eggbeater ['ɛg ˌbi tɚ]

eggnog ['ɛg ˌnɑg]

eggplant ['ɛg ˌplænt]

eggshell ['ɛg ˌʃɛl]

ego ['i go]

egocentric [ˌi go 'sɛn trɪk]

egotism ['i gə ˌtɪzm]

egotist ['i gə tɪst]

Egyptian [i 'dʒɪp ʃn]

eight [et]

eighteen ['e 'tin]

eighteenth ['e 'tinθ]

eighth [etθ]

eighty ['e ti]

either ['i ðɚ]

ejaculate [ɪ 'dʒæk jə ˌlet]

ejaculated [ɪ 'dʒæk jə ˌlet ɪd]

ejaculating [ɪ 'dʒæk jə ˌlet ɪŋ]

eject [ɪ 'dʒɛkt]

ejected [ɪ 'dʒɛk tɪd]

ejecting [ɪ 'dʒɛk tɪŋ]

El Paso (TX) [ɛl 'pæs o]

elaborate adj. [ɪ 'læb ə rɪt]
  v. [ɪ 'læb ə ˌret]

elaborated [ɪ 'læb ə ˌret ɪd]

elaborating [ɪ 'læb ə ˌret ɪŋ]

elapse [ɪ 'læps]

elapsed [ɪ 'læpst]

elapsing [ɪ 'læps ɪŋ]

elastic [ɪ 'læs tɪk]

elasticize [ɪ 'læs tɪ ˌsaɪz]

elated [ɪ 'let ɪd]

elation [ɪ 'le ʃn]

elbow ['ɛl bo]

elbowed ['ɛl bod]

elder ['ɛl dɚ]

elderly ['ɛl dɚ li]

eldest ['ɛl dɪst]

elect [ɪ 'lɛkt]

elected [ɪ 'lɛk tɪd]

electing [ɪ 'lɛk tɪŋ]

election [ɪ 'lɛk ʃn]

electioneering [ɪ ˌlɛk ʃə 'nɪɚ ɪŋ]

elective [ɪ 'lɛk tɪv]

electorate [ɪ 'lɛk tɚ ɪt]

electric [ɪ 'lɛk trɪk]

electrical [ɪ 'lɛk trɪ kl]

electrician [ɪ ˌlɛk 'trɪʃn]

electricity [ɪ ˌlɛk 'trɪs ɪ ti]

electrify [ɪ 'lɛk trə ˌfaɪ]

electrifying [ɪ 'lɛk trə ˌfaɪ ɪŋ]

electrocardiogram
  [ɪ ˌlɛk tro 'kaɚ di ə ˌgræm]

electrocute [ɪ 'lɛk trə ˌkjut]

electrolysis [ɪ ˌlɛk 'tral ɪ sɪs]

electronic [ɪ ˌlɛk 'tran ɪk]

elegance ['ɛl ə gəns]

elegant ['ɛl ə gənt]

elegy ['ɛl ɪ dʒi]

element ['ɛl ə mənt]

elemental [ˌɛl ə 'mɛn tl]

elementary [ˌɛl ə 'mɛn tri]

elephant ['ɛl ə fənt]

elevate ['ɛl ə ˌvet]

elevated ['ɛl ə ˌvet ɪd]

elevating ['ɛl ə ˌvet ɪŋ]

elevation [ˌɛl ə 've ʃn]

elevator ['ɛl ə ˌve tɚ]

eleven [ɪ 'lɛvn]

eleventh [ɪ 'lɛvənθ]

elf [ɛlf]

elicit [ɪ 'lɪs ɪt]

elicited [ɪ 'lɪs ɪt ɪd]

eliciting [ɪ 'lɪs ɪt ɪŋ]

eligible ['ɛl ɪ dʒə bl]

eliminate [ɪ 'lɪm ə ˌnet]

eliminated [ɪ 'lɪm ə ˌnet ɪd]

eliminates [ɪ 'lɪm ə ˌnets]

eliminating [ɪ 'lɪm ə ˌnet ɪŋ]

elimination [ɪ ˌlɪm ə 'ne ʃn]

elite [ɪ 'lit]

elk [ɛlk]

ellipse [ɪ 'lɪps]

elliptical [ɪ 'lɪp tɪ kl]

elm [ɛlm]

Elmira (NY) [ˌɛl 'maɪ rə]

elocution [ˌɛl ə 'kju ʃn]

elongate [ɪ 'lɔŋ ˌget]

elongated [ɪ 'lɔŋ ˌget ɪd]

elongation [ɪ ˌlɔŋ 'ge ʃn]

elope [ɪ 'lop]

eloped [ɪ 'lopt]

eloping [ɪ 'lop ɪŋ]

eloquence ['ɛl ə kwəns]

eloquent ['ɛl ə kwənt]

eloquently ['ɛl ə kwənt li]

else [ɛls]

elsewhere ['ɛls ˌʍɛɚ]

elucidate [ɪ 'lu sɪ ˌdet]

elude [ɪ 'lud]

eluded [ɪ 'lud ɪd]

eludes [ɪ 'ludz]

eluding [ɪ 'lud ɪŋ]

elusive [ɪ 'lu sɪv]

emaciated [ɪ 'me ʃi ˌet ɪd]

emanate ['ɛm ə ˌnet]

emanated ['ɛm ə ˌnet ɪd]

emancipate [ɪ 'mæn sə ˌpet]

emancipated [ɪ 'mæn sə ˌpet ɪd]

emancipation [ɪ ˌmæn sə 'pe ʃn]

emasculate [ɪ 'mæs kjə ˌlet]

embalm [ɛm 'bam]

embankment [ɛm 'bæŋk mənt]

embargo [ɛm 'baɚ go]

embark [ɛm 'baɚk]

embarked [ɛm 'baɚkt]

embarking [ɛm 'baɚk ɪŋ]

embarrass [ɛm 'bæɚ əs]

embarrassed [ɛm 'bæɚ əst]

embarrasses [ɛm 'bæɚ ə sɪz]

embarrassing [ɛm 'bæɚ ə sɪŋ]

embarrassment
[ɛm 'bæɚ əs mənt]

embassy ['ɛm bə si]

embellish [ɛm 'bɛl ɪʃ]

embellished [ɛm 'bɛl ɪʃt]

ember ['ɛm bɚ]

embezzle [ɛm 'bɛzl]

embezzled [ɛm 'bɛzld]

embezzling [ɛm 'bɛz lɪŋ]

embitter [ɛm 'bɪt ɚ]

embittered [ɛm 'bɪ tɚd]

emblem ['ɛm bləm]

embolism ['ɛm bə ˌlɪzm]

embossed [ɛm 'bɔst]

embrace [ɛm 'bres]

embraceable [ɛm 'bres ə bl]

embraced [ɛm 'brest]

embracing [ɛm 'bres ɪŋ]

embroider [ɛm 'brɔɪ dɚ]

embroidered [ɛm 'brɔɪ dɚd]

embroidery [ɛm 'brɔɪ də ri]

embroil [ɛm 'brɔɪl]

embryo ['ɛm bri o]

embryology [ˌɛm bri 'al ə dʒi]

emcee ['ɛm 'si]

emend [ɪ 'mɛnd]

emerald ['ɛm ɚ əld]

emerge [ɪ 'mɚdʒ]

emerged [ɪ 'mɚdʒd]

emergence [ɛ 'mɚ dʒəns]

emergency [ɪ 'mɚ dʒən si]

emergency exit
[ɪm 'mɚ dʒən si 'ɛg zɪt]

emerges [ɪ 'mɚdʒ ɪz]

emerging [ɪ 'mɚdʒ ɪŋ]

emeritus [ɪ 'mɛɚ ɪ təs]

emigrant ['ɛm ə grənt]

emigrate ['ɛm ə ˌgret]

emigrated ['ɛm ə ˌgret ɪd]

emigrating ['ɛm ə ˌgret ɪŋ]

emigration [ˌɛm ə 'gre ʃn]

eminence ['ɛm ə nəns]

eminent ['ɛm ə nənt]

emissary ['ɛm ɪ ˌsɛɚ i]

emission [ɪ 'mɪ ʃn]

emit [ɪ 'mit]

emitted [ɪ 'mɪt ɪd]

emitting [ɪ 'mɪt ɪŋ]

emotion [ɪ 'mo ʃn]

emotional [ɪ 'mo ʃə nl]

emotionally [ɪ 'mo ʃn ə li]

empathize ['ɛm pə ˌθɑɪz]

empathy ['ɛm pə θi]

emperor ['ɛm pɚ ɚ]

emphasis ['ɛm fə sɪs]

emphasize ['ɛm fə ˌsɑɪz]

emphasized ['ɛm fə ˌsɑɪzd]

emphasizing ['ɛm fə ˌsɑɪz ɪŋ]

emphatic [ɛm 'fæt ɪk]

emphatically [ɛm 'fæt ɪk li]

emphysema [ˌɛm fɪ 'si mə]

empire ['ɛm ˌpɑɪɚ]

empirical [ɛm 'pɪɚ ɪ kl]

employ [ɛm 'plɔɪ]

employable [ɛm 'plɔɪ ə bl]

employed [ɛm 'plɔɪd]

employee [ɛm 'plɔɪ ˌi]

employer [ɛm 'plɔɪ ɚ]

employing [ɛm 'plɔɪ ɪŋ]

employment [ɛm 'plɔɪ mənt]

employs [ɛm 'plɔɪz]

emporium [ɛm 'pɔɚ i əm]

empower [ɛm 'pæʊ ɚ]

empowered [ɛm 'pæʊ ɚd]

emptied ['ɛmp tid]

empties ['ɛmp tiz]

emptiness ['ɛmp ti nɪs]

empty ['ɛmp ti]

empty-handed
['ɛmp ti 'hæn dɪd]

emulate ['ɛm jə ˌlet]

emulated ['ɛm jə ˌlet ɪd]

emulates ['ɛm jə ˌlets]

emulating ['ɛm jə ˌlet ɪŋ]

emulsion [ɪ 'məl ʃn]

en masse [ɛn 'mæs]

en route [ɛn 'rut]

enable [ɛn 'e bl]

enabling [ɛn 'eb lɪŋ]

enact [ɛn 'ækt]

enacted [ɛn 'æk tɪd]

enacting [ɛn 'æk tɪŋ]

enactment [ɛn 'ækt mənt]

enamel [ɪ 'næml]

enameled [ɪ 'næm ld]

encapsulate [ɛn 'kæp sə ˌlet]

encephalitis [ɛn ˌsɛf ə 'lɑɪ tɪs]

enchant [ɛn 'tʃænt]

enchanted [ɛn 'tʃænt ɪd]

enchanting [ɛn 'tʃænt ɪŋ]

enchantment [ɛn 'tʃænt mənt]

encircle [ɛn 'sɚ kl]

encircled [ɛn 'sɚ kld]

encircling [ɛn 'sɚk lɪŋ]

enclose [ɛn 'kloz]

enclosed [ɛn 'klozd]

enclosing [ɛn 'kloz ɪŋ]

enclosure [ɛn 'klo ʒɚ]

encompass [ɛn 'kəm pəs]

encompassed [ɛn 'kəm pəst]

encompassing [ɛn 'kəm pəs ɪŋ]

encore ['ɑŋ kɔɚ]

encounter [ɛn 'kæʊn tɚ]

encountered [ɛn 'kæʊn tɚd]

encountering [ɛn 'kæʊn tɚ ɪŋ]

encounters [ɛn 'kæʊn tɚz]

encourage [ɛn 'kɚ ɪdʒ]

encouraged [ɛn 'kɚ ɪdʒd]

encouragement
[ɛn 'kɚ ɪdʒ mənt]

encouraging [ɛn 'kɚ ɪdʒ ɪŋ]

encroach [ɛn 'krotʃ]

encroached [ɛn 'krotʃt]

encroaches [ɛn 'krotʃ ɪz]

encroaching [ɛn 'krotʃ ɪŋ]

encyclopedia
[ɛn saɪ klə 'pi di ə]

end [ɛnd]

endanger [ɛn 'den dʒɚ]

endangered [ɛn 'den dʒɚd]

endearing [ɛn 'dɪɚ ɪŋ]

endeavor [ɛn 'dɛv ɚ]

endeavored [ɛn 'dɛv ɚd]

endeavoring [ɛn 'dɛv ɚ ɪŋ]

ended ['ɛn dɪd]

ending ['ɛn dɪŋ]

endless ['ɛnd lɪs]

endocrine ['ɛn də krɪn]

endorse [ɛn 'dɔɚs]

endorsed [ɛn 'dɔɚst]

endorsement [ɛn 'dɔɚs mənt]

endorsing [ɛn 'dɔɚs ɪŋ]

endow [ɛn 'dæʊ]

endowed [ɛn 'dæʊd]

endowing [ɛn 'dæʊ ɪŋ]

endowment [ɛn 'dæʊ mənt]

ends [ɛndz]

endurance [ɛn 'dʊɚ əns]

endure [ɛn 'dʊɚ]

endured [ɛn 'dʊɚd]

endures [ɛn 'dʊɚz]

enduring [ɛn 'dʊɚ ɪŋ]

enema ['ɛn ə mə]

enemy ['ɛn ə mi]

energetic [,ɛn ɚ 'dʒɛt ɪk]

energize ['ɛn ɚ ,dʒaɪz]

energy ['ɛn ɚ dʒi]

enervate ['ɛn ɚ ,vet]

enfold [ɛn 'fold]

enforce [ɛn 'fɔɚs]

enforceable [ɛn 'fɔɚs ə bl]

enforced [ɛn 'fɔɚst]

enforcement [ɛn 'fɔɚs mənt]

enforces [ɛn 'fɔɚs ɪz]

enforcing [ɛn 'fɔɚs ɪŋ]

enfranchise [ɛn 'fræn tʃaɪz]

engage [ɛn 'gedʒ]

engaged [ɛn 'gedʒd]

engagement [ɛn 'gedʒ mənt]

engaging [ɛn 'gedʒ ɪŋ]

engender [ɛn 'dʒɛn dɚ]

engine ['ɛn dʒən]

engineer [,ɛn dʒə 'nɪɚ]

engineering [ˌɛn dʒə 'nɪɚ ɪŋ]
English ['ɪŋ glɪʃ]
Englishman ['ɪŋ glɪʃ mən]
engrave [ɛn 'grev]
engraved [ɛn 'grevd]
engraving [ɛn 'grev ɪŋ]
engrossed [ɛn 'grost]
engrossing [ɛn 'gros ɪŋ]
engulf [ɛn 'gəlf]
engulfed [ɛn 'gəlft]
enhance [ɛn 'hæns]
enhanced [ɛn 'hænst]
enhancing [ɛn 'hæns ɪŋ]
enigma [ə 'nɪg mə]
enjoy [ɛn 'dʒɔɪ]
enjoyable [ɛn 'dʒɔɪ ə bl]
enjoyed [ɛn 'dʒɔɪd]
enjoying [ɛn 'dʒɔɪ ɪŋ]
enjoyment [ɛn 'dʒɔɪ mənt]
enjoys [ɛn 'dʒɔɪz]
enlarge [ɛn 'laɚdʒ]
enlarged [ɛn 'laɚdʒd]
enlighten [ɛn 'laɪtn]
enlightened [ɛn 'laɪtnd]
enlightenment [ɛn 'laɪtn mənt]
enlist [ɛn 'lɪst]
enlisted [ɛn 'lɪst ɪd]
enlisting [ɛn 'lɪst ɪŋ]
enlistment [ɛn 'lɪst mənt]
enliven [ɛn 'laɪ vn]
enmity ['ɛn mɪ ti]
enormity [ɪ 'nɔɚ mɪ ti]
enormous [ɪ 'nɔɚ məs]
enormously [ɪ 'nɔɚ məs li]
enough [ɪ 'nəf]
enquire [ɛn 'kwaɪɚ]
enquired [ɛn 'kwaɪɚd]

enquires [ɛn 'kwaɪɚz]
enquiring [ɛn 'kwaɪɚ ɪŋ]
enrage [ɛn 'redʒ]
enraged [ɛn 'redʒd]
enrages [ɛn 'redʒ ɪz]
enraging [ɛn 'redʒ ɪŋ]
enrich [ɛn 'rɪtʃ]
enriched [ɛn 'rɪtʃt]
enriching [ɛn 'rɪtʃ ɪŋ]
enroll [ɛn 'rol]
enrolled [ɛn 'rold]
enrolling [ɛn 'rol ɪŋ]
enrollment [ɛn 'rol mənt]
ensemble [ɑn 'sɑm bl]
ensign ['ɛn sɪn]
enslave [ɛn 'slev]
ensue [ɛn 'su]
ensued [ɛn 'sud]
ensuing [ɛn 'su ɪŋ]
ensure [ɛn 'ʃʊɚ]
ensured [ɛn 'ʃʊɚd]
ensuring [ɛn 'ʃʊɚ ɪŋ]
entail [ɛn 'tel]
entangle [ɛn 'tæŋ gl]
entangled [ɛn 'tæŋ gld]
enter ['ɛn tɚ]
enterprise ['ɛn tɚ ˌpraɪz]
enterprising ['ɛn tɚ ˌpraɪz ɪŋ]
entertain [ˌɛn tɚ 'ten]
entertained [ˌɛn tɚ 'tend]
entertainer [ˌɛn tɚ 'ten ɚ]
entertaining [ˌɛn tɚ 'ten ɪŋ]
entertainment
  [ˌɛn tɚ 'ten mənt]
enthralled [ɛn 'θrɔld]
enthused [ɛn 'θuzd]
enthusiasm [ɛn 'θu zi ˌæzm]

enthusiast [ɛn 'θu zi æst]

enthusiastic [ɛn ˌθu zɪ 'æs tɪk]

enthusiastically
[ɛn ˌθu zɪ 'æs tɪk li]

entice [ɛn 'taɪs]

enticed [ɛn 'taɪst]

enticement [ɛn 'taɪs mənt]

enticing [ɛn 'taɪs ɪŋ]

entire [ɛn 'taɪɚ]

entirely [ɛn 'taɪɚ li]

entirety [ɛn 'taɪɚ ə ti]

entitle [ɛn 'taɪtl]

entitled [ɛn 'taɪtld]

entity ['ɛn tɪ ti]

entomologist
[ˌɛn tə 'mal ə dʒɪst]

entomology [ˌɛn tə 'mal ə dʒi]

entourage ['ɑn tʊ ˌrɑʒ]

entrance *n.* an act of entering
['ɛn trəns] *v.* to fascinate
[ɛn 'træns]

entrant ['ɛn trənt]

entrap [ɛn 'træp]

entreat [ɛn 'trit]

entreaty [ɛn 'trit i]

entree ['ɑn ˌtre]

entrenched [ɛn 'trɛntʃt]

entrenchment [ɛn 'trɛntʃ mənt]

entrepreneur [ˌɑn trə prə 'nʊɚ]

entrust [ɛn 'trəst]

entrusted [ɛn 'trəs tɪd]

entry ['ɛn tri]

entry form ['ɛn tri ˌfɔɚm]

enumerate [ɪ 'num ə ˌret]

enumerated [ɪ 'num ə ˌret ɪd]

enumerating [ɪ 'num ə ˌret ɪŋ]

enunciate [ɪ 'nən si ˌet]

enunciation [ɪ ˌnən si 'e ʃn]

enuresis [ˌɛn jə 'ri sɪs]

envelop [ɛn 'vɛl əp]

envelope ['ɛn və ˌlop]

enveloped [ɛn 'vɛl əpt]

enviable ['ɛn vi ə bl]

envied ['ɛn vid]

envies ['ɛn viz]

envious ['ɛn vi əs]

environment [ɛn 'vaɪɚn mənt]

environmental
[ɛn ˌvaɪɚn 'mɛn tl]

environmentalist
[ɛn ˌvaɪɚn 'mɛn tə lɪst]

environs [ɛn 'vaɪ rənz]

envisage [ɛn 'vɪz ɪdʒ]

envision [ɛn 'vɪ ʒn]

envoy ['ɑn vɔɪ]

envy ['ɛn vi]

enzyme ['ɛn ˌzaɪm]

epic ['ɛp ɪk]

epidemic [ˌɛ pɪ 'dɛm ɪk]

epilepsy ['ɛp ə ˌlɛp si]

epilogue ['ɛp ə ˌlag]

Episcopalian [ɪ ˌpɪs kə 'pel jən]

episode ['ɛp ɪ ˌsod]

epitaph ['ɛp i ˌtæf]

epitome [ɪ 'pɪt ə mi]

epitomize [ɪ 'pɪt ə ˌmaɪz]

epitomized [ɪ 'pɪt ə ˌmaɪzd]

epitomizing [ɪ 'pɪt ə ˌmaɪz ɪŋ]

epoxy [ɛ 'pak si]

equal ['i kwəl]

equaled ['i kwəld]

equaling ['i kwəl ɪŋ]

equality [ɪ 'kwal ɪ ti]

equalize ['i kwə ˌlaɪz]

equalized   ['i kwə ˌlaɪzd]

equalizer   ['i kwə ˌlaɪz ɚ]

equalizing   ['i kwə ˌlaɪz ɪŋ]

equally   ['i kwə li]

equanimity   [ˌi kwə 'nɪm ɪ ti]

equate   [ɪ 'kwet]

equated   [ɪ 'kwet ɪd]

equation   [ɪ 'kwe ʒn]

equator   [ɪ 'kwe tɚ]

equestrian   [ɪ 'kwɛs tri ən]

equidistant   [ˌi kwɪ 'dɪs tənt]

equilibrium   [ˌi kwə 'lɪb ri əm]

equip   [ɪ 'kwɪp]

equipment   [ɪ 'kwɪp mənt]

equipped   [ɪ 'kwɪpt]

equipping   [ɪ 'kwɪp ɪŋ]

equitable   ['ɛk wɪ tə bl]

equity   ['ɛk wɪ ti]

equivalent   [ɪ 'kwɪv ə lənt]

equivocal   [ɪ 'kwɪv ə kl]

equivocate   [ɪ 'kwɪv ə ˌket]

era   ['ɛɚ ə]

eradicate   [ɪ 'ræd ə ˌket]

eradicated   [ɪ 'ræd ə ˌket ɪd]

eradicating   [ɪ 'ræd ə ˌket ɪŋ]

erase   [ɪ 'res]

erased   [ɪ 'rest]

eraser   [ɪ 'res ɚ]

erases   [ɪ 'res ɪz]

erasing   [ə 'res ɪŋ]

erect   [ɪ 'rɛkt]

erected   [ɪ 'rɛk tɪd]

erecting   [ɪ 'rɛk tɪŋ]

erection   [ɪ 'rɛk ʃn]

Erie (PA)   ['ɪɚ i]

erode   [ɪ 'rod]

eroded   [ɪ 'rod ɪd]

erodes   [ɪ 'rodz]

eroding   [ɪ 'rod ɪŋ]

erosion   [ɪ 'ro ʒn]

erotic   [ɪ 'rɑt ɪk]

err   [ɚ]

errand   ['ɛɚ ənd]

erratic   [ɪ 'ræt ɪk]

erroneous   [ə 'ro ni əs]

error   ['ɛɚ ɚ]

ersatz   ['ɛr zɑts]

erudite   ['ɛr ju ˌdaɪt]

erupt   [ɪ 'rəpt]

erupted   [ɪ 'rəp tɪd]

eruption   [ɪ 'rəp ʃn]

escalate   ['ɛs kə ˌlet]

escalated   ['ɛs kə ˌlet ɪd]

escalating   ['ɛs kə ˌlet ɪŋ]

escalator   ['ɛs kə ˌlet ɚ]

escapade   ['ɛs kə ˌped]

escape   [ɛ 'skep]

escaped   [ɛ 'skept]

escaping   [ɛ 'skep ɪŋ]

escapism   [ɛ 'ske pɪzm]

eschew   [ɛs 'tʃu]

escort   n. ['ɛs kɔɚt] v. [ɛs 'kɔɚt]

escorted   [ɛs 'kɔɚt ɪd]

escorting   [ɛs 'kɔɚt ɪŋ]

escrow   ['ɛs kro]

Eskimo   ['ɛs kə ˌmo]

esophagus   [ɪ 'sɑf ə gəs]

esoteric   [ˌɛs ə 'tɛɚ ɪk]

especially   [ɛ 'spɛʃ ə li]

espionage   ['ɛs pi ə ˌnɑʒ]

espouse   [ɛ 'spæʊz]

espresso   [ɛ 'sprɛs o]

essay   ['ɛs e]

essence   ['ɛs əns]

essential   [ə 'sɛn ʃl]

essentially   [ə 'sɛn ʃə li]

establish   [ɛ 'stæb lɪʃ]

established   [ɛ 'stæb lɪʃt]

establishing   [ɛ 'stæb lɪʃ ɪŋ]

establishment   [ɛ 'stæb lɪʃ mənt]

estate   [ɛ 'stet]

esteem   [ɛ 'stim]

esthetic   [ɛs 'θɛt ɪk]

estimate   n. ['ɛs tə mɪt]
   v. ['ɛs tə ˌmet]

estimated   ['ɛs tɪ ˌmet ɪd]

estimates   n. ['ɛs tə məts]
   v. ['ɛs tə ˌmets]

estimating   ['ɛs tə ˌmet ɪŋ]

estimation   [ˌɛs tə 'me ʃn]

estranged   [ɛ 'strendʒd]

estrogen   ['ɛs trə dʒn]

et cetera   [ɛt 'sɛt ɚ ə]

etch   [ɛtʃ]

etched   [ɛtʃt]

etching   ['ɛtʃ ɪŋ]

eternal   [ɪ 'tɚ nl]

eternity   [ɪ 'tɚ nɪ ti]

ether   ['i θɚ]

ethical   ['ɛθ ɪ kl]

ethics   ['ɛθ ɪks]

ethnic   ['ɛθ nɪk]

ethyl   [ɛθl]

etiology   [ˌi ti 'ɑl ə dʒi]

etiquette   ['ɛt ə kɪt]

etymology   [ˌɛt ə 'mɑl ə dʒi]

Eugene (OR)   [ju 'dʒin]

eulogize   ['ju lə ˌdʒaɪz]

eulogy   ['ju lə dʒi]

euphoria   [ju 'fɔɚ i ə]

eureka   [jʊ 'ri kə]

European   [ˌjʊɚ ə 'pi ən]

euthanasia   [ˌju θə 'ne ʒə]

evacuate   [ɪ 'væk ju ˌet]

evacuated   [ɪ 'væk ju ˌet ɪd]

evacuating   [ɪ 'væk ju ˌet ɪŋ]

evacuation   [ɪ ˌvæk ju 'e ʃn]

evade   [ɪ 'ved]

evaded   [ɪ 'ved ɪd]

evading   [ɪ 'ved ɪŋ]

evaluate   [ɪ 'væl ju ˌet]

evaluated   [ɪ 'væl ju ˌet ɪd]

evaluating   [ɪ 'væl ju ˌet ɪŋ]

evaluation   [ɪ ˌvæl ju 'e ʃn]

evangelism   [ɪ 'væn dʒə lɪzm]

evangelist   [ɪ 'væn dʒə lɪst]

Evansville (IN)   ['ɛ vɪnz ˌvɪl]

evaporate   [ɪ 'væp ə ˌret]

evaporated   [ɪ 'væp ə ˌret ɪd]

evaporating   [ɪ 'væp ə ˌret ɪŋ]

evaporation   [ɪ ˌvæp ə 're ʃn]

evasion   [ɪ 've ʒn]

evasive   [ɪ 've sɪv]

evasiveness   [ɪ 've sɪv nɪs]

eve   [iv]

even   ['i vn]

evenhanded   ['i vn 'hæn dɪd]

evening   ['iv nɪŋ]

evenly   ['i vn li]

event   [ɪ 'vɛnt]

eventful   [ɪ 'vɛnt fl]

eventual   [ɪ 'vɛn tʃu əl]

eventuality   [ɪ ˌvɛn tʃu 'æl ɪ ti]

eventually   [ɪ 'vɛn tʃu ə li]

ever   ['ɛv ɚ]

evergreen   ['ɛv ɚ ˌgrin]

everlasting   [ˌɛv ɚ 'læs tɪŋ]

evermore   [ˌɛv ɚ 'mɔɚ]

every ['ɛv ri]

everybody ['ɛv ri ˌbɑd i]

everyday ['ɛv ri ˌde]

everyone ['ɛv ri ˌwən]

everything ['ɛv ri ˌθɪŋ]

everywhere ['ɛv ri ˌʍɛɚ]

evict [ɪ 'vɪkt]

eviction [ɪ 'vɪk ʃn]

evidence ['ɛv ɪ dəns]

evident ['ɛv ɪ dənt]

evidently ['ɛv ɪ dənt li]

evil ['i vl]

evoke [ɪ 'vok]

evoked [ɪ 'vokt]

evoking [ɪ 'vok ɪŋ]

evolution [ˌɛ və 'lu ʃn]

evolve [ɪ 'vɑlv]

evolved [ɪ 'vɑlvd]

evolving [ɪ 'vɑlv ɪŋ]

ex-convict ['ɛks 'kan vɪkt]

ex officio ['ɛks ə 'fɪʃ i o]

ex post facto ['ɛks ˌpost 'fæk to]

exacerbate [ɪg 'zæs ɚ ˌbet]

exact [ɪg 'zækt]

exacted [ɪg 'zæk tɪd]

exacting [ɪg 'zæk tɪŋ]

exactly [ɪg 'zækt li]

exacts [ɪg 'zækts]

exaggerate [ɪg 'zædʒ ə ˌret]

exaggerated [ɪg 'zædʒ ə ˌret ɪd]

exaggerates [ɪg 'zædʒ ə ˌrets]

exaggerating [ɪg 'zædʒ ə ˌret ɪŋ]

exaggeration [ɪg ˌzædʒ ə 're ʃn]

exalt [ɪg 'zɔlt]

exalted [ɪg 'zɔlt ɪd]

exam [ɪg 'zæm]

examination [ɪg ˌzæm ɪ 'ne ʃn]

examine [ɪg 'zæm ɪn]

examined [ɪg 'zæm ɪnd]

examiner [ɪg 'zæm ɪn ɚ]

examines [ɪg 'zæm ɪnz]

examining [ɪg 'zæm ɪn ɪŋ]

example [ɪg 'zæm pl]

exasperate [ɪg 'zæs pə ˌret]

exasperated [ɪg 'zæs pə ˌret ɪd]

exasperates [ɪg 'zæs pə ˌrets]

exasperating [ɪg 'zæs pə ˌret ɪŋ]

exasperation [ɪg ˌzæs pə 're ʃn]

excavate ['ɛks kə ˌvet]

excavated ['ɛks kə ˌvet ɪd]

excavating ['ɛks kə ˌvet ɪŋ]

excavation [ˌɛks kə 've ʃn]

exceed [ɪk 'sid]

exceeded [ɪk 'sid ɪd]

exceeding [ɪk 'sid ɪŋ]

exceedingly [ɪk 'sid ɪŋ li]

excel [ɪk 'sɛl]

excellence ['ɛk sə ləns]

excellency ['ɛk sə lən si]

excellent ['ɛk sə lənt]

excels [ˌɪk 'sɛlz]

except [ɪk 'sɛpt]

exception [ɪk 'sɛp ʃn]

exceptional [ɪk 'sɛp ʃə nl]

exceptionally [ɪk 'sɛp ʃə nə li]

excerpt *n.* ['ɛk ˌsɚpt]
　　　v. [ɛk 'sɚpt]

excerpted ['ɛk sɚp tɪd]

excess *n.* [ɪk 'sɛs] *adj.* ['ɛk sɛs]

excessive [ɛk 'sɛs ɪv]

excessively [ɛk 'sɛs ɪv li]

exchange [ɪks 'tʃendʒ]

exchangeable [ɪks 'tʃendʒ ə bl]

exchanged [ɪks 'tʃendʒd]

exchanging [ɪks 'tʃendʒ ɪŋ]
excise *n.* ['ɛk saɪz] *v.* [ɛk 'saɪz]
excised [ɪk 'saɪzd]
excitable [ɪk 'saɪt ə bl]
excite [ɪk 'saɪt]
excited [ɪk 'saɪt ɪd]
excitedly [ɪk 'saɪt ɪd li]
excitement [ɪk 'saɪt mənt]
exciting [ɪk 'saɪt ɪŋ]
exclaim [ɪk 'sklem]
exclaimed [ɪk 'sklemd]
exclaiming [ɪk 'sklem ɪŋ]
exclamation [ˌɪk sklə 'me ʃn]
exclude [ɪk 'sklud]
excluded [ɪk 'sklud ɪd]
excluding [ɪk 'sklud ɪŋ]
exclusion [ɪk 'sklu ʒn]
exclusive [ɪk 'sklu sɪv]
exclusively [ɪk 'sklu sɪv li]
exclusiveness [ɪk 'sklu sɪv nɪs]
excommunicate
  [ˌɛks kə 'mju nə ˌket]
excommunication
  [ˌɛks kə 'mju nə 'ke ʃn]
excrement ['ɛk skrə mənt]
excrete [ɪk 'skrit]
excreting [ɪk 'skrit ɪŋ]
excruciating [ɪk 'skru ʃi ˌet ɪŋ]
excursion [ɪk 'skɚ ʒn]
excuse *n.* [ɪk 'skjus]
  v. [ɪk 'skjuz]
excused [ɪk 'skjuzd]
excusing [ɪk 'skjuz ɪŋ]
execute ['ɛk sə ˌkjut]
executed ['ɛk sə ˌkjut ɪd]
executing ['ɛk sə ˌkjut ɪŋ]
execution [ˌɛk sə 'kju ʃn]

executioner [ˌɛk sə 'kju ʃə nɚ]
executive [ɛg 'zɛk jə tɪv]
executor [ˌɛg 'zɛk jə tɚ]
exemplary [ɛg 'zɛm plɚ i]
exemplify [ɪg 'zɛm plə ˌfaɪ]
exempt [ɪg 'zɛmpt]
exempted [ɪg 'zɛmp tɪd]
exempting [ɪg 'zɛmp tɪŋ]
exercise ['ɛk sɚ ˌsaɪz]
exercised ['ɛk sɚ ˌsaɪzd]
exercising ['ɛk sɚ ˌsaɪz ɪŋ]
exert [ɪg 'zɚt]
exerted [ɪg 'zɚt ɪd]
exerting [ɪg 'zɚt ɪŋ]
exertion [ɪg 'zɚ ʃn]
exhale [ɛks 'hel]
exhaled [ɛks 'held]
exhaling [ɛks 'hel ɪŋ]
exhaust [ɪg 'zɔst]
exhausted [ɪg 'zɔs tɪd]
exhausting [ɪg 'zɔs tɪŋ]
exhaustion [ɪg 'zɔs tʃn]
exhaustive [ɪg 'zɔs tɪv]
exhibit [ɪg 'zɪb ɪt]
exhibited [ɪg 'zɪb ɪt ɪd]
exhibiting [ɪg 'zɪb ɪt ɪŋ]
exhibition [ˌɛk sə 'bɪʃn]
exhibitionism
  [ˌɛk sə 'bɪʃ ə ˌnɪzm]
exhilarating [ɪg 'zɪl ə ˌret ɪŋ]
exhort [ɪg 'zɔɚt]
exhortation [ɪg ˌzɔɚ 'te ʃn]
exhume [ɪg 'zum]
exigency ['ɛk sɪ dʒən si]
exile ['ɛg zaɪl]
exist [ɪg 'zɪst]
existence [ɪg 'zɪs təns]

existent   [ɪg 'zɪs tənt]

exit   ['ɛg zɪt]

exit ramp   ['ɛg zɪt ˌræmp]

exited   ['ɛg zɪt ɪd]

exiting   ['ɛg zɪt ɪŋ]

exodus   ['ɛk sə dəs]

exonerate   [ɛg 'zan ə ˌret]

exonerated   [ɛg 'zan ə ˌret ɪd]

exorbitant   [ɛg 'zɔˈ bɪ tənt]

exotic   [ɪg 'zat ɪk]

expand   [ɪk 'spænd]

expanded   [ɪk 'spæn dɪd]

expanding   [ɪk 'spæn dɪŋ]

expanse   [ɪk 'spæns]

expansion   [ɪk 'spæn ʃn]

expansive   [ɪk 'spæn sɪv]

expatriate   [ɛks 'pe tri ˌet]

expatriated   [ɛks 'pe tri ˌet ɪd]

expect   [ɪk 'spɛkt]

expectancy   [ɪk 'spɛk tən si]

expectant   [ɪk 'spɛk tənt]

expectation   [ˌɛk spɛk 'te ʃn]

expected   [ɪk 'spɛk tɪd]

expecting   [ɪk 'spɛk tɪŋ]

expectorant   [ɪk 'spɛk tə rənt]

expectorate   [ɪk 'spɛk tə ˌret]

expedience   [ɪk 'spi di əns]

expediency   [ɪk 'spi di ən si]

expedient   [ɪk 'spi di ənt]

expedite   ['ɛk spɪ ˌdaɪt]

expedition   [ˌɛk spɪ 'dɪʃn]

expel   [ɪk 'spɛl]

expelled   [ɪk 'spɛld]

expelling   [ɪk 'spɛl ɪŋ]

expend   [ɪk 'spɛnd]

expendable   [ɪk 'spɛn də bl]

expended   [ɪk 'spɛn dɪd]

expending   [ɪk 'spɛn dɪŋ]

expenditure   [ɪk 'spɛn dɪ tʃɚ]

expense   [ɪk 'spɛns]

expensive   [ɪk 'spɛn sɪv]

experience   [ɪk 'spɪɚ i əns]

experienced   [ɪk 'spɪɚ i ənst]

experiencing   [ɪk 'spɪɚ i ən sɪŋ]

experiment   [ɪk 'spɛɚ ə mənt]

experimental
   [ɪk ˌspɛɚ ə 'mɛn tl]

experimentation
   [ɪk ˌspɛɚ ə mɛn 'te ʃn]

experimenter
   [ɪk 'spɛɚ ɪ ˌmɛn tɚ]

expert   ['ɛk spɚt]

expertise   [ˌɛk spɚ 'tiz]

expertly   ['ɛk spɚt li]

expiate   ['ɛk spi ˌet]

expiation   [ˌɛk spi 'e ʃn]

expiration   [ˌɛk spɪ 're ʃn]

expire   [ɪk 'spaɪɚ]

expired   [ɪk 'spaɪɚd]

expiring   [ɪk 'spaɪɚ ɪŋ]

explain   [ɪk 'splen]

explained   [ɪk 'splend]

explaining   [ɪk 'splen ɪŋ]

explanation   [ˌɪk splə 'ne ʃn]

explanatory   [ɪk 'splæn ə ˌtɔɚ i]

expletive   ['ɛk splɪ tɪv]

explicable   ['ɛk splɪk ə bl]

explicit   [ɪk 'splɪs ɪt]

explode   [ɪk 'splod]

exploded   [ɪk 'splod ɪd]

exploding   [ɪk 'splod ɪŋ]

exploit   n. ['ɛk splɔɪt]
   v. [ɪk 'splɔɪt]

exploitation   [ˌɛk splɔɪ 'te ʃn]

exploited [ˌɛk 'splɔɪt ɪd]

exploiting [ˌɛk 'splɔɪt ɪŋ]

exploration [ˌɪk splɔɚ 'e ʃn]

exploratory [ɪk 'splɔɚ ə ˌtɔɚ i]

explore [ɪk 'splɔɚ]

explored [ɪk 'splɔɚd]

explorer [ɪk 'splɔɚ ɚ]

exploring [ɪk 'splɔɚ ɪŋ]

explosion [ɪk 'splo ʒn]

explosive [ɪk 'splo zɪv]

exponent [ɪk 'spo nənt]

exponential [ˌɪk spo 'nɛn ʃl]

export n. ['ɛk spɔɚt]
　　v. [ɛk 'spɔɚt]

exportation [ˌɛk spɔɚ 'te ʃn]

exported [ɛk 'spɔɚt ɪd]

exporter [ɛk 'spɔɚt ɚ]

exporting [ɛk 'spɔɚ tɪŋ]

expose [ɪk 'spoz]

exposed [ɪk 'spozd]

exposing [ɪk 'spoz ɪŋ]

exposition [ˌɛk spə 'zɪʃn]

exposure [ɪk 'spo ʒɚ]

expound [ɪk 'spæʊnd]

express [ɪk 'sprɛs]

expressed [ɪk 'sprɛst]

expresses [ɪk 'sprɛs ɪz]

expressing [ɪk 'sprɛs ɪŋ]

expression [ɪk 'sprɛʃn]

expressive [ɪk 'sprɛs ɪv]

expressly [ɪk 'sprɛs li]

expressway [ɪk 'sprɛs ˌwe]

expropriate [ɛks 'pro pri ˌet]

expulsion [ɪk 'spəl ʃn]

expunge [ɪk 'spənd ʒ]

exquisite ['ɛk skwɪ zɪt]

extemporaneous
　　[ɪk ˌstɛm pə 're ni əs]

extemporize [ɪk 'stɛm pə ˌrɑɪz]

extend [ɪk 'stɛnd]

extended [ɪk 'stɛn dɪd]

extending [ɪk 'stɛn dɪŋ]

extends [ɪk 'stɛndz]

extension [ɪk 'stɛn ʃn]

extensive [ɪk 'stɛn sɪv]

extensively [ɪk 'stɛn sɪv li]

extent [ɪk 'stɛnt]

extenuate [ɪk 'stɛn ju ˌet]

extenuating [ɪk 'stɛn ju ˌet ɪŋ]

exterior [ɪk 'stɪɚ i ɚ]

exterminate [ɪk 'stɚ mə ˌnet]

exterminator [ɪk 'stɚ mə ˌne tɚ]

external [ɪk 'stɚ nl]

externally [ɪk 'stɚ nə li]

extinct [ɪk 'stɪŋkt]

extinction [ɪk 'stɪŋk ʃn]

extinguish [ɪk 'stɪŋ gwɪʃ]

extinguished [ɪk 'stɪŋ gwɪʃt]

extinguishing [ɪk 'stɪŋ gwɪʃ ɪŋ]

extol [ɪk 'stol]

extolled [ɪk 'stold]

extolling [ɪk 'stol ɪŋ]

extort [ɪk 'stɔɚt]

extorted [ɪk 'stɔɚt ɪd]

extorting [ɪk 'stɔɚt ɪŋ]

extortion [ɪk 'stɔɚ ʃn]

extra ['ɛk strə]

extract n. ['ɛk strækt]
　　v. [ɪk 'strækt]

extracted [ɪk 'stræk tɪd]

extracting [ɪk 'stræk tɪŋ]

extraction [ɪk 'stræk ʃn]

extracurricular
[ˌɛk strə kə 'rɪk jə lɚ]

extradite   ['ɛk strə ˌdaɪt]

extradited   ['ɛk strə ˌdaɪt ɪd]

extradites   ['ɛk strə ˌdaɪts]

extraditing   ['ɛk strə ˌdaɪt ɪŋ]

extramarital   [ˌɛk strə 'mæɚ ɪ tl]

extraneous   [ɪk 'stre ni əs]

extraordinarily
[ɪk ˌstrɔɚ də 'nɛɚ ɪ li]

extraordinary
[ɪk 'strɔɚ də ˌnɛɚ i]

extrapolate   [ɪk 'stræp ə ˌlet]

extrasensory   [ˌɛk strə 'sɛn sə ri]

extravagance   [ɪk 'stræv ə gəns]

extravagant   [ɪk 'stræv ə gənt]

extravaganza
[ɪk ˌstræv ə 'gæn zə]

extreme   [ɪk 'strim]

extremely   [ɪk 'strim li]

extremism   [ɪk 'stri ˌmɪzm]

extremity   [ɪk 'strɛm ɪ ti]

extricate   ['ɛk strə ˌket]

extricated   ['ɛk strə ˌket ɪd]

extrinsic   [ɛk 'strɪn sɪk]

extrovert   ['ɛk strə ˌvɚt]

extrude   [ɪk 'strud]

exuberance   [ɪg 'zu bɚ əns]

exuberant   [ɪg 'zu bɚ ənt]

exuberantly   [ɪg 'zu bɚ ənt li]

exude   [ɪg 'zud]

exult   [ɪg 'zəlt]

exulted   [ɪg 'zəl tɪd]

exulting   [ɪg 'zəl tɪŋ]

eye   [aɪ]

eye-catcher   ['aɪ ˌkætʃ ɚ]

eye-opener   ['aɪ ˌo pə nɚ]

eyeball   ['aɪ ˌbɔl]

eyebrow   ['aɪ ˌbraʊ]

eyed   [aɪd]

eyedrops   ['aɪ ˌdrɑps]

eyeful   ['aɪ ˌfʊl]

eyeing   ['aɪ ɪŋ]

eyelash   ['aɪ ˌlæʃ]

eyelet   ['aɪ lɪt]

eyelid   ['aɪ ˌlɪd]

eyeliner   ['aɪ ˌlaɪ nɚ]

eyepiece   ['aɪ ˌpis]

eyes   [aɪz]

eyeshadow   ['aɪ ˌʃæd o]

eyesight   ['aɪ ˌsaɪt]

eyesore   ['aɪ ˌsɔɚ]

F [ɛf]

F   [ɛf]
fable   ['fe bl]
fabric   ['fæb rɪk]
fabricating   ['fæb rɪ ˌket ɪŋ]
fabrication   [ˌfæb rɪ 'ke ʃn]
fabulous   ['fæb jə ləs]
facade   [fə 'sɑd]
face   [fes]
face-saving   ['fes ˌse vɪŋ]
faced   [fest]
faceless   ['fes lɪs]
facelift   ['fes ˌlɪft]
facet   ['fæs ɪt]
facetious   [fə 'si ʃəs]
facial   ['fe ʃl]
facile   ['fæs ɪl]
facilitate   [fə 'sɪl ɪ ˌtet]
facility   [fə 'sɪl ɪ ti]
facing   ['fes ɪŋ]
facsimile   [fæk 'sɪ mə li]
fact   [fækt]
faction   ['fæk ʃn]
factor   ['fæk tə]
factored   ['fæk təd]
factoring   ['fæk tə ɪŋ]

factory   ['fæk tə ri]
factual   ['fæk tʃu əl]
faculty   ['fækl ti]
fad   [fæd]
fade   [fed]
faded   ['fed ɪd]
fading   ['fed ɪŋ]
Fahrenheit   ['fæə ən ˌhɑɪt]
fail   [fel]
fail-safe   ['fel ˌsef]
failed   [feld]
failing   ['fel ɪŋ]
failure   ['fel jə]
faint   [fent]
faintly   ['fent li]
fair   [fɛə]
fair-haired   ['fɛə 'hɛəd]
fair-trade   ['fɛə 'tred]
Fairbanks (AK)   ['fɛə ˌbæŋks]
fairly   ['fɛə li]
fairness   ['fɛə nɪs]
fairway   ['fɛə ˌwe]
fairy   ['fɛə i]
fairy tale   ['fɛə i ˌtel]
fairyland   ['fɛə i ˌlænd]

faith [feθ]
faithful ['feθ fl]
faithfully ['feθ fə li]
fake [fek]
fall [fɔl]
Fall River (MA) ['fɔl 'rɪv ɚ]
fallacious [fə 'le ʃəs]
fallacy ['fæl ə si]
fallen ['fɔl ən]
fallible ['fæl ə bl]
falling ['fɔl ɪŋ]
falling-out ['fɔl ɪŋ 'æʊt]
fallout ['fɔl ˌæʊt]
fallow ['fæl o]
false [fɔls]
false teeth [fɔls 'tiθ]
falsehood ['fɔls ˌhʊd]
falsification [ˌfɔl sə fə 'ke ʃn]
falsify ['fɔl sə ˌfaɪ]
falter ['fɔl tɚ]
faltering ['fɔl tɚ ɪŋ]
fame [fem]
familiar [fə 'mɪl jɚ]
familiarity [fə ˌmɪl i 'æɚ ɪ ti]
familiarize [fə 'mɪl jə ˌraɪz]
family ['fæm li]
famine ['fæm ɪn]
famished ['fæm ɪʃt]
famous ['fe məs]
famously ['fe məs li]
fan [fæn]
fanatic [fə 'næt ɪk]
fanatically [fə 'næt ɪk li]
fancier ['fæn si ɚ]
fancy ['fæn si]
fancy-free ['fæn si 'fri]
fanfare ['fæn ˌfɛɚ]

fang [fæŋ]
fanning ['fæn ɪŋ]
fantasize ['fæn tə ˌsaɪz]
fantasized ['fæn tə ˌsaɪzd]
fantasizes ['fæn tə ˌsaɪz ɪz]
fantasizing ['fæn tə ˌsaɪz ɪŋ]
fantastic [fæn 'tæs tɪk]
fantasy ['fæn tə si]
far [fɑɚ]
far-off ['fɑɚ 'ɔf]
far-out ['fɑɚ 'æʊt]
far-reaching ['fɑɚ 'ritʃ ɪŋ]
farce [fɑɚs]
fare [fɛɚ]
farewell [ˌfɛɚ 'wɛl]
farfetched ['fɑɚ 'fɛtʃt]
Fargo (ND) ['fɑɚ go]
faring ['fɛɚ ɪŋ]
farm [fɑɚm]
farmer ['fɑɚm ɚ]
farmhand ['fɑɚm ˌhænd]
farmhouse ['fɑɚm ˌhæʊs]
farming ['fɑɚm ɪŋ]
farsighted ['fɑɚ ˌsaɪt ɪd]
farther ['fɑɚ ðɚ]
farthest ['fɑɚ ðɪst]
fascinate ['fæs ə ˌnet]
fascinating ['fæs ə ˌnet ɪŋ]
fascination [ˌfæs ə 'ne ʃn]
Fascism ['fæʃ ɪzm]
fashion [fæʃn]
fashionable ['fæʃ ə nə bl]
fast [fæst]
fast-food ['fæst 'fud]
fasten [fæsn]
fastener ['fæs ə nɚ]
fastening ['fæs ə nɪŋ]

faster ['fæst ɚ]

fastest ['fæst ɪst]

fastidious [fæ 'stɪd i əs]

fastidiously [fæ 'stɪd i əs li]

fat [fæt]

fatal [fetl]

fatality [fe 'tæl ɪ ti]

fatally ['fet ə li]

fate [fet]

fateful ['fet fl]

father ['fɑ ðɚ]

father-in-law ['fɑ ðɚ ɪn ˌlɔ]

fatherhood ['fɑ ðɚ ˌhʊd]

fatherland ['fɑ ðɚ ˌlænd]

fatherless ['fɑ ðɚ lɪs]

fatherly ['fɑ ðɚ li]

fathom [fæðm]

fatigue [fə 'tig]

fatiguing [fə 'tig ɪŋ]

fatten [fætn]

fatty ['fæt i]

faucet ['fɔ sɪt]

fault [fɔlt]

faultless ['fɔlt lɪs]

faulty ['fɔl ti]

faux pas ['fo 'pɑ]

favor ['fe vɚ]

favorable ['fe vɚ ə bl]

favorably ['fe vɚ ə bli]

favorite ['fe vɚ ɪt]

favoritism ['fe vɚ ɪ ˌtɪzm]

favors ['fe vɚz]

fawn [fɔn]

FAX [fæks]

faze [fez]

fear [fɪɚ]

feared [fɪɚd]

fearful ['fɪɚ fl]

fearfully ['fɪɚ fə li]

fearless ['fɪɚ lɪs]

fearlessly ['fɪɚ lɪs li]

fears [fɪɚz]

fearsome ['fɪɚ səm]

feasibility [ˌfi zə 'bɪl ə ti]

feasible ['fi zə bl]

feast [fist]

feasted ['fis tɪd]

feasting ['fis tɪŋ]

feat [fit]

feather ['fɛð ɚ]

featherbedding ['fɛð ɚ ˌbɛd ɪŋ]

featherweight ['fɛð ɚ ˌwet]

feature ['fi tʃɚ]

feature film ['fi tʃɚ 'fɪlm]

featured ['fi tʃɚd]

featuring ['fi tʃɚ ɪŋ]

febrile ['fi brəl]

February ['fɛb ru ˌɛɚ i]

feces ['fi siz]

fed [fɛd]

fed up ['fɛd 'əp]

federal ['fɛd ɚ əl]

federalize ['fɛd ɚ ə ˌlɑɪz]

federally ['fɛd ɚ ə li]

federate ['fɛd ɚ ˌet]

federation [ˌfɛd ə 're ʃn]

fee [fi]

feeble ['fi bl]

feed [fid]

feedback ['fid ˌbæk]

feeder ['fid ɚ]

feeding ['fid ɪŋ]

feel [fil]

feeler ['fil ɚ]

feeling ['fil ɪŋ]

feels [filz]

feet [fit]

feign [fen]

felicitation [fɪ ˌlɪs ɪ 'te ʃn]

felicitous [fɪ 'lɪs ɪ təs]

feline ['fi ˌlaɪn]

fell [fɛl]

fellow ['fɛl o]

fellowship ['fɛl o ˌʃɪp]

felon ['fɛl ən]

felony ['fɛl ə ni]

felt [fɛlt]

female ['fi ˌmel]

feminine ['fɛm ə nɪn]

feminism ['fɛm ə ˌnɪzm]

feminist ['fɛm ə nɪst]

fence [fɛns]

fencing ['fɛns ɪŋ]

fend [fɛnd]

fender ['fɛn dɚ]

ferment *n.* ['fɚ mɛnt]
  v. [fɚ 'mɛnt]

fermentation [ˌfɚ mɛn 'te ʃn]

fermented [fɚ 'mɛn tɪd]

fermenting [fɚ 'mɛn tɪŋ]

ferments *n.* ['fɚ mɛnts]
  v. [fɚ 'mɛnts]

fern [fɚn]

ferocious [fə 'ro ʃəs]

ferociously [fə 'ro ʃəs li]

ferocity [fə 'rɑs ɪ ti]

ferret ['fɛɚ ɪt]

ferry ['fɛɚ i]

fertile ['fɚ tl]

fertility [fɚ 'tɪl ə ti]

fertilization [ˌfɚ tə lɪ 'ze ʃn]

fertilize ['fɚ tə ˌlaɪz]

fertilized ['fɚ tə ˌlaɪzd]

fertilizer ['fɚ tə ˌlaɪ zɚ]

fertilizes ['fɚ tə ˌlaɪz ɪz]

fertilizing ['fɚ tə ˌlaɪz ɪŋ]

fervent ['fɚ vənt]

fervor ['fɚ vɚ]

fester ['fɛs tɚ]

festered ['fɛs tɚd]

festering ['fɛs tɚ ɪŋ]

festers ['fɛs tɚz]

festival ['fɛs tə vl]

festive ['fɛs tɪv]

festivity [fɛs 'tɪv ɪ ti]

fetal ['fi tl]

fetch [fɛtʃ]

fetched [fɛtʃt]

fetching ['fɛtʃ ɪŋ]

fetish ['fɛt ɪʃ]

fetter ['fɛt ɚ]

fetus ['fi təs]

feud [fjud]

feudal [fjudl]

feuding ['fjud ɪŋ]

fever ['fi vɚ]

feverish ['fi vɚ ɪʃ]

few [fju]

fewer [fjuɚ]

fiancee [ˌfi ɑn 'se]

fiasco [fi 'æs ko]

fiat ['fi æt]

fib [fɪb]

fibbed [fɪbd]

fibbing ['fɪb ɪŋ]

fiber ['faɪ bɚ]

fiberglass ['faɪ bɚ ˌglæs]

fibrillation [ˌfɪb rə 'le ʃn]

fibs [fɪbz]
fickle [fɪkl]
fiction ['fɪk ʃn]
fictional ['fɪk ʃə nl]
fictitious [fɪk 'tɪʃ əs]
fiddle [fɪdl]
fiddled ['fɪdld]
fidelity [fɪ 'dɛl ɪ ti]
fidget ['fɪdʒ ɪt]
fidgeted ['fɪdʒ ɪt ɪd]
fidgeting ['fɪdʒ ɪt ɪŋ]
fidgets ['fɪdʒ ɪts]
fidgety ['fɪdʒ ɪ ti]
field [fild]
fieldwork ['fild ˌwɚk]
fiend [find]
fierce [fɪɚs]
fiercely ['fɪɚs li]
fiery ['faɪ ə ri]
fiesta [fi 'ɛs tə]
fifteen ['fɪf 'tin]
fifteenth ['fɪf 'tinθ]
fifth [fɪfθ]
fifty ['fɪf ti]
fig [fɪg]
fight [faɪt]
fighter ['faɪt ɚ]
fighting ['faɪt ɪŋ]
fights [faɪts]
figment ['fɪg mənt]
figurative ['fɪg jɚ ə tɪv]
figuratively ['fɪg jɚ ə tɪv li]
figure ['fɪg jɚ]
figured ['fɪg jɚd]
figurehead ['fɪg jɚ ˌhɛd]
figurine [ˌfɪg jə 'rin]
figuring ['fɪg jɚ ɪŋ]

filament ['fɪl ə mənt]
file [faɪl]
filed [faɪld]
files [faɪlz]
filet mignon [fɪ 'le mɪn 'jɑn]
filibuster ['fɪl ə ˌbəs tɚ]
filing ['faɪl ɪŋ]
filing cabinet ['faɪl ɪŋ ˌkæb nɪt]
Filipino [ˌfɪl ə 'pi no]
fill [fɪl]
filled [fɪld]
filler ['fɪl ɚ]
fillet [fɪ 'le]
filling ['fɪl ɪŋ]
fills [fɪlz]
filly ['fɪl i]
film [fɪlm]
filmed [fɪlmd]
filming ['fɪlm ɪŋ]
filmstrip ['fɪlm ˌstrɪp]
filter ['fɪl tɚ]
filter-tipped ['fɪl tɚ ˌtɪpt]
filtered ['fɪl tɚd]
filtering ['fɪl tɚ ɪŋ]
filters ['fɪl tɚz]
filth [fɪlθ]
filthy ['fɪlθ i]
fin [fɪn]
final [faɪnl]
finale [fɪ 'næl i]
finalist ['faɪn ə lɪst]
finalize ['faɪn ə ˌlaɪz]
finally ['faɪn ə li]
finance ['faɪ næns]
financial [ˌfaɪ 'næn ʃl]
financially [ˌfaɪ 'næn ʃə li]
financier [ˌfɪn ən 'sɪɚ]

find [faɪnd]
finder ['faɪn dɚ]
finding ['faɪn dɪŋ]
fine [faɪn]
fined [faɪnd]
finery ['faɪ nə ri]
finesse [fɪ 'nɛs]
finger ['fɪŋ gɚ]
fingernail ['fɪŋ gɚ ˌnel]
fingerprint ['fɪŋ gɚ ˌprɪnt]
fingertip ['fɪŋ gɚ ˌtɪp]
finicky ['fɪn ə ki]
finish ['fɪn ɪʃ]
finished ['fɪn ɪʃt]
finishes ['fɪn ɪʃ ɪz]
finishing ['fɪn ɪʃ ɪŋ]
finite ['faɪ ˌnaɪt]
Finn [fɪn]
Finnish ['fɪn ɪʃ]
fir [fɚ]
fire [faɪɚ]
fire engine ['faɪɚ ˌɛn dʒɪn]
fire escape ['faɪɚ ə ˌskep]
firefighter ['faɪɚ ˌfaɪ tɚ]
firearm ['faɪɚ ˌaɚm]
firebreak ['faɪɚ ˌbrek]
firecracker ['faɪɚ ˌkræk ɚ]
fired [faɪɚd]
firefly ['faɪɚ ˌflaɪ]
fireman ['faɪɚ ˌmən]
fireplace ['faɪɚ ˌples]
fireplug ['faɪɚ ˌpləg]
fireproof ['faɪɚ ˌpruf]
fires [faɪɚz]
fireside ['faɪɚ ˌsaɪd]
firetrap ['faɪɚ ˌtræp]
firewood ['faɪɚ ˌwʊd]

fireworks ['faɪɚ ˌwɚks]
firing ['faɪɚ ɪŋ]
firm [fɚm]
firmament ['fɚ mə mənt]
firmly ['fɚm li]
firmness ['fɚm nɪs]
first [fɚst]
first aid ['fɚst 'ed]
first-aid kit ['fɚst 'ed ˌkɪt]
first-class ['fɚst 'klæs]
first name ['fɚst 'nem]
first-rate ['fɚst 'ret]
first-string ['fɚst 'strɪŋ]
firstborn ['fɚst 'bɔɚn]
firsthand ['fɚst 'hænd]
firstly ['fɚst li]
fiscal ['fɪs kl]
fish [fɪʃ]
fished [fɪʃt]
fisherman ['fɪʃ ɚ mən]
fishery ['fɪʃ ə ri]
fishes ['fɪʃ ɪz]
fishhook ['fɪʃ ˌhʊk]
fishing ['fɪʃ ɪŋ]
fishy ['fɪʃ i]
fission [fɪʃn]
fissure ['fɪʃ ɚ]
fist [fɪst]
fisticuffs ['fɪs tə ˌkəfs]
fit [fɪt]
fitful ['fɪt fl]
fitness ['fɪt nɪs]
fits [fɪts]
fitted ['fɪt ɪd]
fitting ['fɪt ɪŋ]
five [faɪv]
fix [fɪks]

fixation [ˌfɪk 'se ʃn]
fixed [fɪkst]
fixes ['fɪk sɪz]
fixing ['fɪks ɪŋ]
fixings ['fɪks ɪŋz]
fixture ['fɪks tʃɚ]
fizz [fɪz]
fizzle [fɪzl]
fizzled [fɪzld]
fizzling ['fɪz lɪŋ]
flabbergasted ['flæb ɚ ˌgæs tɪd]
flabby ['flæb i]
flaccid ['flæs ɪd]
flag [flæg]
flagged [flægd]
flagging ['flæg ɪŋ]
flagpole ['flæg ˌpol]
flagrant ['fle grənt]
flagstone ['flæg ˌston]
flail [flel]
flair [flɛɚ]
flak [flæk]
flake [flek]
flaked [flekt]
flaking ['flek ɪŋ]
flamboyant [flæm 'bɔɪ ənt]
flamboyantly [flæm 'bɔɪ ənt li]
flame [flem]
flamed [flemd]
flaming ['flem ɪŋ]
flamingo [flə 'mɪŋ go]
flammable ['flæm ə bl]
flank [flæŋk]
flanked [flæŋkt]
flanking ['flæŋ kɪŋ]
flannel [flænl]
flap [flæp]

flapjack ['flæp ˌdʒæk]
flapped [flæpt]
flapping ['flæp ɪŋ]
flare [flɛɚ]
flare-up ['flɛɚ ˌəp]
flash [flæʃ]
flashback ['flæʃ ˌbæk]
flashbulb ['flæʃ ˌbəlb]
flashed [flæʃt]
flashing ['flæʃ ɪŋ]
flashlight ['flæʃ ˌlaɪt]
flashy ['flæʃ i]
flask [flæsk]
flat [flæt]
flat tire ['flæt 'taɪɚ]
flatcar ['flæt ˌkaɚ]
flatfoot ['flæt ˌfʊt]
flatly ['flæt li]
flatten [flætn]
flattened [flætnd]
flatter ['flæt ɚ]
flattered ['flæt ɚd]
flattering ['flæt ɚ ɪŋ]
flatters ['flæt ɚz]
flattery ['flæt ə ri]
flattop ['flæt ˌtap]
flatulence ['flætʃ ə ləns]
flatware ['flæt ˌwɛɚ]
flaunt [flɔnt]
flaunted ['flɔnt ɪd]
flaunting ['flɔnt ɪŋ]
flavor ['fle vɚ]
flavored ['fle vɚd]
flavoring ['fle vɚ ɪŋ]
flavorless ['fle vɚ lɪs]
flaw [flɔ]
flawed [flɔd]

flawless ['flɔ lɪs]
flea [fli]
fled [flɛd]
fledgling ['flɛdʒ lɪŋ]
flee [fli]
fleece [flis]
fleecing ['flis ɪŋ]
fleecy ['flis i]
fleeing ['fli ɪŋ]
fleet [flit]
flesh [flɛʃ]
flew [flu]
flex [flɛks]
flexible ['flɛk sə bl]
flick [flɪk]
flicked [flɪkt]
flicker ['flɪk ɚ]
flickered ['flɪk ɚd]
flickering ['flɪk ɚ ɪŋ]
flier ['flaɪ ɚ]
flies [flaɪz]
flight [flaɪt]
flighty ['flaɪ ti]
flimsier ['flɪm zi ɚ]
flimsiest ['flɪm zi ɪst]
flimsy ['flɪm zi]
flinch [flɪntʃ]
flinched [flɪntʃt]
fling [flɪŋ]
flint [flɪnt]
Flint (MI) [flɪnt]
flip [flɪp]
flippant ['flɪp ənt]
flipped [flɪpt]
flipping ['flɪp ɪŋ]
flips [flɪps]
flirt [flɚt]

flirtation [flɚ 'te ʃn]
flirtatious [flɚ 'te ʃəs]
flirted ['flɚt ɪd]
flirting ['flɚt ɪŋ]
flit [flɪt]
flitted ['flɪt ɪd]
float [flot]
floated ['flot ɪd]
floating ['flot ɪŋ]
floats [flots]
flock [flɑk]
flocked [flɑkt]
flocking ['flɑk ɪŋ]
flog [flɑg]
flood [fləd]
flooded ['fləd ɪd]
flooding ['fləd ɪŋ]
floodlight ['fləd ˌlaɪt]
floods [flədz]
floor [flɔɚ]
floorboard ['flɔɚ ˌbɔɚd]
floorwalker ['flɔɚ ˌwɔk ɚ]
flop [flɑp]
flopped [flɑpt]
floppy disk ['flɑ pi 'dɪsk]
floral ['flɔɚ əl]
Florida ['flɔɚ ɪ də]
florist ['flɔɚ ɪst]
floss [flɑs]
flossed [flɑst]
flosses ['flɑs ɪz]
flossing ['flɑs ɪŋ]
flotilla [flo 'tɪl ə]
flounder ['flæʊn dɚ]
flounders ['flæʊn dɚz]
flour ['flæʊ ɚ]
flourish ['flɚ ɪʃ]

flourished   ['flɚ ɪʃt]

flourishes   ['flɚ ɪʃ ɪz]

flourishing   ['flɚ ɪʃ ɪŋ]

flow   [flo]

flowed   [flod]

flower   ['flæʊ ɚ]

flowerpot   ['flæʊ ɚ ˌpat]

flowery   ['flæʊ ɚ i]

flowing   ['flo ɪŋ]

flown   [flon]

flows   [floz]

flu   [flu]

flub   [fləb]

flubbed   [fləbd]

fluctuate   ['flək tʃu ˌet]

fluctuated   ['flək tʃu ˌet ɪd]

fluctuating   ['flək tʃu ˌet ɪŋ]

fluctuation   [ˌflək tʃu 'e ʃn]

flue   [flu]

fluency   ['flu ən si]

fluent   ['flu ənt]

fluently   ['flu ənt li]

fluff   [fləf]

fluffy   ['fləf i]

fluid   ['flu ɪd]

fluke   [fluk]

flung   [fləŋ]

fluorescent light
    [ˌflʊɚ 'ɛs nt 'laɪt]

fluoride   ['flʊɚ ˌaɪd]

fluoroscope   ['flʊɚ ə ˌskop]

flurry   ['flɚ i]

flush   [fləʃ]

flushed   [fləʃt]

flushing   ['fləʃ ɪŋ]

flustered   ['fləs tɚd]

flute   [flut]

flutist   ['flu tɪst]

flutter   ['flət ɚ]

fluttered   ['flət ɚd]

fluttering   ['flət ɚ ɪŋ]

flux   [fləks]

fly   [flaɪ]

fly-by-night   ['flaɪ baɪ ˌnaɪt]

flyer   ['flaɪ ɚ]

flying   ['flaɪ ɪŋ]

flyleaf   ['flaɪ ˌlif]

flyover   ['flaɪ ˌo vɚ]

flypaper   ['flaɪ ˌpe pɚ]

foal   [fol]

foam   [fom]

foamy   ['fom i]

focus   ['fo kəs]

focused   ['fo kəst]

focuses   ['fo kəs ɪz]

focusing   ['fo kəs ɪŋ]

fodder   ['fad ɚ]

foe   [fo]

fog   [fag]

fogged   [fagd]

fogging   ['fag ɪŋ]

foggy   ['fag i]

foghorn   ['fag ˌhɔɚn]

foil   [fɔɪl]

foist   [fɔɪst]

fold   [fold]

folded   ['fol dɪd]

folder   ['fol dɚ]

folding   ['fol dɪŋ]

folds   [foldz]

foliage   ['fo li ɪdʒ]

folk   [fok]

folk song   ['fok ˌsɔŋ]

folklore   ['fok ˌlɔɚ]

follow   ['fal o]
follow-up   ['fal o ˌəp]
followed   ['fal od]
follower   ['fal o ɚ]
following   ['fal o ɪŋ]
follows   ['fal oz]
folly   ['fal i]
foment   [fo 'mɛnt]
fond   [fand]
fondle   ['fan dl]
fondles   ['fan dlz]
fondling   ['fand lɪŋ]
fondly   ['fand li]
fondness   ['fand nɪs]
fondue   [fan 'du]
font   [fant]
food   [fud]
fool   [ful]
fooled   [fuld]
foolhardy   ['ful ˌhaɚ di]
fooling   ['ful ɪŋ]
foolish   ['ful ɪʃ]
foolishly   ['ful ɪʃ li]
foolishness   ['ful ɪʃ nɪs]
foolproof   ['ful ˌpruf]
fools   [fulz]
foot   [fʊt]
footage   ['fʊt ɪdʒ]
football   ['fʊt bɔl]
footbridge   ['fʊt ˌbrɪdʒ]
footed   ['fʊt ɪd]
foothills   ['fʊt ˌhɪlz]
foothold   ['fʊt ˌhold]
footing   ['fʊt ɪŋ]
footlights   ['fʊt ˌlaɪts]
footlocker   ['fʊt ˌlak ɚ]
footloose   ['fʊt ˌlus]

footnote   ['fʊt ˌnot]
footpath   ['fʊt ˌpæθ]
footprint   ['fʊt ˌprɪnt]
footstep   ['fʊt ˌstɛp]
footstool   ['fʊt ˌstul]
footwork   ['fʊt ˌwɚk]
for   [fɔɚ]
forage   ['fɔɚ ɪdʒ]
foraged   ['fɔɚ ɪdʒd]
forages   ['fɔɚ ɪdʒ ɪz]
foraging   ['fɔɚ ɪdʒ ɪŋ]
forbear   [fɔɚ 'bɛɚ]
forbearance   [fɔɚ 'bɛɚ əns]
forbid   [fɔɚ 'bɪd]
forbidden   [fɔɚ 'bɪdn]
forbidding   [fɔɚ 'bɪd ɪŋ]
force   [fɔɚs]
force-feed   ['fɔɚs 'fid]
forced   [fɔɚst]
forceful   ['fɔɚs fl]
forceps   ['fɔɚ səps]
forces   ['fɔɚs ɪz]
forcible   ['fɔɚs ə bl]
forcibly   ['fɔɚs ə bli]
forcing   ['fɔɚs ɪŋ]
forearm   ['fɔɚ ˌaɚm]
foreboding   [fɔɚ 'bod ɪŋ]
forecast   ['fɔɚ ˌkæst]
forecasted   ['fɔɚ ˌkæst ɪd]
forecasting   ['fɔɚ ˌkæst ɪŋ]
foreclose   [fɔɚ 'kloz]
foreclosure   [fɔɚ 'klo ʒɚ]
forefathers   ['fɔɚ ˌfa ðɚz]
forefinger   ['fɔɚ ˌfɪŋ gɚ]
forefront   ['fɔɚ ˌfrənt]
forego   [fɔɚ 'go]
foregone   ['fɔɚ 'gɔn]

foreground ['fɔɚ‚graʊnd]
forehand ['fɔɚ‚hænd]
forehead ['faɚ‚hɛd]
foreign ['faɚ ɪn]
foreigner ['faɚ ə nɚ]
foreman ['fɔɚ mən]
foremost ['fɔɚ‚most]
forenoon ['fɔɚ‚nun]
forensic [fə 'rɛn sɪk]
forerunner ['fɔɚ‚rən ɚ]
foresee [fɔɚ 'si]
foreseeable [fɔɚ 'si ə bl]
foreseen [fɔɚ 'sin]
foreshadow [fɔɚ 'ʃæd o]
foresight ['fɔɚ‚saɪt]
forest ['faɚ ɪst]
forestall [fɔɚ 'stɔl]
forester ['faɚ ɪs tɚ]
forestry ['faɚ ɪs tri]
foretaste ['fɔɚ‚test]
foretell [fɔɚ 'tɛl]
forethought ['fɔɚ‚θɔt]
foretold [‚fɔɚ 'told]
forever [fɔɚ 'ɛv ɚ]
forewarn [fɔɚ 'wɔɚn]
foreword ['fɔɚ‚wɚd]
forfeit ['fɔɚ fɪt]
forfeited ['fɔɚ fɪt ɪd]
forfeiting ['fɔɚ fɪt ɪŋ]
forfeits ['fɔɚ fɪts]
forgave [fɚ 'gev]
forge [fɔɚdʒ]
forged [fɔɚdʒd]
forgery ['fɔɚ dʒɚ ri]
forget [fɚ 'gɛt]
forgetful [fɚ 'gɛt fl]
forgetfulness [fɚ 'gɛt fl nɪs]

forgets [fɚ 'gɛts]
forgettable [fɚ 'gɛt ə bl]
forgetting [fɚ 'gɛt ɪŋ]
forging ['fɔɚdʒ ɪŋ]
forgivable [fɚ 'gɪv ə bl]
forgive [fɚ 'gɪv]
forgiven [fɚ 'gɪvn]
forgiveness [fɚ 'gɪv nɪs]
forgiving [fɚ 'gɪv ɪŋ]
forgo [fɔɚ 'go]
forgot [fɚ 'gɑt]
forgotten [fɚ 'gɑtn]
fork [fɔɚk]
forklift ['fɔɚk‚lɪft]
forklift truck ['fɔɚk‚lɪft 'trək]
forlorn [fɔɚ 'lɔɚn]
form [fɔɚm]
formal ['fɔɚ ml]
formality [fɔɚ 'mæl ɪ ti]
formalize ['fɔɚ mə‚laɪz]
formally ['fɔɚ mə li]
format ['fɔɚ‚mæt]
formation [fɔɚ 'me ʃn]
formative ['fɔɚ mə tɪv]
formatted ['fɔɚ‚mæt ɪd]
formed [fɔɚmd]
former ['fɔɚ mɚ]
formerly ['fɔɚ mɚ li]
formidable ['fɔɚ mɪ də bl]
forming ['fɔɚm ɪŋ]
formless ['fɔɚm lɪs]
forms [fɔɚmz]
formula ['fɔɚ mjə lə]
formulate ['fɔɚ mjə‚let]
formulated ['fɔɚ mjə‚let ɪd]
formulates ['fɔɚ mjə‚lets]
formulating ['fɔɚ mjə‚let ɪŋ]

forsake [fɔɚ 'sek]
forsaken [fɔɚ 'se kn]
fort [fɔɚt]
forth [fɔɚθ]
forthcoming ['fɔɚθ 'kəm ɪŋ]
forthright ['fɔɚθ ˌraɪt]
fortieth ['fɔɚ ti ɪθ]
fortification [ˌfɔɚ tə fɪ 'ke ʃn]
fortified ['fɔɚ tə ˌfaɪd]
fortify ['fɔɚ tə ˌfaɪ]
fortitude ['fɔɚ tɪ ˌtud]
fortress ['fɔɚ trɪs]
fortuitous [fɔɚ 'tu ɪ təs]
fortunate ['fɔɚ tʃə nɪt]
fortunately ['fɔɚ tʃə nɪt li]
fortune ['fɔɚ tʃn]
fortune-teller ['fɔɚ tʃn ˌtɛl ɚ]
forty ['fɔɚ ti]
forum ['fɔɚ əm]
forward ['fɔɚ wɚd]
forwards ['fɔɚ wɚdz]
fossil [fasl]
foster ['fɔ stɚ]
fostered ['fɔ stɚd]
fought [fɔt]
foul [fæʊl]
foul-up ['fæʊl ˌəp]
found [fæʊnd]
foundation [fæʊn 'de ʃn]
founded ['fæʊn dɪd]
founder ['fæʊn dɚ]
founding ['fæʊn dɪŋ]
foundry ['fæʊn dri]
fountain [fæʊntn]
four [fɔɚ]
fourscore ['fɔɚ 'skɔɚ]
foursome ['fɔɚ sm]

fourteen ['fɔɚ 'tin]
fourteenth ['fɔɚ 'tinθ]
fourth [fɔɚθ]
fourth-class ['fɔɚθ 'klæs]
fowl [fæʊl]
fox [faks]
foyer [fɔɪ ɚ]
fracas ['fre kəs]
fraction ['fræk ʃn]
fracture ['fræk tʃɚ]
fractured ['fræk tʃɚd]
fragile [frædʒl]
fragment ['fræg mənt]
fragmentary ['fræg mən ˌtɛɚ i]
fragmented ['fræg ˌmɛn tɪd]
fragrance ['fre grəns]
fragrant ['fre grənt]
frail [frel]
frame [frem]
frame-up ['frem ˌəp]
framed [fremd]
framing ['frem ɪŋ]
franchise ['fræn ˌtʃaɪz]
franchised ['fræn ˌtʃaɪzd]
franchising ['fræn ˌtʃaɪz ɪŋ]
frank [fræŋk]
frankly ['fræŋk li]
frankness ['fræŋk nɪs]
frantic ['fræn tɪk]
frantically ['fræn tɪk li]
fraternal [frə 'tɚ nl]
fraternity [frə 'tɚ nɪ ti]
fraternization [ˌfræt ɚ nɪ 'ze ʃn]
fraternize ['fræt ɚ ˌnaɪz]
fraud [frɔd]
fraudulent ['frɔd jə lənt]
fraught [frɔt]

119

frayed [fred]
freak [frik]
freckle [frɛkl]
freckled [frɛkld]
free [fri]
free-for-all ['fri fɚ ˌɔl]
free trade ['fri 'tred]
freed [frid]
freedom ['fri dm]
freeing ['fri ɪŋ]
freelance ['fri 'læns]
freely ['fri li]
freeway ['fri ˌwe]
freeze [friz]
freezer ['fri zɚ]
freezing ['friz ɪŋ]
freight [fret]
freight train ['fret ˌtren]
French [frɛntʃ]
Frenchman ['frɛntʃ mən]
frenetic [frə 'nɛt ɪk]
frenzies ['frɛn ziz]
frenzy ['frɛn zi]
frequencies ['fri kwən siz]
frequency ['fri kwən si]
frequent ['fri kwənt]
frequently ['fri kwənt li]
fresco ['frɛs ko]
fresh [frɛʃ]
freshen [frɛʃn]
fresher ['frɛʃ ɚ]
freshly ['frɛʃ li]
freshman ['frɛʃ mən]
freshness ['frɛʃ nɪs]
freshwater ['frɛʃ ˌwɔ tɚ]
Fresno (CA) ['frɛz no]
fret [frɛt]

fretful ['frɛt fl]
fretted ['frɛt ɪd]
fretting ['frɛt ɪŋ]
friable ['fraɪ ə bl]
fricative ['frɪk ə tɪv]
friction ['frɪk ʃn]
Friday ['fraɪ de]
fried [fraɪd]
friend [frɛnd]
friendless ['frɛnd lɪs]
friendliness ['frɛnd li nɪs]
friendly ['frɛnd li]
friendship ['frɛnd ˌʃɪp]
fries [fraɪz]
fright [fraɪt]
frighten [fraɪtn]
frightening ['fraɪtn ɪŋ]
frightful ['fraɪt fl]
frightfully ['fraɪt fə li]
frigid ['frɪdʒ ɪd]
frigidity [frɪ 'dʒɪd ɪ ti]
frill [frɪl]
fringe [frɪndʒ]
fringe benefits
    ['frɪndʒ 'bɛn ə fɪts]
frisk [frɪsk]
frisked [frɪskt]
frisking ['frɪs kɪŋ]
frisks [frɪsks]
frisky ['frɪs ki]
fritter ['frɪt ɚ]
frivolity [frɪ 'val ɪ ti]
frivolous ['frɪv ə ləs]
frivolously ['frɪv ə ləs li]
frizzy ['frɪz i]
frog [frɑg]
frolic ['frɑl ɪk]

from [frəm]
front [frənt]
front-wheel drive
['frənt ˌʍil 'draɪv]
frontage ['frən tɪdʒ]
frontal ['frən tl]
frontier [frən 'tɪɚ]
frost [frɔst]
frostbite ['frɔst ˌbaɪt]
frostbitten ['frɔst 'bɪtn]
frosted ['frɔs tɪd]
frosting ['frɔs tɪŋ]
frosty ['frɔs ti]
frown [fræʊn]
frowned [fræʊnd]
frowning ['fræʊn ɪŋ]
froze [froz]
frozen ['fro zn]
frugal ['fru gl]
fruit [frut]
fruitful ['frut fl]
fruition [fru 'ɪʃn]
fruitless ['frut lɪs]
frustrate ['frəs tret]
frustrated ['frəs tret ɪd]
frustrates ['frəs trets]
frustrating ['frəs tret ɪŋ]
frustration [frəs 'tre ʃn]
fry [fraɪ]
fryer ['fraɪ ɚ]
Ft. Lauderdale (FL)
[ˌfɔɚt 'lɔ dɚ ˌdel]
Ft. Smith (AR) [ˌfɔɚt 'smɪθ]
Ft. Wayne (IN) [ˌfɔɚt 'wen]
Ft. Worth (TX) [ˌfɔɚt 'wɚθ]
fuddy-duddy ['fəd i ˌdəd i]
fudge [fədʒ]

fuel [fjul]
fueled [fjuld]
fueling ['fjul ɪŋ]
fugitive ['fju dʒɪ tɪv]
fulfil [ˌfʊl 'fɪl]
fulfilled [ˌfʊl 'fɪld]
fulfilling [ˌfʊl 'fɪl ɪŋ]
fulfillment [ˌfʊl 'fɪl mənt]
full [fʊl]
full-blooded ['fʊl 'bləd ɪd]
full-blown ['fʊl 'blon]
full-fledged ['fʊl 'flɛdʒd]
full-scale ['fʊl 'skel]
full-time ['fʊl 'taɪm]
fullback ['fʊl ˌbæk]
fullness ['fʊl nɪs]
fully ['fʊl i]
fumble ['fəm bl]
fumbled ['fəm bld]
fumbling ['fəm blɪŋ]
fume [fjum]
fumed [fjumd]
fumigate ['fju mɪ ˌget]
fumigated ['fju mɪ ˌget ɪd]
fumigating ['fju mɪ ˌget ɪŋ]
fumigation [ˌfju mɪ 'ge ʃn]
fuming ['fjum ɪŋ]
fun [fən]
function ['fəŋk ʃn]
functional ['fəŋk ʃə nl]
functionary ['fəŋk ʃə ˌnɛɚ i]
fund [fənd]
fundamental [ˌfən də 'mɛn tl]
fundamentalism
[ˌfən də 'mɛn tl ˌɪzm]
fundamentalist
[ˌfən də 'mɛn tl ɪst]

fundamentally
[ˌfən də 'mɛn tə li]

funded ['fən dɪd]

funding ['fən dɪŋ]

funeral ['fju nə əl]

fungi ['fən dʒaɪ]

fungicide ['fəŋ dʒɪ ˌsaɪd]

fungus ['fəŋ gəs]

funnel [fənl]

funneled [fənld]

funneling ['fənl ɪŋ]

funnier ['fən i ɚ]

funniest ['fən i ɪst]

funny ['fən i]

fur [fɚ]

furbish ['fɚ bɪʃ]

furious ['fjʊɚ i əs]

furiously ['fjʊɚ i əs li]

furlough ['fɚ lo]

furnace ['fɚ nəs]

furnish ['fɚ nɪʃ]

furnished ['fɚ nɪʃt]

furnishing ['fɚ nɪʃ ɪŋ]

furniture ['fɚ nɪ tʃɚ]

furor ['fjʊɚ ɔɚ]

furry ['fɚ i]

further ['fɚ ðɚ]

furthermore ['fɚ ðɚ ˌmɔɚ]

furthest ['fɚ ðɪst]

furtive ['fɚ tɪv]

fury ['fjʊɚ i]

fuse [fjuz]

fuse box ['fjuz ˌbaks]

fuselage ['fju sə ˌlaʒ]

fusion ['fju ʒn]

fuss [fəs]

fussed [fəst]

fussing ['fəs ɪŋ]

fussy ['fəs i]

futile ['fju tl]

future ['fju tʃɚ]

futuristic [ˌfju tʃɚ 'ɪs tɪk]

fuzz [fəz]

fuzzy ['fəz i]

G

G [dʒi]

gab [gæb]

gabby ['gæb i]

gable ['ge bl]

gadfly ['gæd ˌflɑɪ]

gadget ['gædʒ ɪt]

gadgetry ['gædʒ ɪ tri]

gag [gæg]

gagged [gægd]

gagging ['gæg ɪŋ]

gags [gægz]

gaiety ['ge ɪ ti]

gaily ['ge li]

gain [gen]

gained [gend]

gaining ['gen ɪŋ]

gains [genz]

gait [get]

galaxy ['gæl ək si]

gale [gel]

gallant ['gæl ənt]

gallantly ['gæl ənt li]

gallery ['gæl ə ri]

galley ['gæl i]

gallivant ['gæl ə ˌvænt]

gallon ['gæl ən]

gallop ['gæl əp]

galloped ['gæl əpt]

galloping ['gæl əp ɪŋ]

gallops ['gæl əps]

gallows ['gæl oz]

gallstone ['gɔl ˌston]

galore [gə 'lɔɚ]

galvanize ['gæl və ˌnɑɪz]

galvanized ['gæl və ˌnɑɪzd]

galvanizes ['gæl və ˌnɑɪz ɪz]

galvanizing ['gæl və ˌnɑɪz ɪŋ]

gambit ['gæm bɪt]

gamble ['gæm bl]

gambled ['gæm bld]

gambler ['gæm blɚ]

gambling ['gæm blɪŋ]

game [gem]

gamely ['gem li]

gamut ['gæm ət]

gang [gæŋ]

ganged [gæŋd]

ganging ['gæŋ ɪŋ]

gangling ['gæŋ glɪŋ]

gangrene ['gæŋ ˌgrin]

gangrenous [ˈgæŋ grə nəs]

gangs [gæŋz]

gangster [ˈgæŋ stɚ]

gangway [ˈgæŋ ˌwe]

gap [gæp]

gape [gep]

gaped [gept]

gapes [geps]

gaping [ˈgep ɪŋ]

garage [gə ˈrɑʒ]

garb [gɑɚb]

garbage [ˈgɑɚ bɪdʒ]

garble [ˈgɑɚ bl]

garbled [ˈgɑɚ bld]

garden [ˈgɑɚ dn]

gardened [ˈgɑɚ dnd]

gardener [ˈgɑɚd nɚ]

gardenia [gɑɚ ˈdin jə]

gardening [ˈgɑɚd nɪŋ]

gardens [ˈgɑɚ dnz]

gargle [ˈgɑɚ gl]

gargled [ˈgɑɚ gld]

gargles [ˈgɑɚ glz]

gargling [ˈgɑɚ glɪŋ]

garish [ˈgæɚ ɪʃ]

garland [ˈgɑɚ lənd]

garlic [ˈgɑɚ lɪk]

garment [ˈgɑɚ mənt]

garner [ˈgɑɚ nɚ]

garnish [ˈgɑɚ nɪʃ]

garnished [ˈgɑɚ nɪʃt]

garrison [ˈgæɚ ɪ sn]

gas [gæs]

gaseous [ˈgæs i əs]

gash [gæʃ]

gasket [ˈgæs kɪt]

gasoline [ˌgæs ə ˈlin]

gasp [gæsp]

gasped [gæspt]

gasping [ˈgæs pɪŋ]

gasps [gæsps]

gassed [gæst]

gastric [ˈgæs trɪk]

gate [get]

gate-crasher [ˈget ˌkræʃ ɚ]

gateway [ˈget ˌwe]

gather [ˈgæð ɚ]

gathering [ˈgæð ɚ ɪŋ]

gathers [ˈgæð ɚz]

gaudy [ˈgɔ di]

gauge [gedʒ]

gauging [ˈgedʒ ɪŋ]

gaunt [gɔnt]

gauze [gɔz]

gave [gev]

gavel [gævl]

gawk [gɔk]

gawky [ˈgɔ ki]

gay [ge]

gaze [gez]

gazed [gezd]

gazelle [gə ˈzɛl]

gazette [gə ˈzɛt]

gazing [ˈgez ɪŋ]

gear [gɪɚ]

gearshift [ˈgɪɚ ˌʃift]

gee [dʒi]

geese [gis]

geezer [ˈgi zɚ]

Geiger counter
[ˈgaɪ gɚ ˌkæʊnt ɚ]

geisha [ˈge ʃə]

gel [dʒɛl]

gelatin [ˈdʒɛl ə tn]

gelding ['gɛl dɪŋ]

gelled [dʒɛld]

gem [dʒɛm]

gender ['dʒɛn dɚ]

gene [dʒin]

genealogy [ˌdʒi ni 'al ə dʒi]

general ['dʒɛn ɚ əl]

generality [ˌdʒɛn ə 'ræl ɪ ti]

generalization
  [ˌdʒɛn ə rə lɪ 'ze ʃn]

generalize ['dʒɛn rə ˌlaɪz]

generally ['dʒɛn rə li]

generate ['dʒɛn ə ˌret]

generated ['dʒɛn ə ˌret ɪd]

generates ['dʒɛn ə ˌrets]

generating ['dʒɛn ə ˌret ɪŋ]

generation [ˌdʒɛn ə 're ʃn]

generator ['dʒɛn ə ˌre tɚ]

generic [dʒə 'nɛɚ ɪk]

generosity [ˌdʒɛn ə 'ra sɪ ti]

generous ['dʒɛn ɚ əs]

generously ['dʒɛn ə rəs li]

genesis ['dʒɛn ɪ sɪs]

genetic [dʒə 'nɛt ɪk]

genetics [dʒə 'nɛt ɪks]

genial ['dʒi ni əl]

genitalia [ˌdʒɛn ɪ 'tel jə]

genitals ['dʒɛn ɪ tlz]

genius ['dʒin jəs]

genocide ['dʒɛn ə ˌsaɪd]

genre ['ʒan rə]

genteel [dʒɛn 'til]

gentle ['dʒɛn tl]

gentleman ['dʒɛn tl mən]

gentleness ['dʒɛn tl nɪs]

gently ['dʒɛnt li]

genuine ['dʒɛn ju ɪn]

genus ['dʒɛ nəs]

geographer [dʒi 'ag rə fɚ]

geographic [ˌdʒi ə 'græf ɪk]

geographical [ˌdʒi ə 'græf ɪ kl]

geography [dʒi 'ag rə fi]

geologist [dʒi 'al ə dʒɪst]

geology [dʒi 'al ə dʒi]

geometric [dʒi ə 'mɛt rɪk]

geometrical [dʒi ə 'mɛt rɪ kl]

geometry [dʒi 'am ɪ tri]

geophysics [ˌdʒi o 'fɪz ɪks]

Georgia ['dʒɔɚ dʒə]

geranium [dʒɪ 'ren i əm]

gerbil ['dʒɚ bl]

geriatric [ˌdʒɛr i 'æt rɪk]

geriatrics [ˌdʒɛr i 'æt rɪks]

germ [dʒɚm]

German ['dʒɚ mən]

germane [dʒɚ 'men]

Germanic [dʒɚ 'mæn ɪk]

germicide ['dʒɚm ɪ ˌsaɪd]

germinate ['dʒɚm ə ˌnet]

germinated ['dʒɚm ə ˌnet ɪd]

gerontology [ˌdʒɛr ən 'tal ə dʒi]

gestation [dʒɛ 'ste ʃn]

gesticulate [dʒɛ 'stɪk jə ˌlet]

gesture ['dʒɛs tʃɚ]

gestured ['dʒɛs tʃɚd]

gesturing ['dʒɛs tʃɚ ɪŋ]

get [gɛt]

getaway ['gɛt ə ˌwe]

gets [gɛts]

getting ['gɛt ɪŋ]

geyser ['gaɪ zɚ]

ghastly ['gæst li]

ghetto ['gɛt o]

ghost [gost]

ghostly ['gost li]

ghostwriter ['gost ˌraɪt ɚ]

giant ['dʒaɪ ənt]

gibberish ['dʒɪb ɚ ɪʃ]

giblet ['dʒɪb lɪt]

gift [gɪft]

gifted ['gɪf tɪd]

gigantic [dʒaɪ 'gæn tɪk]

giggle [gɪgl]

giggled [gɪgld]

giggles [gɪglz]

giggling ['gɪg lɪŋ]

gigolo ['dʒɪg ə ˌlo]

gill [gɪl]

gilt [gɪlt]

gilt-edged ['gɪlt 'ɛdʒd]

gimmick ['gɪm ɪk]

gin [dʒɪn]

ginger ['dʒɪn dʒɚ]

ginger ale ['dʒɪn dʒɚ 'el]

gingerbread ['dʒɪn dʒɚ ˌbrɛd]

gingerly ['dʒɪn dʒɚ li]

gingersnap ['dʒɪn dʒɚ ˌsnæp]

gingham ['gɪŋ əm]

giraffe [dʒə 'ræf]

girder ['gɚ dɚ]

girdle ['gɚ dl]

girl [gɚl]

girlfriend ['gɚl ˌfrɛnd]

gist [dʒɪst]

give [gɪv]

give-and-take ['gɪv ən 'tek]

given [gɪvn]

giver ['gɪv ɚ]

giving ['gɪv ɪŋ]

glacial ['gle ʃl]

glacier ['gle ʃɚ]

glad [glæd]

glade [gled]

gladly ['glæd li]

gladness ['glæd nɪs]

glamorize ['glæm ə ˌraɪz]

glamorous ['glæm ə rəs]

glamour ['glæm ɚ]

glance [glæns]

glanced [glænst]

glancing ['glæns ɪŋ]

gland [glænd]

glandular ['glænd jə lɚ]

glare [glɛɚ]

glared [glɛɚd]

glaring ['glɛɚ ɪŋ]

glass [glæs]

glassware ['glæs ˌwɛɚ]

glassy ['glæs i]

glaucoma [gla 'ko mə]

glaze [glez]

glazed [glezd]

glazing ['glez ɪŋ]

gleam [glim]

gleamed [glimd]

gleaming ['glim ɪŋ]

gleams [glimz]

glee [gli]

glib [glɪb]

glibly ['glɪb li]

glide [glaɪd]

glided ['glaɪd ɪd]

glider ['glaɪd ɚ]

glides [glaɪdz]

gliding ['glaɪd ɪŋ]

glimmer ['glɪm ɚ]

glimmering ['glɪm ɚ ɪŋ]

glimpse [glɪmps]

glimpsed [glɪmpst]

glint [glɪnt]

glisten [glɪsn]

glistened [glɪsnd]

glitter ['glɪt ɚ]

glittered ['glɪt ɚd]

glitters ['glɪt ɚz]

gloat [glot]

glob [glab]

global ['glo bl]

globe [glob]

globe-trotter ['glob ˌtrat ɚ]

globule ['glab jul]

gloom [glum]

gloomy ['glum i]

glorification [ˌglɔɚ ə fɪ 'ke ʃn]

glorified ['glɔɚ ɪ faɪd]

glorify ['glɔɚ ɪ faɪ]

glorious ['glɔɚ i əs]

gloriously ['glɔɚ i əs li]

glory ['glɔɚ i]

gloss [glas]

glossary ['glas ə ri]

glossy ['glas i]

glottal ['glatl]

glottis ['glat ɪs]

glove [gləv]

glow [glo]

glowed [glod]

glower ['glæʊ ɚ]

glowing ['glo ɪŋ]

glucose ['glu ˌkos]

glue [glu]

glued [glud]

glum [gləm]

glut [glət]

glutton [glətn]

gluttony ['glətn i]

gnarl [naɚl]

gnarled [naɚld]

gnash [næʃ]

gnat [næt]

gnaw [nɔ]

gnawed [nɔd]

go [go]

goad [god]

goal [gol]

goalie ['gol i]

goalkeeper ['gol ˌki pɚ]

goaltender ['gol ˌtɛn dɚ]

goat [got]

goatee [go 'ti]

gob [gab]

gobble [gabl]

gobbled [gabld]

goblet ['gab lɪt]

goblin ['gab lɪn]

God [gad]

goddess ['gad ɪs]

godfather ['gad ˌfa ðɚ]

godforsaken ['gad fɔɚ 'se kn]

godlike ['gad ˌlaɪk]

godmother ['gad ˌmə ðɚ]

godsend ['gad ˌsɛnd]

goes [goz]

goggles [gaglz]

going ['go ɪŋ]

goiter ['gɔɪ tɚ]

gold [gold]

gold-plated ['gold ˌplet ɪd]

goldbrick ['gold ˌbrɪk]

golden ['gol dn]

golden rule ['gol dn 'rul]

goldenrod ['gol dn ˌrad]

goldfish   ['gold ,fɪʃ]

golf   [gɑlf]

golf course   ['gɑlf ,kɔᵊs]

golfer   ['gɑlf ᵊ]

gondola   ['gɑn də lə]

gone   [gɔn]

goner   ['gɔ nᵊ]

gonorrhea   [,gɑn ə 'ri ə]

goo   [gu]

good   [gʊd]

good-bye   [,gʊd 'baɪ]

good-hearted   ['gʊd 'hɑᵊ tɪd]

good-looking   ['gʊd 'lʊk ɪŋ]

good-natured   ['gʊd 'ne tʃᵊd]

good Samaritan
   ['gʊd sə 'mæᵊ ɪ tn]

good-sized   ['gʊd 'saɪzd]

good-tempered   ['gʊd 'tɛm pᵊd]

goodly   ['gʊd li]

goodness   ['gʊd nɪs]

goods   [gʊdz]

gooey   ['gu i]

goof   [guf]

goofy   ['guf i]

goon   [gun]

goop   [gup]

goose   [gus]

goose pimples   ['gus ,pɪm plz]

gopher   ['go fᵊ]

gore   [gɔᵊ]

gored   [gɔᵊd]

gorge   [gɔᵊdʒ]

gorged   [gɔᵊdʒd]

gorgeous   ['gɔᵊdʒ əs]

gorging   ['gɔᵊdʒ ɪŋ]

gorilla   [gə 'rɪl ə]

gory   ['gɔᵊ i]

gosh   [gɑʃ]

gospel   ['gɑs pl]

gossip   ['gɑs əp]

gossiped   ['gɑs əpt]

got   [gɑt]

Gothic   ['gɑθ ɪk]

gotten   [gɑtn]

gouge   [gæʊdʒ]

gouged   [gæʊdʒd]

gouging   ['gæʊdʒ ɪŋ]

goulash   ['gu lɑʃ]

gourd   [gɔᵊd]

gourmet   [gɔᵊ 'me]

gout   [gæʊt]

govern   ['gəv ᵊn]

governable   ['gəv ᵊ nə bl]

governed   ['gəv ᵊnd]

governess   ['gəv ᵊ nɪs]

governing   ['gəv ᵊ nɪŋ]

government   ['gəv ᵊn mənt]

governmental   [,gəv ᵊn 'mɛn tl]

governor   ['gəv ᵊ nᵊ]

gown   [gæʊn]

grab   [græb]

grabbed   [græbd]

grabbing   ['græb ɪŋ]

grace   [gres]

graceful   ['gres fl]

gracefully   ['gres fə li]

graceless   ['gres lɪs]

gracelessly   ['gres lɪs li]

gracious   ['gre ʃəs]

graciously   ['gre ʃəs li]

gradation   [gre 'de ʃn]

grade   [gred]

grade school   ['gred ,skul]

graded   ['gred ɪd]

grades [gredz]

grading ['gred ɪŋ]

gradual ['grædʒ u əl]

gradually ['grædʒ u ə li]

graduate *n.* ['grædʒ u ɪt]
   v. ['grædʒ u ˌet]

graduated ['grædʒ u ˌet ɪd]

graduating ['grædʒ u ˌet ɪŋ]

graduation [ˌgrædʒ u 'e ʃn]

graffiti [grə 'fi ti]

graft [græft]

grain [gren]

grainy ['gre ni]

gram [græm]

grammar ['græm ɚ]

grammatical [grə 'mæt ɪ kl]

granary ['græ nə ri]

grand [grænd]

Grand Forks (ND)
   [ˌgrænd 'fɔɚks]

Grand Rapids (MI)
   [ˌgrænd 'ræp ɪdz]

grandchild ['græn ˌtʃaɪld]

grandchildren ['græn ˌtʃɪl drən]

granddad ['græn ˌdæd]

granddaughter ['græn ˌdɔ tɚ]

grandeur ['grænd jɚ]

grandfather ['græn ˌfɑ ðɚ]

grandiose ['græn di ˌos]

grandmother ['græn ˌməð ɚ]

grandparent ['græn ˌpæɚ ənt]

grandson ['græn ˌsən]

grandstand ['græn ˌstænd]

granite ['græn ɪt]

grant [grænt]

granted ['grænt ɪd]

granting ['grænt ɪŋ]

granular ['græn jə lɚ]

granulated ['græn jə ˌlet ɪd]

granule ['græn jul]

grape [grep]

grapefruit ['grep ˌfrut]

grapevine ['grep ˌvaɪn]

graph [græf]

graphic ['græf ɪk]

graphic arts ['græf ɪk 'aɚts]

graphite ['græ ˌfaɪt]

graphology [græf 'al ə dʒi]

grapple [græpl]

grappled [græpld]

grappling ['græp lɪŋ]

grasp [græsp]

grasped [græspt]

grasps [græsps]

grass [græs]

grass roots ['græs 'ruts]

grasshopper ['græs ˌhap ɚ]

grassy ['græs i]

grate [gret]

grated ['gret ɪd]

grateful ['gret fl]

gratefully ['gret fə li]

gratification [ˌgræt ɪ fɪ 'ke ʃn]

gratify ['græt ɪ ˌfaɪ]

grating ['gre tɪŋ]

gratis ['græt ɪs]

gratitude ['græt ɪ ˌtud]

gratuitous [grə 'tu ɪ təs]

gratuity [grə 'tu ɪ ti]

grave [grev]

gravel [grævl]

gravely ['grev li]

gravestone ['grev ˌston]

graveyard ['grev ˌjaɚd]

gravitate ['græv ɪ ˌtet]
gravitation [ˌgræv ɪ 'te ʃn]
gravity ['græv ɪ ti]
gravy ['gre vi]
gray [gre]
graze [grez]
grazed [grezd]
grazing ['grez ɪŋ]
grease [gris]
greased [grist]
greasepaint ['gris ˌpent]
greasy ['gri si]
great [gret]
Great Falls (MT) ['gret 'fɔlz]
greatly ['gret li]
greatness ['gret nɪs]
Grecian ['gri ʃn]
greed [grid]
greedy ['gri di]
Greek [grik]
green [grin]
Green Bay (WI) ['grin 'be]
green thumb ['grin 'θəm]
greenback ['grin ˌbæk]
greenery ['gri nə ri]
greenhouse ['grin ˌhæʊs]
greenish ['grin ɪʃ]
Greensboro (NC) ['grinz ˌbɚ o]
Greenville (SC) ['grin ˌvɪl]
greet [grit]
greeted ['gri tɪd]
greeting ['gri tɪŋ]
greets [grits]
gregarious [grɪ 'gɛɚ i əs]
grenade [grɪ 'ned]
grew [gru]
greyhound ['gre ˌhæʊnd]

grid [grɪd]
griddle [grɪdl]
gridiron ['grɪd ˌɑɪɚn]
grief [grif]
grievance ['gri vəns]
grieve [griv]
grieved [grivd]
grieving ['griv ɪŋ]
grievous ['gri vəs]
grill [grɪl]
grim [grɪm]
grimace ['grɪm əs]
grimaced ['grɪm əst]
grimacing ['grɪm əs ɪŋ]
grimly ['grɪm li]
grimy ['grɑɪm i]
grin [grɪn]
grind [grɑɪnd]
grinding ['grɑɪn dɪŋ]
grindstone ['grɑɪnd ˌston]
grinned [grɪnd]
grinning ['grɪn ɪŋ]
grip [grɪp]
gripe [grɑɪp]
griped [grɑɪpt]
gripped [grɪpt]
gripping ['grɪp ɪŋ]
grisly ['grɪz li]
gristle [grɪsl]
grit [grɪt]
gritted ['grɪt ɪd]
grizzly bear ['grɪz li ˌbɛɚ]
groan [gron]
groaned [grond]
groaning ['gron ɪŋ]
grocer ['gro sɚ]
groceries ['gro sə riz]

grocery   ['gro sə ri]

groggy   ['grɑg i]

groin   [grɔɪn]

groom   [grum]

groomed   [grumd]

grooming   ['grum ɪŋ]

groove   [gruv]

grooved   [gruvd]

groovy   ['gruv i]

grope   [grop]

groping   ['grop ɪŋ]

gross   [gros]

grossly   ['gros li]

grotesque   [gro 'tɛsk]

grouch   [grævtʃ]

grouchy   ['grævtʃ i]

ground   [grævnd]

ground swell   ['grævnd ,swɛl]

grounder   ['grævnd ə-]

groundhog   ['grævnd ,hɑg]

groundless   ['grævnd lɪs]

groundwork   ['grævnd ,wə-k]

group   [grup]

grove   [grov]

grovel   [grɑvl]

grow   [gro]

grower   [gro ə-]

growing   ['gro ɪŋ]

growl   [grævl]

growled   [grævld]

growling   ['grævl ɪŋ]

grown   [gron]

grown-up   ['gron ,əp]

growth   [groθ]

grubby   ['grəb i]

grudge   [grədʒ]

grueling   ['grul ɪŋ]

gruesome   ['gru səm]

gruff   [grəf]

gruffly   ['grəf li]

grumble   ['grəm bl]

grumbled   ['grəm bld]

grumbling   ['grəm blɪŋ]

grumpy   ['grəm pi]

grunt   [grənt]

grunted   ['grən tɪd]

grunting   ['grən tɪŋ]

guarantee   [,gæə- ən 'ti]

guarantor   ['gæə- ɩn ,tɔ-]

guaranty   ['gæə- ən ti]

guard   [gɑə-d]

guarded   ['gɑə- dɩd]

guardhouse   ['gɑə-d ,hævs]

guardian   ['gɑə- di ən]

guarding   ['gɑə- dɩŋ]

guerrilla   [gə 'rɩl ə]

guerrilla warfare
   [gə 'rɩl ə 'wɔə- ,fɛə-]

guess   [gɛs]

guessed   [gɛst]

guessing   ['gɛs ɩŋ]

guesswork   ['gɛs ,wə-k]

guest   [gɛst]

guest room   ['gɛst ,rum]

guesthouse   ['gɛst ,hævs]

guidance   ['gɑɩd əns]

guide   [gɑɩd]

guide dog   ['gɑɩd ,dɔg]

guidebook   ['gɑɩd ,bʊk]

guided   ['gɑɩd ɩd]

guidelines   ['gɑɩd ,lɑɩnz]

guiding   ['gɑɩd ɩŋ]

guild   [gɩld]

guilt   [gɩlt]

guiltless ['gɪlt lɪs]

guilty ['gɪl ti]

guinea pig ['gɪn i ,pɪg]

guise [gaɪz]

guitar [gɪ 'taɚ]

gulch [gəltʃ]

gulf [gəlf]

Gulfport (MS) ['gəlf ,pɔɚt]

gull [gəl]

gullible ['gəl ə bl]

gully ['gəl i]

gulp [gəlp]

gulped [gəlpt]

gulping ['gəl pɪŋ]

gum [gəm]

gumdrop ['gəm ,drɑp]

gumption ['gəmp ʃn]

gun [gən]

gunboat ['gən ,bot]

gunfight ['gən ,faɪt]

gunfire ['gən ,faɪɚ]

gunk [gəŋk]

gunman ['gən mən]

gunned [gənd]

gunner ['gən ɚ]

gunpoint ['gən ,pɔɪnt]

gunpowder ['gən ,pæʊ dɚ]

gunshot ['gən ,ʃat]

gurgle ['gɚ gl]

gurgling ['gɚg lɪŋ]

guru ['gu ,ru]

gush [gəʃ]

gushed [gəʃt]

gusher ['gəʃ ɚ]

gust [gəst]

gusto ['gəs to]

gut [gət]

gutsy ['gət si]

gutter ['gət ɚ]

guy [gaɪ]

guzzle [gəzl]

guzzled [gəzld]

guzzling ['gəz lɪŋ]

gym [dʒɪm]

gym shoes ['dʒɪm ,ʃuz]

gymnasium [dʒɪm 'ne zi əm]

gymnast ['dʒɪm nəst]

gymnastics [dʒɪm 'næs tɪks]

gynecologist
   [,gaɪ nə 'kal ə dʒɪst]

gynecology [,gaɪ nə 'kal ə dʒi]

gyp [dʒɪp]

gypped [dʒɪpt]

gypping ['dʒɪp ɪŋ]

Gypsy ['dʒɪp si]

gyration [dʒaɪ 're ʃn]

H

H [etʃ]

habit [ˈhæb ɪt]

habitable [ˈhæb ɪ tə bl]

habitat [ˈhæb ɪ ˌtæt]

habitual [hə ˈbɪtʃ u əl]

hack [hæk]

hackneyed [ˈhæk nid]

hacksaw [ˈhæk ˌsɔ]

had [hæd]

hadn't [ˈhæd nt]

hag [hæg]

Hagerstown (MD) [ˈhe gɚz ˌtæʊn]

haggard [ˈhæg ɚd]

haggle [ˈhægl]

haggled [ˈhægld]

haggles [ˈhæglz]

haggling [ˈhæg lɪŋ]

hail [hel]

hailstones [ˈhel ˌstonz]

hailstorm [ˈhel ˌstɔɚm]

hair [hɛɚ]

hair-raising [ˈhɛɚ ˌre zɪŋ]

hairbrush [ˈhɛɚ ˌbrəʃ]

haircut [ˈhɛɚ ˌkət]

hairdo [ˈhɛɚ ˌdu]

hairdresser [ˈhɛɚ ˌdrɛs ɚ]

hairdryer [ˈhɛɚ ˌdraɪ ɚ]

hairline [ˈhɛɚ ˌlaɪn]

hairpiece [ˈhɛɚ ˌpis]

hairstyle [ˈhɛɚ ˌstaɪl]

hairy [ˈhɛɚ i]

hale [hel]

half [hæf]

half-and-half [ˈhæf ən ˈhæf]

half-breed [ˈhæf ˌbrid]

half hour [ˈhæf ˈæʊ ɚ]

half inch [ˈhæf ˈɪntʃ]

half-mast [ˈhæf ˈmæst]

half-price [ˈhæf ˌpraɪs]

half-wit [ˈhæf ˌwɪt]

halfback [ˈhæf ˌbæk]

halfhearted [ˈhæf ˈhaɚ tɪd]

halftime [ˈhæf ˌtaɪm]

halfway [ˈhæf ˈwe]

halitosis [ˌhæl ɪ ˈto sɪs]

hall [hɔl]

hallmark [ˈhɔl ˌmaɚk]

hallowed [ˈhæl od]

Halloween [ˌhæl ə ˈwin]

hallucination [hə ˌlu sə 'ne ʃn]

hallway ['hɔl ˌwe]

halo ['he lo]

halt [hɔlt]

halted ['hɔl tɪd]

halter ['hɔl tɚ]

halve [hæv]

halved [hævd]

halves [hævz]

ham [hæm]

hamburger ['hæm ˌbɚ gɚ]

hammer ['hæm ɚ]

hammered ['hæm ɚd]

hammering ['hæm ɚ ɪŋ]

hammock ['hæm ək]

hamper ['hæm pɚ]

hampered ['hæm pɚd]

hampering ['hæm pɚ ɪŋ]

hampers ['hæm pɚz]

Hampton (VA) ['hæmp tn]

hamster ['hæm stɚ]

hand [hænd]

hand-me-down
['hænd mi ˌdæʊn]

handbag ['hænd ˌbæg]

handball ['hænd ˌbɔl]

handbook ['hænd ˌbʊk]

handcuffs ['hænd ˌkəfs]

handed ['hæn dɪd]

handful ['hænd ˌfl]

handgun ['hænd ˌgən]

handicap ['hæn di ˌkæp]

handicapped ['hæn di ˌkæpt]

handicapping ['hæn di ˌkæp ɪŋ]

handicraft ['hæn di ˌkræft]

handing ['hæn dɪŋ]

handiwork ['hæn di ˌwɚk]

handkerchief ['hæŋ kɚ tʃɪf]

handle ['hæn dl]

handlebars ['hæn dl ˌbaɚz]

handled ['hæn dld]

handling ['hænd lɪŋ]

handmade ['hænd 'med]

handout ['hænd ˌæʊt]

handpick ['hænd 'pɪk]

handpicked ['hænd 'pɪkt]

handrail ['hænd ˌrel]

hands [hændz]

handshake ['hænd ˌʃek]

handsome ['hænd sm]

handspring ['hænd ˌsprɪŋ]

handwork ['hænd ˌwɚk]

handwriting ['hænd ˌraɪt ɪŋ]

handy ['hæn di]

handyman ['hæn di ˌmæn]

hang [hæŋ]

hang gliding ['hæŋ ˌglaɪd ɪŋ]

hang-up ['hæŋ ˌəp]

hangar ['hæŋ ɚ]

hanged [hæŋd]

hanger ['hæŋ ɚ]

hanger-on ['hæŋ ɚ ˌɔn]

hanging ['hæŋ ɪŋ]

hangnail ['hæŋ ˌnel]

hangover ['hæŋ ˌo vɚ]

hankie ['hæŋ ki]

haphazard ['hæp 'hæz ɚd]

hapless ['hæp lɪs]

happen ['hæp ən]

happened ['hæp ənd]

happening ['hæp ə nɪŋ]

happens ['hæp ənz]

happily ['hæp ə li]

happiness ['hæp i nɪs]

happy ['hæp i]

happy-go-lucky
 ['hæp i go 'lək i]

harass [hə 'ræs]

harassed [hə 'ræst]

harassing [hə 'ræs ɪŋ]

harassment [hə 'ræs mənt]

harbor ['hɑɚ bɚ]

harbored ['hɑɚ bɚd]

harboring ['hɑɚ bɚ ɪŋ]

harbors ['hɑɚ bɚz]

hard [hɑɚd]

hard-boiled ['hɑɚd 'bɔɪld]

hard hat ['hɑɚd ˌhæt]

hard-hearted ['hɑɚd 'hɑɚ tɪd]

hard-nosed ['hɑɚd ˌnozd]

hard sell ['hɑɚd 'sɛl]

hard-up ['hɑɚd ˌəp]

harden ['hɑɚ dn]

hardened ['hɑɚ dnd]

hardheaded ['hɑɚd 'hɛd ɪd]

hardly ['hɑɚd li]

hardness ['hɑɚd nɪs]

hardship ['hɑɚd ˌʃɪp]

hardware ['hɑɚd ˌwɛɚ]

hardwood ['hɑɚd ˌwʊd]

hardworking ['hɑɚd 'wɚk ɪŋ]

hardy ['hɑɚ di]

hare [hɛɚ]

harebrained ['hɛɚ ˌbrend]

harem ['hɛɚ əm]

harm [hɑɚm]

harmed [hɑɚmd]

harmful ['hɑɚm fl]

harming ['hɑɚm ɪŋ]

harmless ['hɑɚm lɪs]

harmonica [hɑɚ 'mɑn ə kə]

harmonious [hɑɚ 'mo ni əs]

harmonize ['hɑɚ mə ˌnaɪz]

harmonized ['hɑɚ mə ˌnaɪzd]

harmonizes ['hɑɚ mə ˌnaɪz ɪz]

harmonizing ['hɑɚ mə ˌnaɪz ɪŋ]

harmony ['hɑɚ mə ni]

harms [hɑɚmz]

harness ['hɑɚ nɪs]

harp [hɑɚp]

harped [hɑɚpt]

harping ['hɑɚp ɪŋ]

harpoon [hɑɚ 'pun]

harps [hɑɚps]

Harrisburg (PA) ['hæɚ ɪs ˌbɚg]

harrowing ['hæɚ o ɪŋ]

harsh [hɑɚʃ]

harshly ['hɑɚʃ li]

Hartford (CT) ['hɑɚt fɚd]

harvest ['hɑɚ vɪst]

harvested ['hɑɚ vɪs tɪd]

harvesting ['hɑɚ vɪs tɪŋ]

has [hæz]

has-been ['hæz ˌbɪn]

hash [hæʃ]

hashed [hæʃt]

hashes ['hæʃ ɪz]

hashing ['hæʃ ɪŋ]

hasn't ['hæz nt]

hassle [hæsl]

hassled [hæsld]

hassles [hæslz]

hassling ['hæs lɪŋ]

hassock ['hæs ək]

haste [hest]

hasten ['he sn]

hastily ['he stɪ li]

hasty ['he sti]

hat [hæt]

hatch [hætʃ]

hatchback [ˈhætʃˌbæk]

hatched [hætʃt]

hatchery [ˈhætʃ ə ri]

hatches [ˈhætʃ ɪz]

hatchet [ˈhætʃ ɪt]

hatching [ˈhætʃ ɪŋ]

hate [het]

hated [ˈhet ɪd]

hateful [ˈhet fl]

hates [hets]

hating [ˈhet ɪŋ]

hatred [ˈhe trɪd]

haughty [ˈhɔ ti]

haul [hɔl]

hauled [hɔld]

hauler [ˈhɔl ɚ]

hauling [ˈhɔl ɪŋ]

hauls [hɔlz]

haunt [hɔnt]

haunted [ˈhɔnt ɪd]

haunting [ˈhɔnt ɪŋ]

have [hæv]

haven [ˈhe vn]

haven't [ˈhæv nt]

havoc [ˈhæv ək]

Hawaii [hə ˈwaɪ ˌi]

hawk [hɔk]

hawker [ˈhɔk ɚ]

hay [he]

hay fever [ˈhe ˌfi vɚ]

hayloft [ˈhe ˌlɔft]

haystack [ˈhe ˌstæk]

haywire [ˈhe ˌwaɪɚ]

hazard [ˈhæz ɚd]

hazardous [ˈhæz ɚ dəs]

haze [hez]

hazed [hezd]

hazing [ˈhez ɪŋ]

hazy [ˈhe zi]

he [hi]

he-man [ˈhi ˈmæn]

head [hɛd]

head-on [ˈhɛd ˈɔn]

headache [ˈhɛd ˌek]

headboard [ˈhɛd ˌbɔɚd]

headdress [ˈhɛd ˌdrɛs]

headed [ˈhɛd ɪd]

headfirst [ˈhɛd ˈfɚst]

heading [ˈhɛd ɪŋ]

headlight [ˈhɛd ˌlaɪt]

headline [ˈhɛd laɪn]

headlong [ˈhɛd ˌlɔŋ]

headphones [ˈhɛd ˌfonz]

headquarters [ˈhɛd ˌkwɔɚ tɚz]

headrest [ˈhɛd ˌrɛst]

headroom [ˈhɛd ˌrum]

head start [ˈhɛd ˈstaɚt]

headstrong [ˈhɛd ˌstrɔŋ]

headway [ˈhɛd ˌwe]

head wind [ˈhɛd ˌwɪnd]

heal [hil]

healed [hild]

health [hɛlθ]

healthful [ˈhɛlθ fl]

healthy [ˈhɛl θi]

heap [hip]

hear [hiɚ]

heard [hɚd]

hearer [ˈhiɚ ɚ]

hearing [ˈhiɚ ɪŋ]

hearing aid [ˈhiɚ ɪŋ ˌed]

hearsay [ˈhiɚ ˌse]

hearse [hɚs]	**he'd** [hid]
heart [hɑɚt]	**hedge** [hɛdʒ]
heart attack [ˈhɑɚt ə ˌtæk]	**hedged** [hɛdʒd]
heartache [ˈhɑɚt ˌek]	**heed** [hid]
heartbeat [ˈhɑɚt ˌbit]	**heeded** [ˈhid ɪd]
heartbreak [ˈhɑɚt ˌbrek]	**heel** [hil]
heartbroken [ˈhɑɚt ˈbro kn]	**hefty** [ˈhɛf ti]
heartburn [ˈhɑɚt ˌbɚn]	**heifer** [ˈhɛf ɚ]
hearten [hɑɚtn]	**height** [haɪt]
heartfelt [ˈhɑɚt ˌfɛlt]	**heighten** [haɪtn]
hearth [ˈhɑɚθ]	**heir** [ɛɚ]
heartily [ˈhɑɚ tɪ li]	**heiress** [ˈɛɚ ɪs]
heartless [ˈhɑɚt lɪs]	**heirloom** [ˈɛɚ ˌlum]
heartrending [ˈhɑɚt ˌrɛn dɪŋ]	**held** [hɛld]
hearty [ˈhɑɚ ti]	**helicopter** [ˈhɛl ə ˌkɑp tɚ]
heat [hit]	**helium** [ˈhi li əm]
heated [ˈhit ɪd]	**he'll** [hil]
heater [ˈhi tɚ]	**hell** [hɛl]
heathen [ˈhi ðn]	**hellcat** [ˈhɛl ˌkæt]
heating [ˈhit ɪŋ]	**hellish** [ˈhɛl ɪʃ]
heatstroke [ˈhit ˌstrok]	**hello** [hɛ ˈlo]
heat wave [ˈhit ˌwev]	**helm** [hɛlm]
heave [hiv]	**helmet** [ˈhɛl mɪt]
heaven [hɛvn]	**helmsman** [ˈhɛlmz mən]
heavenly [ˈhɛvn li]	**help** [hɛlp]
heavily [ˈhɛv ɪ li]	**helped** [hɛlpt]
heaviness [ˈhɛv i nɪs]	**helper** [ˈhɛl pɚ]
heavy [ˈhɛv i]	**helpful** [ˈhɛlp fl]
heavy-duty [ˈhɛv i ˈdu ti]	**helping** [ˈhɛl pɪŋ]
heavy-handed [ˈhɛv i ˈhæn dɪd]	**helpless** [ˈhɛlp lɪs]
heavyset [ˈhɛv i ˈsɛt]	**helplessly** [ˈhɛlp lɪs li]
heavyweight [ˈhɛv i ˌwet]	**helpmate** [ˈhɛlp ˌmet]
Hebrew [ˈhi bru]	**hem** [hɛm]
heckle [hɛkl]	**hematologist**
heckled [hɛkld]	[ˌhim ə ˈtɑl ə dʒɪst]
heckling [ˈhɛk lɪŋ]	**hematology** [ˌhim ə ˈtɑl ə dʒi]
hectic [ˈhɛk tɪk]	**hemisphere** [ˈhɛm ɪ ˌsfɪɚ]

hemmed   [hɛmd]

hemming   [ˈhɛm ɪŋ]

hemophilia   [ˌhi mə ˈfil i ə]

hemorrhage   [ˈhɛm rɪdʒ]

hemorrhaged   [ˈhɛm rɪdʒd]

hemorrhaging   [ˈhɛm rɪdʒ ɪŋ]

hemorrhoids   [ˈhɛm rɔɪdz]

hen   [hɛn]

hence   [hɛns]

henceforth   [ˈhɛns ˌfɔɚθ]

henchman   [ˈhɛntʃ mən]

henpecked   [ˈhɛn ˌpɛkt]

hepatitis   [ˌhɛp ə ˈtaɪ tɪs]

her   [hɚ]

herald   [ˈhɛɚ əld]

herb   [ɚb]

herbicide   [ˈɚ bɪ ˌsaɪd]

herd   [hɚd]

here   [hɪɚ]

hereafter   [hɪɚ ˈæf tɚ]

hereby   [hɪɚ ˈbaɪ]

hereditary   [hə ˈrɛd ɪ ˌtɛɚ i]

heredity   [hə ˈrɛd ɪ ti]

here's   [hɪɚz]

heresy   [ˈhɛɚ ɪ si]

heretic   [ˈhɛɚ ɪ tɪk]

herewith   [hɪɚ ˈwɪθ]

heritage   [ˈhɛɚ ɪ tɪdʒ]

hermit   [ˈhɚ mɪt]

hernia   [ˈhɚ ni ə]

hero   [ˈhɪɚ o]

heroic   [hɪ ˈro ɪk]

heroin   [ˈhɛɚ o ɪn]

heroine   [ˈhɛɚ o ɪn]

heroism   [ˈhɛɚ o ˌɪzm]

herpes   [ˈhɚ piz]

herring   [ˈhɛɚ ɪŋ]

hers   [hɚz]

herself   [hɚ ˈsɛlf]

he's   [hiz]

hesitant   [ˈhɛz ɪ tənt]

hesitate   [ˈhɛz ɪ ˌtet]

hesitated   [ˈhɛz ɪ ˌtet ɪd]

hesitates   [ˈhɛz ɪ ˌtets]

hesitating   [ˈhɛz ɪ ˌtet ɪŋ]

hesitation   [ˌhɛz ɪ ˈte ʃn]

hey   [he]

heyday   [ˈhe ˌde]

hi   [haɪ]

hi-fi   [ˈhaɪ ˈfaɪ]

hi-tech   [ˈhaɪ ˌtɛk]

hiatus   [haɪ ˈe təs]

hibernate   [ˈhaɪ bɚ ˌnet]

hibernated   [ˈhaɪ bɚ ˌnet ɪd]

hibernates   [ˈhaɪ bɚ ˌnets]

hibernating   [ˈhaɪ bɚ ˌnet ɪŋ]

hiccup   [ˈhɪk əp]

hick   [hɪk]

hickory   [ˈhɪk ə ri]

hid   [hɪd]

hidden   [hɪdn]

hide   [haɪd]

hideaway   [ˈhaɪd ə ˌwe]

hideous   [ˈhɪd i əs]

hideout   [ˈhaɪd ˌæʊt]

hiding   [ˈhaɪd ɪŋ]

hierarchy   [ˈhaɪɚ ˌaɚ ki]

high   [haɪ]

high fidelity   [ˈhaɪ fɪ ˈdɛl ɪ ti]

high-handed   [ˈhaɪ ˈhæn dɪd]

high-pitched   [ˈhaɪ ˈpɪtʃt]

high-pressure   [ˈhaɪ ˈprɛʃ ɚ]

high-rise   [ˈhaɪ ˌraɪz]

high school   [ˈhaɪ ˌskul]

high time   ['haɪ 'taɪm]
highball   ['haɪ ˌbɔl]
highboy   ['haɪ ˌbɔɪ]
highbrow   ['haɪ ˌbræʊ]
highchair   ['haɪ ˌtʃɛɚ]
higher-up   ['haɪ ɚ 'əp]
highlight   ['haɪ ˌlaɪt]
highly   ['haɪ li]
high-strung   ['haɪ 'strəŋ]
highway   ['haɪ ˌwe]
hijack   ['haɪ ˌdʒæk]
hijacker   ['haɪ ˌdʒæk ɚ]
hike   [haɪk]
hiked   [haɪkt]
hiker   ['haɪk ɚ]
hikes   [haɪks]
hiking   ['haɪk ɪŋ]
hilarious   [hɪ 'lɛɚ i əs]
hill   [hɪl]
hillbilly   ['hɪl ˌbɪl i]
hillside   ['hɪl ˌsaɪd]
hilltop   ['hɪl ˌtap]
hilly   ['hɪl i]
him   [hɪm]
himself   [hɪm 'sɛlf]
hinder   ['hɪn dɚ]
hindrance   ['hɪn drəns]
hindsight   ['haɪnd ˌsaɪt]
Hindu   ['hɪn du]
hinge   [hɪndʒ]
hint   [hɪnt]
hinterland   ['hɪn tɚ ˌlænd]
hip   [hɪp]
hippie   ['hɪp i]
hippo   ['hɪp o]
hippopotamus
    [ˌhɪp ə 'pat ə məs]

hire   [haɪɚ]
hired   [haɪɚd]
hireling   ['haɪɚ lɪŋ]
hiring   ['haɪɚ ɪŋ]
his   [hɪz]
hiss   [hɪs]
histamine   ['hɪs tə ˌmin]
historian   [hɪ 'stɔɚ i ən]
historic   [hɪ 'stɔɚ ɪk]
historical   [hɪ 'stɔɚ ɪ kl]
history   ['hɪs tə ri]
hit   [hɪt]
hit-and-run   ['hɪt ən 'rən]
hitch   [hɪtʃ]
hitchhike   ['hɪtʃ ˌhaɪk]
hitchhiker   ['hɪtʃ ˌhaɪk ɚ]
hitched   [hɪtʃt]
hive   [haɪv]
hoard   [hɔɚd]
hoarded   ['hɔɚ dɪd]
hoarding   ['hɔɚ dɪŋ]
hoarse   [hɔɚs]
hoarsely   ['hɔɚs li]
hoax   [hoks]
hobble   [habl]
hobbled   [habld]
hobbling   ['hab lɪŋ]
hobby   ['hab i]
hobbyhorse   ['hab i ˌhɔɚs]
hobo   ['ho bo]
hock   [hak]
hockey   ['hak i]
hodgepodge   ['hadʒ ˌpadʒ]
hoe   [ho]
hoed   [hod]
hoeing   ['ho ɪŋ]
hog   [hag]

hogged [hɑgd]

hogging [ˈhɑg ɪŋ]

hoist [hɔɪst]

hold [hold]

holder [ˈhold ɚ]

holding [ˈhold ɪŋ]

holdup [ˈhold ˌəp]

hole [hol]

holiday [ˈhɑl ə ˌde]

holiness [ˈho li nɪs]

hollow [ˈhɑl o]

holly [ˈhɑl i]

holocaust [ˈhɑl ə ˌkast]

holster [ˈhol stɚ]

holy [ˈho li]

homage [ˈɑm ɪdʒ]

home [hom]

home address [ˈhom ə ˈdrɛs]

homeland [ˈhom ˌlænd]

homeless [ˈhom lɪs]

homely [ˈhom li]

homemade [ˈhom ˈmed]

homemaker [ˈhom ˌme kɚ]

homeplate [ˈhom ˈplet]

homesick [ˈhom ˌsɪk]

homestretch [ˈhom ˈstrɛtʃ]

hometown [ˈhom ˈtæʊn]

homeward [ˈhom wɚd]

homework [ˈhom ˌwɚk]

homicide [ˈhɑm ɪ ˌsaɪd]

homogeneous
[ˌho mə ˈdʒi ni əs]

homogenized
[hə ˈmadʒ ə ˌnaɪzd]

homonym [ˈhɑm ə nɪm]

homosexual [ˌho mə ˈsɛk ʃu əl]

honest [ˈɑn ɪst]

honestly [ˈɑn ɪst li]

honesty [ˈɑn ɪs ti]

honey [ˈhən i]

honeycomb [ˈhən i ˌkom]

honeymoon [ˈhən i ˌmun]

honeysuckle [ˈhən i ˈsəkl]

honk [hɑŋk]

Honolulu (HI) [ˌhɑn ə ˈlu lu]

honor [ˈɑn ɚ]

honorable [ˈɑn ɚ ə bl]

honorably [ˈɑn ɚ ə bli]

honorarium [ˌɑn ə ˈrɛɚ i əm]

honorary [ˈɑn ə ˌrɛɚ i]

honored [ˈɑn ɚd]

honoring [ˈɑn ɚ ɪŋ]

honors [ˈɑn ɚz]

hood [hʊd]

hoodlum [ˈhʊd ləm]

hoodwink [ˈhʊd ˌwɪŋk]

hoof [hʊf]

hook [hʊk]

hooked [hʊkt]

hoop [hup]

hoot [hut]

hop [hɑp]

hope [hop]

hoped [hopt]

hopeful [ˈhop fl]

hopefully [ˈhop fə li]

hopeless [ˈhop lɪs]

hopelessly [ˈhop lɪs li]

hopes [hops]

hoping [ˈhop ɪŋ]

horizon [hə ˈraɪ zn]

horizontal [ˌhaɚ ɪ ˈzan tl]

hormone [ˈhɔɚ ˌmon]

horn [hɔɚn]

hornet ['hɔɚ nɪt]

horoscope ['haɚ ə ˌskop]

horrendous [hɔ 'rɛn dəs]

horrible ['haɚ ə bl]

horribly ['haɚ ə bli]

horrid ['haɚ ɪd]

horrify ['haɚ ɪ ˌfaɪ]

horror ['haɚ ɚ]

horror film ['haɚ ɚ 'fɪlm]

hors d'oeuvre [ɔɚ 'dɚv]

horse [hɔɚs]

horseback ['hɔɚs ˌbæk]

horsepower ['hɔɚs ˌpæʊ ɚ]

horseradish ['hɔɚs ˌræd ɪʃ]

horseshoe ['hɔɚs ˌʃu]

horticulture ['hɔɚ tə ˌkəl tʃɚ]

hose [hoz]

hosed [hozd]

hosiery ['ho ʒə ri]

hosing ['hoz ɪŋ]

hospice ['has pɪs]

hospitable ['has pɪ tə bl]

hospital ['has pɪ tl]

hospitality [ˌhas pɪ 'tæl ɪ ti]

hospitalize ['has pɪ tə ˌlaɪz]

host [host]

hostage ['has tɪdʒ]

hosted ['hos tɪd]

hostel ['has tl]

hostess ['hos tɪs]

hostile ['has tl]

hostility [ha 'stɪl ɪ ti]

hosting ['hos tɪŋ]

hosts [hosts]

hot [hat]

Hot Springs (AR) ['hat 'sprɪŋz]

hot-water bottle
['hat 'wɔ tɚ ˌbatl]

hotbed ['hat ˌbɛd]

hotel [ho 'tɛl]

hotheaded ['hat ˌhɛd ɪd]

hothouse ['hat ˌhæʊs]

hotly ['hat li]

hot plate ['hat ˌplet]

hound [hæʊnd]

hounded ['hæʊn dɪd]

hour [æʊɚ]

hourglass ['æʊɚ ˌglæs]

hourly ['æʊɚ li]

house n. [hæʊs] v. [hæʊz]

houseboat ['hæʊs ˌbot]

housebreaking ['hæʊs ˌbre kɪŋ]

housebroken ['hæʊs ˌbro kn]

housecoat ['hæʊs ˌkot]

housed [hæʊzd]

household ['hæʊs ˌhold]

householder ['hæʊs ˌhol dɚ]

housekeeper ['hæʊs ˌki pɚ]

housekeeping ['hæʊs ˌki pɪŋ]

houses ['hæʊ zɪz]

housetop ['hæʊs ˌtap]

housewarming
['hæʊs ˌwɔɚ mɪŋ]

housewife ['hæʊs ˌwaɪf]

housework ['hæʊs ˌwɚk]

housing ['hæʊ zɪŋ]

Houston (TX) ['hju stn]

hovel [həvl]

hover ['həv ɚ]

hovered ['həv ɚd]

hovering ['həv ɚ ɪŋ]

how [hæʊ]

however [ˌhæʊ 'ɛv ɚ]

howl   [hæʊl]

howled   [hæʊld]

howling   ['hæʊl ɪŋ]

hub   [həb]

hubbub   ['həb əb]

hubcap   ['həb ˌkæp]

huckster   ['hək stɚ]

huddle   [hədl]

huddled   [hədld]

huddling   ['həd lɪŋ]

hue   [hju]

hues   [hjuz]

hug   [həg]

huge   [hjudʒ]

hulk   [həlk]

hulking   ['həl kɪŋ]

hull   [həl]

hum   [həm]

human   ['hju mən]

humane   [hju 'men]

humanitarian
    [hju ˌmæn ɪ 'tɛɚ i ən]

humanity   [hju 'mæn ɪ ti]

humanize   ['hju mə ˌnɑɪz]

humble   ['həm bl]

humbly   ['həm bli]

humdrum   ['həm ˌdrəm]

humid   ['hju mɪd]

humidifier   [hju 'mɪd ə ˌfɑɪ ɚ]

humidity   [hju 'mɪd ɪ ti]

humiliate   [hju 'mɪl i ˌet]

humiliated   [hju 'mɪl i ˌet ɪd]

humiliating   [hju 'mɪl i ˌet ɪŋ]

humiliation   [hju ˌmɪl i 'e ʃn]

humility   [hju 'mɪl ɪ ti]

hummed   [həmd]

humming   ['həm ɪŋ]

humor   ['hju mɚ]

humorous   ['hju mɚ əs]

hump   [həmp]

hunch   [həntʃ]

hunchback   ['həntʃ ˌbæk]

hunched   [həntʃt]

hundred   ['hən drɪd]

hung   [həŋ]

hunger   ['həŋ gɚ]

hungrily   ['həŋ grɪ li]

hungry   ['həŋ gri]

hunk   [həŋk]

hunt   [hənt]

hunted   ['hən tɪd]

hunter   ['hən tɚ]

hunting   ['hən tɪŋ]

Huntington (WV)   ['hən tɪŋ tn]

Huntsville (AL)   ['hənts ˌvɪl]

hurdle   ['hɚ dl]

hurdled   ['hɚ dld]

hurdler   ['hɚd lɚ]

hurdling   ['hɚd lɪŋ]

hurl   [hɚl]

hurrah   [hə 'rɑ]

hurray   [hə 're]

hurricane   ['hɚ ɪ ˌken]

hurried   ['hɚ id]

hurriedly   ['hɚ id li]

hurry   ['hɚ i]

hurt   [hɚt]

hurtful   ['hɚt fl]

husband   ['həz bənd]

hush   [həʃ]

hush-hush   ['həʃ ˌhəʃ]

husk   [həsk]

husky   ['həs ki]

hussy   ['həs i]

hustle [həsl]

hut [hət]

hutch [hətʃ]

hybrid [ˈhaɪ brɪd]

hydrant [ˈhaɪ drənt]

hydraulic [haɪ ˈdrɑl ɪk]

hydroelectric
 [ˌhaɪ dro ə ˈlɛk trɪk]

hydrofoil [ˈhaɪ drə ˌfɔɪl]

hydrogen [ˈhaɪ drə dʒn]

hydrophobia [ˌhaɪ drə ˈfo bi ə]

hydroplane [ˈhaɪ drə ˌplen]

hyena [haɪ ˈi nə]

hygiene [ˈhaɪ ˌdʒin]

hygienic [ˌhaɪ ˈdʒen ɪk]

hymn [hɪm]

hymnal [ˈhɪm nl]

hype [haɪp]

hypercritical [ˌhaɪ pɚ ˈkrɪt ɪ kl]

hypersensitive
 [ˌhaɪ pɚ ˈsɛn sɪ tɪv]

hypertension [ˌhaɪ pɚ ˈtɛn ʃn]

hyphen [ˈhaɪ fn]

hyphenate [ˈhaɪ fə ˌnet]

hypnosis [hɪp ˈno sɪs]

hypnotic [hɪp ˈnɑt ɪk]

hypnotism [ˈhɪp nə ˌtɪzm]

hypnotize [ˈhɪp nə ˌtaɪz]

hypochondria
 [ˌhaɪ pə ˈkɑn dri ə]

hypocrisy [hɪ ˈpɑk rə si]

hypocrite [ˈhɪ pə krɪt]

hypocritical [ˈhɪ pə krɪt ɪ kl]

hypothesis [haɪ ˈpɑθ ɪ sɪs]

hysterectomy [ˌhɪs tə ˈrɛk tə mi]

hysteria [hɪ ˈstɛɚ i ə]

hysterical [hɪ ˈstɛɚ i kl]

I

I [aɪ]
ice [aɪs]
ice cube ['aɪs ˌkjub]
ice hockey ['aɪs ˌhɑk i]
iceberg ['aɪs ˌbɚg]
icebreaker ['aɪs ˌbre kɚ]
icicle ['aɪ sɪ kl]
icing ['aɪ sɪŋ]
icky ['ɪk i]
icy ['aɪ si]
I'd [aɪd]
Idaho ['aɪ də ˌho]
Idaho Falls (ID) ['aɪ də ˌho 'fɔlz]
idea [aɪ 'di ə]
ideal [aɪ 'dil]
idealism [aɪ 'dil ɪzm]
idealize [aɪ 'di ə ˌlaɪz]
ideally [aɪ 'di ə li]
identical [aɪ 'dɛn tɪ kl]
identification
  [aɪ ˌdɛn tə fə 'ke ʃn]
identified [aɪ 'dɛn tə ˌfaɪd]
identify [aɪ 'dɛn tə ˌfaɪ]
identifying [aɪ 'dɛn tə ˌfaɪ ɪŋ]
identity [aɪ 'dɛn tɪ ti]

ideology [ˌaɪ di 'ɑl ə dʒi]
idiocy ['ɪd i ə si]
idiom ['ɪd i əm]
idiosyncrasy [ˌɪd i ə 'sɪŋ krə si]
idiot ['ɪd i ət]
idiotic [ˌɪd i 'ɑt ɪk]
idle [aɪdl]
idled [aɪdld]
idleness ['aɪdl nɪs]
idles [aɪdlz]
idling ['aɪd lɪŋ]
idly ['aɪd li]
idol ['aɪ dl]
idolatry [aɪ 'dɑl ə tri]
idolize ['aɪd ə ˌlaɪz]
idolized ['aɪd ə ˌlaɪzd]
if [ɪf]
igloo ['ɪg lu]
ignite [ɪg 'naɪt]
ignited [ɪg 'naɪt ɪd]
igniting [ɪg 'naɪt ɪŋ]
ignition [ɪg 'nɪʃn]
ignition key [ɪg 'nɪʃn ˌki]
ignoramus [ˌɪg nə 'ræ məs]
ignorance ['ɪg nɚ əns]

ignorant ['ɪg nɚ ənt]

ignore [ɪg 'nɔɚ]

ignored [ɪg 'nɔɚd]

ignores [ɪg 'nɔɚz]

ignoring [ɪg 'nɔɚ ɪŋ]

I'll [aɪl]

ill [ɪl]

ill-advised ['ɪl əd ˌvaɪzd]

ill at ease ['ɪl ət ˌiz]

ill-fated ['ɪl 'fe tɪd]

ill feeling ['ɪl 'fil ɪŋ]

illegal [ɪ 'li gl]

illegible [ɪ 'lɛdʒ ə bl]

illegitimate [ˌɪl ɪ 'dʒɪt ə mɪt]

Illinois [ˌɪl ə 'nɔɪ]

illiteracy [ɪ 'lɪt ɚ ə si]

illiterate [ɪ 'lɪt ɚ ɪt]

illness ['ɪl nɪs]

illogical [ɪ 'ladʒ ɪ kl]

illuminate [ɪ 'lu mə ˌnet]

illuminated [ɪ 'lu mə ˌnet ɪd]

illuminates [ɪ 'lu mə ˌnets]

illuminating [ɪ 'lu mə ˌne tɪŋ]

illumination [ɪ ˌlu mə 'ne ʃn]

illusion [ɪ 'lu ʒn]

illustrate ['ɪl ə ˌstret]

illustrated ['ɪl ə ˌstret ɪd]

illustrates ['ɪl ə ˌstrets]

illustrating ['ɪl ə ˌstret ɪŋ]

illustration [ˌɪl ə 'stre ʃn]

illustrative [ɪ 'ləs trə tɪv]

illustrator ['ɪl ə ˌstre tɚ]

illustrious [ˌɪ 'ləs tri əs]

I'm [aɪm]

image ['ɪm ɪdʒ]

imagery ['ɪm ɪdʒ ri]

imaginable [ɪ 'mædʒ ə nə bl]

imaginary [ɪ 'mædʒ ə ˌnɛɚ i]

imagination [ɪ ˌmædʒ ə 'ne ʃn]

imaginative [ɪ 'mædʒ ə nə tɪv]

imagine [ɪ 'mædʒ ɪn]

imagined [ɪ 'mædʒ ɪnd]

imbalance [ɪm 'bæl əns]

imbecile ['ɪm bɪ sl]

imbibe [ɪm 'baɪb]

imbue [ɪm 'bju]

imitate ['ɪm ɪ ˌtet]

imitated ['ɪm ɪ ˌtet ɪd]

imitates ['ɪm ɪ ˌtets]

imitating ['ɪm ɪ ˌtet ɪŋ]

imitation [ˌɪm ɪ 'te ʃn]

immaculate [ɪ 'mæk jə lɪt]

immaculately [ɪ 'mæk jə lɪt li]

immaterial [ˌɪm ə 'tɪɚ i əl]

immature [ˌɪm ə 'tʃʊɚ]

immeasurable [ɪ 'mɛʒ ɚ ə bl]

immediate [ɪ 'mi di ɪt]

immediately [ɪ 'mi di ɪt li]

immemorial [ˌɪm ə 'mɔɚ i əl]

immense [ɪ 'mɛns]

immensely [ɪ 'mɛns li]

immerse [ɪ 'mɚs]

immersed [ɪ 'mɚst]

immersing [ɪ 'mɚs ɪŋ]

immigrant ['ɪm ə grənt]

immigrate ['ɪm ə ˌgret]

immigrated ['ɪm ə ˌgret ɪd]

immigrating ['ɪm ə ˌgret ɪŋ]

immigration [ˌɪm ə 'gre ʃn]

imminent ['ɪm ə nənt]

immobile [ɪ 'mo bl]

immobilize [ɪ 'mo bɪ ˌlaɪz]

immobilized [ɪ 'mo bɪ ˌlaɪzd]

immoderate [ɪ 'mad ɚ ɪt]

immodest [ɪ 'mɑd ɪst]

immoral [ɪ 'mɑɚ əl]

immortal [ɪ 'mɔɚ tl]

immortality [ˌɪ mɔɚ 'tæl ɪ ti]

immortalize [ɪ 'mɔɚ tə ˌlaɪz]

immovable [ɪ 'mu və bl]

immune [ɪ 'mjun]

immunity [ɪ 'mju nɪ ti]

immunize ['ɪm jə ˌnaɪz]

immunology [ˌɪm jə 'nɑl ə dʒi]

impact n. ['ɪm pækt]
  v. [ɪm 'pækt]

impacted [ɪm 'pæk tɪd]

impacting [ɪm 'pæk tɪŋ]

impacts [ɪm 'pækts]

impair [ɪm 'pɛɚ]

impairment [ɪm 'pɛɚ mənt]

impart [ɪm 'pɑɚt]

impartial [ɪm 'pɑɚ ʃl]

impassable [ɪm 'pæs ə bl]

impasse ['ɪm pæs]

impassive [ɪm 'pæs ɪv]

impatience [ɪm 'pe ʃəns]

impatient [ɪm 'pe ʃənt]

impatiently [ɪm 'pe ʃənt li]

impeach [ɪm 'pitʃ]

impeccable [ɪm 'pɛk ə bl]

impede [ɪm 'pid]

impeded [ɪm 'pid ɪd]

impedes [ɪm 'pidz]

impediment [ɪm 'pɛd ə mənt]

impeding [ɪm 'pid ɪŋ]

impel [ɪm 'pɛl]

impelled [ɪm 'pɛld]

impelling [ɪm 'pɛl ɪŋ]

impels [ɪm 'pɛlz]

impending [ɪm 'pɛn dɪŋ]

impenetrable [ɪm 'pɛn ɪ trə bl]

imperative [ɪm 'pɛɚ ə tɪv]

imperceptible
  [ˌɪm pɚ 'sɛp tə bl]

imperfect [ɪm 'pɚ fɪkt]

imperfection [ˌɪm pɚ 'fɛk ʃn]

imperial [ɪm 'pɪɚ i əl]

imperialism [ɪm 'pɪɚ i əl ˌɪzm]

impersonal [ɪm 'pɚ sə nl]

impersonate [ɪm 'pɚ sə ˌnet]

impersonated
  [ɪm 'pɚ sə ˌnet ɪd]

impersonates [ɪm 'pɚ sə ˌnets]

impersonating
  [ɪm 'pɚ sə ˌnet ɪŋ]

impersonator [ɪm 'pɚ sə ˌnet ɚ]

impertinent [ɪm 'pɚ tə nənt]

impervious [ɪm 'pɚ vi əs]

impetuous [ɪm 'pɛtʃ u əs]

impetus ['ɪm pɪ təs]

impinge [ɪm 'pɪndʒ]

impinged [ɪm 'pɪndʒd]

impinges [ɪm 'pɪndʒ ɪz]

impinging [ɪm 'pɪndʒ ɪŋ]

implant n. ['ɪm ˌplænt]
  v. [ɪm 'plænt]

implanted [ɪm 'plæn tɪd]

implanting [ɪm 'plæn tɪŋ]

implausible [ɪm 'plɔ zə bl]

implement n. ['ɪm plə mənt]
  v. ['ɪm plə ˌmɛnt]

implicate ['ɪm plə ˌket]

implicated ['ɪm plə ˌket ɪd]

implication [ˌɪm plə 'ke ʃn]

implicit [ɪm 'plɪs ɪt]

implied [ɪm 'plaɪd]

implies [ɪm 'plaɪz]

implore [ɪm ˈplɔɚ]

implored [ɪm ˈplɔɚd]

imploring [ɪm ˈplɔɚ ɪŋ]

imply [ɪm ˈplaɪ]

implying [ɪm ˈplaɪ ɪŋ]

impolite [ˌɪm pə ˈlaɪt]

imponderable [ɪm ˈpan dɚ ə bl]

import *n.* [ˈɪm pɔɚt]
   v. [ɪm ˈpɔɚt]

importance [ɪm ˈpɔɚ tns]

important [ɪm ˈpɔɚ tnt]

imported [ɪm ˈpɔɚ tɪd]

importer [ɪm ˈpɔɚt ɚ]

importing [ɪm ˈpɔɚ tɪŋ]

impose [ɪm ˈpoz]

imposed [ɪm ˈpozd]

imposes [ɪm ˈpoz ɪz]

imposing [ɪm ˈpo zɪŋ]

imposition [ˌɪm pə ˈzɪ ʃn]

impossibility [ɪm ˌpas ə ˈbɪl ɪ ti]

impossible [ɪm ˈpas ə bl]

impostor [ɪm ˈpas tɚ]

impotence [ˈɪm pə təns]

impotent [ˈɪm pə tənt]

impound [ɪm ˈpæʊnd]

impounded [ɪm ˈpæʊn dɪd]

impounding [ɪm ˈpæʊn dɪŋ]

impoverished [ɪm ˈpav rɪʃt]

impractical [ɪm ˈpræk tə kl]

impregnable [ɪm ˈprɛg nə bl]

impregnate [ɪm ˈprɛg ˌnet]

impress [ɪm ˈprɛs]

impressed [ɪm ˈprɛst]

impression [ɪm ˈprɛʃn]

impressionable [ɪm ˈprɛʃn ə bl]

impressive [ɪm ˈprɛs ɪv]

imprint *n.* [ˈɪm prɪnt]

   v. [ɪm ˈprɪnt]

imprison [ɪm ˈprɪzn]

imprisoned [ɪm ˈprɪznd]

imprisonment [ɪm ˈprɪzn mənt]

improbable [ɪm ˈprab ə bl]

impromptu [ɪm ˈpram tu]

improper [ɪm ˈprap ɚ]

improve [ɪm ˈpruv]

improved [ɪm ˈpruvd]

improvement [ɪm ˈpruv mənt]

improves [ɪm ˈpruvz]

improving [ɪm ˈpruv ɪŋ]

improvise [ˈɪm prə ˌvaɪz]

improvised [ˈɪm prə ˌvaɪzd]

improvises [ˈɪm prə ˌvaɪz ɪz]

improvising [ˈɪm prə ˌvaɪz ɪŋ]

imprudent [ɪm ˈprud nt]

impudent [ˈɪm pjə dənt]

impulse [ˈɪm pəls]

impulsive [ɪm ˈpəl sɪv]

impunity [ɪm ˈpjun ɪ ti]

impure [ɪm ˈpjʊɚ]

impurity [ɪm ˈpjʊɚ ɪ ti]

in [ɪn]

in absentia [ˌɪn æb ˈsɛn ʃə]

in-between [ˌɪn bɪ ˈtwin]

in-laws [ˈɪn ˌlɔz]

in-service [ˈɪn ˌsɚ vɪs]

in-service training
   [ˈɪn ˌsɚ vɪs ˈtren ɪŋ]

inability [ˌɪn ə ˈbɪl ɪ ti]

inaccessible [ˌɪn æk ˈsɛs ɪ bl]

inaccurate [ɪn ˈæk jɚ ɪt]

inactive [ɪn ˈæk tɪv]

inadequate [ɪn ˈæd ə kwɪt]

inadvertently [ˌɪn əd ˈvɚt nt li]

inane [ɪ ˈnen]

inanimate [ɪn 'æn ə mɪt]

inappropriate [ˌɪn ə 'pro pri ɪt]

inarticulate [ˌɪn aɚ 'tɪk jə lɪt]

inaugurate [ɪn 'ɔ gjə ˌret]

inauguration [ɪn ˌɔ gjə 're ʃn]

inbred ['ɪn 'brɛd]

incapable [ɪn 'ke pə bl]

incapacitate [ˌɪn kə 'pæs ɪ tet]

incense n. ['ɪn sɛns]
    v. [ɪn 'sɛns]

incensed ['ɪn sɛnst]

incenses ['ɪn sɛn sɪz]

incentive [ɪn 'sɛn tɪv]

incessant [ɪn 'sɛs ənt]

incessantly [ɪn 'sɛs ənt li]

inch [ɪntʃ]

inched [ɪntʃt]

incidence ['ɪn sɪ dəns]

incident ['ɪn sɪ dənt]

incidental [ˌɪn sɪ 'dɛn tl]

incidentally [ˌɪn sɪ 'dɛn tə li]

incipient [ɪn 'sɪp i ənt]

incite [ɪn 'saɪt]

incited [ɪn 'saɪt ɪd]

inciting [ɪn 'saɪt ɪŋ]

inclement [ɪn 'klɛm ənt]

inclination [ˌɪn klə 'ne ʃn]

incline n. ['ɪn klaɪn]
    v. [ɪn 'klaɪn]

inclined [ɪn 'klaɪnd]

inclose [ɪn 'kloz]

inclosed [ɪn 'klozd]

include [ɪn 'klud]

included [ɪn 'klud ɪd]

includes [ɪn 'kludz]

including [ɪn 'klud ɪŋ]

inclusive [ɪn 'klu sɪv]

income ['ɪn kəm]

income tax ['ɪn kəm ˌtæks]

incoming ['ɪn kəm ɪŋ]

incomparable [ɪn 'kɑm pɚ ə bl]

incompetent [ɪn 'kɑm pɪ tənt]

incomplete [ˌɪn kəm 'plit]

incomprehensible
    [ˌɪn kɑm pri 'hɛn sə bl]

inconceivable [ˌɪn kən 'siv ə bl]

incongruous [ɪn 'kɑŋ gru əs]

inconsiderate [ˌɪn kən 'sɪd ɚ ɪt]

inconsistency
    [ˌɪn kən 'sɪs tən si]

inconsistent [ˌɪn kən 'sɪs tənt]

inconspicuous
    [ˌɪn kən 'spɪk ju əs]

inconvenience
    [ˌɪn kən 'vin jəns]

inconvenient [ˌɪn kən 'vin jənt]

incorporate [ɪn 'kɔɚ pə ˌret]

incorporated [ɪn 'kɔɚ pə ˌret ɪd]

incorporates [ɪn 'kɔɚ pə ˌrets]

incorporating
    [ɪn 'kɔɚ pə ˌret ɪŋ]

incorrect [ˌɪn kə 'rɛkt]

increase n. ['ɪn kris] v. [ɪn 'kris]

increased [ɪn 'krist]

increases [ɪn 'kris ɪz]

increasing [ɪn 'kris ɪŋ]

increasingly [ɪn 'kris ɪŋ li]

incredible [ɪn 'krɛd ə bl]

increment ['ɪn krə mənt]

incubator ['ɪŋ kjə ˌbe tɚ]

incumbent [ɪn 'kəm bənt]

incur [ɪn 'kɚ]

incurable [ɪn 'kjʊɚ ə bl]

incurred [ɪn 'kɚd]

incurring [ɪn ˈkɚ ɪŋ]

indebted [ɪn ˈdɛt ɪd]

indecent [ɪn ˈdi sənt]

indecision [ˌɪn dɪ ˈsɪʒn]

indecisive [ˌɪn dɪ ˈsaɪ sɪv]

indeed [ɪn ˈdid]

indefensible [ˌɪn dɪ ˈfɛn sə bl]

indefinite [ɪn ˈdɛf ə nɪt]

indefinitely [ɪn ˈdɛf ə nɪt li]

independence [ˌɪn dɪ ˈpɛn dəns]

independent [ˌɪn dɪ ˈpɛn dənt]

independently
[ˌɪn dɪ ˈpɛn dənt li]

indescribable
[ˌɪn dɪ ˈskraɪ bə bl]

indestructible
[ˌɪn dɪ ˈstrək tə bl]

index [ˈɪn dɛks]

indexed [ˈɪn dɛkst]

Indian [ˈɪn di ən]

Indiana [ˌɪn di ˈæn ə]

Indianapolis (IN)
[ˌɪn di ə ˈnæp ə lɪs]

indicate [ˈɪn də ˌket]

indicated [ˈɪn də ˌket ɪd]

indicating [ˈɪn də ˌket ɪŋ]

indication [ˌɪn də ˈke ʃn]

indicative [ɪn ˈdɪk ə tɪv]

indicator [ˈɪn də ˌke tɚ]

indices [ˈɪn dɪ ˌsiz]

indictment [ɪn ˈdaɪt mənt]

indifference [ɪn ˈdɪf rəns]

indifferent [ɪn ˈdɪf rənt]

indifferently [ɪn ˈdɪf rənt li]

indigent [ˈɪn dɪ dʒənt]

indigestion [ˌɪn dɪ ˈdʒɛs tʃən]

indignant [ɪn ˈdɪg nənt]

indignantly [ɪn ˈdɪg nənt li]

indignation [ˌɪn dɪg ˈne ʃn]

indignity [ɪn ˈdɪg nɪ ti]

indirect [ˌɪn də ˈrɛkt]

indirectly [ˌɪn də ˈrɛkt li]

indiscriminate
[ˌɪn dɪ ˈskrɪm ə nɪt]

indispensable [ˌɪn dɪ ˈspɛn sə bl]

indistinct [ˌɪn dɪ ˈstɪŋkt]

individual [ˌɪn də ˈvɪdʒ u əl]

individuality
[ˌɪn də ˌvɪdʒ u ˈæl ə ti]

indoctrination
[ɪn ˌdɑk trə ˈne ʃn]

indoors [ɪn ˈdɔɚz]

induce [ɪn ˈdus]

induced [ɪn ˈdust]

inducement [ɪn ˈdus mənt]

inducing [ɪn ˈdus ɪŋ]

induct [ɪn ˈdəkt]

induction [ɪn ˈdək ʃn]

indulge [ɪn ˈdəldʒ]

indulged [ɪn ˈdəldʒd]

indulgence [ɪn ˈdəl dʒəns]

indulging [ɪn ˈdəldʒ ɪŋ]

industrial [ɪn ˈdəs tri əl]

industrialist [ɪn ˈdəs tri ə lɪst]

industrious [ɪn ˈdəs tri əs]

industry [ˈɪn də stri]

inebriated [ɪn ˈi bri ˌet ɪd]

inedible [ɪn ˈɛd ə bl]

ineffective [ˌɪn ɪ ˈfɛk tɪv]

inefficiency [ˌɪn ɪ ˈfɪʃ ən si]

inefficient [ˌɪn ɪ ˈfɪʃ ənt]

inequality [ˌɪn ɪ ˈkwɑl ɪ ti]

inert [ɪn ˈɚt]

inescapable [ˌɪn ɛ ˈske pə bl]

inevitable   [ɪn 'ɛv ɪ tə bl]

inevitably   [ɪn 'ɛv ɪ tə bli]

inexpensive   [ˌɪn ɛks 'pɛn sɪv]

inexperienced
    [ˌɪn ɛks 'pɪɚ i ənst]

infallible   [ɪn 'fæl ə bl]

infamous   ['ɪn fə məs]

infancy   ['ɪn fən si]

infant   ['ɪn fənt]

infantry   ['ɪn fən tri]

infatuated   [ɪn 'fætʃ u ˌet ɪd]

infatuation   [ɪn ˌfætʃ u 'e ʃn]

infect   [ɪn 'fɛkt]

infected   [ɪn 'fɛk tɪd]

infection   [ɪn 'fɛk ʃn]

infectious   [ɪn 'fɛk ʃəs]

infer   [ɪn 'fɚ]

inference   ['ɪn fɚ əns]

inferior   [ɪn 'fɪɚ i ɚ]

inferiority   [ɪn ˌfɪɚ i 'ɑɚ ɪ ti]

inferno   [ɪn 'fɚ no]

inferred   [ɪn 'fɚd]

infertile   [ɪn 'fɚ tl]

infest   [ɪn 'fɛst]

infested   [ɪn 'fɛs tɪd]

infighting   ['ɪn ˌfaɪt ɪŋ]

infinite   ['ɪn fə nɪt]

infinitely   ['ɪn fə nɪt li]

infinity   [ɪn 'fɪn ɪ ti]

infirmary   [ɪn 'fɚ mə ri]

infirmity   [ɪn 'fɚ mɪ ti]

inflame   [ɪn 'flem]

inflamed   [ɪn 'flemd]

inflammable   [ɪn 'flæm ə bl]

inflammation   [ˌɪn flə 'me ʃn]

inflatable   [ɪn 'flet ə bl]

inflate   [ɪn 'flet]

inflated   [ɪn 'flet ɪd]

inflates   [ɪn 'flets]

inflating   [ɪn 'flet ɪŋ]

inflation   [ɪn 'fle ʃn]

inflict   [ɪn 'flɪkt]

inflicted   [ɪn 'flɪk tɪd]

inflicting   [ɪn 'flɪk tɪŋ]

inflicts   [ɪn 'flɪkts]

influence   ['ɪn ˌflu əns]

influenced   ['ɪn ˌflu ənst]

influences   ['ɪn ˌflu ən sɪz]

influencing   ['ɪn ˌflu ən sɪŋ]

influential   [ˌɪn flu 'ɛn ʃl]

influenza   [ˌɪn flu 'ɛn zə]

influx   ['ɪn ˌfləks]

inform   [ɪn 'fɔɚm]

informal   [ɪn 'fɔɚ ml]

informality   [ˌɪn fɔɚ 'mæl ɪ ti]

informant   [ɪn 'fɔɚ mənt]

information   [ˌɪn fɔɚ 'me ʃn]

informative   [ɪn 'fɔɚ mə tɪv]

informed   [ɪn 'fɔɚmd]

informer   [ɪn 'fɔɚm ɚ]

infringe   [ɪn 'frɪndʒ]

infringement   [ɪn 'frɪndʒ mənt]

infuriating   [ɪn 'fjʊɚ i ˌet ɪŋ]

ingenious   [ɪn 'dʒin jəs]

ingenuity   [ˌɪn dʒə 'nu ɪ ti]

ingrained   [ɪn 'grend]

ingratiate   [ɪn 'gre ʃi ˌet]

ingratitude   [ɪn 'græt ɪ ˌtud]

ingredient   [ɪn 'gri di ənt]

inhabit   [ɪn 'hæb ɪt]

inhabitant   [ɪn 'hæb ə tənt]

inhale   [ɪn 'hel]

inhaled   [ɪn 'held]

inhaling   [ɪn 'hel ɪŋ]

inherent [ɪn 'hɪɚ ənt]
inherit [ɪn 'hɛɚ ɪt]
inheritance [ɪn 'hɛɚ ɪ təns]
inhibit [ɪn 'hɪb ɪt]
inhibited [ɪn 'hɪb ɪ tɪd]
inhibition [ˌɪn hɪ 'bɪʃn]
iniquity [ɪ 'nɪk wɪ ti]
initial [ɪ 'nɪʃl]
initialed [ɪ 'nɪʃld]
initially [ɪ 'nɪʃ ə li]
initiate [ɪ 'nɪʃ i ˌet]
initiated [ɪ 'nɪʃ i ˌet ɪd]
initiative [ɪ 'nɪʃ ɪ tɪv]
inject [ɪn 'dʒɛkt]
injected [ɪn 'dʒɛk tɪd]
injection [ɪn 'dʒɛk ʃn]
injunction [ɪn 'dʒəŋk ʃn]
injure ['ɪn dʒɚ]
injured ['ɪn dʒɚd]
injuring ['ɪn dʒɚ ɪŋ]
injury ['ɪn dʒə ri]
injustice [ɪn 'dʒəs tɪs]
ink [ɪŋk]
inkling ['ɪŋk lɪŋ]
inlaid ['ɪn ˌled]
inland n. ['ɪn ˌlænd]
   adj. ['ɪn lənd]
inlet ['ɪn lɛt]
inmate ['ɪn ˌmet]
inn [ɪn]
innate [ɪ 'net]
inner ['ɪn ɚ]
inner city ['ɪn ɚ 'sɪt i]
inning ['ɪn ɪŋ]
innocence ['ɪn ə səns]
innocent ['ɪn ə sənt]
innocently ['ɪn ə sənt li]

innocuous [ɪ 'nak ju əs]
innovation [ˌɪn ə 've ʃn]
innumerable [ɪ 'nu mɚ ə bl]
inoculate [ɪ 'nak jə ˌlet]
inoculated [ɪ 'nak jə ˌlet ɪd]
inoculating [ɪ 'nak jə ˌlet ɪŋ]
inoculation [ɪ ˌnak jə 'le ʃn]
inpatient ['ɪn ˌpe ʃənt]
input ['ɪn ˌpʊt]
inquest ['ɪn kwɛst]
inquire [ɪn 'kwaɪɚ]
inquired [ɪn 'kwaɪɚd]
inquires [ɪn 'kwaɪɚz]
inquiring [ɪn 'kwaɪɚ ɪŋ]
inquiry ['ɪn kwɚ i]
inquisitive [ɪn 'kwɪz ɪ tɪv]
insane [ɪn 'sen]
insanity [ɪn 'sæn ɪ ti]
inscribe [ɪn 'skraɪb]
inscription [ɪn 'skrɪp ʃn]
insect ['ɪn sɛkt]
insecticide [ɪn 'sɛk tɪ ˌsaɪd]
insecure [ˌɪn sɪ 'kjʊɚ]
insensible [ɪn 'sɛn sə bl]
insensitive [ɪn 'sɛn sɪ tɪv]
inseparable [ɪn 'sɛp ɚ ə bl]
insert n. ['ɪn sɚt] v. [ɪn 'sɚt]
inserted [ɪn 'sɚt ɪd]
inserting [ɪn 'sɚt ɪŋ]
insertion [ɪn 'sɚ ʃn]
inserts [ɪn 'sɚts]
inside n. ['ɪn saɪd]
   adj. [ˌɪn 'saɪd]
inside lane [ˌɪn 'saɪd 'len]
inside out [ˌɪn 'saɪd ˌæʊt]
insight ['ɪn ˌsaɪt]
insignificant [ˌɪn sɪg 'nɪf ə kənt]

insincere [ˌɪn sɪn 'sɪɚ]

insinuate [ɪn 'sɪn ju ˌet]

insist [ɪn 'sɪst]

insisted [ɪn 'sɪs tɪd]

insistence [ɪn 'sɪs təns]

insistent [ɪn 'sɪs tənt]

insisting [ɪn 'sɪs tɪŋ]

insists [ɪn 'sɪsts]

insolent ['ɪn sə lənt]

insomnia [ɪn 'sɑm ni ə]

inspect [ɪn 'spɛkt]

inspected [ɪn 'spɛk tɪd]

inspecting [ɪn 'spɛk tɪŋ]

inspection [ɪn 'spɛk ʃn]

inspector [ɪn 'spɛk tɚ]

inspects [ɪn 'spɛkts]

inspiration [ˌɪn spɚ 'e ʃn]

inspire [ɪn 'spaɪɚ]

inspired [ɪn 'spaɪɚd]

inspiring [ɪn 'spaɪɚ ɪŋ]

install [ɪn 'stɔl]

installation [ˌɪn stə 'le ʃn]

installed [ɪn 'stɔld]

installing [ɪn 'stɔl ɪŋ]

installment [ɪn 'stɔl mənt]

instance ['ɪn stəns]

instant ['ɪn stənt]

instantly ['ɪn stənt li]

instead [ɪn 'stɛd]

instil [ɪn 'stɪl]

instilled ['ɪn stɪld]

instinct ['ɪn stɪŋkt]

instinctive [ɪn 'stɪŋk tɪv]

instinctively [ɪn 'stɪŋk tɪv li]

institute ['ɪn stɪ ˌtut]

instituted ['ɪn stɪ ˌtut ɪd]

instituting ['ɪn stɪ ˌtut ɪŋ]

institution [ˌɪn stɪ 'tu ʃn]

instruct [ɪn 'strəkt]

instructed [ɪn 'strək tɪd]

instructing [ɪn 'strək tɪŋ]

instruction [ɪn 'strək ʃn]

instructor [ɪn 'strək tɚ]

instrument ['ɪn strə mənt]

insufficient [ˌɪn sə 'fɪʃ ənt]

insulate ['ɪn sə ˌlet]

insulated ['ɪn sə ˌlet ɪd]

insulating ['ɪn sə ˌlet ɪŋ]

insulation [ˌɪn sə 'le ʃn]

insulin ['ɪn sə lɪn]

insult [ɪn 'səlt]

insulted [ɪn 'səl tɪd]

insulting [ɪn 'səl tɪŋ]

insurance [ɪn 'ʃʊɚ əns]

insure [ɪn 'ʃʊɚ]

insured [ɪn 'ʃʊɚd]

insuring [ɪn 'ʃʊɚ ɪŋ]

intact [ɪn 'tækt]

intake ['ɪn tek]

intangible [ɪn 'tæn dʒə bl]

integral ['ɪn tə grəl]

integrate ['ɪn tə ˌgret]

integrity [ɪn 'tɛg rɪ ti]

intellect ['ɪn tə ˌlɛkt]

intellectual [ˌɪn tə 'lɛk tʃu əl]

intelligence [ɪn 'tɛl ɪ dʒəns]

intelligent [ɪn 'tɛl ɪ ˌdʒənt]

intend [ɪn 'tɛnd]

intended [ɪn 'tɛn dɪd]

intense [ɪn 'tɛns]

intensely [ɪn 'tɛns li]

intensify [ɪŋ 'tɛn sə ˌfaɪ]

intensity [ɪn 'tɛn sɪ ti]

intensive [ɪn 'tɛn sɪv]

intensive-care [ɪn 'tɛn sɪv 'kɛɚ]

intent [ɪn 'tɛnt]

intention [ɪn 'tɛn ʃn]

intently [ɪn 'tɛnt li]

interact [ˌɪn tɚ 'ækt]

interacted [ˌɪn tɚ 'æk tɪd]

interacting [ˌɪn tɚ 'æk tɪŋ]

intercept [ˌɪn tɚ 'sɛpt]

interchange *n.* ['ɪn tɚ ˌtʃendʒ]
   v. [ˌɪn tɚ 'tʃendʒ]

interchangeable
   [ˌɪn tɚ 'tʃendʒ ə bl]

intercom ['ɪn tɚ ˌkɑm]

intercourse ['ɪn tɚ ˌkɔɚs]

interest ['ɪn trɪst]

interest rate ['ɪn trɪst ˌret]

interested ['ɪn trɪs tɪd]

interesting ['ɪn trɪs tɪŋ]

interfere [ˌɪn tɚ 'fɪɚ]

interfered [ˌɪn tɚ 'fɪɚd]

interference [ˌɪn tɚ 'fɪɚ əns]

interfering [ˌɪn tɚ 'fɪɚ ɪŋ]

interim ['ɪn tɚ ɪm]

interior [ɪn 'tɪɚ i ɚ]

interlude ['ɪn tɚ ˌlud]

intermediate [ˌɪn tɚ 'mi di ɪt]

intermission [ˌɪn tɚ 'mɪʃn]

intern ['ɪn ˌtɚn]

internal [ɪn 'tɚ nl]

international [ˌɪn tɚ 'næʃ ə nl]

interned ['ɪn ˌtɚnd]

interning ['ɪn ˌtɚn ɪŋ]

interpret [ɪn 'tɚ prɪt]

interpretation [ɪn ˌtɚ prɪ 'te ʃn]

interpreted [ɪn 'tɚ prɪt ɪd]

interpreter [ɪn 'tɚ prɪt ɚ]

interpreting [ɪn 'tɚ prɪt ɪŋ]

interprets [ɪn 'tɚ prɪts]

interrelated [ˌɪn tɚ rɪ 'let ɪd]

interrogate [ɪn 'tɛɚ ə ˌget]

interrogated [ɪn 'tɛɚ ə ˌget ɪd]

interrogating [ɪn 'tɛɚ ə ˌget ɪŋ]

interrogation [ɪn ˌtɛɚ ə 'ge ʃn]

interrupt [ˌɪn tə 'rəpt]

interrupted [ˌɪn tə 'rəp tɪd]

interrupting [ˌɪn tə 'rəp tɪŋ]

interruption [ˌɪn tə 'rəp ʃn]

interrupts [ˌɪn tə 'rəpts]

intersect [ˌɪn tɚ 'sɛkt]

intersecting [ˌɪn tɚ 'sɛk tɪŋ]

intersection [ˌɪn tɚ 'sɛk ʃn]

intersects [ˌɪn tɚ 'sɛkts]

intersperse [ˌɪn tɚ 'spɚs]

interspersed [ˌɪn tɚ 'spɚst]

interstate ['ɪn tɚ ˌstet]

interval ['ɪn tɚ vl]

intervene [ˌɪn tɚ 'vin]

intervened [ˌɪn tɚ 'vind]

intervenes [ˌɪn tɚ 'vinz]

intervening [ˌɪn tɚ 'vin ɪŋ]

intervention [ˌɪn tɚ 'vɛn ʃn]

interview ['ɪn tɚ ˌvju]

interviewed ['ɪn tɚ ˌvjud]

interviewer ['ɪn tɚ ˌvju ɚ]

interviewing ['ɪn tɚ ˌvju ɪŋ]

interviews ['ɪn tɚ ˌvjuz]

intestine [ɪn 'tɛs tɪn]

intimacy ['ɪn tə mə si]

intimate *adj.* ['ɪn tə mɪt]
   v. ['ɪn tə ˌmet]

intimated ['ɪn tə ˌmet ɪd]

intimately ['ɪn tə ˌmɪt li]

intimating ['ɪn tə ˌmet ɪŋ]

into ['ɪn tu]

intolerable   [ɪn 'tɑl ɚ ə bl]

intolerance   [ɪn 'tɑl ɚ əns]

intolerant   [ɪn 'tɑl ɚ ənt]

intoxicate   [ɪn 'tɑk sə ˌket]

intoxicated   [ɪn 'tɑk sə ˌket ɪd]

intoxicating   [ɪn 'tɑk sə ˌket ɪŋ]

intoxication   [ɪn ˌtɑk sə 'ke ʃn]

intravenous   [ˌɪn trə 'vi nəs]

intricate   ['ɪn trə kɪt]

intrigue   [ɪn 'trig]

intrigued   [ɪn 'trigd]

intriguing   [ɪn 'trig ɪŋ]

intrinsic   [ɪn 'trɪn zɪk]

introduce   [ˌɪn trə 'dus]

introduced   [ˌɪn trə 'dust]

introduces   [ˌɪn trə 'dus ɪz]

introducing   [ˌɪn trə 'dus ɪŋ]

introduction   [ˌɪn trə 'dək ʃn]

introductory   [ˌɪn trə 'dək tə ri]

intrude   [ɪn 'trud]

intruded   [ɪn 'trud ɪd]

intruder   [ɪn 'trud ɚ]

intrudes   [ɪn 'trudz]

intruding   [ɪn 'trud ɪŋ]

intrusion   [ɪn 'tru ʒn]

intuition   [ˌɪn tu 'ɪʃn]

inundate   ['ɪn ən ˌdet]

inundated   ['ɪn ən ˌdet ɪd]

invade   [ɪn 'ved]

invaded   [ɪn 'ved ɪd]

invader   [ɪn 'ved ɚ]

invading   [ɪn 'ved ɪŋ]

invalid   *n.* a disabled person ['ɪn və lɪd] *adj.* not valid; useless [ɪn 'væl ɪd]

invaluable   [ɪn 'væl ju ə bl]

invariably   [ɪn 'vɛɚ i ə bli]

invasion   [ɪn 've ʒn]

invent   [ɪn 'vɛnt]

invented   [ɪn 'vɛn tɪd]

inventing   [ɪn 'vɛn tɪŋ]

invention   [ɪn 'vɛn ʃn]

inventor   [ɪn 'vɛn tɚ]

inventory   ['ɪn vən ˌtɔɚ i]

invents   [ɪn 'vɛnts]

invert   [ɪn 'vɚt]

inverted   [ɪn 'vɚt ɪd]

invest   [ɪn 'vɛst]

invested   [ɪn 'vɛs tɪd]

investigate   [ɪn 'vɛs tə ˌget]

investigated   [ɪn 'vɛs tə ˌget ɪd]

investigates   [ɪn 'vɛs tə ˌgets]

investigating   [ɪn 'vɛs tə ˌget ɪŋ]

investigation   [ɪn ˌvɛs tə 'ge ʃn]

investigator   [ɪn 'vɛs tə ˌget ɚ]

investing   [ɪn 'vɛs tɪŋ]

investment   [ɪn 'vɛst mənt]

investor   [ɪn 'vɛs tɚ]

invests   [ɪn 'vɛsts]

invigorating   [ɪn 'vɪg ə ˌre tɪŋ]

invisible   [ɪn 'vɪz ə bl]

invitation   [ˌɪn vɪ 'te ʃn]

invite   [ɪn 'vaɪt]

invited   [ɪn 'vaɪt ɪd]

invites   [ɪn 'vaɪts]

inviting   [ɪn 'vaɪt ɪŋ]

invoice   ['ɪn vɔɪs]

invoiced   ['ɪn vɔɪst]

involuntary   [ɪn 'vɑl ən ˌtɛɚ i]

involve   [ɪn 'vɑlv]

involved   [ɪn 'vɑlvd]

involvement   [ɪn 'vɑlv mənt]

involves   [ɪn 'vɑlvz]

involving   [ɪn 'vɑlv ɪŋ]

inward   ['ın wɚd]

inwardly   ['ın wɚd li]

iota   [aɪ 'o tə]

Iowa   ['aɪ ə wə]

irate   ['aɪ ˌret]

iris   ['aɪ rıs]

Irish   ['aɪ rıʃ]

irk   [ɚk]

iron   ['aɪ ɚn]

ironclad   ['aɪ ɚn 'klæd]

ironic   [aɪ 'ran ık]

ironical   [aɪ 'ran ı kl]

ironing   ['aɪ ɚ nıŋ]

irony   ['aɪ rə ni]

irradiate   [ı 're di ˌet]

irrational   [ıɚ 'ræʃ ə nl]

irreconcilable
    [ıɚ ˌrɛk ən 'saɪ lə bl]

irredeemable   [ˌı rı 'di mə bl]

irrefutable   [ˌı 'rɛf jə tə bl]

irregular   [ı 'rɛg jə lɚ]

irrelevant   [ı 'rɛl ə vənt]

irreligious   [ˌı rı 'lıdʒ əs]

irremediable   [ˌı rı 'mi di ə bl]

irreparable   [ı 'rɛp ɚ ə bl]

irreplaceable   [ˌı rı 'ple sə bl]

irrepressible   [ˌı rı 'prɛs ə bl]

irreproachable   [ˌı rı 'pro tʃə bl]

irresistible   [ˌı rı 'zıs tə bl]

irrespective   [ˌı rı 'spɛk tıv]

irresponsible   [ˌı rı 'span sə bl]

irretrievable   [ˌı rı 'tri və bl]

irreverent   [ˌı 'rɛv ɚ ənt]

irreversible   [ˌı rı 'vɚ sə bl]

irrevocable   [ˌı 'rɛv ə kə bl]

irrigate   ['ı rə ˌget]

irrigated   ['ı rə ˌget ıd]

irrigating   ['ı rə ˌget ıŋ]

irrigation   [ˌı rə 'ge ʃn]

irritable   ['ı rı tə bl]

irritant   ['ı rı tənt]

irritate   ['ı rı ˌtet]

irritated   ['ı rı ˌtet ıd]

irritating   ['ı rı ˌtet ıŋ]

irritation   [ˌı rı 'te ʃn]

is   [ız]

Islam   [ız 'lam]

island   ['aɪ lənd]

islander   ['aɪ lən dɚ]

isle   [aɪl]

isn't   [ıznt]

isolate   ['aɪ sə ˌlet]

isolated   ['aɪ sə ˌlet ıd]

isolating   ['aɪ sə ˌlet ıŋ]

isolation   [ˌaɪ sə 'le ʃn]

isolationist   [ˌaɪ sə 'le ʃə nıst]

Israeli   [ız 're li]

issue   ['ıʃ u]

issued   ['ıʃ ud]

issuing   ['ıʃ u ıŋ]

it   [ıt]

Italian   [ı 'tæl jən]

italic   [ı 'tæl ık]

italicize   [ı 'tæl ə ˌsaɪz]

itch   [ıtʃ]

itched   [ıtʃt]

itches   ['ıtʃ ız]

itching   ['ıtʃ ıŋ]

item   ['aɪ təm]

itemize   ['aɪ tə ˌmaɪz]

itemized   ['aɪ tə ˌmaɪzd]

itemizes   ['aɪ tə ˌmaɪz ız]

itemizing   ['aɪ tə ˌmaɪz ıŋ]

itinerant   [aɪ 'tın ɚ ənt]

itinerary [aɪ ˈtɪn ə ˌrɛɚ i]

it'll [ɪtl]

it's [ɪts]

its [ɪts]

itself [ɪt ˈsɛlf]

I've [aɪv]

ivory [ˈaɪ vri]

ivy [ˈaɪ vi]

J

J [dʒe]
jab [dʒæb]
jabbed [dʒæbd]
jabber ['dʒæb ɚ]
jabbing ['dʒæb ɪŋ]
jack [dʒæk]
jackass ['dʒæk ˌæs]
jacket ['dʒæk ɪt]
jackknife ['dʒæk ˌnɑɪf]
jackpot ['dʒæk ˌpɑt]
Jackson (MS) ['dʒæk sn]
Jacksonville (FL) ['dʒæk sn ˌvɪl]
jade [dʒed]
jaded ['dʒed ɪd]
jagged ['dʒæg ɪd]
jaguar ['dʒæg ˌwɑɚ]
jail [dʒel]
jailed [dʒeld]
jailer ['dʒel ɚ]
jailing ['dʒel ɪŋ]
jam [dʒæm]
jammed [dʒæmd]
jamming [dʒæm ɪŋ]
janitor ['dʒæn ɪ tɚ]
January ['dʒæn ju ˌɛɚ i]

Japanese [ˌdʒæp ə 'niz]
jar [dʒɑɚ]
jargon ['dʒɑɚ gn]
jaundice ['dʒɔn dɪs]
jaunt [dʒɔnt]
javelin ['dʒæv lɪn]
jaw [dʒɔ]
jawbone ['dʒɔ ˌbon]
jay [dʒe]
jaywalker ['dʒe ˌwɔk ɚ]
jazz [dʒæz]
jazzy ['dʒæz i]
jealous ['dʒɛl əs]
jealousy ['dʒɛl ə si]
jeans [dʒinz]
jeep [dʒip]
jeer [dʒɪɚ]
jeered [dʒɪɚd]
jeering ['dʒɪɚ ɪŋ]
Jefferson City (MO)
    ['dʒɛ fɚ sn 'sɪt i]
jell ['dʒɛl]
jelly ['dʒɛl i]
jellyfish ['dʒɛl i ˌfɪʃ]
jeopardize ['dʒɛp ɚ ˌdɑɪz]

157

jeopardized ['dʒɛp ə ˌdaɪzd]

jeopardizes ['dʒɛp ə ˌdaɪz ɪz]

jeopardizing ['dʒɛp ə ˌdaɪz ɪŋ]

jeopardy ['dʒɛp ə di]

jerk [dʒɚk]

jerked [dʒɚkt]

jerks [dʒɚks]

jersey ['dʒɚ zi]

jest [dʒɛst]

jester ['dʒɛs tɚ]

jet [dʒɛt]

jet-black ['dʒɛt ˌblæk]

jet lag ['dʒɛt ˌlæg]

jet set ['dʒɛt ˌsɛt]

jettison ['dʒɛt ɪ sn]

jetty ['dʒɛt i]

Jew [dʒu]

jewel ['dʒu əl]

jeweler ['dʒu ə lɚ]

jewelry ['dʒu əl ri]

Jewish ['dʒu ɪʃ]

jiffy ['dʒɪf i]

jig [dʒɪg]

jigger ['dʒɪg ɚ]

jiggle [dʒɪgl]

jilt [dʒɪlt]

jilted ['dʒɪl tɪd]

jingle ['dʒɪŋ gl]

jinx [dʒɪŋks]

jinxed [dʒɪŋkst]

job [dʒɑb]

jobber ['dʒɑb ɚ]

jobless ['dʒɑb lɪs]

jockey ['dʒɑk i]

jog [dʒɑg]

jogged [dʒɑgd]

jogging ['dʒɑg ɪŋ]

Johnstown (PA) ['dʒɑnz ˌtæʊn]

join [dʒɔɪn]

joined [dʒɔɪnd]

joiner ['dʒɔɪ nɚ]

joining ['dʒɔɪ nɪŋ]

joint [dʒɔɪnt]

jointly ['dʒɔɪnt li]

joke [dʒok]

joked [dʒokt]

joker ['dʒo kɚ]

joking ['dʒo kɪŋ]

jolly ['dʒɑl i]

jolt [dʒolt]

Joplin (MO) ['dʒɑp lɪn]

jostle [dʒɑsl]

jot [dʒɑt]

journal ['dʒɚ nl]

journalism ['dʒɚ nl ˌɪzm]

journalist ['dʒɚ nl ɪst]

journey ['dʒɚ ni]

journeyed ['dʒɚ nid]

journeying ['dʒɚ ni ɪŋ]

jovial ['dʒo vi əl]

jowl [dʒæʊl]

joy [dʒɔɪ]

joyful ['dʒɔɪ fl]

joyfully ['dʒɔɪ fə li]

joyous ['dʒɔɪ əs]

joyously ['dʒɔɪ əs li]

jubilant ['dʒu bə lənt]

Judaism ['dʒu di ˌɪzm]

judge [dʒədʒ]

judged [dʒədʒd]

judging ['dʒədʒ ɪŋ]

judgment ['dʒədʒ mənt]

judicial [dʒu 'dɪʃl]

judiciary [dʒu 'dɪʃ i ˌɛə i]

jug   [dʒəg]
juggle   [dʒəgl]
juggled   [dʒəgld]
juggling   ['dʒəg lɪŋ]
juice   [dʒus]
juicy   ['dʒu si]
jukebox   ['dʒuk ˌbɑks]
July   [dʒə 'laɪ]
jumble   ['dʒəm bl]
jumbo   ['dʒəm bo]
jumbo jet   ['dʒəm bo 'dʒɛt]
jump   [dʒəmp]
jumped   [dʒəmpt]
jumper   ['dʒəm pɚ]
jumping   ['dʒəm pɪŋ]
junction   ['dʒəŋk ʃn]
juncture   ['dʒəŋk tʃɚ]

June   [dʒun]
jungle   ['dʒəŋ gl]
junior   ['dʒun jɚ]
junk   [dʒəŋk]
junk food   ['dʒəŋk ˌfud]
junkie   ['dʒəŋ ki]
jurisdiction   [ˌdʒʊɚ ɪs 'dɪk ʃn]
juror   ['dʒʊɚ ɚ]
jury   ['dʒʊɚ i]
just   [dʒəst]
justice   ['dʒəs tɪs]
justification   [ˌdʒəs tɪ fɪ 'ke ʃn]
justify   ['dʒəs tɪ ˌfaɪ]
justly   ['dʒəst li]
jut   [dʒət]
juvenile   ['dʒu və ˌnaɪl]

K

K [ke]

Kalamazoo (MI) [ˌkæl ə mə 'zu]

kaleidoscope [kə 'laɪ də ˌskop]

kangaroo [ˌkæŋ gə 'ru]

Kansas ['kæn zəs]

Kansas City (KS, MO)
  ['kæn zəs 'sɪt i]

karate [kə 'rɑ ti]

kazoo [kə 'zu]

keel [kil]

keen [kin]

keenly ['kin li]

keep [kip]

keeper ['ki pɚ]

keeping ['ki pɪŋ]

keepsake ['kip ˌsek]

keg [kɛg]

kennel [kɛnl]

Kenosha (WI) [kə 'no ʃə]

Kentucky [kən 'tək i]

kept [kɛpt]

kerchief ['kɚ tʃɪf]

kernel ['kɚ nl]

kerosene ['kɛɚ ə ˌsin]

ketchup ['kɛtʃ əp]

kettle [kɛtl]

key [ki]

keyboard ['ki ˌbɔɚd]

keyhole ['ki ˌhol]

keynote ['ki ˌnot]

keystone ['ki ˌston]

khaki ['kæk i]

kibitzer ['kɪb ɪt sɚ]

kick [kɪk]

kickback ['kɪk ˌbæk]

kicked [kɪkt]

kicking ['kɪk ɪŋ]

kickoff ['kɪk ˌɔf]

kid [kɪd]

kidnap ['kɪd ˌnæp]

kidnapped ['kɪd ˌnæpt]

kidnapper ['kɪd ˌnæp ɚ]

kidnapping ['kɪd ˌnæp ɪŋ]

kidney ['kɪd ni]

kill [kɪl]

killed [kɪld]

killer ['kɪl ɚ]

killing ['kɪl ɪŋ]

killjoy ['kɪl ˌdʒɔɪ]

kilogram ['kɪl ə ˌgræm]

kilometer [kɪ 'lam ə tɚ]
kilowatt ['kɪl ə ˌwat]
kimono [kə 'mo nə]
kin [kɪn]
kind [kaɪnd]
kindergarten ['kɪn dɚ ˌgaɚ dn]
kindhearted ['kaɪnd 'haɚ tɪd]
kindle ['kɪn dl]
kindled ['kɪn dld]
kindling ['kɪnd lɪŋ]
kindly ['kaɪnd li]
kindness ['kaɪnd nɪs]
kinfolk ['kɪn ˌfok]
king [kɪŋ]
king-size ['kɪŋ ˌsaɪz]
kingdom ['kɪŋ dm]
kink [kɪŋk]
kinship ['kɪn ˌʃɪp]
kiss [kɪs]
kissed [kɪst]
kissing ['kɪs ɪŋ]
kit [kɪt]
kitchen [kɪtʃn]
kitchen sink ['kɪtʃn 'sɪŋk]
kite [kaɪt]
kitten [kɪtn]
kitty ['kɪt i]
knack [næk]
knapsack ['næp ˌsæk]
knead [nid]
knee [ni]
knee-deep ['ni 'dip]

kneecap ['ni ˌkæp]
kneel [nil]
kneeled [nild]
kneeling ['nil ɪŋ]
knelt [nɛlt]
knew [nu]
knickknack ['nɪk ˌnæk]
knife [naɪf]
knight [naɪt]
knit [nɪt]
knitted ['nɪt ɪd]
knitting ['nɪt ɪŋ]
knives [naɪvz]
knob [nab]
knock [nak]
knocked [nakt]
knocking ['nak ɪŋ]
knot [nat]
knothole ['nat ˌhol]
knotty ['nat i]
know [no]
know-all ['no ˌɔl]
know-how ['no ˌhæʊ]
knowing ['no ɪŋ]
knowingly ['no ɪŋ li]
knowledge ['nal ɪdʒ]
knowledgeable ['nal ɪ dʒə bl]
known [non]
Knoxville (TN) ['naks ˌvɪl]
knuckle [nəkl]
Koran [ko 'ræn]
kosher ['ko ʃɚ]

L

L [ɛl]

lab [læb]

label ['le bl]

labeled ['le bld]

labeling ['leb lɪŋ]

labial ['le bi əl]

labor ['le bɚ]

labor union ['le bɚ 'jun jən]

laboratory ['læb rə ˌtɔɚ i]

labored ['le bɚd]

laborer ['le bɚ ɚ]

laborious [lə 'bɔɚ i əs]

lace [les]

laceration [ˌlæs ə 're ʃn]

lack [læk]

lackadaisical [ˌlæk ə 'de zɪ kl]

lacked [lækt]

lackey ['læk i]

lacking ['læk ɪŋ]

lackluster ['læk ˌləs tɚ]

lacks [læks]

lacquer ['læk ɚ]

lacrosse [lə 'krɔs]

lactose ['læk tos]

lacy ['les i]

lad [læd]

ladder ['læ dɚ]

laden [ledn]

ladle [ledl]

lady ['le di]

ladybug ['le di ˌbəg]

ladylike ['le di ˌlaɪk]

Lafayette (IN) [ˌlɑf i 'ɛt]

lag [læg]

lagged [lægd]

lagging ['læg ɪŋ]

laid [led]

lain [len]

lair [lɛɚ]

laity ['le ɪ ti]

lake [lek]

lamb [læm]

lame [lem]

lame duck ['lem 'dək]

lament [lə 'mɛnt]

laminated ['læm ə ˌnet ɪd]

lamp [læmp]

lamppost ['læmp ˌpost]

lampshade ['læmp ˌʃed]

Lancaster (PA) ['læŋ kəs tɚ]

lance [læns]

lanced [lænst]

land [lænd]

landed ['læn dɪd]

landfill ['lænd ˌfɪl]

landing ['læn dɪŋ]

landlady ['lænd ˌle di]

landlord ['lænd ˌlɔ˞d]

landmark ['lænd ˌmɑ˞k]

landowner ['lænd ˌon ɚ]

landscape ['lænd ˌskep]

landslide ['lænd ˌslɑɪd]

lane [len]

language ['læŋ gwɪdʒ]

lanky ['læŋ ki]

lanolin ['læn ə lɪn]

Lansing (MI) ['læn sɪŋ]

lantern ['læn tɚn]

lap [læp]

lapel [lə 'pɛl]

lapse [læps]

lapsed [læpst]

larceny ['lɑ˞ sə ni]

lard [lɑ˞d]

large [lɑ˞dʒ]

large-scale ['lɑ˞dʒ ˌskel]

largely ['lɑ˞dʒ li]

lark [lɑ˞k]

larva ['lɑ˞ və]

laryngitis [ˌlæ˞ ən 'dʒɑɪ tɪs]

larynx ['læ˞ ɪŋks]

Las Vegas (NV) [ˌlɑs 've gəs]

laser ['le zɚ]

laser printer ['le zɚ ˌprɪn tɚ]

lash [læʃ]

lashed [læʃt]

lasso ['læs o]

last [læst]

last-ditch ['læst ˌdɪtʃ]

last-minute ['læst ˌmɪn ɪt]

last straw ['læst 'strɔ]

lasted ['læs tɪd]

lasting ['læs tɪŋ]

lastly ['læst li]

latch [lætʃ]

latched [lætʃt]

late [let]

lately ['let li]

latent ['let nt]

later ['let ɚ]

lateral ['læt ɚ əl]

latest ['let ɪst]

latex ['le ˌtɛks]

lathe [leð]

lather ['læð ɚ]

Latin [lætn]

latitude ['læt ɪ ˌtud]

latter ['læt ɚ]

lattice ['læt ɪs]

laud [lɔd]

laudable ['lɔ də bl]

laugh [læf]

laughable ['læf ə bl]

laughed [læft]

laughing ['læf ɪŋ]

laughter ['læf tɚ]

launch [lɔntʃ]

launched [lɔntʃt]

launching ['lɔntʃ ɪŋ]

launder ['lɔn dɚ]

launderer ['lɔn dɚ ɚ]

laundering ['lɔn dɚ ɪŋ]

laundromat ['lɔn drə ˌmæt]

laundry ['lɔn dri]

163

lava   ['lɑ və]

lavatory   ['læv ə ˌtɔɚ i]

lavender   ['læv ən dɚ]

lavish   ['læv ɪʃ]

lavished   ['læv ɪʃt]

lavishly   ['læv ɪʃ li]

law   [lɔ]

law-abiding   ['lɔ ə ˌbaɪ dɪŋ]

law school   ['lɔ ˌskul]

lawful   ['lɔ fl]

lawless   ['lɔ lɪs]

lawmaker   ['lɔ ˌme kɚ]

lawn   [lɔn]

lawn mower   ['lɔn ˌmoɚ]

Lawrence (MA)   ['lɑɚ ɪns]

lawsuit   ['lɔ ˌsut]

Lawton (OK)   [lɔtn]

lawyer   ['lɔ jɚ]

lax   [læks]

laxative   ['læk sə tɪv]

laxity   ['læks ɪ ti]

lay   [le]

layer   ['le ɚ]

layette   [le 'ɛt]

layman   ['le mən]

layout   ['le ˌæʊt]

layover   ['le ˌo vɚ]

lays   [lez]

lazily   ['le zɪ li]

lazy   ['le zi]

lead   n. the metal [lɛd] n. a
   hint [lid] v. to guide [lid]

leader   ['lid ɚ]

leadership   ['lid ɚ ˌʃɪp]

leading   ['lid ɪŋ]

leaf   [lif]

leaflet   ['lif lɪt]

leafy   ['lif i]

league   [lig]

leak   [lik]

leakage   ['lik ɪdʒ]

leaked   [likt]

leaking   ['lik ɪŋ]

lean   [lin]

leaned   [lind]

leaning   ['lin ɪŋ]

leap   [lip]

leap year   ['lip ˌjɪɚ]

leaped   [lipt]

leapfrog   ['lip ˌfrɑg]

leaping   ['lip ɪŋ]

learn   [lɚn]

learned   [lɚnd]

learner   ['lɚ nɚ]

learning   ['lɚn ɪŋ]

lease   [lis]

leased   [list]

leash   [liʃ]

leasing   ['lis ɪŋ]

least   [list]

leather   ['lɛð ɚ]

leathery   ['lɛð ə ri]

leave   [liv]

leaven   [lɛvn]

leaves   [livz]

lectern   ['lɛk tɚn]

lecture   ['lɛk tʃɚ]

lecturer   ['lɛk tʃɚ ɚ]

led   [lɛd]

ledge   [lɛdʒ]

ledger   ['lɛdʒ ɚ]

leech   [litʃ]

leer   [lɪɚ]

leeway   ['li ˌwe]

left [lɛft]
left-handed ['lɛft ˌhæn dɪd]
left-overs ['lɛft ˌo vɚz]
leg [lɛg]
legacy ['lɛg ə si]
legal ['li gl]
legal holiday ['li gl 'hɑl ɪ ˌde]
legal tender ['li gl 'tɛn dɚ]
legalize ['li gə ˌlaɪz]
legally ['li gə li]
legation [lɪ 'ge ʃn]
legend ['lɛ dʒənd]
legendary ['lɛ dʒɛn ˌdeɚ i]
legible ['lɛdʒ ə bl]
legion ['li dʒn]
legislate ['lɛdʒ ɪs ˌlet]
legislation [ˌlɛdʒ ɪs 'le ʃn]
legislative ['lɛdʒ ɪs ˌle tɪv]
legislator ['lɛdʒ ɪs ˌle tɚ]
legislature ['lɛdʒ ɪs ˌle tʃɚ]
legitimate [lɪ 'dʒɪt ə mɪt]
legitimize [lɪ 'dʒɪt ə ˌmaɪz]
leisure ['li ʒɚ]
leisurely ['li ʒɚ li]
lemon ['lɛm ən]
lemonade [ˌlɛm ən 'ed]
lend [lɛnd]
length [lɛŋkθ]
lengthen ['lɛŋk θən]
lengthened ['lɛŋk θənd]
lengthways ['lɛŋkθ ˌwez]
lengthwise ['lɛŋkθ ˌwaɪz]
lengthy ['lɛŋk θi]
lenient ['li ni ənt]
lens [lɛnz]
lent [lɛnt]
leopard ['lɛ pɚd]

leotard ['li ə ˌtaɚd]
leper ['lɛp ɚ]
leprosy ['lɛp rə si]
lesbian ['lɛz bi ən]
lesion ['li ʒn]
less [lɛs]
lessen [lɛsn]
lessened [lɛsnd]
lesser ['lɛs ɚ]
lesson [lɛsn]
let [lɛt]
letdown ['lɛt ˌdæʊn]
lethal ['li θl]
lethargy ['lɛ θɚ dʒi]
let's [lɛts]
letter ['lɛt ɚ]
lettering ['lɛt ɚ ɪŋ]
lettuce ['lɛt ɪs]
letup ['lɛt ˌəp]
leukemia [lu 'ki mi ə]
levee ['lɛv i]
level ['lɛv əl]
leveled ['lɛv əld]
levelheaded ['lɛv əl 'hɛd ɪd]
leveling ['lɛv ə lɪŋ]
lever ['lɛv ɚ]
leverage ['lɛv ɚ ɪdʒ]
levy ['lɛv i]
lewd [lud]
lexicon ['lɛk sə ˌkan]
Lexington (KY) ['lɛk sɪŋ tn]
liability [ˌlaɪ ə 'bɪl ɪ ti]
liable ['laɪ ə bl]
liaison ['li ə ˌzan]
liar ['laɪ ɚ]
libel ['laɪ bl]
libeled ['laɪ bld]

liberal   ['lɪb ə rəl]

liberal arts   ['lɪb ə rəl 'aᵊts]

liberate   ['lɪb ə ˌret]

liberated   ['lɪb ə ˌret ɪd]

liberating   ['lɪb ə ˌret ɪŋ]

liberty   ['lɪb ᵊ ti]

libido   [lɪ 'bi do]

librarian   [laɪ 'brɛᵊ i ən]

library   ['laɪ brɛᵊ i]

lice   [laɪs]

license   ['laɪ səns]

licensed   ['laɪ sənst]

licensing   ['laɪ səns ɪŋ]

lick   [lɪk]

licked   [lɪkt]

licking   ['lɪk ɪŋ]

licorice   ['lɪk ᵊ ɪʃ]

lid   [lɪd]

lie   [laɪ]

lied   [laɪd]

lieutenant   [lu 'tɛn ənt]

life   [laɪf]

life-sized   ['laɪf ˌsaɪzd]

lifeblood   ['laɪf ˌbləd]

lifeboat   ['laɪf bot]

lifeguard   ['laɪf ˌgaᵊd]

lifeless   ['laɪf lɪs]

lifelike   ['laɪf ˌlaɪk]

lifeline   ['laɪf ˌlaɪn]

lifelong   ['laɪf ˌlɔŋ]

lifesaver   ['laɪf ˌse vᵊ]

lifestyle   ['laɪf ˌstaɪl]

lifetime   ['laɪf ˌtaɪm]

lift   [lɪft]

lift-off   ['lɪft ˌɔf]

lifted   ['lɪf tɪd]

lifting   ['lɪf tɪŋ]

lifts   [lɪfts]

light   [laɪt]

light bulb   ['laɪt ˌbəlb]

light-headed   ['laɪt 'hɛd ɪd]

lighted   ['laɪt ɪd]

lighten   [laɪtn]

lighter   ['laɪ tᵊ]

lighthearted   ['laɪt 'haᵊ tɪd]

lighthouse   ['laɪt ˌhæʊs]

lighting   ['laɪt ɪŋ]

lightly   ['laɪt li]

lightning   ['laɪt nɪŋ]

lights   [laɪts]

lightweight   ['laɪt ˌwet]

like   [laɪk]

likable   ['laɪk ə bl]

liked   [laɪkt]

likelihood   ['laɪk li ˌhʊd]

likely   ['laɪk li]

likeness   ['laɪk nɪs]

likes   [laɪks]

likewise   ['laɪk ˌwaɪz]

liking   ['laɪk ɪŋ]

lily   ['lɪl i]

limb   [lɪm]

limber   ['lɪm bᵊ]

limbo   ['lɪm bo]

lime   [laɪm]

limelight   ['laɪm ˌlaɪt]

limerick   ['lɪm ᵊ ɪk]

limestone   ['laɪm ˌston]

limit   ['lɪm ɪt]

limitation   [ˌlɪm ɪ 'te ʃn]

limited   ['lɪm ɪ tɪd]

limiting   ['lɪm ɪ tɪŋ]

limits   ['lɪm ɪts]

limousine   ['lɪm ə ˌzin]

limp [lɪmp]

limped [lɪmpt]

limping [ˈlɪmp ɪŋ]

limps [ˈlɪmpts]

Lincoln (NE) [ˈlɪŋ kn]

line [laɪn]

line-up [ˈlaɪn ˌəp]

lineage [ˈlɪn i ɪdʒ]

linebacker [ˈlaɪn ˌbæk ɚ]

lined [laɪnd]

lineman [ˈlaɪn mən]

linen [ˈlɪn ən]

liner [ˈlaɪ nɚ]

linger [ˈlɪŋ gɚ]

lingerie [ˌlɑn ʒə ˈre]

lingers [ˈlɪŋ gɚz]

linguistics [ˌlɪŋ ˈgwɪs tɪks]

liniment [ˈlɪn ə mənt]

lining [ˈlaɪ nɪŋ]

link [lɪŋk]

linkage [ˈlɪŋ kɪdʒ]

linked [lɪŋkt]

linoleum [lɪ ˈno li əm]

lint [lɪnt]

lion [ˈlaɪ ən]

lioness [ˈlaɪ ən ɪs]

lip [lɪp]

lip-read [ˈlɪp ˌrid]

lip service [ˈlɪp ˌsɚ vɪs]

lipstick [ˈlɪp ˌstɪk]

liquid [ˈlɪk wɪd]

liquidate [ˈlɪk wɪ ˌdet]

liquidation [ˌlɪk wɪ ˈde ʃn]

liquor [ˈlɪ kɚ]

liquor store [ˈlɪ kɚ ˌstɔɚ]

lisp [lɪsp]

lisps [lɪsps]

list [lɪst]

listed [ˈlɪs tɪd]

listen [lɪsn]

listener [ˈlɪs ə nɚ]

listing [ˈlɪs tɪŋ]

listless [ˈlɪst lɪs]

lit [lɪt]

liter [ˈli tɚ]

literacy [ˈlɪt ɚ ə si]

literal [ˈlɪt ə rəl]

literally [ˈlɪt ə rə li]

literary [ˈlɪt ə ˌrɛɚ i]

literate [ˈlɪt ə rət]

literature [ˈlɪt ɚ ə ˌtʃɚ]

lithograph [ˈlɪθ ə ˌgræf]

litigation [ˌlɪt ɪ ˈge ʃn]

litter [ˈlɪt ɚ]

litterbug [ˈlɪt ɚ ˌbəg]

littered [ˈlɪt ɚd]

little [lɪtl]

Little Rock (AR) [ˈlɪtl ˌrak]

livable [ˈlɪv ə bl]

live adj. [laɪv] v. [lɪv]

lived [lɪvd]

livelihood [ˈlaɪv li ˌhʊd]

lively [ˈlaɪv li]

liver [ˈlɪv ɚ]

lives n. the plural of life [laɪvz]
v. the verb form [lɪvz]

livestock [ˈlaɪv ˌstak]

livid [ˈlɪv ɪd]

living [ˈlɪv ɪŋ]

living room [ˈlɪv ɪŋ ˌrum]

lizard [ˈlɪz ɚd]

load [lod]

loaded [ˈlod ɪd]

loading [ˈlod ɪŋ]

loaf [lof]

loafed [loft]

loafer ['lo fɚ]

loafs [lofs]

loan [lon]

loaned [lond]

loaning ['lon ɪŋ]

loans [lonz]

loathe [loð]

loathing ['loð ɪŋ]

loathsome ['loð sm]

loaves [lovz]

lob [lab]

lobby ['lab i]

lobbyist ['lab i ɪst]

lobster ['lab stɚ]

local ['lo kl]

local call ['lo kl ˌkɔl]

locale [lo 'kæl]

locality [lo 'kæl ɪ ti]

localize ['lo kə ˌlaɪz]

locate ['lo ˌket]

located ['lo ˌket ɪd]

locating ['lo ket ɪŋ]

location [lo 'ke ʃn]

lock [lak]

locked [lakt]

locker ['lak ɚ]

locket ['lak ɪt]

locking ['lak ɪŋ]

locks [laks]

locksmith ['lak ˌsmɪθ]

locomotion [ˌlo kə 'mo ʃn]

locomotive [ˌlo kə 'mo tɪv]

locust ['lo kəst]

lodge [ladʒ]

lodged [ladʒd]

lodger ['ladʒ ɚ]

lodging ['ladʒ ɪŋ]

loft [lɔft]

lofty ['lɔf ti]

log [lag]

logged [lagd]

logging ['lag ɪŋ]

logic ['ladʒ ɪk]

logical ['ladʒ ɪ kl]

logistics [lo 'dʒɪs tɪks]

loin [lɔɪn]

loiter ['lɔɪ tɚ]

loiterer ['lɔɪ tɚ ɚ]

loitering ['lɔɪ tɚ ɪŋ]

lollipop ['lal i ˌpap]

lone [lon]

loneliness ['lon li nɪs]

lonely ['lon li]

loner ['lo nɚ]

lonesome ['lon sm]

long [lɔŋ]

long-distance ['lɔŋ 'dɪs təns]

long-playing ['lɔŋ 'ple ɪŋ]

long-range ['lɔŋ 'rendʒ]

long shot ['lɔŋ ˌʃat]

long-standing ['lɔŋ 'stæn dɪŋ]

long-suffering ['lɔŋ 'səf ɚ ɪŋ]

long-term ['lɔŋ 'tɚm]

long-winded ['lɔŋ 'wɪn dɪd]

longevity [lan 'dʒɛv ɪ ti]

longhand ['lɔŋ ˌhænd]

longitude ['lan dʒɪ ˌtud]

longshoreman ['lɔŋ 'ʃɔɚ mən]

look [lʊk]

looked [lʊkt]

looking ['lʊk ɪŋ]

lookout ['lʊk ˌæʊt]

loom [lum]

loop [lup]

looped [lupt]

loophole ['lup ˌhol]

looping ['lup ɪŋ]

loose [lus]

loose change ['lus 'tʃendʒ]

loose ends ['lus 'ɛndz]

loose-leaf ['lus ˌlif]

loosely ['lus li]

loosen [lusn]

loot [lut]

looted ['lut ɪd]

looting ['lut ɪŋ]

lopsided ['lap ˌsaɪ dɪd]

loquacious [lo 'kwe ʃəs]

lord [lɔɚd]

lordly ['lɔɚd li]

Los Angeles (CA)
[ˌlɔs 'æn dʒə ləs]

lose [luz]

loser ['luz ɚ]

losing ['luz ɪŋ]

loss [lɔs]

lost [lɔst]

lot [lɑt]

lotion ['lo ʃn]

lottery ['lɑt ə ri]

lotto ['lɑt o]

loud [læʊd]

louder ['læʊd ɚ]

loudly ['læʊd li]

loudmouthed ['læʊd ˌmæʊθt]

loudness ['læʊd nɪs]

loudspeaker ['læʊd ˌspi kɚ]

Louisiana [lu ˌi zi 'æn ə]

Louisville (KY) ['lu i ˌvɪl]

lounge [læʊndʒ]

louse [læʊs]

lousy ['læʊ zi]

louver ['lu vɚ]

lovable ['ləv ə bl]

love [ləv]

loved [ləvd]

loveliness ['ləv li nɪs]

lovely ['ləv li]

lover ['ləv ɚ]

loving ['ləv ɪŋ]

low [lo]

low-cut ['lo 'kət]

low-fat ['lo 'fæt]

low-grade ['lo 'gred]

low-key ['lo 'ki]

lowbrow ['lo ˌbræʊ]

Lowell (MA) ['lo əl]

lower ['lo ɚ]

lowered ['lo ɚd]

lowering ['lo ɚ ɪŋ]

lowland ['lo lənd]

lowlands ['lo ləndz]

lowly ['lo li]

lox [lɑks]

loyal ['lɔɪ əl]

loyalty ['lɔɪ əl ti]

lozenge ['lɑz ɪndʒ]

Lubbock (TX) ['lə bɪk]

lubricant ['lu brə kənt]

lubricate ['lu brə ˌket]

lubricated ['lu brə ˌket ɪd]

lubricating ['lu brə ˌket ɪŋ]

lubrication [ˌlu brə 'ke ʃn]

lucid ['lu sɪd]

luck [lək]

luckier ['lək i ɚ]

luckiest   ['lək i ıst]
luckily   ['lək ı li]
lucky   ['lək i]
lucrative   ['lu krə tıv]
ludicrous   ['lu də krəs]
lug   [ləg]
luggage   ['ləg ıdʒ]
lugged   [ləgd]
lugging   ['ləg ıŋ]
lukewarm   ['luk 'wɔ˞m]
lull   [ləl]
lullaby   ['ləl ə ˌbaı]
lulled   [ləld]
lumber   ['ləm bə˞]
lumberjack   ['ləm bə˞ ˌdʒæk]
luminary   ['lu mə ˌnɛ˞ i]
luminous   ['lu mə nəs]
lump   [ləmp]
lumpy   ['ləm pi]
lunacy   ['lu nə si]
lunar   ['lu nə˞]
lunatic   ['lu nə tık]
lunch   [ləntʃ]
luncheon   ['lən tʃən]
luncheonette   [ˌlən tʃə 'nɛt]
lung   [ləŋ]

lunge   [ləndʒ]
lunged   [ləndʒd]
lunging   ['ləndʒ ıŋ]
lurch   [lə˞tʃ]
lurched   [lə˞tʃt]
lure   [lʊ˞]
lured   [lʊ˞d]
lurid   ['lʊ˞ ıd]
lurk   [lə˞k]
lurked   [lə˞kt]
lurking   ['lə˞k ıŋ]
luscious   ['lə ʃəs]
lush   [ləʃ]
lust   [ləst]
luster   ['ləs tə˞]
lustrous   ['ləs trəs]
lusty   ['ləs ti]
luxurious   [ləg 'ʒʊ˞ i əs]
luxury   ['lək ʃə ri]
lye   [laı]
lying   ['laı ıŋ]
lymph   [lımf]
lymph node   ['lımf ˌnod]
lynch   [lıntʃ]
lyric   ['lıə˞ ık]
lyricist   ['lıə˞ ı sıst]

M

M [ɛm]

ma [mɑ]

ma'am [mæm]

macaroni [ˌmæk ə 'ro ni]

macaroon [ˌmæk ə 'run]

mace [mes]

machete [mə 'ʃɛt i]

machine [mə 'ʃin]

machinery [mə 'ʃi nə ri]

machinist [mə 'ʃi nɪst]

mackerel ['mæk rəl]

Macon (GA) ['me kn]

mad [mæd]

made [med]

made-to-measure
[ˌmed tə 'mɛʒ ɚ]

made-to-order [ˌmed tə 'ɔɚ dɚ]

made-up ['med 'əp]

madhouse ['mæd ˌhæʊs]

Madison (WI) ['mæd ɪ sn]

madly ['mæd li]

madman ['mæd ˌmæn]

madness ['mæd nɪs]

maestro ['mɑɪ stro]

magazine [ˌmæg ə 'zin]

maggot ['mæg ət]

magic ['mædʒ ɪk]

magician [mə 'dʒɪ ʃn]

magistrate ['mædʒ ɪ ˌstret]

magnate ['mæg net]

magnet ['mæg nɪt]

magnetic [mæg 'nɛt ɪk]

magnetism ['mæg nɪ ˌtɪzm]

magnetize ['mæg nɪ ˌtɑɪz]

magnificence [mæg 'nɪf ɪ səns]

magnificent [mæg 'nɪf ɪ sənt]

magnified ['mæg nə ˌfɑɪd]

magnifies ['mæg nə ˌfɑɪz]

magnify ['mæg nə ˌfɑɪ]

magnitude ['mæg nɪ ˌtud]

magnolia [mæg 'nol jə]

mahogany [mə 'hɑg ə ni]

maid [med]

maiden [medn]

maiden name ['medn 'nem]

mail [mel]

mail-order ['mel ˌɔɚ dɚ]

mailbox ['mel ˌbɑks]

mailed [meld]

mailing ['mel ɪŋ]

mailing list   ['mel ɪŋ ˌlɪst]

mailman   ['mel ˌmæn]

maim   [mem]

maimed   [memd]

main   [men]

Maine   [men]

mainframe   ['men ˌfrem]

mainland   ['men ˌlænd]

mainline   ['men 'laɪn]

mainly   ['men li]

mainstay   ['men ˌste]

mainstream   ['men ˌstrim]

maintain   [men 'ten]

maintenance   ['men tə nəns]

majestic   [mə 'dʒɛs tɪk]

majesty   ['mædʒ ɪ sti]

major   ['me dʒɚ]

majored   ['me dʒɚd]

majoring   ['me dʒɚ ɪŋ]

majority   [mə 'dʒaɚ ɪ ti]

make   [mek]

make-believe   ['mek bɪ ˌliv]

makes   [meks]

makeshift   ['mek ˌʃɪft]

makeup   ['mek ˌəp]

making   ['mek ɪŋ]

maladjusted   [ˌmæl ə 'dʒəs tɪd]

maladjustment   [ˌmæl ə 'dʒəst mənt]

malady   ['mæl ə di]

malaise   [mæ 'lez]

malaria   [mə 'lɛɚ i ə]

malcontent   ['mæl kən ˌtɛnt]

male   [mel]

malevolent   [mə 'lɛv ə lənt]

malfeasance   [mæl 'fi zəns]

malfunction   [mæl 'fəŋk ʃn]

malice   ['mæl ɪs]

malicious   [mə 'lɪ ʃəs]

malign   [mə 'laɪn]

malignant   [mə 'lɪg nənt]

maligned   [mə 'laɪnd]

malinger   [mə 'lɪŋ gɚ]

mall   [mɔl]

malleable   ['mæl i ə bl]

mallet   ['mæl ɪt]

malnourished   [mæl 'nɚ ɪʃt]

malnutrition   [ˌmæl nu 'trɪʃn]

malocclusion   [ˌmæl ə 'klu ʒn]

malpractice   [mæl 'præk tɪs]

malt   [mɔlt]

mammal   [mæml]

mammoth   ['mæm əθ]

man   [mæn]

man-made   ['mæn 'med]

man-sized   ['mæn ˌsaɪzd]

manage   ['mæn ɪdʒ]

manageable   ['mæn ɪdʒ ə bl]

managed   ['mæn ɪdʒd]

management   ['mæn ɪdʒ mənt]

manager   ['mæn ɪdʒ ɚ]

managerial   [ˌmæn ɪ 'dʒɪɚ i əl]

managing   ['mæn ɪdʒ ɪŋ]

Manchester (NH)   ['mæn ˌtʃɛs tɚ]

mandate   ['mæn det]

mandated   ['mæn det ɪd]

mandating   ['mæn det ɪŋ]

mandatory   ['mæn də ˌtɔɚ i]

mandible   ['mæn də bl]

mane   [men]

maneuver   [mə 'nu vɚ]

maneuvered   [mə 'nu vɚd]

maneuvering   [mə 'nu vɚ ɪŋ]

manger   ['men ˌdʒɚ]

mangle   ['mæŋ gl]

mangled   ['mæŋ gld]

manhandle   ['mæn ˌhæn dl]

manhole   ['mæn ˌhol]

manhood   ['mæn ˌhʊd]

manhunt   ['mæn ˌhənt]

mania   ['me ni ə]

maniac   ['me ni ˌæk]

manic   ['mæn ɪk]

manicure   ['mæn ə kjʊɚ]

manicured   ['mæn ə kjʊɚd]

manifest   ['mæn ə ˌfɛst]

manifold   ['mæn ə ˌfold]

manipulate   [mə 'nɪp jə ˌlet]

manipulated   [mə 'nɪp jə ˌlet ɪd]

manipulating
   [mə 'nɪp jə ˌlet ɪŋ]

mankind   [ˌmæn 'kaɪnd]

manly   ['mæn li]

manned   [mænd]

mannequin   ['mæn ə kɪn]

manner   ['mæn ɚ]

mannerism   ['mæn ə ˌrɪzm]

manning   ['mæn ɪŋ]

mannish   ['mæn ɪʃ]

manor   ['mæn ɚ]

manpower   ['mæn ˌpæʊ ɚ]

mansion   ['mæn ʃn]

manslaughter   ['mæn ˌslɔ tɚ]

mantelpiece   ['mæn tl ˌpis]

mantle   ['mæn tl]

manual   ['mæn ju əl]

manufacture   [ˌmæn jə 'fæk tʃɚ]

manufactured
   [ˌmæn jə 'fæk tʃɚd]

manufacturer
   [ˌmæn jə 'fæk tʃɚ ɚ]

manufacturing
   [ˌmæn jə 'fæk tʃɚ ɪŋ]

manure   [mə 'nʊɚ]

manuscript   ['mæn jə ˌskrɪpt]

many   ['mɛn i]

map   [mæp]

maple   ['me pl]

mapped   [mæpt]

mapping   ['mæp ɪŋ]

mar   [maɚ]

marathon   ['mæɚ ə ˌθɑn]

marble   ['maɚ bl]

March   [maɚtʃ]

march   [maɚtʃ]

marcher   ['maɚtʃ ɚ]

marching   ['maɚtʃ ɪŋ]

mare   [mɛɚ]

margarine   ['maɚ dʒɚ ɪn]

margin   ['maɚ dʒɪn]

marginal   ['maɚ dʒɪ nl]

marigold   ['mæɚ ə ˌgold]

marijuana   [ˌmæɚ ə 'wɑ nə]

marinate   ['mæɚ ɪ ˌnet]

marinated   ['mæɚ ɪ ˌnet ɪd]

marinates   ['mæɚ ɪ ˌnets]

marinating   ['mæɚ ɪ ˌnet ɪŋ]

marine   [mə 'rin]

Marine Corps   [mə 'rin ˌkɔɚ]

mariner   ['mæɚ ə nɚ]

marital   ['mæɚ ɪ tl]

marital status
   ['mæɚ ɪ tl 'stæ təs]

maritime   ['mæɚ ɪ ˌtaɪm]

mark   [maɚk]

marked   [maɚkt]

marker   ['maɚk ɚ]

market   ['maɚ kɪt]

marketed   ['mɑɚ kɪt ɪd]
marketing   ['mɑɚ kɪt ɪŋ]
marketplace   ['mɑɚ kɪt ‚ples]
marking   ['mɑɚ kɪŋ]
marksman   ['mɑɚks mən]
markup   ['mɑɚk ‚əp]
marmalade   ['mɑɚ mə ‚led]
maroon   [mə 'run]
marooned   [mə 'rund]
marquee   [mɑɚ 'ki]
marred   [mɑɚd]
marriage   ['mæɚ ɪdʒ]
married   ['mæɚ id]
marring   ['mɑɚ ɪŋ]
marrow   ['mæɚ o]
marry   ['mæɚ i]
Mars   [mɑɚz]
marsh   [mɑɚʃ]
marshal   ['mɑɚ ʃl]
marshmallow   ['mɑɚʃ ‚mɛl o]
mart   [mɑɚt]
martial   ['mɑɚ ʃl]
martial law   ['mɑɚ ʃl 'lɔ]
martini   [mɑɚ 'ti ni]
martyr   ['mɑɚ tɚ]
martyrdom   ['mɑɚ tɚ dm]
marvel   ['mɑɚ vl]
marveled   ['mɑɚ vld]
marvelous   ['mɑɚ və ləs]
marvelously   ['mɑɚ və ləs li]
Maryland   ['mɛɚ ə ‚lənd]
mascara   [mæ 'skæɚ ə]
mascot   ['mæs ‚kɑt]
masculine   ['mæs kjə lɪn]
mash   [mæʃ]
mashed   [mæʃt]
mask   [mæsk]

masked   [mæskt]
masking   ['mæs kɪŋ]
masks   [mæsks]
masochism   ['mæ sə ‚kɪzm]
masquerade   [‚mæs kə 'red]
mass   [mæs]
mass media   ['mæs ‚mi di ə]
mass production
   ['mæs prə 'dək ʃn]
Massachusetts   [‚mæs ə 'tʃu sɪts]
massacre   ['mæs ə kɚ]
massage   [‚mə 'sɑʒ]
massaged   [‚mə 'sɑʒd]
massaging   [‚mə 'sɑʒ ɪŋ]
massed   [mæst]
massing   ['mæs ɪŋ]
massive   ['mæs ɪv]
mast   [mæst]
mastectomy   [mæ 'stɛk tə mi]
master   ['mæs tɚ]
master key   ['mæs tɚ 'ki]
mastered   ['mæs tɚd]
masterful   ['mæs tɚ fl]
masterfully   ['mæs tɚ fli]
mastering   ['mæs tɚ ɪŋ]
mastermind   ['mæs tɚ ‚maɪnd]
masterpiece   ['mæs tɚ ‚pis]
mastery   ['mæs tə ri]
masturbate   ['mæs tɚ ‚bet]
masturbated   ['mæs tɚ ‚bet ɪd]
masturbates   ['mæs tɚ ‚bets]
masturbating   ['mæs tɚ ‚bet ɪŋ]
masturbation   [‚mæs tɚ 'be ʃn]
mat   [mæt]
matador   ['mæt ə ‚dɔɚ]
match   [mætʃ]
matchbox   ['mætʃ ‚bɑks]

matched [mætʃt]

matches ['mætʃ ɪz]

matching ['mætʃ ɪŋ]

matchless ['mætʃ lɪs]

matchmaker ['mætʃ ˌme kɚ]

mate [met]

mated ['met ɪd]

material [mə 'tɪɚ i əl]

materialism [mə 'tɪɚ i ə ˌlɪzm]

materialize [mə 'tɪɚ i ə ˌlaɪz]

materialized [mə 'tɪɚ i ə ˌlaɪzd]

materially [mə 'tɪɚ i ə li]

maternal [mə 'tɚ nl]

maternity [mə 'tɚ nɪ ti]

math [mæθ]

mathematical
  [ˌmæθ ə 'mæt ɪ kl]

mathematics [ˌmæθ ə 'mæt ɪks]

matinee [ˌmæt ə 'ne]

mating ['met ɪŋ]

matriarch ['me tri ˌɑɚk]

matriculate [mə 'trɪk jə ˌlet]

matriculated [mə 'trɪk jə ˌlet ɪd]

matriculation [mə ˌtrɪk jə 'le ʃn]

matrimony ['mæ trə ˌmo ni]

matron ['me trən]

matronly ['me trən li]

matter ['mæt ɚ]

mattered ['mæt ɚd]

matting ['mæt ɪŋ]

mattress ['mæ trɪs]

mature [mə 'tʃʊɚ]

matured [mə 'tʃʊɚd]

maturing [mə 'tʃʊɚ ɪŋ]

maturity [mə 'tʃʊɚ ɪ ti]

maul [mɔl]

mauled [mɔld]

mauling ['mɔl ɪŋ]

mausoleum [ˌmɔ sə 'li əm]

maverick ['mæv rɪk]

maxim ['mæk sɪm]

maximum ['mæk sə məm]

May [me]

may [me]

maybe ['me bi]

mayhem ['me ˌhɛm]

mayonnaise [ˌme ə 'nez]

mayor [me ɚ]

maze [mez]

me [mi]

meadow ['mɛd o]

meager ['mi gɚ]

meal [mil]

mean [min]

meander [mi 'æn dɚ]

meaning ['min ɪŋ]

meaningful ['min ɪŋ fl]

meaningless ['min ɪŋ lɪs]

means [minz]

meant [mɛnt]

meantime ['min ˌtaɪm]

meanwhile ['min ˌʍaɪl]

measles ['mi zlz]

measure ['mɛʒ ɚ]

measured ['mɛʒ ɚd]

measurement ['mɛʒ ɚ mənt]

measures ['mɛʒ ɚz]

measuring ['mɛʒ ɚ ɪŋ]

meat [mit]

meatball ['mit ˌbɔl]

mechanic [mə 'kæn ɪk]

mechanical [mə 'kæn ɪ kl]

mechanically [mə 'kæn ɪk li]

mechanism ['mɛk ə ˌnɪzm]

mechanize [ˈmɛk ə ˌnaɪz]
medal [ˈmɛ dl]
medallion [mə ˈdæl jən]
meddle [mɛdl]
meddled [mɛdld]
meddles [mɛdlz]
meddling [ˈmɛd lɪŋ]
media [ˈmi di ə]
median [ˈmi di ən]
mediate [ˈmi di ˌet]
mediated [ˈmi di ˌet ɪd]
mediates [ˈmi di ˌets]
mediating [ˈmi di ˌet ɪŋ]
mediator [ˈmi di ˌe tɚ]
medic [ˈmɛd ɪk]
Medicaid [ˈmɛd ə ˌked]
medical [ˈmɛd ɪ kl]
Medicare [ˈmɛd ə ˌkɛɚ]
medicated [ˈmɛd ə ˌket ɪd]
medicinal [mə ˈdɪs ə nl]
medicine [ˈmɛd ɪ sn]
medieval [ˌmi di ˈi vl]
mediocre [ˌmi di ˈo kɚ]
meditate [ˈmɛd ə ˌtet]
meditated [ˈmɛd ə ˌtet ɪd]
meditates [ˈmɛd ə ˌtets]
meditating [ˈmɛd ə ˌtet ɪŋ]
meditation [ˌmɛd ə ˈte ʃn]
medium [ˈmi di əm]
medley [ˈmɛd li]
meek [mik]
meekly [ˈmik li]
meet [mit]
meeting [ˈmit ɪŋ]
megaphone [ˈmɛg ə ˌfon]
melancholy [ˈmɛl ən ˌkɑl i]
melee [ˈme ˌle]

mellow [ˈmɛl o]
mellowed [ˈmɛl od]
melodious [mə ˈlo di əs]
melodrama [ˈmɛl ə ˌdrɑm ə]
melody [ˈmɛl ə di]
melon [ˈmɛl ən]
melt [mɛlt]
meltdown [ˈmɛlt ˌdæʊn]
melted [ˈmɛlt ɪd]
melting [ˈmɛlt ɪŋ]
melting pot [ˈmɛlt ɪŋ ˌpɑt]
member [ˈmɛm bɚ]
membership [ˈmɛm bɚ ˌʃɪp]
membrane [ˈmɛm bren]
memento [mə ˈmɛn to]
memo [ˈmɛm o]
memoir [ˈmɛm wɑɚ]
memorable [ˈmɛm ɚ ə bl]
memorandum
   [ˌmɛm ə ˈræn dm]
memorial [mə ˈmɔɚ i əl]
memorize [ˈmɛm ə ˌraɪz]
memorized [ˈmɛm ə ˌraɪzd]
memorizing [ˈmɛm ə ˌraɪz ɪŋ]
memory [ˈmɛm ə ri]
Memphis (TN) [ˈmɛm fɪs]
men [mɛn]
menace [ˈmɛn ɪs]
menaced [ˈmɛn ɪst]
menacing [ˈmɛn ɪ sɪŋ]
menagerie [mə ˈnæʒ ə ri]
mend [mɛnd]
mended [ˈmɛn dɪd]
mending [ˈmɛn dɪŋ]
menial [ˈmi ni əl]
meningitis [ˌmɛn ɪn ˈdʒaɪ tɪs]
menopause [ˈmɛn ə ˌpɔz]

menses   ['mɛn siz]

menstruating   ['mɛn stru et ɪŋ]

menstruation   [ˌmɛn stru 'e ʃn]

mental   ['mɛn tl]

mentality   [mɛn 'tæl ɪ ti]

mention   ['mɛn ʃn]

mentor   ['mɛn tɚ]

menu   ['mɛn ju]

meow   [mi 'æʊ]

mercenary   ['mɚ sə ˌnɛɚ i]

merchandise   *n.* ['mɚ tʃən ˌdaɪs]
    v. ['mɚ tʃən ˌdaɪz]

merchant   ['mɚ tʃənt]

merciful   ['mɚ sɪ fl]

merciless   ['mɚ sɪ lɪs]

mercury   ['mɚ kjə ri]

mercy   ['mɚ si]

mere   [mɪɚ]

merely   ['mɪɚ li]

merge   [mɚdʒ]

merged   [mɚdʒd]

merger   ['mɚ dʒɚ]

merging   ['mɚ dʒɪŋ]

meringue   [mə 'ræŋ]

merit   ['mɛɚ ɪt]

merited   ['mɛɚ ɪt ɪd]

meritorious   [ˌmɛɚ ɪ 'tɔɚ i əs]

mermaid   ['mɚ ˌmed]

merrily   ['mɛɚ ɪ li]

merry   ['mɛɚ i]

merry-go-round
    ['mɛɚ i go ˌraʊnd]

mesh   [mɛʃ]

meshed   [mɛʃt]

mesmerize   ['mɛz mə ˌraɪz]

mess   [mɛs]

message   ['mɛs ɪdʒ]

messed   [mɛst]

messenger   ['mɛs ən dʒɚ]

Messiah   [mɪ 'saɪ ə]

messing   ['mɛs ɪŋ]

messy   ['mɛs i]

met   [mɛt]

metabolism   [mə 'tæb ə ˌlɪzm]

metal   [mɛtl]

metallic   [mə 'tæl ɪk]

metamorphosis
    [ˌmɛt ə 'mɔɚ fə sɪs]

metastasis   [mə 'tæs tə sɪs]

meteor   ['mi ti ɚ]

meteorology   [ˌmi ti ə 'ral ə dʒi]

meter   ['mi tɚ]

method   ['mɛθ əd]

methodical   [mə 'θad ɪ kl]

Methodist   ['mɛθ ə dɪst]

methodology   [ˌmɛθ ə 'dal ə dʒi]

meticulous   [mə 'tɪk jə ləs]

metric   ['mɛ trɪk]

metronome   ['mɛ trə ˌnom]

metropolis   [mə 'trap ə lɪs]

metropolitan   [ˌmɛ trə 'pal ɪ tn]

Mexican   ['mɛk sə kn]

Miami (FL)   [ˌmaɪ 'æm i]

mice   [maɪs]

Michigan   ['mɪʃ ə gn]

microchip   ['maɪ kro ˌtʃɪp]

microcomputer
    ['maɪ kro kəm 'pju tɚ]

microphone   ['maɪ krə ˌfon]

microscope   ['maɪ krə ˌskop]

microscopic   ['maɪ krə 'skap ɪk]

midair   ['mɪd ˌɛɚ]

midday   ['mɪd ˌde]

middle   [mɪdl]

middle-aged ['mɪdl ˌedʒd]

middle-class ['mɪdl ˌklæs]

middle name ['mɪdl 'nem]

middleman ['mɪdl ˌmæn]

midget ['mɪdʒ ɪt]

midnight ['mɪd ˌnɑɪt]

midpoint ['mɪd ˌpɔɪnt]

midst [mɪdst]

midsummer ['mɪd 'səm ɚ]

midterm ['mɪd ˌtɚm]

midway ['mɪd 'we]

midweek ['mɪd ˌwik]

midwife ['mɪd ˌwɑɪf]

might [mɑɪt]

mighty ['mɑɪ ti]

migraine ['mɑɪ ˌgren]

migrant ['mɑɪ grənt]

migrate ['mɑɪ ˌgret]

migrated ['mɑɪ ˌgret ɪd]

migrating ['mɑɪ ˌgret ɪŋ]

migration [mɑɪ 'gre ʃn]

mild [mɑɪld]

mildew ['mɪl ˌdu]

mildly ['mɑɪld li]

mile [mɑɪl]

mileage ['mɑɪl ɪdʒ]

milestone ['mɑɪl ˌston]

militant ['mɪl ə tənt]

military ['mɪl ə ˌtɛɚ i]

militia [mɪ 'lɪʃ ə]

milk [mɪlk]

milk chocolate ['mɪlk 'tʃak lɪt]

milkshake ['mɪlk ˌʃek]

milky ['mɪlk i]

mill [mɪl]

millennium [mɪ 'lɛn i əm]

milligram ['mɪl ə ˌgræm]

millimeter ['mɪl ə ˌmi tɚ]

millinery ['mɪl ə ˌnɛɚ i]

million ['mɪl jən]

millionaire [ˌmɪl jə 'nɛɚ]

Milwaukee (WI) [ˌmɪl 'wɔ ki]

mime [mɑɪm]

mimeograph ['mɪ mi ə ˌgræf]

mimic ['mɪm ɪk]

mince [mɪns]

mincemeat ['mɪns ˌmit]

mind [mɑɪnd]

minded ['mɑɪn dɪd]

mindful ['mɑɪnd fl]

minding ['mɑɪn dɪŋ]

mindless ['mɑɪnd lɪs]

mindreader ['mɑɪnd ˌrid ɚ]

mine [mɑɪn]

mined [mɑɪnd]

miner ['mɑɪn ɚ]

mineral ['mɪn ə rəl]

mineralogy [mɪn ə 'ral ə dʒi]

mingle ['mɪŋ gl]

mingled ['mɪŋ gld]

mingling ['mɪŋ glɪŋ]

miniature ['mɪn ə ˌtʃɚ]

minimize ['mɪn ə ˌmɑɪz]

minimum ['mɪn ə məm]

mining ['mɑɪn ɪŋ]

miniskirt ['mɪn i ˌskɚt]

minister ['mɪn ɪ stɚ]

ministered ['mɪn ɪ stɚd]

ministerial [ˌmɪn ɪ 'stɪɚ i əl]

ministering ['mɪn ɪ stɚ ɪŋ]

ministry ['mɪn ɪs tri]

mink [mɪŋk]

Minneapolis (MN)
  [ˌmɪn i 'æp ə lɪs]

Minnesota [mɪn ə 'so tə]
minnow ['mɪn o]
minor ['maɪ nɚ]
minorities [maɪ 'nɑɚ ɪ tiz]
minority [maɪ 'nɑɚ ɪ ti]
mint [mɪnt]
minus ['maɪ nəs]
minute ['mɪn ɪt]
minutia [mɪ 'nu ʃə]
miracle ['mɪɚ ə kl]
miraculous [mɪ 'ræk jə ləs]
mirage [mɪ 'rɑʒ]
mirror ['mɪɚ ɚ]
mirth [mɚθ]
misadventure [ˌmɪs əd 'vɛn tʃɚ]
misapply [ˌmɪs ə 'plaɪ]
misapprehension
    [mɪs ˌæp rɪ 'hɛn ʃn]
misappropriate
    [ˌmɪs ə 'pro pri ˌet]
misbehave [ˌmɪs bɪ 'hev]
miscalculate [mɪs 'kæl kjə ˌlet]
miscarriage [mɪs 'kæɚ ɪdʒ]
miscellaneous [ˌmɪs ə 'le ni əs]
mischief ['mɪs tʃɪf]
mischievous ['mɪs tʃə vəs]
misconception
    [ˌmɪs kən 'sɛp ʃn]
misconduct [mɪs 'kan dəkt]
misconstrue [ˌmɪs kən 'stru]
misconstrued [ˌmɪs kən 'strud]
misdeal [mɪs 'dil]
misdeed [mɪs 'did]
misdemeanor [ˌmɪs dɪ 'mi nɚ]
miser ['maɪ zɚ]
miserable ['mɪz ɚ ə bl]
miserably ['mɪz ɚ ə bli]

miserly ['maɪz ɚ li]
misery ['mɪz ə ri]
misfire [mɪs 'faɪɚ]
misfit ['mɪs fɪt]
misfortune [mɪs 'fɔɚ tʃən]
misgiving [mɪs 'gɪv ɪŋ]
misguided [mɪs 'gaɪd ɪd]
mishandle [mɪs 'hæn dl]
mishap ['mɪs hæp]
misinterpret [ˌmɪs ɪn 'tɚ prɪt]
misjudge [mɪs 'dʒədʒ]
mislay [mɪs 'le]
mislead [mɪs 'lid]
misleading [mɪs 'lid ɪŋ]
mismanage [mɪs 'mæn ɪdʒ]
mismatch [mɪs 'mætʃ]
misplace [mɪs 'ples]
misprint ['mɪs prɪnt]
Miss [mɪs]
miss [mɪs]
missed [mɪst]
misses ['mɪs ɪz]
misshapen [mɪs 'ʃepn]
missile [mɪsl]
missing ['mɪs ɪŋ]
mission [mɪʃn]
missionary ['mɪʃ ə ˌnɛɚ i]
Mississippi [ˌmɪs ɪ 'sɪp i]
Missoula (MT) [ˌmɪ 'zu lə]
Missouri [ˌmɪ 'zuɚ i]
misspell [mɪs 'spɛl]
misspelled [mɪs 'spɛld]
misspent [mɪs 'spɛnt]
mist [mɪst]
mistake [mɪ 'stek]
mistaken [mɪ 'stekn]
mister ['mɪs tɚ]

mistletoe   ['mɪsl ˌto]
mistook   [mɪ 'stʊk]
mistress   ['mɪs trɪs]
mistrial   [mɪs 'traɪl]
mistrust   [mɪs 'trəst]
misty   ['mɪs ti]
misunderstand
   [mɪs ˌən dɚ 'stænd]
misunderstanding
   [mɪs ˌən dɚ 'stæn dɪŋ]
misunderstood
   [mɪs ˌən dɚ 'stʊd]
misuse   n. [mɪs 'jus]
   v. [mɪs 'juz]
misused   [mɪs 'juzd]
mitten   [mɪtn]
mix   [mɪks]
mixed   [mɪkst]
mixed-up   ['mɪkst 'əp]
mixer   ['mɪks ɚ]
mixing   ['mɪks ɪŋ]
mixture   ['mɪks tʃɚ]
moan   [mon]
moaned   [mond]
moaning   ['mon ɪŋ]
mob   [mab]
mobbed   [mabd]
mobile   ['mo bl]
Mobile (AL)   [mo 'bil]
mobile home   ['mo bl 'hom]
mobility   [ˌmo 'bɪl ɪ ti]
mobilization   [ˌmo bɪ lɪ 'ze ʃn]
mobilize   ['mo bə ˌlaɪz]
moccasin   ['mak ə sn]
mock   [mak]
mock-up   ['mak ˌəp]
mocked   [makt]

mockery   ['mak ə ri]
mocking   ['mak ɪŋ]
mode   [mod]
model   [madl]
modeled   [madld]
modeling   ['mad lɪŋ]
modem   ['mo dm]
moderate   adj. ['mad ɚ ɪt]
   v. ['mad ɚ ˌet]
moderated   ['mad ɚ ˌet ɪd]
moderately   ['mad ɚ ɪt li]
moderating   ['mad ɚ ˌet ɪŋ]
moderation   [ˌmad ɚ 'e ʃn]
moderator   ['mad ɚ ˌe tɚ]
modern   ['mad ɚn]
modernization
   [ˌmad ɚ nɪ 'ze ʃn]
modernize   ['mad ɚ ˌnaɪz]
modernized   ['mad ɚ ˌnaɪzd]
modernizing   ['mad ɚ ˌnaɪz ɪŋ]
modest   ['mad ɪst]
modestly   ['mad ɪst li]
modesty   ['mad ɪs ti]
modification   [ˌmad ɪ fɪ 'ke ʃn]
modified   ['mad ə ˌfaɪd]
modify   ['mad ə ˌfaɪ]
modulate   ['madʒ ə ˌlet]
modulation   [ˌmadʒ ə 'le ʃn]
mogul   ['mo gl]
moist   [mɔɪst]
moisten   ['mɔɪ sn]
moistened   ['mɔɪ snd]
moisture   ['mɔɪs tʃɚ]
moisturizer   ['mɔɪs tʃə ˌraɪz ɚ]
molar   ['mo lɚ]
molasses   [mə 'læs ɪz]
mold   [mold]

molded ['mol dɪd]

molding ['mol dɪŋ]

moldy ['mol di]

mole [mol]

molecule ['mɑl ə ˌkjul]

molest [mə 'lɛst]

molested [mə 'lɛs tɪd]

molesting [mə 'lɛs tɪŋ]

Moline (IL) [mol 'in]

mollusk ['mɑl əsk]

molt [molt]

molten [moltn]

Mom [mɑm]

moment ['mo mənt]

momentarily ['mo mən ˌtɛɚ ɪ li]

momentary ['mo mən ˌtɛɚ i]

momentous [mo 'mɛn təs]

momentum [mo 'mɛn təm]

Mommy ['mɑm i]

monarch ['mɑn ɑrk]

monarchy ['mɑn ɚ ki]

monastery ['mɑn ə ˌstɛɚ i]

monaural [ˌmɑn 'ɔɚ əl]

Monday ['mən de]

monetary ['mɑn ɪ ˌtɛɚ i]

money ['mən i]

money order ['mən i ˌɔɚ dɚ]

mongrel ['mɑŋ grəl]

monitor ['mɑn ɪ tɚ]

monitored ['mɑn ɪ tɚd]

monitoring ['mɑn ɪ tɚ ɪŋ]

monk [məŋk]

monkey ['məŋ ki]

monogamy [mə 'nɑg ə mi]

monogram ['mɑn ə ˌgræm]

monograph ['mɑn ə ˌgræf]

monologue ['mɑn ə ˌlɑg]

monopolize [mə 'nɑp ə ˌlaɪz]

monopolized [mə 'nɑp ə ˌlaɪzd]

monopolizing
[mə 'nɑp ə ˌlaɪz ɪŋ]

monopoly [mə 'nɑp ə li]

monorail ['mɑn ə ˌrel]

monosyllable ['mɑn ə ˌsɪl ə bl]

monotheism ['mɑn ə ˌθi ɪzm]

monotone ['mɑn ə ˌton]

monotonous [mə 'nɑt ə nəs]

monotony [mə 'nɑt ə ni]

monsoon [mɑn 'sun]

monster ['mɑn stɚ]

monstrous ['mɑn strəs]

Montana [ˌmɑn 'tæn ə]

Montgomery (AL)
[ˌmənt 'gəm ri]

month [mənθ]

monthly ['mənθ li]

monument ['mɑn jə mənt]

monumental ['mɑn jə mɛn tl]

moo [mu]

mood [mud]

moody ['mu di]

moon [mun]

moonlight ['mun ˌlaɪt]

moonlit ['mun lɪt]

moonshine ['mun ˌʃaɪn]

moor [mʊɚ]

moorings ['mʊɚ ɪŋz]

moose [mus]

moot [mut]

mop [mɑp]

mope [mop]

moped [mopt]

moping ['mop ɪŋ]

mopped [mɑpt]

181

mopping   ['mɑp ɪŋ]

moral   ['mɑɚ əl]

morale   [mə 'ræl]

morality   [mə 'ræl ɪ ti]

morally   ['mɑɚ ə li]

moratorium   [ˌmɔɚ ə 'tɔɚ i əm]

morbid   ['mɔɚ bɪd]

more   [mɔɚ]

moreover   ['mɔɚ 'o vɚ]

morgue   [mɔɚg]

Mormon   ['mɔɚ mən]

morning   ['mɔɚ nɪŋ]

moron   ['mɔɚ ˌɑn]

morose   [mə 'ros]

morphine   ['mɔɚ ˌfin]

morsel   ['mɔɚ sl]

mortal   ['mɔɚ tl]

mortality   [mɔɚ 'tæl ɪ ti]

mortar   ['mɔɚ tɚ]

mortgage   ['mɔɚ gɪdʒ]

mortician   [mɔɚ 'tɪʃn]

mortified   ['mɔɚ tə ˌfaɪd]

mortify   ['mɔɚ tə ˌfaɪ]

mortifying   ['mɔɚ tə ˌfaɪ ɪŋ]

mortuary   ['mɔɚ tʃu ˌɛɚ i]

mosaic   [mo 'ze ɪk]

Moslem   ['mɑz ləm]

mosque   [mɑsk]

mosquito   [mə 'ski to]

moss   [mɔs]

most   [most]

mostly   ['most li]

motel   [mo 'tɛl]

moth   [mɔθ]

mothballs   ['mɔθ ˌbɔlz]

mother   ['mə ð ɚ]

mother-in-law   ['mə ð ɚ ɪn ˌlɔ]

mother-of-pearl
    ['mə ð ɚ əv 'pɚl]

mother-to-be   ['mə ð ɚ tə bi]

mother tongue   ['mə ð ɚ 'təŋ]

motherhood   ['mə ð ɚ ˌhʊd]

motherless   ['mə ð ɚ lɪs]

motherly   ['mə ð ɚ li]

motif   [mo 'tif]

motion   ['mo ʃn]

motion picture   ['mo ʃn 'pɪk tʃɚ]

motioned   ['mo ʃnd]

motioning   ['mo ʃə nɪŋ]

motionless   ['mo ʃn lɪs]

motivate   ['mo tə ˌvet]

motivated   ['mo tə ˌvet ɪd]

motivates   ['mo tə ˌvets]

motivating   ['mo tə ˌvet ɪŋ]

motive   ['mo tɪv]

motley   ['mɑt li]

motor   ['mo tɚ]

motorbike   ['mo tɚ ˌbaɪk]

motorboat   ['mo tɚ ˌbot]

motorcade   ['mo tɚ ˌked]

motorcycle   ['mo tɚ ˌsaɪ kl]

motorist   ['mo tɚ ɪst]

motorized   ['mo tə raɪzd]

motto   ['mɑt o]

mound   [maʊnd]

mount   [maʊnt]

mountain   [maʊntn]

mountaineer   [ˌmaʊn tə 'nɪɚ]

mountainous   ['maʊn tə nəs]

mountainside   ['maʊntn ˌsaɪd]

mounted   ['maʊn tɪd]

mounting   ['maʊn tɪŋ]

mourn   [mɔɚn]

mourned   [mɔɚnd]

mourner [ˈmɔɚn ɚ]

mournful [ˈmɔɚn fl]

mourning [ˈmɔɚn ɪŋ]

mouse [mæʊs]

mousetrap [ˈmæʊs ˌtræp]

mousse [mus]

mouth [mæʊθ]

mouth-watering
  [ˈmæʊθ ˌwɔ tɚ ɪŋ]

mouthful [ˈmæʊθ ˌfʊl]

mouthpiece [ˈmæʊθ ˌpis]

mouthwash [ˈmæʊθ waʃ]

movable [ˈmu və bl]

move [muv]

moved [muvd]

movement [ˈmuv mənt]

mover [ˈmu vɚ]

movie [ˈmu vi]

moving [ˈmuv ɪŋ]

moving van [ˈmuv ɪŋ ˌvæn]

mow [mo]

mowed [mod]

mower [mo ɚ]

mowing [ˈmo ɪŋ]

mown [mon]

much [mətʃ]

mucilage [ˈmju sə lɪdʒ]

mucous [ˈmju kəs]

mucus [ˈmju kəs]

mud [məd]

muddle [mədl]

muddled [mədld]

muddy [ˈməd i]

mudslinging [ˈməd ˌslɪŋ ɪŋ]

muff [məf]

muffin [ˈməf ɪn]

muffle [məfl]

muffled [məfld]

muffler [ˈməf lɚ]

mug [məg]

mugged [məgd]

mugging [ˈməg ɪŋ]

muggy [ˈməg i]

mulatto [mə ˈlɑt o]

mulch [məltʃ]

mule [mjul]

mull [məl]

mulled [məld]

multilevel [ˈməl ti ˌlɛvl]

multimillionaire
  [ˌməl ti ˈmɪl jə ˌnɛɚ]

multiple [ˈməl tə pl]

multiplication
  [ˌməl tə plɪ ˈke ʃn]

multiplicity [ˌməl tə ˈplɪs ɪ ti]

multiplied [ˈməl tə ˌplaɪd]

multiply [ˈməl tə ˌplaɪ]

multitude [ˈməl tɪ ˌtud]

mum [məm]

mumble [ˈməm bl]

mumbled [ˈməm bld]

mumbles [ˈməm blz]

mummy [ˈməm i]

mumps [məmps]

munch [məntʃ]

munched [məntʃt]

munching [ˈməntʃ ɪŋ]

Muncie (IN) [ˈmən ˌsi]

mundane [mən ˈden]

municipal [mju ˈnɪ sə pl]

municipality
  [mju ˌnɪs ə ˈpæl ɪ ti]

munitions [mju ˈnɪʃnz]

mural [ˈmjʊɚ əl]

murder ['mɚ də]
murdered ['mɚ dəd]
murderer ['mɚ də ə]
murdering ['mɚ də ɪŋ]
murderous ['mɚ də əs]
murky ['mɚ ki]
murmur ['mɚ mɚ]
murmured ['mɚ mɚd]
murmuring ['mɚ mɚ ɪŋ]
muscle [məsl]
muscle-bound ['məsl ˌbæʊnd]
muscular ['məs kjə lə]
musculature ['məs kjə lə ˌtʃə]
muse [mjuz]
museum [mju 'zi əm]
mush [məʃ]
mushroom ['məʃ rum]
mushroomed ['məʃ rumd]
music ['mju zɪk]
musical ['mju zɪ kl]
musician [mju 'zɪ ʃn]
musicology [ˌmju zɪ 'kɑl ə dʒi]
Muslim ['məz lɪm]
muss [məs]
mussel [məsl]
must [məst]
mustache ['məs tæʃ]
mustang ['məs tæŋ]
mustard ['məs təd]
muster ['məs tə]
mustn't ['məs nt]
musty ['məs ti]
mutant ['mjut nt]

mutation [mju 'te ʃn]
mute [mjut]
muted ['mju tɪd]
mutilate ['mju tɪ ˌlet]
mutilated ['mju tɪ ˌlet ɪd]
mutilating ['mju tɪ ˌlet ɪŋ]
mutilation [ˌmju tɪ 'le ʃn]
mutiny ['mjut ni]
mutter ['mət ə]
muttered ['mət əd]
muttering ['mət ə ɪŋ]
mutton [mətn]
mutual ['mju tʃu əl]
muzzle [məzl]
muzzled [məzld]
my [maɪ]
myopia [maɪ 'o pi ə]
myriad ['mɪə i əd]
myrtle ['mɚ tl]
myself [maɪ 'sɛlf]
mysterious [mɪ 'stɪə i əs]
mysteriously [mɪ 'stɪə i əs li]
mystery ['mɪs tə ri]
mystic ['mɪs tɪk]
mystical ['mɪs tɪ kl]
mysticism ['mɪs tɪ ˌsɪzm]
mystified ['mɪs tə ˌfaɪd]
mystify ['mɪs tə ˌfaɪ]
mystifying ['mɪs tə ˌfaɪ ɪŋ]
mystique [mɪ 'stik]
myth [mɪθ]
mythology [mɪ 'θɑl ə dʒi]

N

N [ɛn]

nag [næg]

nagged [nægd]

nagging ['næg ɪŋ]

nail [nel]

nail polish ['nel ˌpɑl ɪʃ]

nailbrush ['nel ˌbrəʃ]

nailed [neld]

nailfile ['nel ˌfɑɪl]

naive [nɑ 'iv]

naively [nɑ 'iv li]

naked ['ne kɪd]

nakedness ['ne kɪd nɪs]

name [nem]

named [nemd]

nameless ['nem lɪs]

namely ['nem li]

namesake ['nem ˌsek]

naming ['nem ɪŋ]

nanny ['næn i]

nap [næp]

napalm ['ne ˌpɑm]

nape [nep]

napkin ['næp kɪn]

napping ['næp ɪŋ]

narcotic [nɑɚ 'kɑt ɪk]

narrate ['næ ret]

narration [næɚ 're ʃn]

narrative ['næɚ ə tɪv]

narrow ['næɚ o]

narrow-minded
  ['næɚ o 'mɑɪn dɪd]

narrowed ['næɚ od]

narrowly ['næɚ o li]

nasal ['ne zl]

Nashua (NH) ['næʃ u ə]

Nashville (TN) ['næʃ ˌvɪl]

nasty ['næs ti]

nation ['ne ʃn]

national ['næʃ ə nl]

nationality [ˌnæʃ ə 'næl ɪ ti]

nationalize ['næʃ ə nə ˌlɑɪz]

nationally ['næʃ ə nə li]

nationwide ['ne ʃn ˌwɑɪd]

native ['ne tɪv]

native-born [ne tɪv 'bɔɚn]

nativity [ˌnə 'tɪv ɪ ti]

natural ['nætʃ ɚ əl]

naturalist ['nætʃ ɚ ə lɪst]

naturalized ['nætʃ ɚ ə ˌlɑɪzd]

naturally ['nætʃ ə ə li]

nature ['ne tʃə]

naught [nɔt]

naughty ['nɔ ti]

nausea ['nɔ zi ə]

nauseated ['nɔ zi ˌet ɪd]

nauseating ['nɔ zi ˌet ɪŋ]

nauseous ['nɔ ʃəs]

nautical ['nɔ tɪ kl]

navel ['ne vl]

navigable ['næv ə gə bl]

navigate ['næv ə ˌget]

navigation [ˌnæv ə 'ge ʃn]

navigator ['næv ə ˌge tə]

navy ['ne vi]

navy-blue ['ne vi 'blu]

nay [ne]

Nazi ['nɑt si]

near [nɪə]

near miss ['nɪə 'mɪs]

nearby ['nɪə 'bɑɪ]

neared [nɪəd]

nearly ['nɪə li]

nearsighted ['nɪə ˌsɑɪt ɪd]

neat [nit]

neatly ['nit li]

Nebraska [nə 'bræs kə]

necessarily [ˌnɛs ɪ 'sɛə ə li]

necessary ['nɛs ɪ ˌsɛə i]

necessitate [nə 'sɛs ɪ ˌtet]

necessity [nə 'sɛs ɪ ti]

neck [nɛk]

neckerchief ['nɛk ə tʃɪf]

necklace ['nɛk lɪs]

neckline ['nɛk ˌlɑɪn]

necktie ['nɛk ˌtɑɪ]

nectar ['nɛk tə]

nectarine [ˌnɛk tə 'rin]

need [nid]

needed ['nid ɪd]

needle [nidl]

needless ['nid lɪs]

needlework ['nidl ˌwə-k]

needn't ['nid nt]

needs [nidz]

needy ['ni di]

nefarious [nɪ 'fɛə i əs]

negate [nɪ 'get]

negative ['nɛg ə tɪv]

neglect [nɪ 'glɛkt]

neglected [nɪ 'glɛk tɪd]

neglecting [nɪ 'glɛk tɪŋ]

negligee ['nɛg lɪ ˌʒe]

negligence ['nɛg lɪ dʒəns]

negligent ['nɛg lɪ dʒənt]

negligible ['nɛg lɪ dʒə bl]

negotiable [nɪ 'go ʃə bl]

negotiate [nɪ 'go ʃi ˌet]

negotiated [nɪ 'go ʃi ˌet ɪd]

negotiating [nɪ 'go ʃi ˌet ɪŋ]

negotiation [nɪ ˌgo ʃi 'e ʃn]

Negro ['ni gro]

neigh [ne]

neighbor ['ne bə]

neighborhood ['ne bə ˌhʊd]

neighboring ['ne bə ɪŋ]

neighborly ['ne bə li]

neither ['ni ðə]

nemesis ['nɛm ɪ sɪs]

neon ['ni ɑn]

neon light ['ni ɑn 'lɑɪt]

neophyte ['ni ə ˌfɑɪt]

nephew ['nɛf ju]

nephritis [nə 'frɑɪ tɪs]

nepotism ['nɛp ə ˌtɪzm]

nerve [nɚv]

nerve-racking ['nɚv ˌræk ɪŋ]

nervous ['nɚ vəs]

nervously ['nɚ vəs li]

nest [nɛst]

nest egg ['nɛst ˌɛg]

nestle [nɛsl]

nestled [nɛsld]

nestling ['nɛst lɪŋ]

net [nɛt]

netting ['nɛt ɪŋ]

network ['nɛt ˌwɚk]

neural ['nʊɚ əl]

neuralgia [nʊ 'ræl dʒə]

neuritis [nʊ 'raɪ tɪs]

neurological [ˌnʊ rə 'ladʒ ɪ kl]

neurologist [ˌnʊ 'ral ə dʒɪst]

neurology [nʊ 'ral ə dʒi]

neurotic [nʊ 'rat ɪk]

neuter ['nu tɚ]

neutral ['nu ˌtrəl]

neutrality [nu 'træl ɪ ti]

neutralize ['nu trə ˌlaɪz]

neutron ['nu tran]

Nevada [nə 'væd ə]

never ['nɛv ɚ]

never-ending ['nɛv ɚ 'ɛn dɪŋ]

nevertheless [ˌnɛv ɚ ðə 'lɛs]

new [nu]

New Bedford (MA)
[ˌnu 'bɛd fɚd]

New Hampshire
[ˌnu 'hæmp ʃɚ]

New Haven (CT) [ˌnu 'he vn]

New Jersey [ˌnu 'dʒɚ zi]

New Mexico [ˌnu 'mɛk sə ko]

New Orleans (LA)
[ˌnu ɔɚ 'linz]

New Testament
['nu 'tɛs tə mənt]

New World ['nu 'wɚld]

New Year ['nu ˌjɪɚ]

New Year's Eve ['nu ˌjɪɚz ˌiv]

New York [ˌnu 'jɔɚk]

newborn ['nu bɔɚn]

newcomer ['nu ˌkəm ɚ]

newfound ['nu ˌfæʊnd]

newly ['nu li]

newlyweds ['nu li ˌwɛdz]

news [nuz]

newscaster ['nuz ˌkæst ɚ]

newsletter ['nuz ˌlɛt ɚ]

newspaper ['nuz ˌpe pɚ]

newsstand ['nuz ˌstænd]

newsworthy ['nuz ˌwɚ ði]

next [nɛkst]

next door ['nɛkst 'dɔɚ]

next-of-kin ['nɛkst əv ˌkɪn]

Niagara Falls (NY)
[ˌnaɪ 'æg rə 'fɔlz]

nibble [nɪbl]

nibbled [nɪbld]

nibbling ['nɪb lɪŋ]

nice [naɪs]

nice-looking ['naɪs ˌlʊk ɪŋ]

nicely ['naɪs li]

niceties ['naɪ sɪ tiz]

niche [nɪtʃ]

nick [nɪk]

nicked [nɪkt]

nickel [nɪkl]

nickname ['nɪk ˌnem]

nicotine ['nɪk ə ˌtin]

niece [nis]
night [naɪt]
nightlife ['naɪt ˌlaɪf]
night school ['naɪt ˌskul]
nightcap ['naɪt ˌkæp]
nightclub ['naɪt ˌkləb]
nightfall ['naɪt ˌfɔl]
nightgown ['naɪt ˌgæʊn]
nightingale ['naɪtn ˌgel]
nightly ['naɪt li]
nightly news ['naɪt li 'nuz]
nightmare ['naɪt ˌmɛɚ]
nighttime ['naɪt ˌtaɪm]
nimble ['nɪm bl]
nine [naɪn]
nineteen ['naɪn 'tin]
nineteenth ['naɪn 'tinθ]
nineties ['naɪn tiz]
ninety ['naɪn ti]
ninth [naɪnθ]
nip [nɪp]
nipped [nɪpt]
nipple [nɪpl]
nit-picking ['nɪt ˌpɪk ɪŋ]
nitrogen ['naɪ trə dʒn]
nitwit ['nɪt ˌwɪt]
nix [nɪks]
no [no]
no-good ['no ˌgʊd]
no-man's-land
  ['no ˌmænz ˌlænd]
nobility [no 'bɪl ɪ ti]
noble ['no bl]
nobleman ['no bl mən]
nobly ['no bli]
nobody ['no ˌbad i]
nocturnal [nak 'tɚ nl]

nod [nad]
nodded ['nad ɪd]
nodding ['nad ɪŋ]
node [nod]
nodule ['nadʒ ul]
noise [nɔɪz]
noiselessly ['nɔɪz lɪs li]
noisy ['nɔɪ zi]
nomad ['no ˌmæd]
nominal ['nam ə nl]
nominate ['nam ə ˌnet]
nominated ['nam ə ˌnet ɪd]
nominating ['nam ə ˌnet ɪŋ]
nomination [ˌnam ə 'ne ʃn]
nominee [ˌnam ə 'ni]
nonalcoholic
  [ˌnan æl kə 'hal ɪk]
nonaligned [ˌnan ə 'laɪnd]
nonchalant [ˌnan ʃə 'lant]
noncom ['nan ˌkam]
noncombatant
  [ˌnan kəm 'bæt nt]
noncommittal [ˌnan kə 'mɪtl]
nonconformist
  [ˌnan kən 'fɔɚ mɪst]
nondescript [ˌnan dɪ 'skrɪpt]
none [nən]
nonentity [ˌnan 'ɛn tɪ ti]
nonetheless [ˌnən ðə 'lɛs]
nonexistent [ˌnan ɛg 'zɪs tənt]
nonfiction [ˌnan 'fɪk ʃn]
nonpartisan [ˌnan 'paɚ tɪ zn]
nonplussed [ˌnan 'pləst]
nonprofit [ˌnan 'praf ɪt]
nonscheduled [ˌnan 'skɛdʒld]
nonsectarian
  [ˌnan sɛk 'tɛɚ i ən]

nonsense   ['nɑn sɛns]

nonsmoking   [ˌnɑn 'smok ɪŋ]

nonstop   ['nɑn 'stɑp]

nonunion   [ˌnɑn 'jun jən]

nonviolence   [ˌnɑn 'vɑɪ ə ləns]

noodle   [nudl]

nook   [nʊk]

noon   [nun]

noonday   ['nun ˌde]

noose   [nus]

nor   [nɔɚ]

Norfolk (VA)   ['nɔɚ ˌfək]

norm   [nɔɚm]

normal   ['nɔɚ ml]

normalization   [ˌnɔɚ məl ɪ 'ze ʃn]

normally   ['nɔɚ mə li]

Norman (OK)   ['nɔɚ mən]

north   [nɔɚθ]

North Carolina   ['nɔɚθ ˌkæɚ ə 'lɑɪ nə]

North Dakota   ['nɔɚθ də 'ko tə]

northeast   [ˌnɔɚθ 'ist]

northeastern   [ˌnɔɚθ 'ist ɚn]

northerly   ['nɔɚ ðɚ li]

northern   ['nɔɚ ðɚn]

northerner   ['nɔɚ ðɚ nɚ]

northwest   [ˌnɔɚθ 'wɛst]

northwestern   [ˌnɔɚθ 'wɛs tɚn]

Norwegian   [nɔɚ 'wi dʒn]

nose   [noz]

nosebleed   ['noz ˌblid]

nosed   [nozd]

nosedive   ['noz ˌdɑɪv]

nosing   ['noz ɪŋ]

nostalgia   [nɑ 'stæl dʒə]

nostril   ['nɑs trəl]

nosy   ['no zi]

not   [nɑt]

not at all   ['nɑt æt ˌɔl]

notable   ['no tə bl]

notably   ['no tə bli]

notarize   ['not ə ˌrɑɪz]

notarized   ['not ə ˌrɑɪzd]

notary   ['no tə ri]

notary public   ['not ə ri 'pəb lɪk]

notation   [no 'te ʃn]

notch   [nɑtʃ]

notched   [nɑtʃt]

note   [not]

notebook   ['not ˌbʊk]

noted   ['not ɪd]

notepaper   ['not ˌpe pɚ]

noteworthy   ['not ˌwɚ ði]

nothing   ['nəθ ɪŋ]

notice   ['no tɪs]

noticeable   ['no tɪ sə bl]

noticed   ['no tɪst]

noticing   ['no tɪ sɪŋ]

notification   [ˌno tə fɪ 'ke ʃn]

notified   ['no tə ˌfɑɪd]

notify   ['no tə ˌfɑɪ]

notion   ['no ʃn]

notoriety   [ˌno tə 'rɑɪ ə ti]

notorious   [no 'tɔɚ i əs]

nought   [nɔt]

noun   [næʊn]

nourish   ['nɚ ɪʃ]

nourishing   ['nɚ ɪʃ ɪŋ]

nourishment   ['nɚ ɪʃ mənt]

novel   ['nɑv əl]

novelist   ['nɑv əl ɪst]

novelty   ['nɑv əl ti]

November   [no 'vɛm bɚ]

novice [ˈnɑv ɪs]

now [næʊ]

nowadays [ˈnæʊ ə ˌdez]

nowhere [ˈno ˌʍɛɚ]

noxious [ˈnɑk ʃəs]

nozzle [nɑzl]

nuance [ˈnu ɑns]

nuclear [ˈnu kli ɚ]

nuclear physics
  [ˌnu kli ɚ ˈfɪz ɪks]

nucleus [ˈnu kli əs]

nude [nud]

nudge [nədʒ]

nudged [nədʒd]

nudist [ˈnu dɪst]

nugget [ˈnəg ɪt]

nuisance [ˈnu səns]

null and void [ˈnəl ænd ˈvɔɪd]

nullify [ˈnəl ə ˌfɑɪ]

numb [nəm]

number [ˈnəm bɚ]

numbered [ˈnəm bɚd]

numberless [ˈnəm bɚ lɪs]

numerate [ˈnu mə ˌret]

numerator [ˈnu mə ˈre tɚ]

numerical [nu ˈmɛɚ ɪ kl]

numerous [ˈnu mɚ əs]

numismatics [ˌnu mɪz ˈmæt ɪks]

nun [nən]

nuptial [ˈnəp ʃl]

nurse [nɚs]

nursed [nɚst]

nursery [ˈnɚ sə ri]

nursery rhyme [ˈnɚ sə ri ˌrɑɪm]

nursery school [ˈnɚ sə ri ˌskul]

nursing [ˈnɚ sɪŋ]

nursing home [ˈnɚ sɪŋ ˌhom]

nurture [ˈnɚ tʃɚ]

nurtured [ˈnɚ tʃɚd]

nut [nət]

nutcracker [ˈnət ˌkræk ɚ]

nutrient [ˈnu tri ənt]

nutrition [nu ˈtrɪʃn]

nutritious [nu ˈtrɪ ʃəs]

nuts [nəts]

nutshell [ˈnət ˌʃɛl]

nuzzle [nəzl]

nylon [ˈnɑɪ ˌlɑn]

nymph [nɪmf]

O

O [o]

oak [ok]

oaken [okn]

Oakland (CA) ['ok lənd]

oar [ɔɚ]

oasis [o 'e sɪs]

oat [ot]

oath [oθ]

oatmeal ['ot ˌmil]

obedience [o 'bi di əns]

obedient [o 'bi di ənt]

obese [o 'bis]

obey [o 'be]

obeyed [o 'bed]

obituary [o 'bɪtʃ u ˌɛɚ i]

object n. ['ab dʒɛkt]
    v. [əb 'dʒɛkt]

objection [əb 'dʒɛk ʃn]

objectionable
    [ab 'dʒɛk ʃə nə bl]

objective [əb 'dʒɛk tɪv]

objectivity [ab ˌdʒɛk 'tɪv ɪ ti]

obligate ['ab lə get]

obligation [ˌab lə 'ge ʃn]

obligatory [ə 'blɪg ə ˌtɔɚ i]

oblige [ə 'blaɪdʒ]

obliged [ə 'blaɪdʒd]

obliging [ə 'blaɪdʒ ɪŋ]

obliterate [ə 'blɪt ə ˌret]

oblivion [ə 'blɪv i ən]

oblivious [ə 'blɪv i əs]

oblong ['ab lɔŋ]

obnoxious [əb 'nak ʃəs]

oboe ['o bo]

obscene [əb 'sin]

obscenity [əb 'sɛn ɪ ti]

obscure [əb 'skjʊɚ]

obscured [əb 'skjʊɚd]

obscuring [əb 'skjʊɚ ɪŋ]

obscurity [əb 'skjʊɚ ɪ ti]

observance [əb 'zɚ vəns]

observant [əb 'zɚ vənt]

observation [ˌab zɚ 've ʃn]

observatory [əb 'zɚ və ˌtɔɚ i]

observe [əb 'zɚv]

observed [əb 'zɚvd]

observer [əb 'zɚv ɚ]

observing [əb 'zɚv ɪŋ]

obsess [ab 'sɛs]

obsessed [ab 'sɛst]

obsessive [əb 'sɛ sɪv]

obsolescence [,ab sə 'lɛs əns]

obsolescent [,ab sə 'lɛs ənt]

obsolete [,ab sə 'lit]

obstacle ['ab stə kl]

obstetrics [əb 'stɛ trɪks]

obstinacy ['ab stə nə si]

obstinate ['ab stə nɪt]

obstruct [əb 'strəkt]

obstructed [əb 'strək tɪd]

obstructing [əb 'strək tɪŋ]

obstruction [əb 'strək ʃn]

obtain [əb 'ten]

obtainable [əb 'ten ə bl]

obtained [əb 'tend]

obtaining [əb 'ten ɪŋ]

obtrusive [əb 'tru sɪv]

obvious ['ab vi əs]

obviously ['ab vi əs li]

occasion [ə 'ke ʒn]

occasional [ə 'ke ʒə nl]

occasionally [ə 'ke ʒən ə li]

occlude [ə 'klud]

occlusion [ə 'klu ʒn]

occult [ə 'kəlt]

occupancy ['ak jə pən si]

occupant ['ak jə pənt]

occupation [,ak jə 'pe ʃn]

occupied ['ak jə ,paɪd]

occupy ['ak jə ,paɪ]

occur [ə 'kɚ]

occurred [ə 'kɚd]

occurrence [ə 'kɚ əns]

ocean ['o ʃn]

ocean-going ['o ʃn ,go ɪŋ]

o'clock [ə 'klak]

octagon ['ak tə ,gn]

octave ['ak tɪv]

October [ak 'to bɚ]

octogenarian
   [,ak tə dʒə 'nɛɚ i ən]

octopus ['ak tə pəs]

odd [ad]

oddity ['ad ɪ ti]

oddly ['ad li]

odds and ends ['adz ænd 'ɛndz]

odds-on ['adz 'ɔn]

odometer [o 'dam ɪ tɚ]

odor ['o dɚ]

of [əv]

off [ɔf]

off-color ['ɔf 'kəl ɚ]

off-key ['ɔf 'ki]

off-limits ['ɔf 'lɪm ɪts]

off-the-rack ['ɔf ðə 'ræk]

off-white ['ɔf 'ʍaɪt]

offbeat ['ɔf ,bit]

offend [ə 'fɛnd]

offended [ə 'fɛn dɪd]

offender [ə 'fɛn dɚ]

offending [ə 'fɛn dɪŋ]

offends [ə 'fɛndz]

offense [ə 'fɛns]

offensive [ə 'fɛn sɪv]

offer ['ɔ fɚ]

offered ['ɔ fɚd]

offering ['ɔ fɚ ɪŋ]

offhand ['ɔf 'hænd]

office ['ɔ fɪs]

office hours ['ɔ fɪs ,æʊ ɚz]

officer ['ɔ fɪ sɚ]

official [ə 'fɪʃl]

officially [ə 'fɪʃ ə li]

officiate [ə 'fɪʃ i ,et]

officiated [ə 'fɪʃ i ˌet ɪd]

officiates [ə 'fɪʃ i ˌets]

officiating [ə 'fɪʃ i ˌet ɪŋ]

offset ['ɔf ˌsɛt]

offshoot ['ɔf ˌʃut]

offshore ['ɔf 'ʃɔɚ]

offspring ['ɔf ˌsprɪŋ]

offstage ['ɔf 'stedʒ]

often ['ɔ fn]

Ogden (UT) ['ag dn]

oh [o]

Ohio [o 'haɪ o]

oil [ɔɪl]

oil-fired ['ɔɪl ˌfaɪɚd]

oil tanker ['ɔɪl ˌtæŋ kɚ]

oilcan ['ɔɪl ˌkæn]

oiler ['ɔɪl ɚ]

oil field ['ɔɪl ˌfild]

oily ['ɔɪl i]

ointment ['ɔɪnt mənt]

okay [ˌo 'ke]

okeydoke [ˌo ki 'dok]

Oklahoma [ˌok lə 'ho mə]

Oklahoma City (OK)
  [ˌok lə 'ho mə 'sɪt i]

old [old]

old age ['old ˌedʒ]

old-fashioned ['old 'fæʃnd]

old hand ['old 'hænd]

old maid ['old 'med]

Old Testament
  ['old 'tɛs tə mənt]

old-timer ['old 'taɪ mɚ]

olden ['ol dn]

olfactory [ol 'fæk tə ri]

olive ['al ɪv]

Olympics [o 'lɪm pɪks]

Omaha (NE) ['o mə ˌhɔ]

ombudsman ['am ˌbədz mən]

omelet ['am lɪt]

omen ['o mən]

ominous ['am ə nəs]

omission [o 'mɪʃn]

omit [o 'mɪt]

omnipresent [ˌam nə 'prɛ zənt]

omnivorous [am 'nɪv ɚ əs]

on [ɔn]

on-line ['ɔn ˌlaɪn]

once [wəns]

once-over ['wəns ˌo vɚ]

oncoming ['ɔn ˌkəm ɪŋ]

one [wən]

one-man show ['wən 'mæn 'ʃo]

one-sided ['wən 'saɪ dɪd]

one-time ['wən ˌtaɪm]

one-track ['wən ˌtræk]

one-up ['wən 'əp]

one-upmanship
  [ˌwən 'əp mən ˌʃɪp]

one-way street ['wən 'we ˌstrit]

oneself ['wən 'sɛlf]

ongoing ['ɔn ˌgo ɪŋ]

onion ['ən jən]

onlooker ['ɔn ˌlʊk ɚ]

only ['on li]

onset ['ɔn ˌsɛt]

onslaught ['ɔn ˌslɔt]

onto ['ɔn tu]

onward ['ɔn wɚd]

onyx ['an ɪks]

ooze [uz]

oozed [uzd]

oozing ['uz ɪŋ]

opal ['o pl]

opaque [o 'pek]

open ['o pən]

open air ['o pən 'ɛɚ]

open and shut ['o pən ænd 'ʃət]

open-ended ['o pən 'ɛn dɪd]

open-hearth ['o pən 'haɚθ]

open-minded
['o pən 'maɪn dɪd]

opened ['o pənd]

opening ['o pən ɪŋ]

openly ['o pən li]

opera ['ɑp rə]

opera house ['ɑp rə ˌhæʊs]

operable ['ɑp ɚ ə bl]

operate ['ɑp ə ˌret]

operated ['ɑp ə ˌret ɪd]

operatic [ˌɑp ə 'ræt ɪk]

operating ['ɑp ə ˌret ɪŋ]

operation [ˌɑp ə 're ʃn]

operational [ˌɑp ə 're ʃə nl]

operative ['ɑp rə tɪv]

operator ['ɑp ə ˌre tɚ]

ophthalmologist
[ˌɑf θæl 'mɑl ə dʒɪst]

ophthalmology
[ˌɑf θæl 'mɑl ə dʒi]

opiate ['o pi ət]

opinion [ə 'pɪn jən]

opinion poll [ə 'pɪn jən ˌpol]

opinionated [ə 'pɪn jə ˌne tɪd]

opium ['o pi əm]

opossum [ə 'pɑsm]

opponent [ə 'po nənt]

opportune [ˌɑp ɚ 'tun]

opportunity [ˌɑp ɚ 'tu nɪ ti]

oppose [ə 'poz]

opposed [ə 'pozd]

opposing [ə 'poz ɪŋ]

opposite ['ɑp ə zɪt]

opposition [ˌɑ pə 'zɪ ʃn]

oppress [ə 'prɛs]

oppressed [ə 'prɛst]

oppression [ə 'prɛʃn]

oppressive [ə 'prɛs ɪv]

optic ['ɑp tɪk]

optical ['ɑp tɪ kl]

optician [ɑp 'tɪʃn]

optimism ['ɑp tɪ ˌmɪzm]

optimist ['ɑp tɪ mɪst]

optimistic [ˌɑp tɪ 'mɪs tɪk]

optimum ['ɑp tə məm]

option ['ɑp ʃn]

optional ['ɑp ʃn əl]

optometrist [ɑp 'tɑm ɪ trɪst]

optometry [ɑp 'tɑm ɪ tri]

opulent ['ɑp jə lənt]

or [ɔɚ]

oral ['ɔɚ əl]

orange ['ɔɚ ɪndʒ]

oration [ɔ 're ʃn]

orator ['ɔɚ ə tɚ]

oratorio [ˌɔɚ ə 'tɔɚ i o]

oratory ['ɔɚ ə ˌtɔɚ i]

orbit ['ɔɚ bɪt]

orbited ['ɔɚ bɪt ɪd]

orbiting ['ɔɚ bɪt ɪŋ]

orbits ['ɔɚ bɪts]

orchard ['ɔɚ tʃɚd]

orchestra ['ɔɚ kɪ strə]

orchestral [ɔɚ 'kɛs trəl]

orchestrate ['ɔɚ kɪ ˌstret]

orchid ['ɔɚ kɪd]

ordain [ɔɚ 'den]

ordained [ɔɚ 'dend]

ordeal [ɔɚ 'dil]

order ['ɔɚ dɚ]

ordered ['ɔɚ dɚd]

ordering ['ɔɚ dɚ ɪŋ]

orderly ['ɔɚ dɚ li]

orders ['ɔɚ dɚz]

ordinance ['ɔɚ də nəns]

ordinarily [ˌɔɚ də 'nɛɚ ə li]

ordinary ['ɔɚ də ˌnɛɚ i]

ore [ɔɚ]

Oregon ['ɔɚ ə gn]

organ ['ɔɚ gn]

organic [ɔɚ 'gæn ɪk]

organism ['ɔɚ gə ˌnɪzm]

organist ['ɔɚ gə nɪst]

organization [ˌɔɚ gə nɪ 'ze ʃn]

organize ['ɔɚ gə ˌnɑɪz]

organized ['ɔɚ gə ˌnɑɪzd]

organizer ['ɔɚ gə ˌnɑɪz ɚ]

organizes ['ɔɚ gə ˌnɑɪz ɪz]

organizing ['ɔɚ gə ˌnɑɪz ɪŋ]

orgasm ['ɔɚ ˌgæzm]

orgy ['ɔɚ dʒi]

Oriental [ˌɔɚ i 'ɛn tl]

orifice ['ɔɚ ə fɪs]

origin ['ɔɚ ɪ dʒn]

original [ə 'rɪdʒ ə nl]

originality [ə ˌrɪdʒ ə 'næl ɪ ti]

originally [ə 'rɪdʒ ə nə li]

originate [ə 'rɪdʒ ə ˌnet]

originated [ə 'rɪdʒ ə ˌnet ɪd]

originates [ə 'rɪdʒ ə ˌnets]

originating [ə 'rɪdʒ ə ˌnet ɪŋ]

Orlando (FL) [ɔɚ 'læn do]

ornament ['ɔɚ nə mənt]

ornamental [ˌɔɚ nə 'mɛn tl]

ornate [ɔɚ 'net]

ornery ['ɔɚ nə ri]

ornithology [ˌɔɚ nə 'θɑl ə dʒi]

orphan ['ɔɚ fn]

orphanage ['ɔɚ fə nɪdʒ]

orthodontics [ˌɔɚ θə 'dɑn tɪks]

orthodox ['ɔɚ θə ˌdɑks]

orthopedic [ˌɔɚ θə 'pi dɪk]

orthopedist [ˌɔɚ θə 'pi dɪst]

oscillate ['ɑs ə ˌlet]

Oshkosh (WI) ['ɑʃ ˌkɑʃ]

osmosis [ɑz 'mo sɪs]

ossification [ˌɑs ə fɪ 'ke ʃn]

ossify ['ɑs ə ˌfɑɪ]

ostensibly [ɑ 'stɛn sə bli]

ostentatious [ˌɑ stɛn 'te ʃəs]

osteopathy [ˌɑs ti 'ɑp ə θi]

ostracize ['ɑs trə ˌsɑɪz]

ostracized ['ɑs trə ˌsɑɪzd]

ostracizing ['ɑs trə ˌsɑɪz ɪŋ]

ostrich ['ɑs trɪtʃ]

other ['əð ɚ]

otherwise ['əð ɚ ˌwɑɪz]

otter ['ɑt ɚ]

ouch [æʊtʃ]

ought [ɔt]

ounce [æʊns]

our [æʊɚ]

ours [æʊɚz]

ourselves [æʊɚ 'sɛlvz]

oust [æʊst]

ouster ['æʊ stɚ]

out [æʊt]

out loud [ˌæʊt 'læʊd]

out-of-date ['æʊt əv 'det]

out of order ['æʊt əv 'ɔɚ dɚ]

out-of-the-way ['æʊt əv ðə ˌwe]

outage ['æʊ tɪdʒ]

outboard ['æʊt ˌbɔɚd]

outbound ['æʊt ˌbæʊnd]

outbreak ['æʊt ˌbrek]

outburst ['æʊt ˌbɚst]

outcast ['æʊt ˌkæst]

outcome ['æʊt ˌkəm]

outcry ['æʊt ˌkraɪ]

outdated [ˌæʊt 'de tɪd]

outdid [ˌæʊt 'dɪd]

outdoor ['æʊt ˌdɔɚ]

outdoors ['æʊt ˌdɔɚz]

outer ['æʊ tɚ]

outer space ['æʊ tɚ 'spes]

outfit ['æʊt ˌfɪt]

outgoing ['æʊt ˌgo ɪŋ]

outgrow [ˌæʊt 'gro]

outhouse ['æʊt ˌhæʊs]

outing ['æʊ tɪŋ]

outlandish [ˌæʊt 'læn dɪʃ]

outlaw ['æʊt ˌlɔ]

outlay ['æʊt ˌle]

outlet ['æʊt ˌlɛt]

outline ['æʊt ˌlaɪn]

outlined ['æʊt ˌlaɪnd]

outlines ['æʊt ˌlaɪnz]

outlining ['æʊt ˌlaɪn ɪŋ]

outlive [ˌæʊt 'lɪv]

outlived [ˌæʊt 'lɪvd]

outlives [ˌæʊt 'lɪvz]

outliving [ˌæʊt 'lɪv ɪŋ]

outlook ['æʊt ˌlʊk]

outlying ['æʊt ˌlaɪ ɪŋ]

outmoded [ˌæʊt 'mo dɪd]

outnumber [ˌæʊt 'nəm bɚ]

outpatient ['æʊt ˌpe ʃənt]

outpost ['æʊt ˌpost]

output ['æʊt ˌpʊt]

outrage ['æʊt ˌredʒ]

outrageous [æʊt 're dʒəs]

outright ['æʊt ˌraɪt]

outrun [ˌæʊt 'rən]

outset ['æʊt ˌsɛt]

outside ['æʊt ˌsaɪd]

outsider [ˌæʊt 'saɪ dɚ]

outskirts ['æʊt ˌskɚts]

outsmart [ˌæʊt 'smaɚt]

outspoken ['æʊt 'spo kn]

outstanding [ˌæʊt 'stæn dɪŋ]

outstretched [ˌæʊt 'strɛtʃt]

outstrip [ˌæʊt 'strɪp]

outstripped [ˌæʊt 'strɪpt]

outward ['æʊt wɚd]

outwardly ['æʊt wɚd li]

outweigh [ˌæʊt 'we]

outwit [ˌæʊt 'wɪt]

oval ['o vl]

ovary ['o və ri]

ovation [o 've ʃn]

oven ['əvn]

ovenproof ['əvn ˌpruf]

over ['o vɚ]

overall ['o vɚ ˌɔl]

overalls ['o vɚ ˌɔlz]

overbearing [ˌo vɚ 'bɛɚ ɪŋ]

overboard ['o vɚ ˌbɔɚd]

overbook [ˌo vɚ 'bʊk]

overbooked [ˌo vɚ 'bʊkt]

overcame [ˌo vɚ 'kem]

overcast ['o vɚ kæst]

overcharge [ˌo vɚ 'tʃaɚdʒ]

overcharged [ˌo vɚ 'tʃaɚdʒd]

overcharging [ˌo vɚ 'tʃaɚdʒ ɪŋ]

overcoat ['o vɚ ˌkot]

overcome [ˌo vɚ 'kəm]

overcrowded [ˌo vɚ ˈkræʊd ɪd]

overdo [ˌo vɚ ˈdu]

overdone [ˌo vɚ ˈdən]

overdose [ˈo vɚ ˌdos]

overdraft [ˈo vɚ ˌdræft]

overdrawn [ˈo vɚ ˌdrɔn]

overdue [ˈo vɚ ˌdu]

overeat [ˌo vɚ ˈit]

overestimate [o vɚ ˈɛs tɪ ˌmet]

overestimated
 [o vɚ ˈɛs tɪ ˌmet ɪd]

overflow n. [ˈo vɚ ˌflo]
 v. [ˌo vɚ ˈflo]

overflowed [ˌo vɚ ˈflod]

overgrown [ˌo vɚ ˈgron]

overhang [ˈo vɚ ˌhæŋ]

overhaul [ˌo vɚ ˈhɔl]

overhauled [ˌo vɚ ˈhɔld]

overhead n. [ˈo vɚ ˌhɛd]
 adj. [ˌo vɚ ˈhɛd]

overhear [ˌo vɚ ˈhɪɚ]

overheat [ˌo vɚ ˈhit]

overjoyed [ˌo vɚ ˈdʒɔɪd]

overkill [ˈo vɚ ˌkɪl]

overlap [ˌo vɚ ˈlæp]

overlapped [ˌo vɚ ˈlæpt]

overload [ˌo vɚ ˈlod]

overloaded [ˌo vɚ ˈlod ɪd]

overlook n. [ˈo vɚ ˌlʊk]
 v. [ˌo vɚ ˈlʊk]

overlooked [ˌo vɚ ˈlʊkt]

overnight n. [ˈo vɚ ˌnaɪt]
 adj. [ˌo vɚ ˈnaɪt]

overpower [ˌo vɚ ˈpæʊ ɚ]

overpowered [ˌo vɚ ˈpæʊ ɚd]

overpowering [ˌo vɚ ˈpæʊ ɚ ɪŋ]

overproduction
 [ˌo vɚ prə ˈdək ʃn]

overrate [ˌo vɚ ˈret]

overrated [ˌo vɚ ˈret ɪd]

override [ˌo vɚ ˈraɪd]

overrule [ˌo vɚ ˈrul]

overruled [ˌo vɚ ˈruld]

overrun [ˌo vɚ ˈrən]

overseas [ˌo vɚ ˈsiz]

overshadow [ˌo vɚ ˈʃæd o]

overshadowed [ˌo vɚ ˈʃæd od]

overshoot [ˌo vɚ ˈʃut]

oversight [ˈo vɚ ˌsaɪt]

overstep [ˌo vɚ ˈstɛp]

overstepped [ˌo vɚ ˈstɛpt]

overt [ˌo ˈvɚt]

overtake [ˌo vɚ ˈtek]

overtaken [ˈo vɚ ˈtekn]

overthrew [ˌo vɚ ˈθru]

overthrow [ˌo vɚ ˈθro]

overthrown [ˌo vɚ ˈθron]

overtime [ˈo vɚ ˌtaɪm]

overtook [ˌo vɚ ˈtʊk]

overture [ˈo vɚ ˌtʃɚ]

overturn [ˌo vɚ ˈtɚn]

overturned [ˌo vɚ ˈtɚnd]

overweight [ˈo vɚ wet]

overwhelm [ˌo vɚ ˈʍɛlm]

overwhelmed [ˌo vɚ ˈʍɛlmd]

overwhelming [ˌo vɚ ˈʍɛlm ɪŋ]

overwork [ˌo vɚ ˈwɚk]

overworked [ˌo vɚ ˈwɚkt]

overwrought [ˌo vɚ ˈrɔt]

ovulate [ˈɑv jə ˌlet]

ovulation [ˌɑv jə ˈle ʃn]

owe [o]

owed   [od]

Owensboro (KY)   ['o ənz ˌbɚ o]

owl   [æʊl]

own   [on]

owned   [ond]

owner   ['on ɚ]

ownership   ['on ɚ ˌʃɪp]

ox   [ɑks]

oxen   [ɑksn]

oxygen   ['ɑks ə dʒn]

oyster   ['ɔɪs tɚ]

ozone   ['o ˌzon]

P

P [pi]
pa [pɑ]
pace [pes]
paced [pest]
pacemaker ['pes ˌme kɚ]
paces ['pes ɪz]
pacesetter ['pes ˌsɛt ɚ]
pachyderm ['pæk ɪ ˌdɚm]
pacified ['pæs ə ˌfɑɪd]
pacifier ['pæs ə ˌfɑɪ ɚ]
pacifist ['pæs ə fɪst]
pacify ['pæs ə ˌfɑɪ]
pacing ['pes ɪŋ]
pack [pæk]
package ['pæk ɪdʒ]
package tour ['pæk ɪdʒ ˌtʊɚ]
packaged ['pæk ɪdʒd]
packaging ['pæk ɪdʒ ɪŋ]
packed [pækt]
packer ['pæk ɚ]
packet ['pæk ɪt]
packing ['pæk ɪŋ]
packs [pæks]
pact [pækt]
pad [pæd]

padded ['pæd ɪd]
padding ['pæd ɪŋ]
paddle [pædl]
paddled [pædld]
padlock ['pæd ˌlɑk]
padlocked ['pæd ˌlɑkt]
pagan ['pe gn]
page [pedʒ]
pageant ['pædʒ ənt]
pageantry ['pædʒ ən tri]
paged [pedʒd]
paging ['pedʒ ɪŋ]
paid [ped]
pail [pel]
pain [pen]
pained [pend]
painful ['pen fl]
painfully ['pen fə li]
painkiller ['pen ˌkɪl ɚ]
painless ['pen lɪs]
painstaking ['penz te kɪŋ]
paint [pent]
painted ['pen tɪd]
painter ['pen tɚ]
painting ['pen tɪŋ]

pair [pɛɚ]
pair of glasses [ˌpɛɚ əv 'glæs ɪz]
paired [pɛɚd]
pairing ['pɛɚ ɪŋ]
pairs [pɛɚz]
pajamas [pə 'dʒɑ məz]
pal [pæl]
palace ['pæl ɪs]
palatable ['pæl ə tə bl]
palatal ['pæl ə tl]
palate ['pæl ɪt]
palatial [pə 'le ʃl]
pale [pel]
paleontology [ˌpe li ən 'tɑl ə dʒi]
pallbearer ['pɔl ˌbɛɚ ɚ]
pallor ['pæl ɚ]
palm [pɑm]
palming ['pɑm ɪŋ]
palpable ['pæl pə bl]
palpitation [ˌpæl pɪ 'te ʃn]
palsy ['pɔl zi]
paltry ['pɔl tri]
pamper ['pæm pɚ]
pamphlet ['pæm flɪt]
pan [pæn]
panacea [ˌpæn ə 'si ə]
pancake ['pæn ˌkek]
pancreas ['pæn kri əs]
panda ['pæn də]
pandemonium
  [ˌpæn də 'mo ni əm]
pane [pen]
panel [pænl]
paneling ['pænl ɪŋ]
panelist ['pænl ɪst]
pang [pæŋ]
panhandler ['pæn ˌhænd lɚ]

panic ['pæn ɪk]
panic-stricken ['pæn ɪk ˌstrɪ kn]
panicked ['pæn ɪkt]
panicking ['pæn ɪk ɪŋ]
panics ['pæn ɪks]
panorama [ˌpæn ə 'ræ mə]
pansy ['pæn zi]
pant [pænt]
panther ['pæn θɚ]
panties ['pæn tiz]
pantomime ['pæn tə ˌmaɪm]
pantry ['pæn tri]
pants [pænts]
pantyhose ['pæn ti ˌhoz]
Pap test ['pæp ˌtɛst]
papa ['pɑ pə]
papal ['pe pl]
paper ['pe pɚ]
paper clip ['pe pɚ ˌklɪp]
paperboy ['pe pɚ ˌbɔɪ]
papered ['pe pɚd]
papering ['pe pɚ ɪŋ]
papers ['pe pɚz]
paperweight ['pe pɚ ˌwet]
paperwork ['pe pɚ ˌwɚk]
paprika ['pæp ˌri kə]
par [pɑɚ]
parable ['pæɚ ə bl]
parachute ['pæɚ ə ˌʃut]
parachuted ['pæɚ ə ˌʃut ɪd]
parachuting ['pæɚ ə ˌʃut ɪŋ]
parade [pə 'red]
paraded [pə 'red ɪd]
paradise ['pæɚ ə ˌdaɪs]
paradox ['pæɚ ə ˌdɑks]
paradoxically
  [ˌpæɚ ə 'dɑk sɪk li]

paraffin   ['pæɚ ə fn]

paragon   ['pæɚ ə ˌgɑn]

paragraph   ['pæɚ ə ˌgræf]

parakeet   ['pæɚ ə ˌkit]

paralegal   [ˌpæɚ ə 'li gl]

parallel   ['pæɚ ə ˌlɛl]

parallelogram
   [ˌpæɚ ə 'lɛl ə ˌgræm]

paralysis   [pə 'ræl ɪ sɪs]

paralyze   ['pæɚ ə ˌlaɪz]

paralyzed   ['pæɚ ə ˌlaɪzd]

paramedic   [ˌpæɚ ə 'mɛd ɪk]

paramount   ['pæɚ ə ˌmæʊnt]

paranoia   [ˌpæɚ ə 'nɔɪ ə]

paranoid   ['pæɚ ə ˌnɔɪd]

paraphernalia
   [ˌpæɚ ə fɚ 'nel jə]

paraphrase   ['pæɚ ə ˌfrez]

paraplegia   [ˌpæɚ ə 'pli dʒ i ə]

paraplegic   [ˌpæɚ ə 'pli dʒɪk]

parasite   ['pæɚ ə ˌsaɪt]

paratrooper   ['pæɚ ə ˌtru pɚ]

parcel   ['pɑɚ sl]

parcel post   ['pɑɚ sl 'post]

parch   [pɑɚtʃ]

parchment   ['pɑɚtʃ mənt]

pardon   ['pɑɚ dn]

pardon me   ['pɑɚ dn ˌmi]

pare   [pɛɚ]

parent   ['pɛɚ ənt]

parentage   ['pɛɚ ən tɪdʒ]

parental   [pə 'rɛn tl]

parenthesis   [pə 'rɛn θɪ sɪs]

parfait   [pɑɚ 'fe]

parfaits   [pɑɚ 'fez]

pari-mutuel   [ˌpæɚ ɪ 'mju tʃu əl]

parish   ['pæɚ ɪʃ]

parity   ['pæɚ ɪ ti]

park   [pɑɚk]

parked   [pɑɚkt]

parking   ['pɑɚk ɪŋ]

parking lot   ['pɑɚk ɪŋ ˌlɑt]

parking meter   ['pɑɚk ɪŋ ˌmi tɚ]

parkway   ['pɑɚk ˌwe]

parlay   ['pɑɚ le]

parliament   ['pɑɚ lə mənt]

parliamentary
   [ˌpɑɚ lə 'mɛn tri]

parlor   ['pɑɚ lɚ]

parochial   [pə 'ro ki əl]

parochial school
   [pə 'ro ki əl ˌskul]

parody   ['pæɚ ə di]

parole   [pə 'rol]

paroled   [pə 'rold]

parquet   [pɑɚ 'ke]

parrot   ['pæɚ ət]

parsley   ['pɑɚs li]

parson   ['pɑɚ sn]

part   [pɑɚt]

part-time   ['pɑɚt ˌtaɪm]

partake   [pɑɚ 'tek]

parted   ['pɑɚt ɪd]

partial   ['pɑɚ ʃl]

partially   ['pɑɚ ʃə li]

participant   [ˌpɑɚ 'tɪs ə pənt]

participate   [pɑɚ 'tɪs ə ˌpet]

participated   [pɑɚ 'tɪs ə ˌpet ɪd]

participation   [pɑɚ ˌtɪs ə 'pe ʃn]

participle   ['pɑɚ tɪ ˌsɪpl]

particle   ['pɑɚ tɪ kl]

particular   [pɚ 'tɪk jə lɚ]

particularly   [pɚ 'tɪk jə lɚ li]

partied   ['pɑɚ tid]

parting ['paɚ tɪŋ]

partisan ['paɚ tɪ zn]

partition [paɚ 'tɪʃn]

partly ['paɚt li]

partner ['paɚt nɚ]

partnership ['paɚt nɚ ,ʃɪp]

party ['paɚ ti]

pass [pæs]

passable ['pæs ə bl]

passage ['pæs ɪdʒ]

passageway ['pæs ɪdʒ ,we]

passbook ['pæs ,bʊk]

passed [pæst]

passenger ['pæsn dʒɚ]

passerby ['pæs ɚ ,baɪ]

passing ['pæs ɪŋ]

passion [pæʃn]

passionate ['pæʃ ə nɪt]

passionately ['pæʃ ə nɪt li]

passive ['pæs ɪv]

Passover ['pæs ,o vɚ]

passport ['pæs ,pɔɚt]

password ['pæs ,wɚd]

past [pæst]

pasta ['pa stə]

paste [pest]

pasted ['pest ɪd]

pastel [pæs 'tɛl]

pasteurized ['pæs tʃə raɪzd]

pastime ['pæs ,taɪm]

pastor ['pæs tɚ]

pastoral ['pæs tɚ əl]

pastry ['pe stri]

pasture ['pæs tʃɚ]

pat [pæt]

patch [pætʃ]

patchwork ['pætʃ ,wɚk]

patchy ['pætʃ i]

patent ['pæt nt]

patented ['pætn tɪd]

paternal [pə 'tɚ nl]

paternity [pə 'tɚ nɪ ti]

path [pæθ]

pathetic [pə 'θɛt ɪk]

pathogenic [,pæθ ə 'dʒɛn ɪk]

pathological [,pæθ ə 'ladʒ ɪ kl]

pathway ['pæθ ,we]

patience ['pe ʃəns]

patient ['pe ʃənt]

patiently ['pe ʃənt li]

patio ['pæt i o]

patriarch ['pe tri aɚk]

patrimony ['pæ trə ,mo ni]

patriot ['pe tri ət]

patriotic [,pe tri 'at ɪk]

patriotism ['pe tri ə ,tɪzm]

patrol [pə 'trol]

patrol car [pə 'trol ,kaɚ]

patrolled [pə 'trold]

patrolling [pə 'trol ɪŋ]

patrolman [pə 'trol mən]

patron ['pe trən]

patronage ['pe trə nɪdʒ]

patronize ['pe trə ,naɪz]

patted ['pæt ɪd]

patter ['pæt ɚ]

pattern ['pæt ɚn]

patting ['pæt ɪŋ]

patty ['pæt i]

paucity ['pɔ sɪ ti]

paunch [pɔntʃ]

pauper ['pɔ pɚ]

pause [pɔz]

paused [pɔzd]

pave [pev]
paved [pevd]
pavement ['pev mənt]
pavilion [pə 'vɪl jən]
paving ['pev ɪŋ]
paw [pɔ]
pawed [pɔd]
pawn [pɔn]
pawned [pɔnd]
pawnshop ['pɔn ˌʃap]
pay [pe]
payable ['pe ə bl]
paycheck ['pe ˌtʃɛk]
payday ['pe ˌde]
payload ['pe ˌlod]
payment ['pe mənt]
payoff ['pe ˌɔf]
pay phone ['pe ˌfon]
payroll ['pe ˌrol]
pea [pi]
peace [pis]
peaceful ['pis fl]
peacefully ['pis fə li]
peacemaker ['pis ˌme kɚ]
peacetime ['pis ˌtaɪm]
peach [pitʃ]
peacock ['pi ˌkak]
peak [pik]
peak hours ['pik ˌæʊ ɚz]
peaked [pikt]
peal [pil]
peanut ['pi ˌnət]
peanut butter ['pi ˌnət ˌbət ɚ]
pear [pɛɚ]
pearl [pɚl]
peas [piz]
peasant ['pɛz ənt]

peat [pit]
pebble [pɛbl]
pecan [pɪ 'kɑn]
peck [pɛk]
peculiar [pɪ 'kjul jɚ]
peculiarity [pɪ ˌkju li 'æɚ ɪ ti]
peculiarly [pɪ 'kjul jɚ li]
pedagogy ['pɛd ə ˌgo dʒi]
pedal [pɛdl]
pedaled [pɛdld]
peddle [pɛdl]
peddler ['pɛd lɚ]
pedestal ['pɛd ɪ stl]
pedestrian [pə 'dɛs tri ən]
pediatrician [ˌpi di ə 'trɪʃn]
pediatrics [ˌpi di 'æ trɪks]
pedigree ['pɛd ə gri]
peek [pik]
peeked [pikt]
peel [pil]
peeled [pild]
peeling ['pil ɪŋ]
peep [pip]
peeped [pipt]
peephole ['pip ˌhol]
peer [pɪɚ]
peered [pɪɚd]
peerless ['pɪɚ lɪs]
peeved [pivd]
peg [pɛg]
pelican ['pɛl ə kn]
pell-mell ['pɛl 'mɛl]
pellet ['pɛl ɪt]
pelt [pɛlt]
pelted ['pɛl tɪd]
pelvis ['pɛl vɪs]
pen [pɛn]

penal ['pinl]

penalize ['pin ə ˌlaɪz]

penalty ['pɛnl ti]

penchant ['pɛn tʃənt]

pencil ['pɛn sl]

pendant ['pɛn dənt]

pending ['pɛn dɪŋ]

pendulum ['pɛn djə ləm]

penetrate ['pɛn ɪ ˌtret]

penetrating ['pɛn ɪ ˌtret ɪŋ]

penetration [ˌpɛn ɪ 'tre ʃn]

penguin ['pɛn gwɪn]

penicillin [ˌpɛn ɪ 'sɪl ɪn]

peninsula [pə 'nɪn sə lə]

penis ['pi nɪs]

penitent ['pɛn ɪ tənt]

penitentiary [ˌpɛn ɪ 'tɛn ʃə ri]

penknife ['pɛn ˌnaɪf]

penlight ['pɛn ˌlaɪt]

penmanship ['pɛn mən ˌʃɪp]

pennant ['pɛn ənt]

penniless ['pɛn i lɪs]

Pennsylvania [ˌpɛn sɪl 'ven jə]

penny ['pɛn i]

penny-pincher ['pɛn i ˌpɪntʃ ɚ]

penology [pi 'nɑl ə dʒi]

pension ['pɛn ʃn]

pensive ['pɛn sɪv]

pent-up ['pɛnt 'əp]

pentagon ['pɛn tə ˌgɑn]

penthouse ['pɛnt ˌhæʊs]

peony ['pi ə ni]

people ['pi pl]

Peoria (IL) [ˌpi 'ɔɚ i ə]

pep [pɛp]

pepper ['pɛp ɚ]

peppermint ['pɛp ɚ ˌmɪnt]

peppy ['pɛp i]

pep talk ['pɛp ˌtɔk]

per [pɚ]

per annum [pɚ 'æn əm]

per capita [pɚ 'kæp ɪ tə]

per diem [pɚ 'di əm]

perceive [pɚ 'siv]

perceived [pɚ 'sivd]

percent [pɚ 'sɛnt]

percentage [pɚ 'sɛn tɪdʒ]

percentile [pɚ 'sɛn ˌtaɪl]

perceptible [pɚ 'sɛp tə bl]

perception [pɚ 'sɛp ʃn]

perceptive [pɚ 'sɛp tɪv]

perch [pɚtʃ]

perched [pɚtʃt]

percolate ['pɚ kə ˌlet]

percolating ['pɚ kə ˌlet ɪŋ]

percolator ['pɚ kə ˌle tɚ]

percussion [pɚ 'kəʃn]

percussionist [pɚ 'kəʃ ə nɪst]

perennial [pə 'rɛn i əl]

perfect adj. ['pɚ fɪkt]
   v. [pɚ 'fɛkt]

perfected [pɚ 'fɛk tɪd]

perfecting [pɚ 'fɛk tɪŋ]

perfection [pɚ 'fɛk ʃn]

perfectly ['pɚ fɪkt li]

perforate ['pɚ fə ˌret]

perforated ['pɚ fə ˌret ɪd]

perforation [ˌpɚ fə 're ʃn]

perform [pɚ 'fɔɚm]

performance [pɚ 'fɔɚ məns]

performed [pɚ 'fɔɚmd]

performer [pɚ 'fɔɚm ɚ]

performing [pɚ 'fɔɚm ɪŋ]

perfume n. ['pɚ fjum]

v. [pɚ 'fjum]
perfumed [pɚ 'fjumd]
perfunctory [pɚ 'fəŋk tə ri]
perhaps [pɚ 'hæps]
peril ['pɛɚ əl]
perilous ['pɛɚ ə ləs]
perimeter [pə 'rɪm ɪ tɚ]
period ['pɪɚ i əd]
periodic [ˌpɪɚ i 'ad ɪk]
periodical [ˌpɪɚ i 'ad ɪ kl]
periodontal [ˌpɛɚ i ə 'dan tl]
peripheral [pə 'rɪf ɚ əl]
periphery [pə 'rɪf ə ri]
periscope ['pɛɚ ə ˌskop]
perish ['pɛɚ ɪʃ]
perishable ['pɛɚ ɪʃ ə bl]
perished ['pɛɚ ɪʃt]
perishing ['pɛɚ ɪʃ ɪŋ]
peritoneum [ˌpɛɚ i tə 'ni əm]
peritonitis [ˌpɛɚ ɪ tə 'naɪ tɪs]
perjury ['pɚ dʒə ri]
perky ['pɚ ki]
permanent ['pɚ mə nənt]
permanently ['pɚ mə nənt li]
permeate ['pɚ mi ˌet]
permeated ['pɚ mi ˌet ɪd]
permeates ['pɚ mi ˌets]
permeating ['pɚ mi ˌet ɪŋ]
permissible [pɚ 'mɪs ə bl]
permission [pɚ 'mɪʃn]
permissive [pɚ 'mɪs ɪv]
permit *n.* ['pɚ mɪt]
v. [pɚ 'mɪt]
permitted [pɚ 'mɪt ɪd]
pernicious [pɚ 'nɪʃ əs]
perpendicular
[ˌpɚ pən 'dɪk jə lɚ]

perpetrate ['pɚ pɪ ˌtret]
perpetrator ['pɚ pɪ ˌtre tɚ]
perpetual [pɚ 'pɛtʃ u əl]
perpetually [pɚ 'pɛtʃ u ə li]
perpetuate [pɚ 'pɛtʃ u ˌet]
perpetuated [pɚ 'pɛtʃ u ˌet ɪd]
perpetuates [pɚ 'pɛtʃ u ˌets]
perpetuating [pɚ 'pɛtʃ u ˌet ɪŋ]
perpetuity [ˌpɚ pɪ 'tu ɪ ti]
perplex [pɚ 'plɛks]
perplexed [pɚ 'plɛkst]
perplexes [pɚ 'plɛks ɪz]
perplexing [pɚ 'plɛks ɪŋ]
persecute ['pɚ sə ˌkjut]
persecution [ˌpɚ sə 'kju ʃn]
perseverance [ˌpɚ sə 'vɪɚ əns]
persevere [ˌpɚ sə 'vɪɚ]
persevered [ˌpɚ sə 'vɪɚd]
persevering [ˌpɚ sə 'vɪɚ ɪŋ]
Persian ['pɚ ʒn]
persist [pɚ 'sɪst]
persisted [pɚ 'sɪs tɪd]
persistent [pɚ 'sɪs tənt]
persisting [pɚ 'sɪs tɪŋ]
person ['pɚ sn]
personable ['pɚ sə nə bl]
personage ['pɚ sə nɪdʒ]
personal ['pɚ sə nl]
personality [ˌpɚ sə 'næl ɪ ti]
personalize ['pɚ sə nə ˌlaɪz]
personally ['pɚ sə nə li]
personify [pɚ 'san ɪ ˌfaɪ]
personnel [ˌpɚ sə 'nɛl]
perspective [pɚ 'spɛk tɪv]
perspiration [ˌpɚ spə 're ʃn]
perspire [pɚ 'spaɪɚ]
persuade [pɚ 'swed]

persuaded [pɚ 'swed ɪd]

persuading [pɚ 'swed ɪŋ]

persuasion [pɚ 'swe ʒn]

persuasive [pɚ 'swe sɪv]

pertain [pɚ 'ten]

pertained [pɚ 'tend]

pertaining [pɚ 'ten ɪŋ]

pertains [pɚ 'tenz]

pertinent ['pɚ tə nənt]

perturb [pɚ 'tɚb]

peruse [pə 'ruz]

pervade [pɚ 'ved]

pervaded [pɚ 'ved ɪd]

pervades [pɚ 'vedz]

perverse [pɚ 'vɚs]

perversion [pɚ 'vɚ ʒn]

pervert n. ['pɚ ˌvɚt]
    v. [pɚ 'vɚt]

perverted [pɚ 'vɚt ɪd]

pessimism ['pɛs ə ˌmɪzm]

pessimist ['pɛs ə mɪst]

pessimistic [ˌpɛs ə 'mɪs tɪk]

pest [pɛst]

pester ['pɛs tɚ]

pestered ['pɛs tɚd]

pestering ['pɛs tɚ ɪŋ]

pesticide ['pɛs tɪ ˌsaɪd]

pestilence ['pɛs tə ləns]

pet [pɛt]

petal [pɛtl]

petite [pə 'tit]

petition [pə 'tɪʃn]

petitioned [pə 'tɪʃnd]

petrified ['pɛ trə ˌfaɪd]

petrify ['pɛ trə ˌfaɪ]

petroleum [pə 'tro li əm]

petted ['pɛt ɪd]

petticoat ['pɛ ti ˌkot]

petting ['pɛt ɪŋ]

petty ['pɛt i]

petty cash ['pɛt i 'kæʃ]

pew [pju]

phantom ['fæn təm]

pharaoh ['fɛɚ o]

pharmaceutical
    [ˌfaɚ mə 'su tɪ kl]

pharmacist ['faɚ mə sɪst]

pharmacology
    [ˌfaɚ mə 'kal ə dʒi]

pharmacy ['faɚ mə si]

pharyngitis [ˌfæɚ ɪn 'dʒaɪ tɪs]

pharynx ['fæɚ ɪŋks]

phase [fez]

phased [fezd]

phasing ['fez ɪŋ]

phenomena [fɪ 'nam ə nə]

phenomenal [fɪ 'nam ə nl]

phenomenon [fɪ 'nam ə ˌnan]

Philadelphia (PA)
    [ˌfɪl ə 'dɛl fi ə]

philander [fɪ 'læn dɚ]

philanthropy [fɪ 'læn θrə pi]

philharmonic [ˌfɪl haɚ 'man ɪk]

philosopher [fɪ 'las ə fɚ]

philosophical [fɪ lə 'saf ɪ kl]

philosophy [fɪ 'las ə fi]

phlebitis [flə 'baɪ tɪs]

phlegm [flɛm]

phlegmatic [flɛg 'mæt ɪk]

phobia ['fo bi ə]

Phoenix (AZ) ['fi nɪks]

phone [fon]

phone book ['fon ˌbʊk]

phone booth ['fon ˌbuθ]

phoned [fond]

phoneme ['fo nim]

phonetic [fə 'nɛt ɪk]

phonetics [fə 'nɛt ɪks]

phonics ['fɑn ɪks]

phonograph ['fo nə ˌgræf]

phonology [fo 'nɑl ə dʒi]

phony ['fo ni]

photo ['fo to]

photocopier ['fo tə ˌkɑp i ɚ]

photocopy ['fo tə ˌkɑp i]

photogenic [ˌfo tə 'dʒɛn ɪk]

photograph ['fo tə ˌgræf]

photographer [fə 'tɑg rə fɚ]

photographic [ˌfo tə 'græf ɪk]

photography [fə 'tɑg rə fi]

phrase [frez]

phrased [frezd]

phrasing ['frez ɪŋ]

physic ['fɪz ɪk]

physical ['fɪz ɪ kl]

physically ['fɪz ɪk li]

physician [fɪ 'zɪʃn]

physicist ['fɪz ɪ sɪst]

physics ['fɪz ɪks]

physiology [ˌfɪz i 'ɑl ə dʒi]

physiotherapy [ˌfɪz i o 'θɛɚ ə pi]

physique [fɪ 'zik]

pianist ['pi ə nɪst]

piano [pi 'æn o]

pick [pɪk]

picked [pɪkt]

picket ['pɪk ɪt]

picking ['pɪk ɪŋ]

pickle [pɪkl]

pickled [pɪkld]

pickling ['pɪk lɪŋ]

pickpocket ['pɪk ˌpɑk ɪt]

picks [pɪks]

pickup ['pɪk ˌəp]

picky ['pɪk i]

picnic ['pɪk nɪk]

picnicked ['pɪk nɪkt]

picnicking ['pɪk nɪk ɪŋ]

pictorial [ˌpɪk 'tɔɚ i əl]

picture ['pɪk tʃɚ]

pictured ['pɪk tʃɚd]

picturesque [ˌpɪk tʃɚ 'ɛsk]

picturing ['pɪk tʃɚ ɪŋ]

pie [paɪ]

piece [pis]

piecemeal ['pis ˌmil]

pier [pɪɚ]

pierce [pɪɚs]

pierced [pɪɚst]

pierces ['pɪɚs ɪz]

piercing ['pɪɚs ɪŋ]

pies [paɪz]

pig [pɪg]

pigeon [pɪdʒn]

pigeonhole ['pɪdʒn ˌhol]

piggyback ['pɪg i ˌbæk]

pigheaded ['pɪg ˌhɛd ɪd]

pigment ['pɪg mənt]

pigmentation [ˌpɪg mən 'te ʃn]

pigpen ['pɪg ˌpɛn]

pigskin ['pɪg ˌskɪn]

pigtail ['pɪg ˌtel]

pike [paɪk]

piker ['paɪ kɚ]

pile [paɪl]

piled [paɪld]

piles [paɪlz]

pileup ['paɪl ˌəp]

pilfering ['pɪl fɚ ɪŋ]

pilgrim ['pɪl grɪm]

pilgrimage ['pɪl grə mɪdʒ]

piling ['paɪl ɪŋ]

pill [pɪl]

pillar ['pɪl ɚ]

pillbox ['pɪl ˌbaks]

pillow ['pɪl o]

pillowcase ['pɪl o ˌkes]

pilot ['paɪ lət]

piloted ['paɪ lə tɪd]

piloting ['paɪ lə tɪŋ]

pimp [pɪmp]

pimple ['pɪm pl]

pin [pɪn]

pincers ['pɪn sɚz]

pinch [pɪntʃ]

pinched [pɪntʃt]

pinching ['pɪntʃ ɪŋ]

pincushion ['pɪn ˌkʊʃn]

pine [paɪn]

pineapple ['paɪn ˌæpl]

pined [paɪnd]

Ping-Pong ['pɪŋ ˌpaŋ]

pinhead ['pɪn ˌhɛd]

pinhole ['pɪn ˌhol]

pink [pɪŋk]

pinkeye ['pɪŋk ˌaɪ]

pinkie ['pɪŋ ki]

pinnacle ['pɪn ə kl]

pinpoint ['pɪn ˌpɔɪnt]

pinprick ['pɪn ˌprɪk]

pinsetter ['pɪn ˌsɛt ɚ]

pint [paɪnt]

pinup ['pɪn ˌəp]

pinwheel ['pɪn ˌʍil]

pioneer [ˌpaɪ ə 'nɪɚ]

pious ['paɪ əs]

pip-squeak ['pɪp ˌskwik]

pipe [paɪp]

piped [paɪpt]

pipeline ['paɪp ˌlaɪn]

piper ['paɪ pɚ]

piping ['paɪp ɪŋ]

piping hot ['paɪp ɪŋ 'hat]

piracy ['paɪ rə si]

pirate ['paɪ rɪt]

pistachio nut [pɪ 'stæʃ i ˌo 'nət]

pistol ['pɪs tl]

piston ['pɪs tn]

pit [pɪt]

pitch [pɪtʃ]

pitched [pɪtʃt]

pitcher ['pɪtʃ ɚ]

pitches ['pɪtʃ ɪz]

pitchfork ['pɪtʃ ˌfɔɚk]

pitching ['pɪtʃ ɪŋ]

piteous ['pɪt i əs]

piteously ['pɪt i əs li]

pitfall ['pɪt ˌfɔl]

pitied ['pɪt id]

pitiful ['pɪt ə fl]

pitiless ['pɪt i lɪs]

pits [pɪts]

pittance ['pɪt əns]

pitted ['pɪt id]

pitting ['pɪt ɪŋ]

Pittsburgh (PA) ['pɪts ˌbɚg]

pity ['pɪt i]

pitying ['pɪt i ɪŋ]

pivot ['pɪv ət]

pivotal ['pɪv ə tl]

pizza ['pit sə]

placard ['plæk ɚd]

placate   ['ple ˌket]

placated   ['ple ˌket ɪd]

placating   ['ple ˌket ɪŋ]

place   [ples]

place mat   ['ples ˌmæt]

place setting   ['ples 'sɛt ɪŋ]

placebo   [plə 'si bo]

placed   [plest]

placement   ['ples mənt]

placenta   [plə 'sɛn tə]

places   ['ples ɪz]

placid   ['plæs ɪd]

placing   ['ples ɪŋ]

plagiarism   ['ple dʒə ˌrɪ zm]

plagiarize   ['ple dʒə ˌraɪz]

plague   [pleg]

plaid   [plæd]

plain   [plen]

plainly   ['plen li]

plaintiff   ['plen tɪf]

plaintive   ['plen tɪv]

plan   [plæn]

plane   [plen]

planet   ['plæn ɪt]

planetarium   [ˌplæn ɪ 'tɛɚ i əm]

planetary   ['plæn ə ˌtɛɚ i]

plank   [plæŋk]

planned   [plænd]

planning   ['plæn ɪŋ]

plans   [plænz]

plant   [plænt]

plantation   [plæn 'te ʃn]

planted   ['plænt ɪd]

planter   ['plænt ɚ]

planting   ['plænt ɪŋ]

plants   [plænts]

plaque   [plæk]

plasma   ['plæz mə]

plaster   ['plæs tɚ]

plasterboard   ['plæs tɚ ˌbɔɚd]

plastering   ['plæs tɚ ɪŋ]

plasters   ['plæs tɚz]

plastic   ['plæs tɪk]

plate   [plet]

plate glass   ['plet 'glæs]

plateau   [plæ 'to]

platform   ['plæt ˌfɔɚm]

platinum   ['plæt nəm]

platitude   ['plæt ɪ ˌtud]

Platonic   [plə 'tɑn ɪk]

platoon   [plə 'tun]

platter   ['plæt ɚ]

plausible   ['plɔ zə bl]

play   [ple]

play-off   ['ple ˌɔf]

playback   ['ple ˌbæk]

playboy   ['ple ˌbɔɪ]

played   [pled]

player   ['ple ɚ]

playful   ['ple fl]

playground   ['ple ˌgræʊnd]

playing   ['ple ɪŋ]

playmate   ['ple ˌmet]

playpen   ['ple ˌpɛn]

plays   [plez]

playschool   ['ple ˌskul]

plaything   ['ple ˌθɪŋ]

playwright   ['ple ˌraɪt]

plea   [pli]

plead   [plid]

pleaded   ['plid ɪd]

pleading   ['plid ɪŋ]

pleads   [plidz]

pleasant   ['plɛz ənt]

pleasantly ['plɛz ənt li]

pleasantries ['plɛz ən triz]

please [pliz]

pleased [plizd]

pleasing ['pliz ɪŋ]

pleasurable ['plɛʒ ə ə bl]

pleasure ['plɛʒ ə]

pleat [plit]

pleated ['plit ɪd]

plebiscite ['plɛb ɪ ˌsaɪt]

pledge [plɛdʒ]

pledged [plɛdʒd]

plentiful ['plɛn tɪ fl]

plenty ['plɛn ti]

plethora ['plɛθ ə ə]

pleurisy ['plʊə ɪ si]

pliable ['plaɪ ə bl]

pliant ['plaɪ ənt]

pliers ['plaɪə z]

plight [plaɪt]

plod [plɑd]

plodded ['plɑd ɪd]

plodder ['plɑd ə]

plosive ['plo sɪv]

plot [plɑt]

plotted ['plɑt ɪd]

plotter ['plɑt ə]

plotting ['plɑt ɪŋ]

plow [plæʊ]

plowed [plæʊd]

plowing ['plæʊ ɪŋ]

ploy [plɔɪ]

pluck [plək]

plucked [pləkt]

plucky ['plək i]

plug [pləg]

plugged [pləgd]

plugging ['pləg ɪŋ]

plum [pləm]

plumage ['plu mɪdʒ]

plumb [pləm]

plumber ['pləm ə]

plumbing ['pləm ɪŋ]

plume [plum]

plummet ['pləm ɪt]

plump [pləmp]

plunder ['plən də]

plundered ['plən də d]

plunge [pləndʒ]

plunged [pləndʒd]

plunger ['plən dʒə]

plunging ['pləndʒ ɪŋ]

plural ['plʊə əl]

plurality [plʊ 'ræl ɪ ti]

pluralize ['plʊə ə ˌlaɪz]

plus [pləs]

plush [pləʃ]

ply [plaɪ]

plywood ['plaɪ ˌwʊd]

pneumatic drill
   [nu 'mæt ɪk 'drɪl]

pneumonia [nʊ 'mon jə]

poach [potʃ]

poached [potʃt]

Pocatello (ID) [ˌpok ə 'tɛl o]

pocket ['pak ɪt]

pocket money ['pak ɪt ˌmən i]

pocketbook ['pak ɪt ˌbʊk]

pocketful ['pak ɪt ˌfʊl]

pocketknife ['pak ɪt ˌnaɪf]

pockmark ['pak ˌmaə k]

pod [pad]

podiatrist [pə 'daɪ ə trɪst]

podiatry [pə 'daɪ ə tri]

podium ['po di əm]

poem ['po əm]

poet ['po ɪt]

poetic [po 'ɛt ɪk]

poetry ['po ɪ tri]

poignant ['pɔɪn jənt]

poinsettia [pɔɪn 'sɛt i ə]

point [pɔɪnt]

point-blank ['pɔɪnt 'blæŋk]

point of view ['pɔɪnt əv 'vju]

pointed ['pɔɪn tɪd]

pointer ['pɔɪn tɚ]

pointing ['pɔɪn tɪŋ]

pointless ['pɔɪnt lɪs]

poise [pɔɪz]

poised [pɔɪzd]

poison ['pɔɪ zn]

poisoning ['pɔɪ zn ɪŋ]

poisonous ['pɔɪ zn əs]

poke [pok]

poked [pokt]

poker ['po kɚ]

poker-faced ['po kɚ ˌfest]

polar ['po lɚ]

polar bear ['po lɚ ˌbɛɚ]

Pole [pol]

pole [pol]

police [pə 'lis]

policeman [pə 'lis mən]

policewoman [pə 'lis ˌwʊ mən]

policy ['pal ɪ si]

polio ['po li ˌo]

polish ['pal ɪʃ]

Polish ['po lɪʃ]

polished ['pal ɪʃt]

polite [pə 'laɪt]

politely [pə 'laɪt li]

politeness [pə 'laɪt nɪs]

politic ['pal ɪ tɪk]

political [pə 'lɪt ɪ kl]

politically [pə 'lɪt ɪk li]

politician [ˌpal ɪ 'tɪʃn]

politics ['pal ɪ tɪks]

polka ['pol kə]

polka dot ['po kə ˌdat]

polled [pold]

pollen ['pal ən]

pollen count ['pal ən ˌkæʊnt]

polling ['pol ɪŋ]

polling booth ['pol ɪŋ ˌbuθ]

pollster ['pol stɚ]

pollute [pə 'lut]

polluted [pə 'lut ɪd]

polluting [pə 'lut ɪŋ]

pollution [pə 'lu ʃn]

polo ['po lo]

polyester ['pal i ˌɛs tɚ]

polygamy [pə 'lɪg ə mi]

polygraph ['pal i ˌgræf]

polyp ['pal ɪp]

polysyllabic [ˌpal i sɪ 'læb ɪk]

pomp [pɑmp]

pompous ['pɑm pəs]

pond [pɑnd]

ponder ['pɑn dɚ]

pondered ['pɑn dɚd]

pondering ['pɑn dɚ ɪŋ]

ponderous ['pɑn dɚ əs]

pontoon [pɑn 'tun]

pony ['po ni]

ponytail ['po ni ˌtel]

poodle [pudl]

pool [pul]

poor [pʊɚ]

poor-mouth   ['pʊɚ ˌmæʊθ]

poorly   ['pʊɚ li]

pop   [pap]

pop concert   ['pap 'kan sɚt]

popcorn   ['pap ˌkɔɚn]

pope   [pop]

poplar   ['pap lɚ]

popped   [papt]

popping   ['pap ɪŋ]

poppy   ['pap i]

populace   ['pap jə ləs]

popular   ['pap jə lɚ]

popularity   [ˌpap jə 'læɚ ɪ ti]

popularize   ['pap jə lə ˌraɪz]

popularized   ['pap jə lə ˌraɪzd]

popularizing
   ['pap jə lə ˌraɪz ɪŋ]

populate   ['pap jə ˌlet]

populated   ['pap jə ˌlet ɪd]

populating   ['pap jə ˌlet ɪŋ]

population   [ˌpap jə 'le ʃn]

populous   ['pap jə ləs]

porcelain   ['pɔɚs lɪn]

porch   [pɔɚtʃ]

porcupine   ['pɔɚ kjə ˌpaɪn]

pore   [pɔɚ]

pork   [pɔɚk]

pornography   [pɔɚ 'nag rə fi]

porous   ['pɔɚ əs]

porpoise   ['pɔɚ pəs]

port   [pɔɚt]

portable   ['pɔɚ tə bl]

portal   ['pɔɚ tl]

porter   ['pɔɚ tɚ]

portfolio   [pɔɚt 'fo li ˌo]

porthole   ['pɔɚt ˌhol]

portion   ['pɔɚ ʃn]

Portland (ME, OR)
   ['pɔɚt lənd]

portly   ['pɔɚt li]

portrait   ['pɔɚ trɪt]

portray   [pɔɚ 'tre]

portrayed   [pɔɚ 'tred]

portraying   [pɔɚ 'tre ɪŋ]

portrays   [pɔɚ 'trez]

Portsmouth (VA)   ['pɔɚts mɪθ]

Portuguese   [ˌpɔɚ tʃə 'giz]

pose   [poz]

posed   [pozd]

poses   ['poz ɪz]

posh   [paʃ]

posing   ['poz ɪŋ]

position   [pə 'zɪʃn]

positive   ['paz ɪ tɪv]

positively   ['paz ɪ tɪv li]

possess   [pə 'zɛs]

possessed   [pə 'zɛst]

possessing   [pə 'zɛs ɪŋ]

possession   [pə 'zɛʃn]

possessive   [pə 'zɛs ɪv]

possibility   [ˌpas ə 'bɪl ɪ ti]

possible   ['pas ə bl]

possibly   ['pas ə bli]

post   [post]

postcard   ['post ˌkaɚd]

post office   ['post ˌɔf ɪs]

postage   ['po stɪdʒ]

postal   ['pos tl]

posted   ['pos tɪd]

poster   ['pos tɚ]

posterior   [pɑ 'stɪɚ i ɚ]

posterity   [pɑ 'stɛɚ ɪ ti]

postgraduate   [ˌpost 'grædʒ u ɪt]

posthaste   ['post 'hest]

posthumously   ['pas tʃə məs li]

posting   ['post ɪŋ]

postman   ['post mən]

postmark   ['post ˌmaɚk]

postmaster   ['post ˌmæs tɚ]

postmortem   [ˌpost 'mɔɚ tm]

postnasal drip
   ['post 'ne zl 'drɪp]

postnatal   ['post 'netl]

postoperative   ['post 'ap ɚ ə tɪv]

postpaid   ['post 'ped]

postpone   [post 'pon]

postponed   [post 'pond]

postponing   [post 'pon ɪŋ]

posts   [posts]

postscript   ['post ˌskrɪpt]

postulate   n. ['pas tʃə lɪt]
   v. ['pas tʃə ˌlet]

posture   ['pas tʃɚ]

postwar   ['post 'wɔɚ]

pot   [pat]

potable   ['po tə bl]

potassium   [pə 'tæs i əm]

potato   [pə 'te to]

potato chip   [pə 'te to ˌtʃɪp]

potent   ['pot nt]

potential   [pə 'tɛn ʃl]

potentially   [pə 'tɛn ʃə li]

pot holder   ['pat ˌhol dɚ]

pothole   ['pat ˌhol]

potion   ['po ʃn]

potluck   ['pat ˌlək]

potshot   ['pat ˌʃat]

potted   ['pat ɪd]

potter   ['pat ɚ]

pottery   ['pat ə ri]

pouch   [pæʊtʃ]

poultry   ['pol tri]

pounce   [pæʊns]

pounced   [pæʊnst]

pound   [pæʊnd]

pounded   ['pæʊn dɪd]

pounding   ['pæʊn dɪŋ]

pour   [pɔɚ]

poured   [pɔɚd]

pourer   ['pɔɚ ɚ]

pouring   ['pɔɚ ɪŋ]

pours   [pɔɚz]

pout   [pæʊt]

pouted   ['pæʊt ɪd]

pouting   ['pæʊt ɪŋ]

poverty   ['pav ɚ ti]

poverty-stricken
   ['pav ɚ ti ˌstrɪ kn]

powder   ['pæʊ dɚ]

powdered   ['pæʊ dɚd]

power   ['pæʊ ɚ]

powered   ['pæʊ ɚd]

powerful   ['pæʊ ɚ fl]

powerhouse   ['pæʊ ɚ ˌhæʊs]

powerless   ['pæʊ ɚ lɪs]

powwow   ['pæʊ ˌwæʊ]

practical   ['præk tɪ kl]

practicality   [ˌpræk tɪ 'kæl ɪ ti]

practically   ['præk tɪk li]

practice   ['præk tɪs]

practiced   ['præk tɪst]

practicing   ['præk tɪs ɪŋ]

practitioner   [præk 'tɪʃ ə nɚ]

pragmatic   [præg 'mæt ɪk]

pragmatism   ['præg mə ˌtɪzm]

pragmatist   ['præg mə tɪst]

prairie   ['prɛɚ i]

praise   [prez]

praised [prezd]

praiseworthy ['prez ˌwɚ ði]

praising ['prez ɪŋ]

praline ['pre ˌlin]

prance [præns]

pranced [prænst]

prancing ['præns ɪŋ]

prank [præŋk]

prankster ['præŋk stɚ]

pray [pre]

prayed [pred]

prayer [preɚ]

praying ['pre ɪŋ]

preach [pritʃ]

preached [pritʃt]

preacher ['pritʃ ɚ]

preaching ['pritʃ ɪŋ]

preamble ['pri ˌæm bl]

prearrange [ˌpri ə 'rendʒ]

prearranged [ˌpri ə 'rendʒd]

precancerous [pri 'kæn sə rəs]

precarious [prɪ 'kɛɚ i əs]

precaution [prɪ 'kɔ ʃn]

precede [prɪ 'sid]

preceded [prɪ 'sid ɪd]

precedence ['prɛs ɪ dəns]

precedent ['prɛs ɪ dənt]

preceding [prɪ 'si dɪŋ]

precept ['pri sɛpt]

precinct ['pri sɪŋkt]

precious ['prɛʃ əs]

precipice ['prɛs ə pɪs]

precipitate [prɪ 'sɪp ɪ ˌtet]

precipitated [prɪ 'sɪp ɪ ˌtet ɪd]

precipitating [prɪ 'sɪp ɪ ˌtet ɪŋ]

precipitation [prɪ ˌsɪp ɪ 'te ʃn]

precipitous [prɪ 'sɪp ɪ təs]

precise [prɪ 'saɪs]

precisely [prɪ 'saɪs li]

precision [prɪ 'sɪʒn]

preclude [prɪ 'klud]

precluded [prɪ 'klud ɪd]

precluding [prɪ 'klud ɪŋ]

precocious [prɪ 'ko ʃəs]

preconceive [ˌpri kən 'siv]

precondition [ˌpri kən 'dɪʃn]

precursor [pri 'kɚ sɚ]

predatory ['prɛd ə ˌtɔɚ i]

predecessor ['prɛd ɪ ˌsɛs ɚ]

predetermine [ˌpri dɪ 'tɚ mɪn]

predicament [prɪ 'dɪk ə mənt]

predict [prɪ 'dɪkt]

predicted [prɪ 'dɪk tɪd]

predicting [prɪ 'dɪk tɪŋ]

prediction [prɪ 'dɪk ʃn]

predictor [prɪ 'dɪk tɚ]

predicts [prɪ 'dɪkts]

predisposed [ˌpri dɪ 'spozd]

predominance
[prɪ 'dam ə nəns]

predominant [prɪ 'dam ə nənt]

predominantly
[prɪ 'dam ə nənt li]

predominate [prɪ 'dam ə ˌnet]

preeminent [pri 'ɛm ə nənt]

prefab ['pri ˌfæb]

prefabricated
[pri 'fæb rə ˌket ɪd]

preface ['prɛf ɪs]

prefaced ['prɛf ɪst]

prefer [prɪ 'fɚ]

preferable ['prɛf ɚ ə bl]

preferably ['prɛf ɚ ə bli]

preference ['prɛf ɚ əns]

preferential   [ˌprɛf ə 'rɛn ʃl]
preferred   [prɪ 'fɚd]
prefix   ['pri fɪks]
pregnancy   ['prɛg nən si]
pregnant   ['prɛg nənt]
prehistoric   [ˌpri hɪ 'staɚ ɪk]
prejudice   ['prɛdʒ ə dɪs]
prejudiced   ['prɛdʒ ə dɪst]
preliminary   [prɪ 'lɪm ə ˌnɛɚ i]
prelude   ['pre lud]
premarital   [pri 'mæɚ ɪ tl]
premature   [ˌpri mə 'tʃʊɚ]
prematurely   [ˌpri mə 'tʃʊɚ li]
premeditate   [pri 'mɛd ɪ ˌtet]
premier   [prɪ 'mɪɚ]
premise   ['prɛm ɪs]
premium   ['pri mi əm]
premonition   [ˌprɛm ə 'nɪʃn]
preoccupied   [pri 'ak jə ˌpaɪd]
preoccupy   [pri 'ak jə ˌpaɪ]
prepackaged   [pri 'pæk ɪdʒd]
prepaid   [pri 'ped]
preparation   [ˌprɛp ə 're ʃn]
preparatory   [prɪ 'pæɚ ə ˌtɔɚ i]
prepare   [prɪ 'pɛɚ]
prepared   [prɪ 'pɛɚd]
preparedness   [prɪ 'pɛɚ ɪd nɪs]
preparing   [prɪ 'pɛɚ ɪŋ]
prepay   [pri 'pe]
preponderance
   [prɪ 'pan də rəns]
preposition   [ˌprɛp ə 'zɪʃn]
preposterous   [prɪ 'pas trəs]
prerecord   [ˌpri ri 'kɔɚd]
prerequisite   [prɪ 'rɛk wɪ zɪt]
prerogative   [prɪ 'rag ə tɪv]
Presbyterian   [ˌprɛz bɪ 'tɪɚ i ən]

preschool   ['pri ˌskul]
prescribe   [prɪ 'skraɪb]
prescribed   [prɪ 'skraɪbd]
prescribing   [prɪ 'skraɪb ɪŋ]
prescription   [prɪ 'skrɪp ʃn]
presence   ['prɛz əns]
present   n. ['prɛz ənt]
   v. [prɪ 'zɛnt]
present-day   ['prɛz ənt 'de]
presentable   [prɪ 'zɛn tə bl]
presentation   [ˌprɛz ən 'te ʃn]
presented   [prɪ 'zɛnt ɪd]
presenter   [prɪ 'zɛnt ɚ]
presenting   [prɪ 'zɛn tɪŋ]
presently   ['prɛz ənt li]
preservation   [ˌprɛ zɚ 've ʃn]
preservative   [prɪ 'zɚv ə tɪv]
preserve   [prɪ 'zɚv]
preserved   [prɪ 'zɚvd]
preserving   [prɪ 'zɚv ɪŋ]
preside   [prɪ 'zaɪd]
presided   [prɪ 'zaɪd ɪd]
presidency   ['prɛz ɪ dən si]
president   ['prɛz ɪ dənt]
presidential   [ˌprɛz ɪ 'dɛn ʃl]
presiding   [prɪ 'zaɪd ɪŋ]
press   [prɛs]
pressed   [prɛst]
pressing   ['prɛs ɪŋ]
pressure   ['prɛʃ ɚ]
pressure gauge   ['prɛʃ ɚ ˌgedʒ]
prestige   [prɛs 'tiʒ]
presumably   [prɪ 'zum ə bli]
presume   ['prɪ zum]
presumed   ['prɪ zumd]
presuming   ['prɪ zum ɪŋ]
presumption   [prɪ 'zəmp ʃn]

presumptuous
    [prɪ 'zəmp tʃu əs]
pretend [prɪ 'tɛnd]
pretended [prɪ 'tɛn dɪd]
pretending [prɪ 'tɛn dɪŋ]
pretense ['pri ˌtɛns]
pretension [prɪ 'tɛn ʃn]
pretentious [prɪ 'tɛn ʃəs]
pretext ['pri ˌtɛkst]
pretty ['prɪt i]
pretzel ['prɛt sl]
prevail [prɪ 'vel]
prevailed [prɪ 'veld]
prevailing [ˌprɪ 'vel ɪŋ]
prevalent ['prɛv ə lənt]
prevaricate [prɪ 'væɚ ə ˌket]
prevarication [prɪ ˌvæɚ ə 'ke ʃn]
prevent [prɪ 'vɛnt]
preventable [prɪ 'vɛnt ə bl]
prevented [prɪ 'vɛn tɪd]
preventing [prɪ 'vɛn tɪŋ]
prevention [prɪ 'vɛn ʃn]
preventive [prɪ 'vɛn tɪv]
preview ['pri ˌvju]
previewed ['pri ˌvjud]
previous ['pri vi əs]
previously ['pri vi əs li]
prewar ['pri 'wɔɚ]
prey [pre]
price [praɪs]
price list ['praɪs ˌlɪst]
priced [praɪst]
prices ['praɪs ɪz]
priceless ['praɪs lɪs]
pricing ['praɪs ɪŋ]
prick [prɪk]
pride [praɪd]

prided ['praɪd ɪd]
pried [praɪd]
priest [prist]
priesthood ['prist ˌhʊd]
priestly ['prist li]
prim [prɪm]
prima donna [ˌprɪm ə 'dan ə]
primacy ['praɪ mə si]
primarily [praɪ 'mɛɚ ɪ li]
primary ['praɪ ˌmɚ i]
primate ['praɪ ˌmet]
prime [praɪm]
prime time ['praɪm 'taɪm]
primed [praɪmd]
primer ['prɪm ɚ]
primeval [praɪ 'mi vl]
primitive ['prɪm ɪ tɪv]
primp [prɪmp]
prince [prɪns]
princely ['prɪns li]
princess ['prɪn sɪs]
principal ['prɪn sə pl]
principality [ˌprɪn sə 'pæl ɪ ti]
principally ['prɪn sə pli]
principle ['prɪn sə pl]
print [prɪnt]
printed ['prɪn tɪd]
printer ['prɪn tɚ]
printing ['prɪn tɪŋ]
printout *n.* ['prɪnt ˌæʊt]
prior ['praɪ ɚ]
priority [praɪ 'aɚ ɪ ti]
prism [prɪzm]
prison [prɪzn]
prisoner ['prɪz ə nɚ]
prissy ['prɪs i]
pristine ['prɪs ˌtin]

privacy ['praɪ və si]

private ['praɪ vɪt]

private eye ['praɪ vɪt 'aɪ]

privately ['praɪ vɪt li]

privation [praɪ 've ʃn]

privilege ['prɪv lɪdʒ]

privileged ['prɪv lɪdʒd]

privy ['prɪv i]

prize [praɪz]

prized [praɪzd]

prizes ['praɪz ɪz]

prizewinner ['praɪz ˌwɪn ɚ]

pro [pro]

probability [ˌprab ə 'bɪl ɪ ti]

probable ['prab ə bl]

probably ['prab ə bli]

probation [pro 'be ʃn]

probe [prob]

probed [probd]

probing ['prob ɪŋ]

problem ['prab ləm]

problematic [ˌpra blə 'mæt ɪk]

procedure [prə 'si dʒɚ]

proceed [prə 'sid]

proceeded [prə 'sid ɪd]

proceeding [prə 'sid ɪŋ]

proceeds ['pro sidz]

process ['pra ˌsɛs]

processed ['pra ˌsɛst]

processing ['pra ˌsɛs ɪŋ]

procession [prə 'sɛʃn]

proclaim [prə 'klem]

proclaimed [prə 'klemd]

proclaiming [prə 'klem ɪŋ]

proclamation [ˌprak lə 'me ʃn]

proclivity [pro 'klɪv ɪ ti]

procrastinate [prə 'kræs tə ˌnet]

procrastination [prə ˌkræs tə 'ne ʃn]

procreate ['pro kri ˌet]

proctor ['prak tɚ]

procure [pro 'kjʊɚ]

prod [prad]

prodigal ['prad ə gl]

prodigious [prə 'dɪdʒ əs]

prodigy ['prad ɪ dʒi]

produce n. vegetables ['pro dus] v. to make [prə 'dus]

produced [prə 'dust]

producer [prə 'dus ɚ]

producing [prə 'dus ɪŋ]

product ['pra ˌdəkt]

production [prə 'dək ʃn]

productive [prə 'dək tɪv]

productivity [pro dək 'tɪv ɪ ti]

profane [prə 'fen]

profanity [prə 'fæn ɪ ti]

profess [prə 'fɛs]

professed [prə 'fɛst]

profession [prə 'fɛʃn]

professional [prə 'fɛʃ ə nl]

professionally [prə 'fɛʃ ə nə li]

professor [prə 'fɛs ɚ]

professorial [ˌpra fə 'sɔɚ i əl]

professorship [prə 'fɛs ɚ ˌʃɪp]

proficiency [prə 'fɪʃ ən si]

proficient [prə 'fɪʃ ənt]

profile ['pro faɪl]

profiled ['pro faɪld]

profit ['praf ɪt]

profitable ['praf ɪt ə bl]

profited ['praf ɪt ɪd]

profiteering [ˌpraf ɪ 'tɪɚ ɪŋ]

profound [prə 'fæʊnd]

profoundly [prə 'fæʊnd li]

profuse [prə 'fjus]

profusely [prə 'fjus li]

progeny ['pradʒ ə ni]

program ['pro græm]

programmed ['pro græmd]

programmer ['pro græm ə-]

programming ['pro græm ɪŋ]

progress *n.* ['prag rɛs]
  v. [prə 'grɛs]

progressed [prə 'grɛst]

progressing [prə 'grɛs ɪŋ]

progression [prə 'grɛʃn]

progressive [prə 'grɛs ɪv]

prohibit [pro 'hɪb ɪt]

prohibited [pro 'hɪb ɪ tɪd]

prohibiting [pro 'hɪb ɪ tɪŋ]

prohibition [ˌpro ə 'bɪʃn]

prohibitive [pro 'hɪb ɪ tɪv]

project *n.* ['pra dʒɛkt]
  v. [prə 'dʒɛkt]

projected [prə 'dʒɛk tɪd]

projectile [prə 'dʒɛk ˌtaɪl]

projecting [prə 'dʒɛk tɪŋ]

projection [prə 'dʒɛk ʃn]

projector [prə 'dʒɛk tə-]

prolific [pro 'lɪf ɪk]

prologue ['pro ˌlag]

prolong [pro 'lɔŋ]

prolonged [pro 'lɔŋd]

prolonging [pro 'lɔŋ ɪŋ]

prom [pram]

promenade [ˌpram ə 'ned]

promenaded [ˌpram ə 'ned ɪd]

promenading [ˌpra mə 'ned ɪŋ]

prominence ['pram ə nəns]

prominent ['pram ə nənt]

promiscuities
  [ˌpraɪm ɪ 'skju ɪ tiz]

promiscuous [prə 'mɪs kju əs]

promise ['pram ɪs]

promised ['pram ɪst]

promising ['pram ɪs ɪŋ]

promissory ['pram ɪ ˌsɔ- i]

promote [prə 'mot]

promoted [prə 'mot ɪd]

promoter [prə 'mo tə-]

promoting [prə 'mot ɪŋ]

promotion [prə 'mo ʃn]

prompt [prampt]

prompted ['pramp tɪd]

prompter ['prampt ə-]

prompting ['pramp tɪŋ]

promptly ['prampt li]

promulgate ['praml ˌget]

prone [pron]

prong [praŋ]

pronoun ['pro ˌnæʊn]

pronounce [prə 'næʊns]

pronounces [prə 'næʊns ɪz]

pronouncing [prə 'næʊns ɪŋ]

pronunciation [prə ˌnən si 'e ʃn]

proof [pruf]

proofread ['pruf ˌrid]

proofreader ['pruf ˌrid ə-]

prop [prap]

propaganda [ˌprap ə 'gæn də]

propagandize
  [ˌprap ə 'gæn ˌdaɪz]

propagate ['prap ə ˌget]

propagation [ˌprap ə 'ge ʃn]

propane ['pro pen]

propel [prə 'pɛl]

propellant   [prə 'pɛl ənt]

propelled   [prə 'pɛld]

propeller   [prə 'pɛl ɚ]

propelling   [prə 'pɛl ɪŋ]

propensity   [prə 'pɛn sɪ ti]

proper   ['prɑp ɚ]

properly   ['prɑp ɚ li]

property   ['prɑp ɚ ti]

prophecies   ['prɑf ɪ siz]

prophecy   ['prɑf ɪ si]

prophesied   ['prɑf ɪ ˌsaɪd]

prophesy   ['prɑf ɪ ˌsaɪ]

prophesying   ['prɑf ɪ ˌsaɪ ɪŋ]

prophet   ['prɑf ɪt]

prophetic   [prə 'fɛt ɪk]

prophylactic   [ˌpro fə 'læk tɪk]

propitious   [prə 'pɪʃ əs]

proponent   [prə 'po nənt]

proportion   [prə 'pɔɚ ʃn]

proportional   [prə 'pɔɚ ʃə nl]

proportionate   [prə 'pɔɚ ʃə nɪt]

proposal   [prə 'pozl]

propose   [prə 'poz]

proposed   [prə 'pozd]

proposes   [prə 'poz ɪz]

proposing   [prə 'poz ɪŋ]

proposition   [ˌprɑp ə 'zɪʃn]

proprietor   [prə 'praɪ ɪ tɚ]

propriety   [prə 'praɪ ɪ ti]

propulsion   [prə 'pəl ʃn]

prorate   [ˌpro 'ret]

proscribe   [pro 'skraɪb]

prose   [proz]

prosecute   ['prɑs ə ˌkjut]

prosecuted   ['prɑs ə ˌkjut ɪd]

prosecuting   ['prɑs ə ˌkjut ɪŋ]

prosecution   [ˌprɑs ə 'kju ʃn]

prosecutor   ['prɑs ə ˌkjut ɚ]

prospect   ['prɑs pɛkt]

prospective   [prə 'spɛk tɪv]

prospector   ['prɑs pɛk tɚ]

prospectus   [prə 'spɛk təs]

prosper   ['prɑs pɚ]

prospered   ['prɑs pɚd]

prospering   ['prɑs pɚ ɪŋ]

prosperity   [prɑs 'pɛɚ ɪ ti]

prosperous   ['prɑs pɚ əs]

prostate   ['prɑs ˌtet]

prosthesis   [prɑs 'θi sɪs]

prostitute   ['prɑs tɪ ˌtut]

prostituted   ['prɑs tɪ ˌtut ɪd]

prostituting   ['prɑs tɪ ˌtut ɪŋ]

prostitution   [ˌprɑs tɪ 'tu ʃn]

prostrate   ['prɑs tret]

prostrated   ['prɑs tret ɪd]

prostrating   ['prɑs tret ɪŋ]

protagonist   [pro 'tæg ə nɪst]

protect   [prə 'tɛkt]

protected   [prə 'tɛk tɪd]

protecting   [prə 'tɛk tɪŋ]

protection   [prə 'tɛkt ʃn]

protective   [prə 'tɛk tɪv]

protector   [prə 'tɛk tɚ]

protects   [prə 'tɛkts]

protege   ['pro tə ˌʒe]

protein   ['pro ˌtin]

protest   n. ['pro ˌtɛst]
   v. [prə 'tɛst]

Protestant   ['prɑt ɪ stənt]

protested   [pro 'tɛs tɪd]

protester   [pro 'tɛs tɚ]

protesting   [pro 'tɛs tɪŋ]

protests   n. ['pro ˌtɛsts]
   v. [pro 'tɛsts]

protocol   ['pro tə ,kɔl]

proton   ['pro ,tan]

prototype   ['pro tə ,taɪp]

protracted   [pro 'træk tɪd]

protracting   [pro 'træk tɪŋ]

protractor   [pro 'træk tɚ]

protrude   [pro 'trud]

protruded   [pro 'trud ɪd]

protrudes   [pro 'trudz]

protruding   [pro 'trud ɪŋ]

protuberance   [pro 'tu bɚ əns]

proud   [præʊd]

proudly   ['præʊd li]

prove   [pruv]

proved   [pruvd]

proven   [pruvn]

proverb   ['pra ,vɚb]

provide   [prə 'vaɪd]

provided   [prə 'vaɪd ɪd]

providence   ['prav ɪ dəns]

Providence (RI)   ['prav ɪ dəns]

provides   [prə 'vaɪdz]

providing   ['prə vaɪd ɪŋ]

province   ['pra vɪns]

provincial   [prə 'vɪn ʃl]

proving   ['pruv ɪŋ]

provision   [prə 'vɪ ʒn]

provisional   [prə 'vɪʒ ə nl]

Provo (UT)   ['prov o]

provocation   [,prav ə 'ke ʃn]

provocative   [prə 'vak ə tɪv]

provoke   [prə 'vok]

provoked   [prə 'vokt]

provokes   [prə 'voks]

provoking   [prə 'vok ɪŋ]

provost   ['pro ,vost]

prowess   ['præʊ ɪs]

prowl   [præʊl]

prowled   [præʊld]

prowler   ['præʊl ɚ]

prowling   ['præʊl ɪŋ]

prowls   [præʊlz]

proximity   [prak 'sɪm ɪ ti]

proxy   ['prak si]

prudence   ['prud ns]

prudent   ['prud nt]

prudish   ['prud ɪʃ]

prune   [prun]

pry   [praɪ]

prying   ['praɪ ɪŋ]

psalm   [sam]

pseudo   ['su do]

pseudonym   ['sud ə ,nɪm]

psoriasis   [sə 'raɪ ə sɪs]

psyche   ['saɪ ki]

psychedelic   [,saɪ kɪ 'dɛl ɪk]

psychiatric   [,saɪ ki 'æ trɪk]

psychiatrist   [sɪ 'kaɪ ə trɪst]

psychiatry   [sɪ 'kaɪ ə tri]

psychic   ['saɪ kɪk]

psychoanalysis
    [,saɪ ko ə 'næl ɪ sɪs]

psychoanalyst
    [,saɪ ko 'æn ə lɪst]

psychoanalyze
    [,saɪ ko 'æn ə ,laɪz]

psychological   [,saɪ kə 'ladʒ ɪ kl]

psychologist   [saɪ 'kal ə dʒɪst]

psychology   [saɪ 'kal ə dʒi]

psychopath   ['saɪ kə ,pæθ]

psychopathic   [,saɪ kə 'pæθ ɪk]

psychosis   [saɪ 'ko sɪs]

psychosomatic
    [,saɪ ko so 'mæt ɪk]

psychotherapy
[ˌsɑɪ ko 'θɛɚ ə pi]

puberty   ['pju bɚ ti]

pubic   ['pju bɪk]

public   ['pəb lɪk]

public school   ['pəb lɪk ˌskul]

public-spirited
['pəb lɪk 'spɪɚ ɪ tɪd]

public utility   ['pəb lɪk ju 'tɪl ɪ ti]

publication   [ˌpəb lɪ 'ke ʃn]

publicist   ['pəb lɪ sɪst]

publicity   [pəb 'lɪs ɪ ti]

publicize   ['pəb lɪ sɑɪz]

publicized   ['pəb lɪ ˌsɑɪzd]

publicizing   ['pəb lɪ ˌsɑɪz ɪŋ]

publicly   ['pəb lɪk li]

publish   ['pəb lɪʃ]

published   ['pəb lɪʃt]

publisher   ['pəb lɪʃ ɚ]

publishing   ['pəb lɪʃ ɪŋ]

puck   [pək]

pucker   ['pək ɚ]

puckered   ['pək ɚd]

puckering   ['pək ɚ ɪŋ]

pudding   ['pʊd ɪŋ]

puddle   ['pədl]

puff   [pəf]

puffed   [pəft]

puffing   ['pəf ɪŋ]

puffy   ['pəf i]

puke   [pjuk]

pull   [pʊl]

pullback   ['pʊl ˌbæk]

pulled   [pʊld]

pulley   ['pʊl i]

pulling   ['pʊl ɪŋ]

pullout   ['pʊl ˌæʊt]

pullover   ['pʊl ˌo vɚ]

pulls   [pʊlz]

pulmonary   ['pʊl mə ˌnɛɚ i]

pulp   [pəlp]

pulpit   ['pʊl pɪt]

pulsate   ['pəl ˌset]

pulsated   ['pəl ˌset ɪd]

pulsating   ['pəl ˌset ɪŋ]

pulse   [pəls]

pulverize   ['pəl və ˌrɑɪz]

pump   [pəmp]

pumped   [pəmpt]

pumping   ['pəmp ɪŋ]

pumpkin   ['pəmp kɪn]

pun   [pən]

punch   [pəntʃ]

punch line   ['pəntʃ ˌlɑɪn]

punched   [pəntʃt]

punching   ['pəntʃ ɪŋ]

punctual   ['pəŋk tʃu əl]

punctuate   ['pəŋk tʃu ˌet]

punctuation   [ˌpəŋk tʃu 'e ʃn]

puncture   ['pəŋk tʃɚ]

punctured   ['pəŋk tʃɚd]

pundit   ['pən dɪt]

pungent   ['pən dʒənt]

punish   ['pən ɪʃ]

punished   ['pən ɪʃt]

punishing   ['pən ɪʃ ɪŋ]

punishment   ['pən ɪʃ mənt]

punitive   ['pju nɪ tɪv]

punk   [pəŋk]

punt   [pənt]

punted   ['pən tɪd]

punter   ['pən tɚ]

punting   ['pən tɪŋ]

puny   ['pju ni]

pup [pəp]
pupil ['pju pl]
puppet ['pəp ɪt]
puppeteer [ˌpəp ɪ 'tɪɚ]
puppy ['pəp i]
purchase ['pɚ tʃəs]
purchased ['pɚ tʃəst]
purchaser ['pɚ tʃəs ɚ]
purchasing ['pɚ tʃəs ɪŋ]
pure [pjʊɚ]
puree [pjʊ 're]
purely ['pjʊɚ li]
purge [pɚdʒ]
purged [pɚdʒd]
purging ['pɚdʒ ɪŋ]
purified ['pjʊɚ ə ˌfaɪd]
purify ['pjʊɚ ə ˌfaɪ]
purifying ['pjʊɚ ə ˌfaɪ ɪŋ]
Puritan ['pjʊɚ ɪ tn]
purity ['pjʊɚ ɪ ti]
purple ['pɚ pl]
purpose ['pɚ pəs]
purr [pɚ]
purred [pɚd]
purring ['pɚ ɪŋ]
purse [pɚs]
pursue [pɚ 'su]
pursued [pɚ 'sud]

pursuer [pɚ 'su ɚ]
pursuing [pɚ 'su ɪŋ]
pursuit [pɚ 'sut]
purview ['pɚ vju]
push [pʊʃ]
push-up ['pʊʃ ˌəp]
push-button ['pʊʃ ˌbətn]
pushed [pʊʃt]
pushes ['pʊʃ ɪz]
pushing ['pʊʃ ɪŋ]
pushover ['pʊʃ ˌo vɚ]
pushy ['pʊʃ i]
pussycat ['pʊs i ˌkæt]
pussyfoot ['pʊs i ˌfʊt]
put [pʊt]
put-down ['pʊt ˌdæʊn]
put-on ['pʊt ˌɔn]
putrid ['pju trɪd]
putt [pət]
putter ['pət ɚ]
putting green ['pət ɪŋ ˌgrin]
putty ['pət i]
puzzle [pəzl]
puzzled [pəzld]
puzzles [pəzlz]
puzzling ['pəz lɪŋ]
Pygmy ['pɪg mi]
pyramid ['pɪɚ ə ˌmɪd]

Q

Q [kju]

quack [kwæk]

quacked [kwækt]

quadrangle ['kwɑd ˌræŋ gl]

quadruple [kwɑ 'dru pl]

quadruplet [kwɑ 'drup lɪt]

quail [kwel]

quaint [kwent]

quake [kwek]

quaked [kwekt]

Quaker ['kwe kɚ]

quaking ['kwek ɪŋ]

qualification [ˌkwɑl ɪ fɪ 'ke ʃn]

qualified ['kwɑl ə ˌfɑɪd]

qualify ['kwɑl ə ˌfɑɪ]

qualitative ['kwɑl ɪ ˌte tɪv]

quality ['kwɑl ɪ ti]

qualm [kwɑm]

quandary ['kwɑn dri]

quantitative ['kwɑn tɪ ˌte tɪv]

quantity ['kwɑn tə ti]

quarantine ['kwɑɚ ən ˌtin]

quarrel ['kwɑɚ əl]

quarreled ['kwɑɚ əld]

quarreling ['kwɑɚ ə lɪŋ]

quarrels ['kwɑɚ əlz]

quarrelsome ['kwɑɚ əl səm]

quarry ['kwɑɚ i]

quart [kwɔɚt]

quarter ['kwɔɚ tɚ]

quarterback ['kwɔɚ tɚ ˌbæk]

quarterly ['kwɔɚ tɚ li]

quartet [kwɔɚ 'tɛt]

quartz [kwɔɚts]

quash [kwɑʃ]

quashed [kwɑʃt]

queasy ['kwi zi]

queen [kwin]

queer [kwɪɚ]

quell [kwɛl]

quelled [kwɛld]

quench [kwɛntʃ]

query ['kwɪɚ i]

quest [kwɛst]

question ['kwɛs tʃn]

question mark
  ['kwɛs tʃn ˌmɑɚk]

questionable ['kwɛs tʃə nə bl]

questionnaire [ˌkwɛs tʃə 'nɛɚ]

quibble [kwɪbl]

quibbled [ˈkwɪbld]

quibbles [ˈkwɪblz]

quibbling [ˈkwɪb lɪŋ]

quick [ˈkwɪk]

quicken [ˈkwɪkn]

quickly [ˈkwɪk li]

quickness [ˈkwɪk nɪs]

quicksand [ˈkwɪk ˌsænd]

quid pro quo [ˌkwɪd ˌpro ˈkwo]

quiescent [kwaɪ ˈɛs ənt]

quiet [ˈkwaɪ ɪt]

quietly [ˈkwaɪ ɪt li]

quilt [ˈkwɪlt]

quintuplet [kwɪn ˈtəp lɪt]

quip [ˈkwɪp]

quirk [ˈkwɚk]

quit [ˈkwɪt]

quite [ˈkwaɪt]

quits [ˈkwɪts]

quitter [ˈkwɪt ɚ]

quiver [ˈkwɪv ɚ]

quiz [ˈkwɪz]

quizzed [ˈkwɪzd]

quizzes [ˈkwɪz ɪz]

quizzical [ˈkwɪz ɪ kl]

quizzing [ˈkwɪz ɪŋ]

quorum [ˈkwɔɚ əm]

quota [ˈkwo tə]

quotation [ˌkwo ˈte ʃn]

quote [ˈkwot]

quoted [ˈkwot ɪd]

quoting [ˈkwot ɪŋ]

R

R [ɑɚ]
rabbi ['ræb ˌɑɪ]
rabbit ['ræb ɪt]
rabble [ræbl]
rabble-rouser ['ræbl ˌræʊz ɚ]
rabid ['ræb ɪd]
rabies ['re biz]
raccoon [ræ 'kun]
race [res]
raced [rest]
racehorse ['res ˌhɔɚs]
racer ['res ɚ]
racetrack ['res ˌtræk]
racial ['re ʃl]
Racine (WI) [rə 'sin]
racing ['res ɪŋ]
racism ['re ˌsɪzm]
racist ['res ɪst]
rack [ræk]
racket ['ræk ɪt]
racketeer [ˌræk ɪ 'tɪɚ]
raconteur [ˌræk ɑn 'tɚ]
radar ['re ˌdɑɚ]
radial ['re di əl]
radiance ['re di əns]

radiant ['re di ənt]
radiate ['re di ˌet]
radiated ['re di ˌet ɪd]
radiating ['re di ˌet ɪŋ]
radiation [ˌre di 'e ʃn]
radical ['ræd ɪ kl]
radicalism ['ræd ɪ kl ˌɪzm]
radically ['ræd ɪk li]
radio ['re di ˌo]
radioactive [ˌre dɪ o 'æk tɪv]
radioisotope [ˌre di o 'ɑɪ sə ˌtop]
radiology [ˌre di 'ɑl ə dʒi]
radish ['ræd ɪʃ]
radium ['re di əm]
radius ['re di əs]
raffle [ræfl]
raffled [ræfld]
raffling ['ræf lɪŋ]
raft [ræft]
rafted ['ræf tɪd]
rafter ['ræf tɚ]
rafting ['ræf tɪŋ]
rag [ræg]
ragamuffin ['ræg ə ˌməf ɪn]
rage [redʒ]

raged [redʒd]

ragged ['ræg ɪd]

raging ['redʒ ɪŋ]

ragweed ['ræg ‚wid]

raid [red]

raided ['red ɪd]

raiding ['red ɪŋ]

rail [rel]

railing ['rel ɪŋ]

railroad ['rel ‚rod]

railway ['rel ‚we]

rain [ren]

rain check ['ren ‚tʃɛk]

rainbow ['ren ‚bo]

raincoat ['ren ‚kot]

raindrop ['ren ‚drɑp]

rained [rend]

rainfall ['ren ‚fɔl]

raining ['ren ɪŋ]

rainstorm ['ren ‚stɔɚm]

rainy ['ren i]

raise [rez]

raised [rezd]

raisin ['re zɪn]

raising ['rez ɪŋ]

rake [rek]

raked [rekt]

raking ['rek ɪŋ]

Raleigh (NC) ['rɔl i]

rally ['ræl i]

ram [ræm]

ramble ['ræm bl]

rambler ['ræm blɚ]

rambling ['ræm blɪŋ]

rambunctious [ræm 'bəŋk ʃəs]

rammed [ræmd]

ramming ['ræm ɪŋ]

ramp [ræmp]

rampage ['ræm ‚pedʒ]

rampant ['ræm pənt]

ramshackle ['ræm ‚ʃækl]

ran [ræn]

ranch [ræntʃ]

rancher ['ræntʃ ɚ]

rancid ['ræn sɪd]

rancor ['ræŋ kɚ]

random ['ræn dm]

rang [ræŋ]

range [rendʒ]

ranged [rendʒd]

ranger ['rendʒ ɚ]

ranging ['rendʒ ɪŋ]

rangy ['rendʒ i]

rank [ræŋk]

ranked [ræŋkt]

ranking ['ræŋk ɪŋ]

ransack ['ræn ‚sæk]

ransacked ['ræn ‚sækt]

ransacking ['ræn ‚sæk ɪŋ]

ransom ['ræn sm]

ransomed ['ræn smd]

ransoming ['ræn səm ɪŋ]

rant [rænt]

ranted ['ræn tɪd]

rap [ræp]

rape [rep]

raped [rept]

rapid ['ræp ɪd]

Rapid City (SD) ['ræp ɪd 'sɪt i]

rapidity [rə 'pɪd ɪ ti]

rapidly ['ræp ɪd li]

raping ['rep ɪŋ]

rapist ['rep ɪst]

rapped [ræpt]

rapping ['ræp ɪŋ]

rapport [ræ 'pɔɚ]

rapt [ræpt]

rapture ['ræp tʃɚ]

rare [rɛɚ]

rarely ['rɛɚ li]

rascal ['ræs kl]

rash [ræʃ]

raspberry ['ræz ˌbɛɚ i]

rat [ræt]

rate [ret]

rated ['ret ɪd]

rather ['ræð ɚ]

ratification [ˌræt ə fɪ 'ke ʃn]

ratified ['ræt ɪ ˌfaɪd]

ratify ['ræt ɪ ˌfaɪ]

rating ['ret ɪŋ]

ratio ['re ʃi ˌo]

ration [reʃn]

rational ['ræʃ ə nl]

rationale [ˌræʃ ə 'næl]

rationalize ['ræʃ ə nə ˌlaɪz]

rattle [rætl]

rattled [rætld]

rattlesnake ['rætl ˌsnek]

raucous ['rɔ kəs]

raunchy ['rɔn tʃi]

ravage ['ræv ɪdʒ]

rave [rev]

raved [revd]

raven ['re vn]

ravenous ['ræv ə nəs]

ravine [rə 'vin]

raving ['rev ɪŋ]

ravioli [ˌræv i 'o li]

ravish ['ræv ɪʃ]

ravishing ['ræv ɪ ʃɪŋ]

raw [rɔ]

raw deal ['rɔ ˌdil]

rawhide ['rɔ ˌhaɪd]

ray [re]

rayon ['re ˌɑn]

rays [rez]

raze [rez]

razed [rezd]

razor ['rez ɚ]

razor blade ['re zɚ ˌbled]

razzle-dazzle ['ræzl 'dæzl]

résumé ['rɛ zʊ ˌme]

reach [ritʃ]

reached [ritʃt]

reaching ['ritʃ ɪŋ]

react [ri 'ækt]

reacted [ri 'æk tɪd]

reacting [ri 'æk tɪŋ]

reaction [ri 'æk ʃn]

reactionary [ri 'æk ʃə ˌnɛɚ i]

reactivate [ri 'æk tɪ ˌvet]

reactive [ri 'æk tɪv]

reactor [ri 'æk tɚ]

read *v.* present tense [rid]
  v. past tense [rɛd]

reader ['rid ɚ]

readership ['rid ɚ ʃɪp]

readied ['rɛd id]

readily ['rɛd ɪ li]

readiness ['rɛd i nɪs]

reading ['rid ɪŋ]

Reading (PA) ['rɛd ɪŋ]

readjust [ˌri ə 'dʒəst]

readout ['rid ˌæʊt]

ready ['rɛd i]

ready-made ['rɛd i 'med]

ready-to-wear ['rɛd i tə 'wɛɚ]

real [ril]

real estate ['ril ə ˌstet]

realism ['ri ə ˌlɪzm]

realistic [ˌri ə 'lɪs tɪk]

realistically [ˌri ə 'lɪs tɪk li]

reality [ri 'æl ɪ ti]

realization [ˌri əl ɪ 'ze ʃn]

realize ['ri ə ˌlɑɪz]

really ['ri li]

realm [rɛlm]

realtor ['ri əl tɚ]

ream [rim]

reap [rip]

reaped [ript]

reaper ['ri pɚ]

reappear [ˌri ə 'pɪɚ]

reappeared [ˌri ə 'pɪɚd]

reappearing [ˌri ə 'pɪɚ ɪŋ]

reapportion [ˌri ə 'pɔɚ ʃn]

rear [rɪɚ]

rear-view mirror
    ['rɪɚ ˌvju 'mɪɚ ɚ]

reason ['ri zn]

reasonable ['ri zn ə bl]

reasonably ['ri zn ə bli]

reasoned ['ri znd]

reasoning ['riz ən ɪŋ]

reassurance [ˌri ə 'ʃʊɚ əns]

reassure [ˌri ə 'ʃʊɚ]

reassured [ˌri ə 'ʃʊɚd]

rebate ['ri ˌbet]

rebel n. [rɛbl] v. [rɪ 'bɛl]

rebelled [rɪ 'bɛld]

rebelling [rɪ 'bɛl ɪŋ]

rebellion [rɪ 'bɛl jən]

rebellious [rɪ 'bɛl jəs]

rebirth [ˌri 'bɚθ]

rebound n. ['ri bæʊnd]
    v. [rɪ 'bæʊnd]

rebounded [rɪ 'bæʊn dɪd]

rebounding [rɪ 'bæʊn dɪŋ]

rebuff [ri 'bəf]

rebuild [rɪ 'bɪld]

rebuke [rɪ 'bjuk]

rebuked [rɪ 'bjukt]

rebukes [rɪ 'bjuks]

rebuking [rɪ 'bjuk ɪŋ]

rebut [rɪ 'bət]

rebutted [rɪ 'bət ɪd]

rebutting [rɪ 'bət ɪŋ]

recall [rɪ 'kɔl]

recalled [rɪ 'kɔld]

recalling [rɪ 'kɔl ɪŋ]

recant [ri 'kænt]

recap [rɪ 'kæp]

recapitulate [ˌri kə 'pɪtʃ ə ˌlet]

recapitulated
    [ˌri kə 'pɪtʃ ə ˌlet ɪd]

recapitulating
    [ˌri kə 'pɪtʃ ə ˌlet ɪŋ]

recapped [rɪ 'kæpt]

recapping [rɪ 'kæp ɪŋ]

recapture [ri 'kæp tʃɚ]

recede [rɪ 'sid]

receded [rɪ 'sid ɪd]

receding [rɪ 'sid ɪŋ]

receipt [rɪ 'sit]

receivable [rɪ 'si və bl]

receive [rɪ 'siv]

received [rɪ 'sivd]

receiver [rɪ 'si vɚ]

receives [rɪ 'sivz]

receiving [rɪ 'siv ɪŋ]

recent ['ri sənt]

recently   ['ri sənt li]

receptacle   [rɪ 'sɛp tə kl]

reception   [rɪ 'sɛp ʃn]

receptionist   [rɪ 'sɛp ʃə nɪst]

receptive   [rɪ 'sɛp tɪv]

recess   ['ri sɛs]

recessed   ['ri sɛst]

recessing   ['ri sɛs ɪŋ]

recession   [rɪ 'sɛʃn]

recessive   [rɪ 'sɛs ɪv]

recipe   ['rɛs ə pi]

recipient   [rɪ 'sɪp i ənt]

reciprocal   [rɪ 'sɪp rə kl]

reciprocate   [rɪ 'sɪp rə ˌket]

reciprocated   [rɪ 'sɪp rə ˌket ɪd]

reciprocates   [rɪ 'sɪp rə ˌkets]

reciprocating   [rɪ 'sɪp rə ˌket ɪŋ]

reciprocity   [ˌrɛs ə 'pras ɪ ti]

recital   [rɪ 'saɪtl]

recitation   [ˌrɛs ɪ 'te ʃn]

recite   [rɪ 'saɪt]

recited   [rɪ 'saɪt ɪd]

recites   [rɪ 'saɪts]

reciting   [rɪ 'saɪt ɪŋ]

reckless   ['rɛk lɪs]

reckon   [rɛkn]

reckoned   [rɛknd]

reckoning   ['rɛk ə nɪŋ]

reclaim   [rɪ 'klem]

reclaimed   [rɪ 'klemd]

reclaiming   [rɪ 'klem ɪŋ]

recline   [rɪ 'klaɪn]

reclining   [rɪ 'klaɪn ɪŋ]

recluse   ['rɛk ˌlus]

recognition   [ˌrɛk əg 'nɪʃn]

recognizance   [rɪ 'kag nɪ zəns]

recognize   ['rɛk əg ˌnaɪz]

recognized   ['rɛk əg ˌnaɪzd]

recognizes   ['rɛk əg ˌnaɪz ɪz]

recognizing   ['rɛk əg ˌnaɪz ɪŋ]

recoil   n. ['ri kɔɪl]   v.   [rɪ 'kɔɪl]

recollect   [ˌrɛk ə 'lɛkt]

recollected   [ˌrɛk ə 'lɛk tɪd]

recollecting   [ˌrɛk ə 'lɛk tɪŋ]

recollection   [ˌrɛk ə 'lɛk ʃn]

recollects   [ˌrɛk ə 'lɛkts]

recommend   [ˌrɛk ə 'mɛnd]

recommendation
   [ˌrɛk ə mɛn 'de ʃn]

recommended   [ˌrɛk ə 'mɛn dɪd]

recommending   [ˌrɛk ə 'mɛn dɪŋ]

recommends   [ˌrɛk ə 'mɛndz]

recommit   [ˌri kə 'mɪt]

recompense   ['rɛk əm ˌpɛns]

reconcile   ['rɛk ən ˌsaɪl]

reconciled   ['rɛk ən ˌsaɪld]

reconciliation   [ˌrɛk ən ˌsɪl i 'e ʃn]

reconciling   ['rɛk ən ˌsaɪl ɪŋ]

recondition   [ˌri kən 'dɪʃn]

reconditioned   [ˌri kən 'dɪʃnd]

reconnaissance   [rɪ 'kan ɪ səns]

reconnoiter   [ˌrɛ kə 'nɔɪ tɚ]

reconnoitered   [ˌrɛ kə 'nɔɪ tɚd]

reconnoitering
   [ˌrɛ kə 'nɔɪ tɚ ɪŋ]

reconsider   [ˌri kən 'sɪd ɚ]

reconsidered   [ˌri kən 'sɪd ɚd]

reconsidering   [ˌri kən 'sɪd ɚ ɪŋ]

reconstitute   [ri 'kan stɪ ˌtut]

reconstruct   [ˌri kən 'strʌkt]

reconstructed   [ˌri kən 'strʌk tɪd]

reconstructing
   [ˌri kən 'strʌk tɪŋ]

reconstruction   [ˌri kən 'strʌk ʃn]

record   *n.* ['rɛk ɚd]
   v. [rɪ 'kɔɚd]
recorded   [rɪ 'kɔɚ dɪd]
recorder   [rɪ 'kɔɚ dɚ]
recording   [rɪ 'kɔɚ dɪŋ]
records   *n.* ['rɛk ɚdz]
   v. [rɪ 'kɔɚdz]
recount   *n.* another counting
   ['ri ˌkæʊnt] *v.* to tell
   [ri 'kæʊnt]
recounted   [ri 'kæʊn tɪd]
recounting   [ri 'kæʊn tɪŋ]
recoup   [rɪ 'kup]
recouped   [rɪ 'kupt]
recourse   ['ri kɔɚs]
recover   [ri 'kəv ɚ]
recovered   [ri 'kəv ɚd]
recoveries   [ri 'kəv ɚ iz]
recovering   [ri 'kəv ɚ ɪŋ]
recovery   [ri 'kəv ɚ i]
recreation   [ˌrɛk ri 'e ʃn]
recreational   [ˌrɛk ri 'e ʃə nl]
recruit   [rɪ 'krut]
recruited   [rɪ 'krut ɪd]
recruiting   [rɪ 'krut ɪŋ]
rectal   ['rɛk tl]
rectangle   ['rɛk ˌtæŋ gl]
rectangular   [ˌrɛk 'tæŋ gjə lɚ]
rectified   ['rɛk tə ˌfaɪd]
rectify   ['rɛk tə ˌfaɪ]
rectifying   ['rɛk tə ˌfaɪ ɪŋ]
rector   ['rɛk tɚ]
rectum   ['rɛk tm]
recuperate   [rɪ 'ku pə ˌret]
recuperated   [rɪ 'ku pə ˌret ɪd]
recuperating   [rɪ 'ku pə ˌret ɪŋ]
recur   [rɪ 'kɚ]

recurred   [rɪ 'kɚd]
recurrent   [rɪ 'kɚ ənt]
recurring   [rɪ 'kɚ ɪŋ]
recycle   [ri 'saɪ kl]
red   [rɛd]
red-blooded   ['rɛd 'bləd ɪd]
red carpet   ['rɛd 'kaɚ pɪt]
red-handed   ['rɛd 'hæn dɪd]
red-hot   ['rɛd 'hat]
red-letter   ['rɛd 'lɛt ɚ]
redden   [rɛdn]
redeem   [rɪ 'dim]
redeemed   [rɪ 'dimd]
redeeming   [ri 'dim ɪŋ]
redemption   [rɪ 'dɛmp ʃn]
redeploy   [ˌri dɪ 'plɔɪ]
redevelop   [ˌri dɪ 'vɛl əp]
redhead   ['rɛd ˌhɛd]
redirect   [ri dɪ 'rɛkt]
redirected   [ri dɪ 'rɛk tɪd]
redirecting   [ri dɪ 'rɛk tɪŋ]
redo   [ri 'du]
redouble   [ri 'də bl]
redress   *n.* ['ri ˌdrɛs]
   v. [rɪ 'drɛs]
reduce   [rɪ 'dus]
reduced   [rɪ 'dust]
reducing   [rɪ 'dus ɪŋ]
reduction   [rɪ 'dək ʃn]
redundancy   [rɪ 'dən dən si]
redundant   [rɪ 'dən dənt]
reed   [rid]
reef   [rif]
reek   [rik]
reel   [ril]
reelect   [ˌri ə 'lɛkt]
reelected   [ˌri ə 'lɛk tɪd]

reenforcement
[ˌri ɛn 'fɔ᷈s mənt]
reentry [ri 'ɛn tri]
reestablish [ˌri ɛs 'tæb lɪʃ]
reestablished [ˌri ɛs 'tæb lɪʃt]
reestablishing [ˌri ɛs 'tæb lɪʃ ɪŋ]
refer [rɪ 'fɚ]
referee [ˌrɛf ə 'ri]
reference ['rɛf rəns]
referendum [ˌrɛf ə 'rɛn dm]
referral [rɪ 'fɚ əl]
referred [rɪ 'fɚd]
referring [rɪ 'fɚ ɪŋ]
refill n. ['ri ˌfɪl] v. [rɪ 'fɪl]
refilled [ri 'fɪld]
refilling [ri 'fɪl ɪŋ]
refine [rɪ 'faɪn]
refined [rɪ 'faɪnd]
refinement [rɪ 'faɪn mənt]
refinery [rɪ 'faɪ nə ri]
refining [rɪ 'faɪn ɪŋ]
refinish [ri 'fɪn ɪʃ]
reflect [rɪ 'flɛkt]
reflected [rɪ 'flɛk tɪd]
reflecting [rɪ 'flɛk tɪŋ]
reflection [rɪ 'flɛk ʃn]
reflector [rɪ 'flɛk tɚ]
reflex ['ri flɛks]
reforest [ri 'fɑɚ ɪst]
reform [ri 'fɔɚm]
reformation [ˌrɛf ɚ 'me ʃn]
reformatory [rɪ 'fɔɚ mə ˌtɔɚ i]
reformed [ri 'fɔɚmd]
reformer [ri 'fɔɚ mɚ]
reforming [ri 'fɔɚ mɪŋ]
refrain [rɪ 'fren]
refrained [rɪ 'frend]

refraining [rɪ 'fren ɪŋ]
refresh [rɪ 'frɛʃ]
refreshed [rɪ 'frɛʃt]
refreshing [rɪ 'frɛʃ ɪŋ]
refreshments [rɪ 'frɛʃ mənts]
refrigerate [rɪ 'frɪdʒ ə ˌret]
refrigerated [rɪ 'frɪdʒ ə ˌret ɪd]
refrigerating [rɪ 'frɪdʒ ə ˌret ɪŋ]
refrigerator [rɪ 'frɪdʒ ə ˌre tɚ]
refuel [ri 'fjul]
refueled [ri 'fjuld]
refueling [ri 'fjul ɪŋ]
refuge ['rɛf judʒ]
refugee [ˌrɛf ju 'dʒi]
refund n. ['ri ˌfənd]
v. [rɪ 'fənd]
refunded [rɪ 'fən dɪd]
refunding [rɪ 'fən dɪŋ]
refurbish [ri 'fɚ bɪʃ]
refurbished [ri 'fɚ bɪʃt]
refurbishing [ri 'fɚ bɪʃ ɪŋ]
refusal [rɪ 'fjuzl]
refuse [rɪ 'fjuz]
refused [rɪ 'fjuzd]
refusing [rɪ 'fjuz ɪŋ]
refute [rɪ 'fjut]
regain [rɪ 'gen]
regained [rɪ 'gend]
regaining [rɪ 'gen ɪŋ]
regard [rɪ 'gɑɚd]
regarded [rɪ 'gɑɚ dɪd]
regarding [rɪ 'gɑɚ dɪŋ]
regardless [rɪ 'gɑɚd lɪs]
regenerate [rɪ 'dʒɛn ə ˌret]
regent ['ri dʒənt]
regime [rə 'ʒim]
regimen ['rɛdʒ ə mən]

regiment *n.* ['rɛdʒ ə mənt]
   v. ['rɛdʒ ə ˌmɛnt]
regimental [ˌrɛ dʒə 'mɛn tl]
region ['ri dʒn]
regional ['ridʒ ə nl]
register ['rɛdʒ ɪ stɚ]
registered ['rɛdʒ ɪ stɚd]
registering ['rɛdʒ ɪ stɚ ɪŋ]
registrar ['rɛdʒ ɪ ˌstrɑɚ]
registration [ˌrɛdʒ ɪ 'streʃn]
registry ['rɛdʒ ɪ stri]
regress [rɪ 'grɛs]
regret [rɪ 'grɛt]
regretfully [rɪ 'grɛt fə li]
regroup [rɪ 'grup]
regular ['rɛg jə lɚ]
regularity [ˌrɛg jə 'læɚ ɪ ti]
regularly ['rɛg jə lɚ li]
regulate ['rɛg jə ˌlet]
regulated ['rɛg jə ˌlet ɪd]
regulating ['rɛg jə ˌlet ɪŋ]
regulation [ˌrɛg jə 'le ʃn]
regurgitate [rɪ 'gɚ dʒɪ ˌtet]
rehabilitate [ˌri hə 'bɪl ɪ ˌtet]
rehabilitated [ˌri hə 'bɪl ɪ ˌtet ɪd]
rehabilitation [ˌri hə ˌbɪl ɪ 'te ʃn]
rehash [ri 'hæʃ]
rehearsal [rɪ 'hɚ sl]
rehearse [rɪ 'hɚs]
rehearsed [rɪ 'hɚst]
rehearsing [rɪ 'hɚs ɪŋ]
reheat [ri 'hit]
reign [ren]
reigned [rend]
reigning ['ren ɪŋ]
reimburse [ˌri ɪm 'bɚs]
reimbursed [ˌri ɪm 'bɚst]

reimbursement
   [ˌri ɪm 'bɚs mənt]
reimbursing [ˌri ɪm 'bɚs ɪŋ]
rein [ren]
reindeer ['ren ˌdɪɚ]
reinforce [ˌri ɪn 'fɔɚs]
reinforced [ˌri ɪn 'fɔɚst]
reinforcements
   [ˌri ɪn 'fɔɚs mənts]
reinstate [ˌri ɪn 'stet]
reinstated [ˌri ɪn 'stet ɪd]
reinstating [ˌri ɪn 'stet ɪŋ]
reiterate [ri 'ɪt ə ˌret]
reiterated [ri 'ɪt ə ˌret ɪd]
reiterating [ri 'ɪt ə ˌret ɪŋ]
reject *n.* ['ri ˌdʒɛkt]
   v. [rɪ 'dʒɛkt]
rejected [rɪ 'dʒɛk tɪd]
rejecting [rɪ 'dʒɛk tɪŋ]
rejection [rɪ 'dʒɛk ʃn]
rejects *n.* ['ri ˌdʒɛkts]
   v. [rɪ 'dʒɛkts]
rejoice [rɪ 'dʒɔɪs]
rejoiced [rɪ 'dʒɔɪst]
rejoicing [rɪ 'dʒɔɪs ɪŋ]
rejoin [ri 'dʒɔɪn]
rejoined [ri 'dʒɔɪnd]
rejoining [ri 'dʒɔɪn ɪŋ]
rejuvenate [ri 'dʒu və ˌnet]
rejuvenated [ri 'dʒu və ˌnet ɪd]
rejuvenating [ri 'dʒu və ˌnet ɪŋ]
relapse *n.* ['ri ˌlæps]
   v. [rɪ 'læps]
relate [rɪ 'let]
related [rɪ 'let ɪd]
relates [rɪ 'lets]
relating [rɪ 'let ɪŋ]

relation [rɪ 'le ʃn]

relationship [rɪ 'le ʃn ˌʃɪp]

relative ['rɛl ə tɪv]

relatively ['rɛl ə tɪv li]

relativity [ˌrɛl ə 'tɪv ɪ ti]

relax [rɪ 'læks]

relaxant [rɪ 'læk sənt]

relaxation [rɪ ˌlæk 'se ʃn]

relaxed [rɪ 'lækst]

relaxes [rɪ 'læk sɪz]

relaxing [rɪ 'læk sɪŋ]

relay n. ['ri le] v. [rɪ 'le]

relayed [rɪ 'led]

relaying [ri 'le ɪŋ]

relays n. ['ri lez] v. [rɪ 'lez]

release [rɪ 'lis]

released [rɪ 'list]

releasing [rɪ 'lis ɪŋ]

relegate ['rɛl ə ˌget]

relegated ['rɛl ə ˌget ɪd]

relegating ['rɛl ə ˌget ɪŋ]

relent [rɪ 'lɛnt]

relented [rɪ 'lɛn tɪd]

relenting [rɪ 'lɛn tɪŋ]

relentless [rɪ 'lɛnt lɪs]

relevance ['rɛl ə vəns]

relevant ['rɛl ə vənt]

reliable [rɪ 'laɪ ə bl]

reliably [rɪ 'laɪ ə bli]

reliance [rɪ 'laɪ əns]

relic ['rɛl ɪk]

relied [rɪ 'laɪd]

relief [rɪ 'lif]

relieve [rɪ 'liv]

relieved [rɪ 'livd]

relieving [rɪ 'liv ɪŋ]

religion [rɪ 'lɪdʒn]

religious [rɪ 'lɪdʒ əs]

relinquish [rɪ 'lɪŋk wɪʃ]

relinquished [rɪ 'lɪŋk wɪʃt]

relinquishing [rɪ 'lɪŋk wɪʃ ɪŋ]

relish ['rɛl ɪʃ]

relished ['rɛl ɪʃt]

relishes ['rɛl ɪʃ ɪz]

relishing ['rɛl ɪʃ ɪŋ]

relive [ri 'lɪv]

relocate [ri 'lo ˌket]

relocated [ri 'lo ˌket ɪd]

relocates [ri 'lo ˌkets]

relocating [ri 'lo ˌket ɪŋ]

reluctance [rɪ 'lək təns]

reluctant [rɪ 'lək tənt]

reluctantly [rɪ 'lək tənt li]

rely [rɪ 'laɪ]

relying [rɪ 'laɪ ɪŋ]

remain [rɪ 'men]

remainder [rɪ 'men dɚ]

remained [rɪ 'mend]

remaining [rɪ 'men ɪŋ]

remains [rɪ 'menz]

remark [rɪ 'maɚk]

remarkable [rɪ 'maɚ kə bl]

remarkably [rɪ 'maɚ kə bli]

remarked [rɪ 'maɚkt]

remarking [rɪ 'maɚ kɪŋ]

remarks [rɪ 'maɚks]

remedial [rɪ 'mi di əl]

remedied ['rɛm ɪ did]

remedies ['rɛm ɪ diz]

remedy ['rɛm ɪ di]

remember [rɪ 'mɛm bɚ]

rememberer [rɪ 'mɛm bɚ ɚ]

remembering [rɪ 'mɛm bɚ ɪŋ]

remembrance [rɪ 'mɛm brəns]

remind [rɪ 'maɪnd]

reminded [rɪ 'maɪn dɪd]

reminder [rɪ 'maɪn dɚ]

reminding [rɪ 'maɪn dɪŋ]

reminiscence [ˌrɛm ə 'nɪs əns]

reminiscent [ˌrɛm ə 'nɪs ənt]

remiss [rɪ 'mɪs]

remission [rɪ 'mɪʃn]

remit [rɪ 'mɪt]

remittance [rɪ 'mɪt əns]

remitted [rɪ 'mɪt ɪd]

remitting [rɪ 'mɪt ɪŋ]

remnant ['rɛm nənt]

remodel [ri 'mɑdl]

remodeled [ri 'mɑdld]

remodeling [ri 'mɑd lɪŋ]

remorse [rɪ 'mɔɚs]

remorseless [rɪ 'mɔɚs lɪs]

remote [rɪ 'mot]

remotely [rɪ 'mot li]

removable [rɪ 'muv ə bl]

removal [rɪ 'muvl]

remove [rɪ 'muv]

removed [rɪ 'muvd]

removes [rɪ 'muvz]

removing [rɪ 'muv ɪŋ]

remunerate [rɪ 'mju nə ˌret]

remuneration
 [rɪ ˌmju nə 're ʃn]

renaissance [ˌrɛn ɪ 'zɑns]

renal [rinl]

rend [rɛnd]

render ['rɛn dɚ]

rendered ['rɛn dɚd]

rendering ['rɛn dɚ ɪŋ]

rendezvous ['rɑn de ˌvu]

rendition [rɛn 'dɪʃn]

renegade ['rɛn ə ˌged]

renege [rɪ 'nɪg]

renew [rɪ 'nu]

renewal [rɪ 'nu əl]

renewed [rɪ 'nud]

renewing [rɪ 'nu ɪŋ]

Reno (NV) ['ri no]

renounce [rɪ 'næʊns]

renounced [rɪ 'næʊnst]

renouncing [rɪ 'næʊns ɪŋ]

renovate ['rɛn ə ˌvet]

renovated ['rɛn ə ˌvet ɪd]

renovates ['rɛn ə ˌvets]

renovating ['rɛn ə ˌvet ɪŋ]

renovation [ˌrɛn ə 've ʃn]

renown [rɪ 'næʊn]

renowned [rɪ 'næʊnd]

rent [rɛnt]

rental ['rɛn tl]

rented ['rɛn tɪd]

renting ['rɛn tɪŋ]

rents [rɛnts]

renunciation [rɪ ˌnən si 'e ʃn]

reorganization
 [ri ˌɚ gə nɪ 'ze ʃn]

reorganize [ri 'ɚ gə naɪz]

repaid [ri 'ped]

repair [rɪ 'pɛɚ]

repairable [rɪ 'pɛɚ ə bl]

repaired [rɪ 'pɛɚd]

repairing [rɪ 'pɛɚ ɪŋ]

reparation [ˌrɛp ə 're ʃn]

repast [rɪ 'pæst]

repatriate [ri 'pe tri ˌet]

repay [ri 'pe]

repaying [ri 'pe ɪŋ]

repayment [ri 'pe mənt]

repeal [rɪ 'pil]

repealed [rɪ 'pild]

repealing [rɪ 'pil ɪŋ]

repeat [rɪ 'pit]

repeated [rɪ 'pit ɪd]

repeatedly [rɪ 'pit ɪd li]

repeating [rɪ 'pit ɪŋ]

repel [rɪ 'pɛl]

repelled [rɪ 'pɛld]

repellent [rɪ 'pɛl ənt]

repelling [rɪ 'pɛl ɪŋ]

repent [rɪ 'pɛnt]

repentance [rɪ 'pɛnt əns]

repented [rɪ 'pɛn tɪd]

repenting [rɪ 'pɛn tɪŋ]

repercussion [ˌri pɚ 'kəʃn]

repertory ['rɛp ɚ ˌtɔɚ i]

repetition [ˌrɛp ɪ 'tɪʃn]

repetitive [rɪ 'pɛt ɪ tɪv]

replace [rɪ 'ples]

replaced [rɪ 'plest]

replacement [rɪ 'ples mənt]

replacing [rɪ 'ples ɪŋ]

replay n. ['ri ˌple] v. [rɪ 'ple]

replayed [rɪ 'pled]

replenish [rɪ 'plɛn ɪʃ]

replenished [rɪ 'plɛn ɪʃt]

replenishing [rɪ 'plɛn ɪʃ ɪŋ]

replica ['rɛp lə kə]

replied [rɪ 'plaɪd]

reply [rɪ 'plaɪ]

replying [rɪ 'plaɪ ɪŋ]

report [rɪ 'pɔɚt]

reported [rɪ 'pɔɚ tɪd]

reportedly [rɪ 'pɔɚ tɪd li]

reporter [rɪ 'pɔɚ tɚ]

reporting [rɪ 'pɔɚ tɪŋ]

repose [rɪ 'poz]

repository [rɪ 'pɑz ɪ ˌtɔɚ i]

repossess [ˌri pə 'zɛs]

reprehend [ˌrɛp rɪ 'hɛnd]

represent [ˌrɛp rɪ 'zɛnt]

representation [ˌrɛp rɪ ˌzɛn 'teʃn]

representative
[ˌrɛp rɪ 'zɛn tə tɪv]

represented [ˌrɛp rɪ 'zɛn tɪd]

representing [ˌrɛp rɪ 'zɛn tɪŋ]

repress [rɪ 'prɛs]

repressed [rɪ 'prɛst]

repressing [rɪ 'prɛs ɪŋ]

repression [rɪ 'prɛ ʃn]

reprieve [rɪ 'priv]

reprieved [rɪ 'privd]

reprieving [rɪ 'priv ɪŋ]

reprimand ['rɛp rɪ ˌmænd]

reprint [ri 'prɪnt]

reprinted [ri 'prɪn tɪd]

reprinting [ri 'prɪn tɪŋ]

reprisal [rɪ 'praɪ zl]

reproach [rɪ 'protʃ]

reproached [rɪ 'protʃt]

reproaching [rɪ 'protʃ ɪŋ]

reproduce [ˌri prə 'dus]

reproduced [ˌri prə 'dust]

reproducing [ˌri prə 'dus ɪŋ]

reproduction [ˌri prə 'dək ʃn]

reprove [rɪ 'pruv]

reptile ['rɛp ˌtaɪl]

republic [rɪ 'pəb lɪk]

Republican [rɪ 'pəb lɪ kn]

repudiate [rɪ 'pju di ˌet]

repudiated [rɪ 'pju di ˌet ɪd]

repudiating [rɪ 'pju di ˌet ɪŋ]

repugnant [rɪ 'pəg nənt]

repulse [rɪ 'pəls]

repulsed [rɪ 'pəlst]

repulsing [rɪ 'pəl sɪŋ]

repulsive [rɪ 'pəl sɪv]

reputable ['rɛp jə tə bl]

reputation [ˌrɛp jə 'te ʃn]

reputed [rɪ 'pjut ɪd]

reputedly [rɪ 'pjut ɪd li]

request [rɪ 'kwɛst]

requested [rɪ 'kwɛs tɪd]

requesting [rɪ 'kwɛs tɪŋ]

require [rɪ 'kwɑɪɚ]

required [rɪ 'kwɑɪɚd]

requirement [rɪ 'kwɑɪɚ mənt]

requires [rɪ 'kwɑɪɚz]

requiring [rɪ 'kwɑɪɚ ɪŋ]

requisite ['rɛk wɪ zɪt]

requisition [ˌrɛk wɪ 'zɪʃn]

rerun ['ri ˌrən]

resale ['ri ˌsel]

rescind [rɪ 'sɪnd]

rescue ['rɛs kju]

rescued ['rɛs kjud]

rescuing ['rɛs kju ɪŋ]

research [ri 'sɚtʃ]

researched [ri 'sɚtʃt]

researching [ri 'sɚtʃ ɪŋ]

resemblance [rɪ 'zɛm bləns]

resemble [rɪ 'zɛm bl]

resembled [rɪ 'zɛm bld]

resent [rɪ 'zɛnt]

resented [rɪ 'zɛn tɪd]

resentful [rɪ 'zɛnt fl]

resenting [rɪ 'zɛn tɪŋ]

resentment [rɪ 'zɛnt mənt]

reservation [ˌrɛ zɚ 've ʃn]

reserve [rɪ 'zɚv]

reserved [rɪ 'zɚvd]

reserving [rɪ 'zɚv ɪŋ]

reservoir ['rɛ zɚ ˌvwɑɚ]

reshuffle [ri 'ʃə fl]

reside [rɪ 'zɑɪd]

resided [rɪ 'zɑɪd ɪd]

residence ['rɛz ɪ dəns]

resident ['rɛz ɪ dənt]

residential [ˌrɛz ɪ 'dɛn ʃl]

residing [rɪ 'zɑɪd ɪŋ]

residual [rɪ 'zɪdʒ u əl]

residue ['rɛz ɪ ˌdu]

resign [rɪ 'zɑɪn]

resignation [ˌrɛz ɪg 'ne ʃn]

resigned [rɪ 'zɑɪnd]

resigning [rɪ 'zɑɪn ɪŋ]

resilience [rɪ 'zɪl jəns]

resilient [rɪ 'zɪl jənt]

resist [rɪ 'zɪst]

resistance [rɪ 'zɪs təns]

resisted [rɪ 'zɪs tɪd]

resisting [rɪ 'zɪs tɪŋ]

resists [rɪ 'zɪsts]

resole [ri 'sol]

resolute ['rɛz ə ˌlut]

resolutely ['rɛz ə ˌlut li]

resolution [ˌrɛz ə 'lu ʃn]

resolve [rɪ 'zɑlv]

resolved [rɪ 'zɑlvd]

resolving [rɪ 'zɑlv ɪŋ]

resonance ['rɛz ə nəns]

resonant ['rɛz ə nənt]

resonator ['rɛz ə ˌne tɚ]

resort [rɪ 'zɔɚt]

resorted [rɪ 'zɔɚt ɪd]

resorting [rɪ 'zɔɚt ɪŋ]

resounding [rɪ 'zæʊn dɪŋ]

resource   ['ri sɔɚs]

resourceful   [ri 'sɔɚs fl]

respect   [rɪ 'spɛkt]

respectable   [rɪ 'spɛk tə bl]

respected   [rɪ 'spɛk tɪd]

respectful   [rɪ 'spɛkt fl]

respectfully   [rɪ 'spɛkt fə li]

respective   [rɪ 'spɛk tɪv]

respectively   [rɪ 'spɛk tɪv li]

respiration   [ˌrɛs pə 're ʃn]

respirator   ['rɛs pə ˌre tɚ]

respiratory   ['rɛs pɚ ə ˌtɔɚ i]

respite   ['rɛs pɪt]

respond   [rɪ 'spand]

responded   [rɪ 'span dɪd]

responding   [rɪ 'span dɪŋ]

response   [rɪ 'spans]

responsibility
   [rɪ ˌspan sə 'bɪl ɪ ti]

responsible   [rɪ 'span sə bl]

responsibly   [rɪ 'span sə bli]

responsive   [rɪ 'span sɪv]

rest   [rɛst]

rest room   ['rɛst ˌrum]

restaurant   ['rɛs tə ˌrant]

rested   ['rɛs tɪd]

restful   ['rɛst fl]

resting   ['rɛs tɪŋ]

restitution   [ˌrɛs tɪ 'tu ʃn]

restive   ['rɛs tɪv]

restless   ['rɛst lɪs]

restlessly   ['rɛst lɪs li]

restlessness   ['rɛst lɪs nɪs]

restoration   [ˌrɛs tə 're ʃn]

restorative   [rɪ 'stɔɚ ə tɪv]

restore   [rɪ 'stɔɚ]

restored   [rɪ 'stɔɚd]

restoring   [rɪ 'stɔɚ ɪŋ]

restrain   [rɪ 'stren]

restrained   [rɪ 'strend]

restraint   [rɪ 'strent]

restrict   [rɪ 'strɪkt]

restricted   [rɪ 'strɪk tɪd]

restricting   [rɪ 'strɪk tɪŋ]

restriction   [rɪ 'strɪk ʃn]

rests   [rɛsts]

result   [rɪ 'zəlt]

resulted   [rɪ 'zəl tɪd]

resulting   [rɪ 'zəl tɪŋ]

resume   [rɪ 'zum]

resumed   [rɪ 'zumd]

resumption   [rɪ 'zəmp ʃn]

resurface   [ri 'sɚ fɪs]

resurgence   [rɪ 'sɚ dʒəns]

resurrection   [ˌrɛz ə 'rɛk ʃn]

resuscitate   [rɪ 'səs ɪ ˌtet]

resuscitated   [rɪ 'səs ɪ ˌtet ɪd]

retail   ['ri tel]

retail price   ['ri tel ˌpraɪs]

retailer   ['ri tel ɚ]

retain   [rɪ 'ten]

retained   [rɪ 'tend]

retainer   [rɪ 'te nɚ]

retaining   [rɪ 'ten ɪŋ]

retake   n. ['ri tek] v. [ri 'tek]

retaliate   [rɪ 'tæl i ˌet]

retaliated   [rɪ 'tæl i ˌet ɪd]

retaliating   [rɪ 'tæl i ˌet ɪŋ]

retaliation   [rɪ ˌtæl i 'e ʃn]

retard   [rɪ 'taɚd]

retardant   [rɪ 'taɚ dənt]

retarded   [rɪ 'taɚ dɪd]

retarding   [rɪ 'taɚ dɪŋ]

retch   [rɛtʃ]

retention [rɪ 'tɛn ʃn]
retentive [rɪ 'tɛn tɪv]
reticent ['rɛt ɪ sənt]
retina ['rɛt ə nə]
retire [rɪ 'taɪɚ]
retired [rɪ 'taɪɚd]
retirement [rɪ 'taɪɚ mənt]
retiring [rɪ 'taɪɚ ɪŋ]
retook [ri 'tʊk]
retort [rɪ 'tɔɚt]
retorted [rɪ 'tɔɚ tɪd]
retouch [ri 'tətʃ]
retrace [rɪ 'tres]
retraced [rɪ 'trest]
retracing [rɪ 'tres ɪŋ]
retract [rɪ 'trækt]
retracted [rɪ 'træk tɪd]
retracting [rɪ 'træk tɪŋ]
retrain [ri 'tren]
retread n. ['ri ,trɛd] v. [ri 'trɛd]
retreat [rɪ 'trit]
retreated [rɪ 'trit ɪd]
retreating [rɪ 'trit ɪŋ]
retrench [rɪ 'trɛntʃ]
retribution [,rɛ trə 'bju ʃn]
retrieval [rɪ 'trivl]
retrieve [rɪ 'triv]
retrieved [rɪ 'trivd]
retriever [rɪ 'tri vɚ]
retrieving [rɪ 'triv ɪŋ]
retroactive [,rɛ tro 'æk tɪv]
retrogress ['rɛ trə ,grɛs]
retrospect ['rɛ trə ,spɛkt]
return [rɪ 'tɚn]
returned [rɪ 'tɚnd]
returning [rɪ 'tɚn ɪŋ]
returns [rɪ 'tɚnz]

reunion [ri 'jun jən]
reunite [,ri ju 'naɪt]
reunited [,ri ju 'naɪt ɪd]
reuniting [,ri ju 'naɪt ɪŋ]
revamp [ri 'væmp]
revamped [ri 'væmpt]
reveal [rɪ 'vil]
revealed [rɪ 'vild]
revealing [rɪ 'vil ɪŋ]
reveals [rɪ 'vilz]
reveille ['rɛv ə li]
revel ['rɛv əl]
revelation [,rɛv ə 'le ʃn]
reveled ['rɛv əld]
reveling ['rɛv əl ɪŋ]
revenge [rɪ 'vɛndʒ]
revenged [rɪ 'vɛndʒd]
revenging [rɪ 'vɛndʒ ɪŋ]
revenue ['rɛv ə nu]
reverberate [rɪ 'vɚ bə ,ret]
reverberated [rɪ 'vɚ bə ,ret ɪd]
reverberates [rɪ 'vɚ bə ,rets]
reverberating [rɪ 'vɚ bə ,ret ɪŋ]
revere [rɪ 'vɪɚ]
revered [rɪ 'vɪɚd]
reverence ['rɛv ɚ əns]
Reverend ['rɛv rənd]
reverie ['rɛv ə ri]
reversal [rɪ 'vɚ sl]
reverse [rɪ 'vɚs]
reversed [rɪ 'vɚst]
reverses [rɪ 'vɚs ɪz]
reversing [rɪ 'vɚs ɪŋ]
revert [rɪ 'vɚt]
reverted [rɪ 'vɚ tɪd]
reverting [rɪ 'vɚ tɪŋ]
review [rɪ 'vju]

reviewed [rɪ 'vjud]

reviewer [rɪ 'vju ɚ]

reviewing [rɪ 'vju ɪŋ]

revile [rɪ 'vaɪl]

reviled [rɪ 'vaɪld]

revise [rɪ 'vaɪz]

revised [rɪ 'vaɪzd]

revises [rɪ 'vaɪz ɪz]

revising [rɪ 'vaɪz ɪŋ]

revision [rɪ 'vɪʒn]

revival [rɪ 'vaɪ vl]

revive [rɪ 'vaɪv]

revived [rɪ 'vaɪvd]

reviving [rɪ 'vaɪv ɪŋ]

revoke [rɪ 'vok]

revoked [rɪ 'vokt]

revoking [rɪ 'vok ɪŋ]

revolt [rɪ 'volt]

revolted [rɪ 'vol tɪd]

revolting [rɪ 'vol tɪŋ]

revolution [ˌrɛv ə 'lu ʃn]

revolutionary
 [ˌrɛv ə 'lu ʃə ˌnɛɚ i]

revolve [rɪ 'valv]

revolved [rɪ 'valvd]

revolver [rɪ 'val vɚ]

revolves [rɪ 'valvz]

revolving [rɪ 'valv ɪŋ]

revulsion [rɪ 'vəl ʃn]

reward [rɪ 'wɔɚd]

rewarded [rɪ 'wɔɚ dɪd]

rewarding [rɪ 'wɔɚ dɪŋ]

rewind [ri 'waɪnd]

rewire [ri 'waɪɚ]

rewired [ri 'waɪɚd]

rewiring [ri 'waɪɚ ɪŋ]

reword [ri 'wɚd]

rewrite [ri 'raɪt]

rheostat ['ri ə ˌstæt]

rhesus ['ri səs]

rhetoric ['rɛt ɚ ɪk]

rheumatic fever
 [ru 'mæt ɪk 'fi vɚ]

rheumatism ['ru mə ˌtɪzm]

rhinitis [raɪ 'naɪ tɪs]

rhinoceros [raɪ 'nas ɚ əs]

Rhode Island [rod 'aɪ lənd]

rhyme [raɪm]

rhythm ['rɪ ðm]

rib [rɪb]

ribbon [rɪbn]

rice [raɪs]

rich [rɪtʃ]

riches ['rɪtʃ ɪz]

richly ['rɪtʃ li]

Richmond (VA) ['rɪtʃ mənd]

richness ['rɪtʃ nɪs]

rickety ['rɪk ɪ ti]

rickshaw ['rɪk ˌʃɔ]

rid [rɪd]

riddance ['rɪd əns]

ridden [rɪdn]

riddle [rɪdl]

riddled [rɪdld]

ride [raɪd]

rider ['raɪ dɚ]

rides [raɪdz]

ridge [rɪdʒ]

ridicule ['rɪd ə ˌkjul]

ridiculed ['rɪd ə ˌkjuld]

ridiculing ['rɪd ə ˌkjul ɪŋ]

ridiculous [rɪ 'dɪk jə ləs]

riding ['raɪd ɪŋ]

rifle ['raɪ fl]

rifle range ['raɪ fl ˌrendʒ]
rifled ['raɪ fld]
rift [rɪft]
rig [rɪg]
rigged [rɪgd]
rigging ['rɪg ɪŋ]
right [raɪt]
right-hand man
  ['raɪt ˌhænd 'mæn]
right-handed ['raɪt ˌhæn dɪd]
right of way ['raɪt əv 'we]
righteous ['raɪ tʃəs]
righteousness ['raɪ tʃəs nɪs]
rightful ['raɪt fl]
rightly ['raɪt li]
rigid ['rɪdʒ ɪd]
rigidly ['rɪdʒ ɪd li]
rigor ['rɪg ɚ]
rigor mortis ['rɪg ɚ 'mɔɚ tɪs]
rigorous ['rɪg ɚ əs]
rim [rɪm]
rind [raɪnd]
ring [rɪŋ]
ringed [rɪŋd]
ringer ['rɪŋ ɚ]
ringing ['rɪŋ ɪŋ]
ringleader ['rɪŋ ˌli dɚ]
rink [rɪŋk]
rinse [rɪns]
rinsed [rɪnst]
rinses ['rɪns ɪz]
rinsing ['rɪns ɪŋ]
riot ['raɪ ət]
rioted ['raɪ ət ɪd]
rioting ['raɪ ət ɪŋ]
riotous ['raɪ ət əs]
rip [rɪp]

rip-off ['rɪp ˌɔf]
rip-roaring ['rɪp 'rɔɚ ɪŋ]
ripe [raɪp]
ripen ['raɪ pən]
ripped [rɪpt]
ripping ['rɪp ɪŋ]
ripple [rɪpl]
ripsaw ['rɪp ˌsɔ]
rise [raɪz]
risen [rɪzn]
rising ['raɪz ɪŋ]
risk [rɪsk]
risked [rɪskt]
risking ['rɪs kɪŋ]
risks [rɪsks]
risky ['rɪsk i]
risque [rɪ 'ske]
rite [raɪt]
ritual ['rɪtʃ u əl]
rival ['raɪ vl]
rivalry ['raɪ vl ri]
river ['rɪv ɚ]
riverside ['rɪv ɚ ˌsaɪd]
Riverside (CA) ['rɪv ɚ ˌsaɪd]
rivet ['rɪv ɪt]
riveted ['rɪv ɪt ɪd]
riveting ['rɪv ɪt ɪŋ]
roach [rotʃ]
road [rod]
road map ['rod ˌmæp]
roadblock ['rod ˌblak]
roadside ['rod ˌsaɪd]
roam [rom]
roamed [romd]
roaming ['rom ɪŋ]
roams [romz]
Roanoke (VA) ['ro ə ˌnok]

roar [rɔɚ]
roared [rɔɚd]
roaring ['rɔɚ ɪŋ]
roars [rɔɚz]
roast [rost]
roasted ['ros tɪd]
roasting ['ros tɪŋ]
rob [rab]
robbed [rabd]
robber ['rab ɚ]
robbery ['rab ə ri]
robbing ['rab ɪŋ]
robe [rob]
robed [robd]
robin [rabn]
robot ['ro ˌbat]
robust [ro 'bəst]
Rochester (MN, NY)
  ['ra ˌtʃɛs tɚ]
rock [rak]
rock and roll ['rak ən 'rol]
rock bottom ['rak 'batm]
Rock Island (IL) ['rak 'aɪ lənd]
rocked [rakt]
rocker ['rak ɚ]
rocket ['rak ɪt]
rocketing ['rak ɪt ɪŋ]
Rockford (IL) ['rak fɚd]
rocking ['rak ɪŋ]
rocks [raks]
rocky ['rak i]
rod [rad]
rode [rod]
rodent ['rod nt]
rodeo ['ro di ˌo]
role [rol]
roll [rol]

rolled [rold]
roller ['ro lɚ]
rolling ['rol ɪŋ]
rolls [rolz]
Roman ['ro mən]
Roman Catholic
  ['ro mən 'kæθ lɪk]
romance [ro 'mæns]
romantic [ro 'mæn tɪk]
romp [ramp]
roof [ruf]
roofer ['ruf ɚ]
roofing ['ruf ɪŋ]
roofless ['ruf lɪs]
rookie ['rʊk i]
room [rum]
roomer ['rum ɚ]
rooming ['rum ɪŋ]
roommate ['rum ˌmet]
rooms [rumz]
roomy ['rum i]
roost [rust]
rooster ['ru stɚ]
root [rut]
root beer ['rut ˌbɪɚ]
rooted ['rut ɪd]
rope [rop]
roped [ropt]
roping ['rop ɪŋ]
rosary ['ro zə ri]
rose [roz]
rosebud ['roz ˌbəd]
rosebush ['roz ˌbʊʃ]
rosin ['raz ɪn]
roster ['ras tɚ]
rostrum ['ras trəm]
rosy ['ro zi]

rot [rɑt]
rotary ['ro tə ri]
rotate ['ro ˌtet]
rotated ['ro ˌtet ɪd]
rotating ['ro ˌtet ɪŋ]
rotation [ro 'te ʃn]
rote [rot]
rotisserie [ro 'tɪs ə ri]
rotted ['rɑt ɪd]
rotten [rɑtn]
rotting ['rɑt ɪŋ]
rouge [ruʒ]
rough [rəf]
rough copy ['rəf 'kɑp i]
roughage ['rəf ɪdʒ]
roughed [rəft]
roughen [rəfn]
roughhouse ['rəf ˌhæʊs]
roughing ['rəf ɪŋ]
roughly ['rəf li]
roughneck ['rəf ˌnɛk]
roughshod ['rəf 'ʃɑd]
roulette [ru 'lɛt]
round [ræʊnd]
round-the-clock
  ['ræʊnd ðə 'klɑk]
round trip ['ræʊnd 'trɪp]
roundabout ['ræʊnd ə ˌbæʊt]
rounded ['ræʊn dɪd]
rounding ['ræʊn dɪŋ]
roundup ['ræʊnd ˌəp]
rouse [ræʊz]
roused [ræʊzd]
rousing ['ræʊz ɪŋ]
rout [ræʊt]
route [rut]
routed ['rut ɪd]

routine [ru 'tin]
roving ['rov ɪŋ]
row [ro]
rowboat ['ro ˌbot]
rowdy ['ræʊ di]
rowed [rod]
rowing ['ro ɪŋ]
royal ['rɔɪ əl]
royally ['rɔɪ əl i]
royalty ['rɔɪ əl ti]
rub [rəb]
rubbed [rəbd]
rubber ['rəb ɚ]
rubbing ['rəb ɪŋ]
rubbish ['rəb ɪʃ]
rubble [rəbl]
rubdown ['rəb ˌdæʊn]
rubella [ru 'bɛl ə]
ruby ['ru bi]
ruckus ['rək əs]
rudder ['rəd ɚ]
ruddy ['rəd i]
rude [rud]
rudely ['rud li]
rudiment ['ru də mənt]
rudimentary [ˌru də 'mɛn tri]
ruffle [rəfl]
rug [rəg]
rugby ['rəg bi]
rugged ['rəg ɪd]
ruin ['ru ɪn]
rule [rul]
rule of thumb ['rul əv 'θəm]
ruled [ruld]
ruler ['ru lɚ]
ruling ['ru lɪŋ]
rum [rəm]

rumble   ['rəm bl]

rummage   ['rəm ɪdʒ]

rummage sale   ['rəm ɪdʒ ˌsel]

rummaged   ['rəm ɪdʒd]

rumor   ['ru mɚ]

rumored   ['ru mɚd]

rump   [rəmp]

rumpus   ['rəm pəs]

run   [rən]

run-in   ['rən ˌɪn]

run-of-the-mill   ['rən əv ðə 'mɪl]

runaround   ['rən ə ˌræʊnd]

runaway   ['rən ə ˌwe]

rundown   ['rən 'dæʊn]

rung   [rəŋ]

runner   ['rən ɚ]

runner-up   ['rən ɚ ˌəp]

running   ['rən ɪŋ]

runny   ['rən i]

runt   [rənt]

runway   ['rən ˌwe]

rupture   ['rəp tʃɚ]

rural   ['rʊɚ əl]

ruse   [ruz]

rush   [rəʃ]

rush hour   ['rəʃ ˌæʊ ɚ]

rushed   [rəʃt]

rushes   ['rəʃ ɪz]

rushing   ['rəʃ ɪŋ]

Russian   [rəʃn]

rust   [rəst]

rusted   ['rəs tɪd]

rustic   ['rəs tɪk]

rusting   ['rəs tɪŋ]

rustle   [rəsl]

rustproof   ['rəst ˌpruf]

rusts   [rəsts]

rusty   ['rəst i]

rut   [rət]

ruthless   ['ruθ lɪs]

rye   [rɑɪ]

rye bread   ['rɑɪ ˌbrɛd]

S

S [ɛs]

Sabbath ['sæb əθ]

sabbatical [sə 'bæt ɪ kl]

sabotage ['sæb ə ˌtɑʒ]

saccharine ['sæk ˌrɪn]

sachet [sæ 'ʃe]

sack [sæk]

sacked [sækt]

Sacramento (CA)
 [ˌsæk rə 'mɛn to]

sacred ['se krɪd]

sacrifice ['sæk rə ˌfaɪs]

sacrificed ['sæk rə ˌfaɪst]

sacrilege ['sæk rə lɪdʒ]

sad [sæd]

sadden [sædn]

saddened [sædnd]

saddest ['sæd ɪst]

saddle [sædl]

saddlebag ['sædl ˌbæg]

saddled [sædld]

saddles [sædlz]

sadism ['sed ɪzm]

sadistic [sə 'dɪs tɪk]

sadly ['sæd li]

sadness ['sæd nɪs]

safari [sə 'fɑɚ i]

safe [sef]

safe-conduct ['sef 'kɑn ˌdəkt]

safe-deposit ['sef dɪ 'pɑz ɪt]

safeguard ['sef ˌgɑɚd]

safekeeping ['sef 'kip ɪŋ]

safely ['sef li]

safety ['sef ti]

safety belt ['sef ti ˌbɛlt]

safety glass ['sef ti ˌglæs]

safety valve ['sef ti ˌvælv]

sag [sæg]

saga ['sɑ gə]

sage [sedʒ]

sagged [sægd]

sagging ['sæg ɪŋ]

said [sɛd]

sail [sel]

sailboat ['sel ˌbot]

sailed [seld]

sailing ['sel ɪŋ]

sailor ['se lɚ]

sails [selz]

saint [sent]

sake [sek]

salad ['sæl əd]

salami [sə 'lɑ mi]

salary ['sæl ə ri]

sale [sel]

sales slip ['selz ˌslɪp]

sales talk ['selz ˌtɔk]

sales tax ['selz ˌtæks]

salesclerk ['selz ˌklɚk]

salesman ['selz mən]

saleswoman ['selz ˌwʊ mən]

saliva [sə 'lɑɪ və]

salmon ['sæ mən]

salt [sɔlt]

Salt Lake City (UT)
    ['sɔlt ˌlek 'sɪt i]

salt shaker ['sɔlt ˌʃe kɚ]

salt-water ['sɔlt 'wɔ tɚ]

saltine [sɔl 'tin]

salty ['sɔl ti]

salutation [ˌsæl jə 'te ʃn]

salute [sə 'lut]

saluted [sə 'lut ɪd]

saluting [sə 'lut ɪŋ]

salvage ['sæl vɪdʒ]

salvation [sæl 've ʃn]

Salvation Army
    [sæl 've ʃn 'ɑɚ mi]

salve [sæv]

same [sem]

sample ['sæm pl]

sampled ['sæm pld]

sampling ['sæm plɪŋ]

San Diego (CA) [ˌsæn di 'e go]

San Francisco (CA)
    [ˌsæn fræn 'sɪs ko]

sanction ['sæŋk ʃn]

sanctity ['sæŋk tɪ ti]

sanctuary ['sæŋk tʃu ˌɛɚ i]

sand [sænd]

sandal [sændl]

sandbag ['sænd ˌbæg]

sandblast ['sænd ˌblæst]

sandbox ['sænd ˌbaks]

sand castle ['sænd ˌkæsl]

sanded ['sæn dɪd]

sanding ['sæn dɪŋ]

sandlot ['sænd ˌlat]

sandpaper ['sænd ˌpe pɚ]

sandstone ['sænd ˌston]

sandstorm ['sænd ˌstɔɚm]

sandwich ['sænd ˌwɪtʃ]

sandwiched ['sænd ˌwɪtʃt]

sandy ['sænd i]

sane [sen]

sang [sæŋ]

sanitarium [ˌsæn ɪ 'tɛɚ i əm]

sanitary ['sæn ɪ ˌtɛɚ i]

sanitation [ˌsæn ɪ 'te ʃn]

sanity ['sæn ɪ ti]

sank [sæŋk]

sap [sæp]

sapling ['sæp lɪŋ]

sapped [sæpt]

sapphire ['sæf ˌɑɪɚ]

sapping ['sæp ɪŋ]

sarcasm ['sɑɚ ˌkæzm]

sarcastic [sɑɚ 'kæs tɪk]

sardine [sɑɚ 'din]

sardonic [sɑɚ 'dan ɪk]

sari ['sɑɚ i]

sarong [sə 'rɑŋ]

sash [sæʃ]

sass [sæs]

sat [sæt]
Satan [setn]
satanic [sə 'tæn ɪk]
satchel [sætʃl]
satellite ['sæt ə ˌlaɪt]
satiate ['se ʃi ˌet]
satin [sætn]
satire ['sæ ˌtaɪə-]
satirical [sə 'tɪə- ɪ kl]
satisfaction [ˌsæt ɪs 'fæk ʃn]
satisfactorily
    [ˌsæt ɪs 'fæk tə rɪ li]
satisfactory [ˌsæt ɪs 'fæk tə ri]
satisfied ['sæt ɪs ˌfaɪd]
satisfies ['sæt ɪs ˌfaɪz]
satisfy ['sæt ɪs ˌfaɪ]
satisfying ['sæt ɪs ˌfaɪ ɪŋ]
saturate ['sætʃ ə ˌret]
saturated ['sætʃ ə ˌret ɪd]
saturating ['sætʃ ə ˌret ɪŋ]
Saturday ['sæt ə- ˌde]
Saturn ['sæt ə-n]
sauce [sɔs]
saucepan ['sɔs ˌpæn]
saucer ['sɔ sə-]
sauerkraut ['sæʊə- ˌkraʊt]
sauna ['sɔ nə]
saunter ['sɔn tə-]
sausage ['sɔ sɪdʒ]
saute [sɔ 'te]
savage ['sæv ɪdʒ]
savagely ['sæv ɪdʒ li]
save [sev]
saved [sevd]
saves [sevz]
saving ['sev ɪŋ]
savings bank ['sev ɪŋz ˌbæŋk]

savior ['sev jə-]
savoir-faire ['sæv waɑ- 'fɛə-]
savor ['se və-]
savored ['se və-d]
savoring ['se və- ɪŋ]
savory ['se və- i]
savvy ['sæv i]
saw [sɔ]
sawdust ['sɔ ˌdəst]
sawed [sɔd]
sawing ['sɔ ɪŋ]
sawmill ['sɔ ˌmɪl]
saxophone ['sæk sə ˌfon]
say [se]
saying ['se ɪŋ]
says [sɛz]
scab [skæb]
scaffold ['skæf əld]
scald [skɔld]
scalding ['skɔl dɪŋ]
scalds [skɔldz]
scale [skel]
scale model ['skel 'mɑdl]
scaled [skeld]
scallop ['skæl əp]
scalp [skælp]
scalped [skælpt]
scalpel ['skæl pl]
scalper ['skæl pə-]
scalping ['skæl pɪŋ]
scalps [skælps]
scaly ['skel i]
scamper ['skæm pə-]
scampered ['skæm pə-d]
scampers ['skæm pə-z]
scan [skæn]
scandal ['skæn dl]

scandalous   ['skæn də ləs]

Scandinavian
   [ˌskæn dɪ 'ne vi ən]

scanned   [skænd]

scanning   ['skæn ɪŋ]

scans   [skænz]

scant   [skænt]

scanty   ['skæn ti]

scapegoat   ['skep ˌgot]

scar   [skɑɚ]

scarce   [skɛɚs]

scarcely   ['skɛɚs li]

scarcity   ['skɛɚ sɪ ti]

scare   [skɛɚ]

scarecrow   ['skɛɚ ˌkro]

scared   [skɛɚd]

scares   [skɛɚz]

scarf   [skɑɚf]

scaring   ['skɛɚ ɪŋ]

scarlet   ['skɑɚ lɪt]

scarlet fever   ['skɑɚ lɪt 'fi vɚ]

scarred   [skɑɚd]

scarring   ['skɑɚ ɪŋ]

scathing   ['ske ðɪŋ]

scatter   ['skæt ɚ]

scatterbrained   ['skæt ɚ ˌbrend]

scattered   ['skæt ɚd]

scavenger   ['skæv ɪn dʒɚ]

scenario   [sɪ 'nɛɚ i ˌo]

scene   [sin]

scenery   ['si nə ri]

scenic   ['si nɪk]

scent   [sɛnt]

schedule   ['skɛdʒ ul]

scheduled   ['skɛdʒ uld]

scheduled flight
   ['skɛdʒ uld 'flaɪt]

scheduling   ['skɛdʒ ul ɪŋ]

schematic   [ski 'mæt ɪk]

scheme   [skim]

schemed   [skimd]

scheming   ['skim ɪŋ]

schizophrenia   [ˌskɪt sə 'fri ni ə]

schizophrenic   [ˌskɪt sə 'frɛn ɪk]

scholar   ['skɑl ɚ]

scholarly   ['skɑl ɚ li]

scholarship   ['skɑl ɚ ˌʃɪp]

scholastic   [skə 'læs tɪk]

school   [skul]

schoolboy   ['skul ˌbɔɪ]

schoolchildren   ['skul ˌtʃɪl drɪn]

schooldays   ['skul ˌdez]

schooled   [skuld]

schoolgirl   ['skul ˌgɚl]

schooling   ['skul ɪŋ]

schoolroom   ['skul ˌrum]

schoolteacher   ['skul ˌti tʃɚ]

schooner   ['sku nɚ]

schwa   [ʃwɑ]

sciatica   [saɪ 'æt ɪ kə]

science   ['saɪ əns]

science fiction   ['saɪ əns 'fɪk ʃn]

scientific   [ˌsaɪ ən 'tɪf ɪk]

scientist   ['saɪ ən tɪst]

scissors   ['sɪz ɚz]

sclerosis   [sklɪ 'ro sɪs]

scoff   [skɑf]

scoffed   [skɑft]

scold   [skold]

scolded   ['skold ɪd]

scolding   ['skold ɪŋ]

scoop   [skup]

scooped   [skupt]

scoot   [skut]

scooter ['sku tɚ]

scope [skop]

scoped [skopt]

scorch [skɔɚtʃ]

scorched [skɔɚtʃt]

scorching ['skɔɚtʃ ɪŋ]

score [skɔɚ]

scoreboard ['skɔɚ ˌbɔɚd]

scored [skɔɚd]

scorer ['skɔɚ ɚ]

scoring ['skɔɚ ɪŋ]

scorn [skɔɚn]

scorned [skɔɚnd]

scornful ['skɔɚn fl]

scornfully ['skɔɚn fə li]

scorning ['skɔɚn ɪŋ]

scorns [skɔɚnz]

scorpion ['skɔɚ pi ən]

Scot [skɑt]

scot-free ['skɑt 'fri]

Scotch [skɑtʃ]

Scottie ['skɑt i]

Scottish ['skɑt ɪʃ]

scoundrel ['skæʊn drəl]

scour [skæʊ ɚ]

scoured ['skæʊ ɚd]

scouring ['skæʊ ɚ ɪŋ]

scours ['skæʊ ɚz]

scout [skæʊt]

scouted ['skæʊt ɪd]

scouting ['skæʊt ɪŋ]

scowl [skæʊl]

scowled [skæʊld]

scrabble [skræbl]

scramble ['skræm bl]

scrambled ['skræm bld]

scrap [skræp]

scrapbook ['skræp ˌbʊk]

scrape [skrep]

scraped [skrept]

scraper ['skrep ɚ]

scrapes [skreps]

scraping ['skrep ɪŋ]

scrapped [skræpt]

scrapping ['skræp ɪŋ]

scratch [skrætʃ]

scratched [skrætʃt]

scratches ['skrætʃ ɪz]

scratching ['skrætʃ ɪŋ]

scrawl [skrɔl]

scrawny ['skrɔ ni]

scream [skrim]

screamed [skrimd]

screaming ['skrim ɪŋ]

screams [skrimz]

screech [skritʃ]

screeched [skritʃt]

screeching ['skritʃ ɪŋ]

screen [skrin]

screened [skrind]

screening ['skrin ɪŋ]

screenplay ['skrin ˌple]

screw [skru]

screwdriver ['skru ˌdraɪ vɚ]

screwed [skrud]

scribble [skrɪbl]

scribbled [skrɪbld]

scribbles [skrɪblz]

scribbling ['skrɪb lɪŋ]

scribe [skraɪb]

scrimmage ['skrɪm ɪdʒ]

scrimp [skrɪmp]

script [skrɪpt]

Scripture ['skrɪp tʃɚ]

scroll [skrol]

scrounge [skræʊndʒ]

scrounged [skræʊndʒd]

scrub [skrəb]

scrubbed [skrəbd]

scrubbing ['skrəb ɪŋ]

scrumptious ['skrəmp ʃəs]

scruple ['skru pl]

scrutinize ['skrut ə ˌnaɪz]

scrutinized ['skrut ə ˌnaɪzd]

scrutinizing ['skrut ə ˌnaɪz ɪŋ]

scrutiny ['skrut ə ni]

scuff [skəf]

scuffle [skəfl]

scuffled [skəfld]

scuffling ['skəf lɪŋ]

sculptor ['skəlp tə-]

sculpture ['skəlp tʃə-]

sculptured ['skəlp tʃə-d]

sculpturing ['skəlp tʃə- ɪŋ]

scum [skəm]

scuttle [skətl]

scuttlebutt ['skətl ˌbət]

scuttled [skətld]

scuttling ['skətl ɪŋ]

scythe [saɪð]

sea [si]

seacoast ['si ˌkost]

seafood ['si ˌfud]

seagull ['si ˌgəl]

seal [sil]

sealant ['si lənt]

sealed [sild]

sealing ['sil ɪŋ]

seam [sim]

seaman ['si mən]

seamstress ['sim strɪs]

seance ['se ˌɑns]

seaplane ['si plen]

seaport ['si ˌpɔ-t]

sear [sɪə-]

search [sə-tʃ]

searched [sə-tʃt]

searching ['sə-tʃ ɪŋ]

searchlight ['sə-tʃ ˌlaɪt]

seascape ['si skep]

seashore ['si ˌʃɔ-]

seasick ['si ˌsɪk]

seasickness ['si ˌsɪk nɪs]

season ['si zn]

season ticket ['si zn 'tɪk ɪt]

seasonable ['si zn ə bl]

seasonal ['si zə nl]

seasoned ['si znd]

seasoning ['si zə nɪŋ]

seat [sit]

seat belt ['sit ˌbɛlt]

seated ['sit ɪd]

seating ['sit ɪŋ]

Seattle (WA) [ˌsi 'ætl]

seaweed ['si ˌwid]

seaworthy ['si ˌwə- ði]

secede [sɪ 'sid]

secluded [sɪ 'klud ɪd]

seclusion [sɪ 'klu ʒn]

second ['sɛk nd]

second-class ['sɛk nd 'klæs]

second-guess ['sɛk nd 'gɛs]

second-rate ['sɛk nd 'ret]

secondary ['sɛkn ˌdɛə- i]

secondhand ['sɛk nd 'hænd]

secondly ['sɛk nd li]

secrecy ['si krɪ si]

secret ['si krɪt]

secretary   ['sɛk rɪ ˌtɛɚ i]
secrete   [sɪ 'krit]
secretion   [sɪ 'kri ʃn]
secretive   ['si krɪ tɪv]
secretly   ['si krɪt li]
sect   [sɛkt]
sectarian   [sɛk 'tɛɚ i ən]
section   ['sɛk ʃn]
sectioned   ['sɛk ʃnd]
sector   ['sɛk tɚ]
secular   ['sɛk jə lɚ]
secure   [sɪ 'kjʊɚ]
secured   [sɪ 'kjʊɚd]
securely   [sɪ 'kjʊɚ li]
security   [sɪ 'kjʊɚ ɪ ti]
sedan   [sɪ 'dæn]
sedate   [sɪ 'det]
sedated   [sɪ 'det ɪd]
sedating   [sɪ 'det ɪŋ]
sedation   [sɪ 'de ʃn]
sedative   ['sɛd ə tɪv]
sedentary   ['sɛdn ˌtɛɚ i]
sediment   ['sɛd ə mənt]
sedition   [sɪ 'dɪʃn]
seduce   [sɪ 'dus]
seduced   [sɪ 'dust]
seducing   [sɪ 'dus ɪŋ]
seduction   [sɪ 'dək ʃn]
seductive   [sɪ 'dək tɪv]
see   [si]
see-through   ['si ˌθru]
seed   [sid]
seedling   ['sid lɪŋ]
seedy   ['si di]
seeing   ['si ɪŋ]
seek   [sik]
seem   [sim]

seemed   [simd]
seemingly   ['sim ɪŋ li]
seems   [simz]
seen   [sin]
seep   [sip]
seeps   [sips]
seer   [sɪɚ]
seersucker   ['sɪɚ ˌsək ɚ]
seesaw   ['si ˌsɔ]
seethe   [sið]
segment   ['sɛg mənt]
segregate   ['sɛg rə ˌget]
segregated   ['sɛg rə ˌget ɪd]
segregation   [ˌsɛg rə 'ge ʃn]
seismic   ['saɪz mɪk]
seismograph   ['saɪz mə ˌgræf]
seize   [siz]
seized   [sizd]
seizes   ['siz ɪz]
seizing   ['siz ɪŋ]
seizure   ['si ʒɚ]
seldom   ['sɛl dm]
select   [sɪ 'lɛkt]
selected   [sɪ 'lɛk tɪd]
selecting   [sɪ 'lɛk tɪŋ]
selection   [sɪ 'lɛk ʃn]
selects   [sɪ 'lɛkts]
self   [sɛlf]
self-centered   ['sɛlf 'sɛn tɚd]
self-confidence
   [ˌsɛlf 'kɑn fɪ dəns]
self-conscious   [ˌsɛlf 'kɑn ʃəs]
self-contained   [ˌsɛlf kən 'tend]
self-control   [ˌsɛlf kən 'trol]
self-defense   [ˌsɛlf dɪ 'fɛns]
self-discipline   ['sɛlf 'dɪs ɪ plɪn]
self-educated   [ˌsɛlf 'ɛdʒ ə ket ɪd]

self-employed [ˌsɛlf ɛm 'plɔɪd]
self-esteem [ˌsɛlf ə 'stim]
self-evident [ˌsɛlf 'ɛv ɪ dənt]
self-explanatory
  [ˌsɛlf ɛks 'plæn ə ˌtɔ˞ i]
self-government
  [ˌsɛlf 'gəv ɚn mənt]
self-interest ['sɛlf 'ɪn trɪst]
self-made ['sɛlf 'med]
self-pity ['sɛlf 'pɪt i]
self-preservation
  [ˌsɛlf ˌprɛz ɚ 've ʃn]
self-reliance [ˌsɛlf rɪ 'laɪ əns]
self-respect [ˌsɛlf rɪ 'spɛkt]
self-righteous [ˌsɛlf 'raɪ tʃəs]
self-sacrifice [ˌsɛlf 'sæk rɪ faɪs]
self-satisfaction
  [ˌsɛlf ˌsæt ɪs 'fæk ʃn]
self-service ['sɛlf 'sɚ vɪs]
self-sufficient ['sɛlf sə 'fɪʃ ənt]
self-taught ['sɛlf 'tɔt]
selfish ['sɛl fɪʃ]
selfishness ['sɛlf ɪʃ nɪs]
sell [sɛl]
seller ['sɛl ɚ]
selling ['sɛl ɪŋ]
selling price ['sɛl ɪŋ ˌpraɪs]
sellout ['sɛl ˌæʊt]
semaphore ['sɛm ə ˌfɔ˞]
semblance ['sɛm bləns]
semen ['si mən]
semester [sɪ 'mɛs tɚ]
semiannual [ˌsɛm i 'æn ju əl]
semicircle ['sɛm ɪ ˌsɚ kl]
semicolon ['sɛm ɪ ˌko lən]
semiconductor
  [ˌsɛm i kən 'dək tɚ]

semiconscious [ˌsɛm i 'kan ʃəs]
semidetached [ˌsɛm i dɪ 'tætʃt]
semifinal [ˌsɛ mi 'faɪnl]
semimonthly [ˌsɛm i 'mənθ li]
seminar ['sɛm ə ˌnɑ˞]
seminary ['sɛm ə ˌnɛ˞ i]
semiprecious [ˌsɛm i 'prɛʃ əs]
semiprofessional
  [ˌsɛm i prə 'fɛʃ ə nl]
semiskilled [ˌsɛm i 'skɪld]
Semitic [sə 'mɪt ɪk]
senate ['sɛn ɪt]
senator ['sɛn ə tɚ]
send [sɛnd]
send-off ['sɛnd ˌɔf]
sender ['sɛnd ɚ]
senile ['si naɪl]
senior ['sin jɚ]
senior citizen ['sin jɚ 'sɪt ɪ zn]
seniority [sin 'jɑ˞ ɪ ti]
sensation [sɛn 'se ʃn]
sensational [sɛn 'se ʃə nl]
sense [sɛns]
sensed [sɛnst]
senseless ['sɛns lɪs]
senses ['sɛn sɪz]
sensibility [ˌsɛn sə 'bɪl ɪ ti]
sensible ['sɛn sə bl]
sensitive ['sɛn sɪ tɪv]
sensitivity [ˌsɛn sɪ 'tɪv ɪ ti]
sensitize ['sɛn sɪ ˌtaɪz]
sensor ['sɛn sɚ]
sensory ['sɛn sə ri]
sensual ['sɛn ʃu əl]
sensuous [sɛn 'ʃu əs]
sent [sɛnt]
sentence [sɛntns]

sentenced [ˈsɛntnst]

sentiment [ˈsɛn tə mənt]

sentimental [ˌsɛn tə ˈmɛn tl]

sentry [ˈsɛn tri]

separable [ˈsɛp rə bl]

separate adj. [ˈsɛp ɚ ɪt]
  v. [ˈsɛp ə ˌret]

separately [ˈsɛp ɚ ɪt li]

separation [ˌsɛp ə ˈre ʃn]

September [sɛp ˈtɛm bɚ]

septic tank [ˈsɛp tɪk ˌtæŋk]

sequel [ˈsi kwəl]

sequence [ˈsi kwəns]

sequester [sɪ ˈkwɛs tɚ]

sequins [ˈsi kwɪnz]

serenade [ˌsɛɚ ə ˈned]

serene [sə ˈrin]

sergeant [ˈsɑɚ dʒənt]

serial [ˈsɪɚ i əl]

series [ˈsɪɚ iz]

serious [ˈsɪɚ i əs]

seriously [ˈsɪɚ i əs li]

seriousness [ˈsɪɚ i əs nɪs]

sermon [ˈsɚ mən]

serpent [ˈsɚ pənt]

serrated [ˈsɛɚ e təd]

serum [ˈsɪɚ əm]

servant [ˈsɚ vənt]

serve [sɚv]

served [sɚvd]

serves [sɚvz]

service [ˈsɚ vɪs]

service charge [ˈsɚ vɪs ˌtʃɑɚdʒ]

serviceable [ˈsɚ vɪ sə bl]

serviced [ˈsɚ vɪst]

serviceman [ˈsɚ vɪs ˌmən]

servicing [ˈsɚ vɪs ɪŋ]

servile [ˈsɚ vɑɪl]

serving [ˈsɚ vɪŋ]

servitude [ˈsɚ vɪ ˌtud]

sesame [ˈsɛs ə mi]

session [ˈsɛʃn]

set [sɛt]

setback [ˈsɛt ˌbæk]

setter [ˈsɛt ɚ]

setting [ˈsɛt ɪŋ]

settle [sɛtl]

settled [sɛtld]

settlement [ˈsɛtl mənt]

settler [ˈsɛt lɚ]

settles [sɛtlz]

settling [ˈsɛt lɪŋ]

setup [ˈsɛt ˌəp]

seven [sɛvn]

seventeen [ˈsɛvn ˈtin]

seventeenth [ˈsɛvn ˈtinθ]

seventh [sɛvnθ]

seventies [ˈsɛvn tiz]

seventy [ˈsɛvn ti]

seventy-five [ˈsɛvn ti ˌfɑɪv]

sever [ˈsɛv ɚ]

several [ˈsɛv rəl]

severance pay [ˈsɛv rəns ˌpe]

severe [sɪ ˈvɪɚ]

severed [ˈsɛv ɚd]

severely [sɪ ˈvɪɚ li]

severing [ˈsɛv ɚ ɪŋ]

severity [sɪ ˈvɛɚ ɪ ti]

sew [so]

sewage [ˈsu ɪdʒ]

sewed [sod]

sewer [ˈsu ɚ]

sewing [ˈso ɪŋ]

sewn [son]

sews [soz]

sex [sɛks]

sex appeal ['sɛks ə ˌpil]

sexism ['sɛk ˌsɪzm]

sexist ['sɛk sɪst]

sextet [sɛks 'tɛt]

sexual ['sɛk ʃu əl]

sexuality [ˌsɛk ʃu 'æl ɪ ti]

sexy ['sɛk si]

shabby ['ʃæb i]

shack [ʃæk]

shackled [ʃækld]

shackles [ʃæklz]

shade [ʃed]

shaded ['ʃed ɪd]

shading ['ʃed ɪŋ]

shadow ['ʃæd o]

shadowy ['ʃæd o i]

shady ['ʃe di]

shaft [ʃæft]

shafted ['ʃæf tɪd]

shag [ʃæg]

shaggy ['ʃæg i]

shake [ʃek]

shake-up ['ʃek ˌəp]

shakedown ['ʃek ˌdæʊn]

shaken [ʃekn]

shakes [ʃeks]

shaking ['ʃek ɪŋ]

shaky ['ʃe ki]

shall [ʃæl]

shallow ['ʃæl o]

sham [ʃæm]

shambles ['ʃæm blz]

shame [ʃem]

shamed [ʃemd]

shameful ['ʃem fl]

shameless ['ʃem lɪs]

shampoo [ʃæm 'pu]

shampooed [ʃæm 'pud]

shamrock ['ʃæm ˌrak]

shanty ['ʃæn ti]

shape [ʃep]

shaped [ʃept]

shapeless ['ʃep lɪs]

shapely ['ʃep li]

shapes [ʃeps]

shaping ['ʃep ɪŋ]

share [ʃɛɚ]

sharecropper ['ʃɛɚ ˌkrap ɚ]

shared [ʃɛɚd]

shareholder ['ʃɛɚ ˌhol dɚ]

shares [ʃɛɚz]

sharing ['ʃɛɚ ɪŋ]

shark [ʃaɚk]

sharp [ʃaɚp]

sharpen ['ʃaɚ pən]

sharpened ['ʃaɚ pənd]

sharper ['ʃaɚ pɚ]

sharply ['ʃaɚp li]

sharpshooter ['ʃaɚp ˌʃu tɚ]

shatter ['ʃæt ɚ]

shattered ['ʃæt ɚd]

shatterproof ['ʃæt ɚ ˌpruf]

shatters ['ʃæt ɚz]

shave [ʃev]

shaved [ʃevd]

shaver ['ʃe vɚ]

shaving ['ʃe vɪŋ]

shaving cream ['ʃe vɪŋ ˌkrim]

shawl [ʃɔl]

she [ʃi]

sheaf [ʃif]

shear [ʃɪɚ]

shears [ˈʃɪɚz]

sheath [ʃiθ]

she'd [ʃid]

shed [ʃɛd]

sheep [ʃip]

sheepish [ˈʃi pɪʃ]

sheepskin [ˈʃip ˌskɪn]

sheer [ʃɪɚ]

sheerer [ˈʃɪɚ ɚ]

sheering [ˈʃɪɚ ɪŋ]

sheet [ʃit]

sheik [ʃik]

shelf [ʃɛlf]

she'll [ʃil]

shell [ʃɛl]

shelled [ʃɛld]

shellfish [ˈʃɛl ˌfɪʃ]

shelling [ˈʃɛl ɪŋ]

shelter [ˈʃɛl tɚ]

sheltered [ˈʃɛl tɚd]

sheltering [ˈʃɛl tɚ ɪŋ]

shelve [ʃɛlv]

shelved [ʃɛlvd]

shelves [ʃɛlvz]

shelving [ˈʃɛl vɪŋ]

shenanigans [ʃə ˈnæn ə gnz]

shepherd [ˈʃɛp ɚd]

sherbet [ˈʃɚ bɪt]

sheriff [ˈʃɛɚ ɪf]

sherry [ˈʃɛɚ i]

she's [ʃiz]

shield [ʃild]

shielded [ˈʃil dɪd]

shift [ʃɪft]

shifted [ˈʃɪf tɪd]

shifting [ˈʃɪf tɪŋ]

shiftless [ˈʃɪft lɪs]

shimmer [ˈʃɪm ɚ]

shimmered [ˈʃɪm ɚd]

shin [ʃɪn]

shinbone [ˈʃɪn ˌbon]

shindig [ˈʃɪn ˌdɪg]

shine [ʃaɪn]

shined [ʃaɪnd]

shiner [ˈʃaɪ nɚ]

shines [ʃaɪnz]

shingle [ˈʃɪŋ gl]

shingles [ˈʃɪŋ glz]

shining [ˈʃaɪn ɪŋ]

Shintoism [ˈʃɪn to ˌɪzm]

shiny [ˈʃaɪn i]

ship [ʃɪp]

shipboard [ˈʃɪp ˌbɔɚd]

shipbuilding [ˈʃɪp ˌbɪl dɪŋ]

shipmate [ˈʃɪp ˌmet]

shipment [ˈʃɪp mənt]

shipped [ʃɪpt]

shipping [ˈʃɪp ɪŋ]

ships [ʃɪps]

shipshape [ˈʃɪp ˌʃep]

shipwreck [ˈʃɪp ˌrɛk]

shipwrecked [ˈsɪp ˌrɛkt]

shipyard [ˈʃɪp ˌjaɚd]

shirk [ʃɚk]

shirked [ʃɚkt]

shirt [ʃɚt]

shish kebab [ˈʃɪʃ kə ˌbab]

shiver [ˈʃɪv ɚ]

shivered [ˈʃɪv ɚd]

shivering [ˈʃɪv ɚ ɪŋ]

shivers [ˈʃɪv ɚz]

shock [ʃak]

shocking [ˈʃak ɪŋ]

shockproof [ˈʃak ˌpruf]

shoddy ['ʃad i]

shoe [ʃu]

shoe polish ['ʃu ˌpal ɪʃ]

shoehorn ['ʃu ˌhɔən]

shoelace ['ʃu ˌles]

shoemaker ['ʃu ˌme kə]

shoeshine ['ʃu ˌʃaɪn]

shoestring ['ʃu ˌstrɪŋ]

shone [ʃon]

shoo-in ['ʃu ˌɪn]

shook [ʃʊk]

shoot [ʃut]

shooting ['ʃut ɪŋ]

shop [ʃap]

shopkeeper ['ʃap ˌki pə]

shoplifting ['ʃap ˌlɪft ɪŋ]

shopped [ʃapt]

shopping ['ʃap ɪŋ]

shopping bag ['ʃap ɪŋ ˌbæg]

shops [ʃaps]

shopworn ['ʃap ˌwɔən]

shore [ʃɔə]

shorn [ʃɔən]

short [ʃɔət]

short-circuit ['ʃɔət 'sə kɪt]

short-lived ['ʃɔət 'lɪvd]

short-staffed ['ʃɔət 'stæft]

short-tempered
  ['ʃɔət 'tɛm pəd]

short-term ['ʃɔət 'təm]

shortage ['ʃɔə tɪdʒ]

shortchange ['ʃɔət 'tʃendʒ]

shortcoming ['ʃɔət ˌkəm ɪŋ]

shortcut ['ʃɔət ˌkət]

shorten [ʃɔətn]

shortening ['ʃɔət nɪŋ]

shortfall ['ʃɔət ˌfɔl]

shorthand ['ʃɔət ˌhænd]

shortly ['ʃɔət li]

shorts [ʃɔəts]

shortsighted ['ʃɔət 'saɪt ɪd]

shortstop ['ʃɔət ˌstap]

shortwave ['ʃɔət 'wev]

shot [ʃat]

shot-put ['ʃat ˌpʊt]

shotgun ['ʃat ˌgən]

should [ʃʊd]

shoulder ['ʃol də]

shouldered ['ʃol dəd]

shouldering ['ʃol də ɪŋ]

shouldn't ['ʃʊd nt]

shout [ʃæʊt]

shouted ['ʃæʊt ɪd]

shouting ['ʃæʊt ɪŋ]

shouts [ʃæʊts]

shove [ʃəv]

shoved [ʃəvd]

shovel [ʃəvl]

shoveled [ʃəvld]

shoveling ['ʃəv lɪŋ]

shoves [ʃəvz]

shoving ['ʃəv ɪŋ]

show [ʃo]

showcase ['ʃo ˌkes]

showdown ['ʃo ˌdæʊn]

showed [ʃod]

shower ['ʃæʊ ə]

showered ['ʃæʊ əd]

showering ['ʃæʊ ə ɪŋ]

showing ['ʃo ɪŋ]

showman ['ʃo mən]

showmanship ['ʃo mən ˌʃɪp]

shown [ʃon]

showroom ['ʃo ˌrum]

shows [ʃoz]

shrank [ʃræŋk]

shrapnel ['ʃræp nl]

shred [ʃrɛd]

shredded ['ʃrɛd ɪd]

shredder ['ʃrɛd ɚ]

shredding ['ʃrɛd ɪŋ]

shrew [ʃru]

shrewd [ʃrud]

shriek [ʃrik]

shrieked [ʃrikt]

shrieking ['ʃrik ɪŋ]

shrill [ʃrɪl]

shrilly ['ʃrɪl i]

shrimp [ʃrɪmp]

shrine [ʃraɪn]

shrink [ʃrɪŋk]

shrinkage ['ʃrɪŋ kɪdʒ]

shrivel [ʃrɪvl]

shriveled [ʃrɪvld]

shriveling ['ʃrɪvl ɪŋ]

shroud [ʃræʊd]

shrub [ʃrəb]

shrubbery ['ʃrəb ə ri]

shrug [ʃrəg]

shrugged [ʃrəgd]

shrunk [ʃrəŋk]

shrunken ['ʃrəŋ kn]

shuck [ʃək]

shucks [ʃəks]

shudder ['ʃəd ɚ]

shuffle [ʃəfl]

shuffleboard ['ʃəfl ˌbɔɚd]

shun [ʃən]

shunt [ʃənt]

shut [ʃət]

shut-eye ['ʃət ˌaɪ]

shut-in ['ʃət ˌɪn]

shutdown ['ʃət ˌdæʊn]

shutout ['ʃət ˌæʊt]

shutter ['ʃət ɚ]

shuttle [ʃətl]

shy [ʃaɪ]

shyly ['ʃaɪ li]

shyster ['ʃaɪ stɚ]

sibilant ['sɪb ə lənt]

siblings ['sɪb lɪŋz]

sick [sɪk]

sicken [sɪkn]

sickle [sɪkl]

sickly ['sɪk li]

sickness ['sɪk nɪs]

sickroom ['sɪk ˌrum]

side [saɪd]

side dish ['saɪd ˌdɪʃ]

side street ['saɪd ˌstrit]

sideburns ['saɪd ˌbɚnz]

sidekick ['saɪd ˌkɪk]

sidelight ['saɪd ˌlaɪt]

sideline ['saɪd ˌlaɪn]

sidesaddle ['saɪd ˌsædl]

sideshow ['saɪd ˌʃo]

sidesplitting ['saɪd ˌsplɪt ɪŋ]

sidestep ['saɪd ˌstɛp]

sideswipe ['saɪd ˌswaɪp]

sidetrack ['saɪd ˌtræk]

sidewalk ['saɪd ˌwɔk]

sideways ['saɪd ˌwez]

siding ['saɪ dɪŋ]

siege [sidʒ]

siesta [si 'ɛs tə]

sieve [sɪv]

sift [sɪft]

sifted ['sɪf tɪd]

sifting   ['sɪf tɪŋ]

sifts   [sɪfts]

sigh   [saɪ]

sighed   [saɪd]

sighing   ['saɪ ɪŋ]

sight   [saɪt]

sighted   ['saɪt ɪd]

sighting   ['saɪt ɪŋ]

sightless   ['saɪt lɪs]

sightseeing   ['saɪt ˌsi ɪŋ]

sign   [saɪn]

signal   ['sɪg nl]

signaled   ['sɪg nld]

signaling   ['sɪg nl ɪŋ]

signatory   ['sɪg nə ˌtɔɚ i]

signature   ['sɪg nə ˌtʃɚ]

signed   [saɪnd]

significance   [sɪg 'nɪf ə kəns]

significant   [sɪg 'nɪf ə kənt]

signified   ['sɪg nə ˌfaɪd]

signifies   ['sɪg nə ˌfaɪz]

signify   ['sɪg nə ˌfaɪ]

signing   ['saɪn ɪŋ]

signpost   ['saɪn ˌpost]

signs   [saɪnz]

silence   ['saɪ ləns]

silenced   ['saɪ lənst]

silencer   ['saɪ lən sɚ]

silences   ['saɪ lən sɪz]

silencing   ['saɪ lən sɪŋ]

silent   ['saɪ lənt]

silently   ['saɪ lənt li]

silhouette   [ˌsɪl u 'ɛt]

silicon chip   ['sɪl ə ˌkan 'tʃɪp]

silk   [sɪlk]

silkworm   ['sɪlk ˌwɚm]

silky   ['sɪlk i]

sill   [sɪl]

silly   ['sɪl i]

silo   ['saɪ lo]

silver   ['sɪl vɚ]

silver-plated   ['sɪl vɚ ˌplet ɪd]

silver-tongued   ['sɪl vɚ ˌtəŋd]

silverware   ['sɪl vɚ ˌwɛɚ]

silvery   ['sɪl və ri]

similar   ['sɪm ə lɚ]

similarity   [ˌsɪm ə 'læɚ ɪ ti]

similarly   ['sɪm ə lɚ li]

simmer   ['sɪm ɚ]

simmered   ['sɪm ɚd]

simmering   ['sɪm ɚ ɪŋ]

simple   ['sɪm pl]

simplicity   [sɪm 'plɪs ɪ ti]

simplified   ['sɪm plɪ ˌfaɪd]

simplifies   ['sɪm plɪ ˌfaɪz]

simplify   ['sɪm plɪ ˌfaɪ]

simplistic   [sɪm 'plɪs tɪk]

simply   ['sɪm pli]

simulate   ['sɪm jə ˌlet]

simulation   [ˌsɪm jə 'le ʃn]

simultaneous   [ˌsaɪ məl 'te ni əs]

simultaneously
   [ˌsaɪ məl 'te ni əs li]

sin   [sɪn]

since   [sɪns]

sincere   [sɪn 'sɪɚ]

sincerely   [sɪn 'sɪɚ li]

sincerity   [sɪn 'sɛɚ ɪ ti]

sinew   ['sɪn ju]

sinful   ['sɪn fl]

sing   [sɪŋ]

sing-along   ['sɪŋ ə ˌlɔŋ]

singe   [sɪndʒ]

singed   [sɪndʒd]

singer ['sɪŋ ɚ]

singing ['sɪŋ ɪŋ]

single ['sɪŋ ɡl]

single bed ['sɪŋ ɡl 'bɛd]

single-breasted ['sɪŋ ɡl 'brɛs tɪd]

single file ['sɪŋ ɡl 'faɪl]

single-handed ['sɪŋ ɡl 'hæn dɪd]

single-minded
    ['sɪŋ ɡl 'maɪn dɪd]

single-track ['sɪŋ ɡl ˌtræk]

singsong ['sɪŋ ˌsɔŋ]

singular ['sɪŋ ɡjə lɚ]

singularly ['sɪŋ ɡjə lɚ li]

sinister ['sɪn ɪ stɚ]

sink [sɪŋk]

sinking ['sɪŋk ɪŋ]

sinks [sɪŋks]

sinner ['sɪn ɚ]

sinus ['saɪ nəs]

sinusitis [ˌsaɪ nə 'saɪ tɪs]

Sioux Falls (SD) ['su 'fɔlz]

sip [sɪp]

siphon ['saɪ fn]

siphoned ['saɪ fnd]

siphoning ['saɪ fn ɪŋ]

sipped [sɪpt]

sipping ['sɪp ɪŋ]

sips [sɪps]

sir [sɚ]

siren ['saɪ rən]

sirloin ['sɚ ˌlɔɪn]

sissy ['sɪs i]

sister ['sɪs tɚ]

sister-in-law ['sɪs tɚ ɪn ˌlɔ]

sisterhood ['sɪs tɚ ˌhʊd]

sit [sɪt]

sit-in ['sɪt ˌɪn]

sit-up ['sɪt ˌəp]

sitcom ['sɪt ˌkɑm]

site [saɪt]

sitting ['sɪt ɪŋ]

situated ['sɪtʃ u ˌet ɪd]

situation [ˌsɪtʃ u 'e ʃn]

six [sɪks]

six-pack ['sɪks ˌpæk]

six-shooter ['sɪks 'ʃu tɚ]

sixteen ['sɪks 'tin]

sixteenth ['sɪks 'tinθ]

sixth [sɪksθ]

sixty ['sɪks ti]

sizable ['saɪz ə bl]

size [saɪz]

sized [saɪzd]

sizzle [sɪzl]

sizzled [sɪzld]

sizzling ['sɪz lɪŋ]

skate [sket]

skateboard ['sket ˌbɔɚd]

skated ['sket ɪd]

skates [skets]

skating ['sket ɪŋ]

skating rink ['sket ɪŋ ˌrɪŋk]

skeleton ['skɛl ɪ tn]

skeptic ['skɛp tɪk]

skeptical ['skɛp tɪ kl]

skepticism ['skɛp tɪ ˌsɪzm]

sketch [skɛtʃ]

sketched [skɛtʃt]

sketching ['skɛtʃ ɪŋ]

sketchy ['skɛtʃ i]

skewer ['skju ɚ]

ski [ski]

ski jump ['ski ˌdʒəmp]

ski lift ['ski ˌlɪft]

skid　[skɪd]

skid row　['skɪd 'ro]

skidded　['skɪd ɪd]

skidding　['skɪd ɪŋ]

skied　[skid]

skier　['ski ɚ]

skies　*n.* sky (*plural*) [skɑɪz]
　v. third person singular of *ski*
　[skiz]

skiing　['ski ɪŋ]

skill　[skɪl]

skilled　[skɪld]

skillet　['skɪl ɪt]

skillful　['skɪl fl]

skim　[skɪm]

skimmed　[skɪmd]

skimming　['skɪm ɪŋ]

skimp　[skɪmp]

skimpy　['skɪm pi]

skin　[skɪn]

skin-deep　['skɪn 'dip]

skinflint　['skɪn ˌflɪnt]

skinless　['skɪn lɪs]

skinned　[skɪnd]

skinny　['skɪn i]

skintight　['skɪn 'tɑɪt]

skip　[skɪp]

skipped　[skɪpt]

skipper　['skɪp ɚ]

skipping　['skɪp ɪŋ]

skirmish　['skɚ mɪʃ]

skirt　[skɚt]

skit　[skɪt]

skittish　['skɪt ɪʃ]

skull　[skəl]

skunk　[skəŋk]

sky　[skɑɪ]

skycap　['skɑɪ ˌkæp]

skyjack　['skɑɪ ˌdʒæk]

skylight　['skɑɪ ˌlɑɪt]

skyline　['skɑɪ ˌlɑɪn]

skyscraper　['skɑɪ ˌskre pɚ]

skywriting　['skɑɪ ˌrɑɪt ɪŋ]

slab　[slæb]

slack　[slæk]

slacken　[slækn]

slacks　[slæks]

slain　[slen]

slalom　['slɑ ləm]

slam　[slæm]

slander　['slæn dɚ]

slandered　['slæn dɚd]

slanderer　['slæn dɚ ɚ]

slandering　['slæn dɚ ɪŋ]

slanders　['slæn dɚz]

slang　[slæŋ]

slant　[slænt]

slanted　['slæn tɪd]

slanting　['slæn tɪŋ]

slap　[slæp]

slap-happy　['slæp ˌhæp i]

slapped　[slæpt]

slapping　['slæp ɪŋ]

slaps　[slæps]

slapstick　['slæp ˌstɪk]

slash　[slæʃ]

slat　[slæt]

slate　[slet]

slated　['slet ɪd]

slaughter　['slɔ tɚ]

slave　[slev]

slavery　['sle və ri]

Slavic　['slɑ vɪk]

slay　[sle]

sleazy   ['sli zi]

sled   [slɛd]

sledgehammer   ['slɛdʒ ˌhæ mɚ]

sleek   [slik]

sleep   [slip]

sleeper   ['sli pɚ]

sleepily   ['slip ɪ li]

sleeping   ['slip ɪŋ]

sleepless   ['slip lɪs]

sleepwalker   ['slip ˌwɔ kɚ]

sleepy   ['sli pi]

sleet   [slit]

sleeve   [sliv]

sleeveless   ['sliv lɪs]

sleigh   [sle]

sleight   [slaɪt]

slender   ['slɛn dɚ]

slept   [slɛpt]

slice   [slaɪs]

sliced   [slaɪst]

slicing   ['slaɪs ɪŋ]

slick   [slɪk]

slid   [slɪd]

slide   [slaɪd]

slides   [slaɪdz]

sliding   ['slaɪd ɪŋ]

sliding scale   ['slaɪd ɪŋ 'skel]

slight   [slaɪt]

slightly   ['slaɪt li]

slim   [slɪm]

slime   [slaɪm]

slimming   ['slɪm ɪŋ]

slimy   ['slaɪm i]

sling   [slɪŋ]

slingshot   ['slɪŋ ˌʃat]

slink   [slɪŋk]

slip   [slɪp]

slipcover   ['slɪp ˌkəv ɚ]

slipknot   ['slɪp ˌnat]

slippage   ['slɪp ɪdʒ]

slipped   [slɪpt]

slipped disc   ['slɪpt 'dɪsk]

slipper   ['slɪp ɚ]

slippery   ['slɪp ə ri]

slipping   ['slɪp ɪŋ]

slipshod   ['slɪp ˌʃad]

slipup   ['slɪp ˌəp]

slit   [slɪt]

sliver   ['slɪv ɚ]

slob   [slab]

slobber   ['slab ɚ]

slogan   ['slo gn]

slope   [slop]

sloppy   ['slap i]

slot   [slat]

slot machine   ['slat mə ˌʃin]

slouch   [slæʊtʃ]

slow   [slo]

slow-motion   ['slo 'mo ʃn]

slowed   [slod]

slowing   ['slo ɪŋ]

slowly   ['slo li]

sludge   [slədʒ]

slug   [sləg]

sluggish   ['sləg ɪʃ]

slum   [sləm]

slumber   ['sləm bɚ]

slumming   ['sləm ɪŋ]

slump   [sləmp]

slumped   [sləmpt]

slumping   ['sləmp ɪŋ]

slur   [slɚ]

slurp   [slɚp]

slurred   [slɚd]

slurring ['slɚ ɪŋ]

slush [sləʃ]

slut [slət]

sly [slaɪ]

smack [smæk]

smacked [smækt]

small [smɔl]

small talk ['smɔl ˌtɔk]

smallpox ['smɔl ˌpɑks]

smart [smɑɚt]

smart aleck ['smɑɚt ˌæl ɪk]

smash [smæʃ]

smashed [smæʃt]

smashup ['smæʃ ˌəp]

smattering ['smæt ɚ ɪŋ]

smear [smɪɚ]

smeared [smɪɚd]

smearing ['smɪɚ ɪŋ]

smell [smɛl]

smelled [smɛld]

smelling ['smɛl ɪŋ]

smelly ['smɛl i]

smidgen [smɪdʒn]

smile [smaɪl]

smiled [smaɪld]

smiles [smaɪlz]

smiling ['smaɪl ɪŋ]

smirk [smɚk]

smithereens [ˌsmɪ ðə 'rinz]

smock [smɑk]

smog [smɑg]

smoke [smok]

smoke screen ['smok ˌskrin]

smoked [smokt]

smoker ['smok ɚ]

smokes [smoks]

smokestack ['smok ˌstæk]

smoking ['smok ɪŋ]

smoky ['smok i]

smolder ['smol dɚ]

smoldered ['smol dɚd]

smoldering ['smol dɚ ɪŋ]

smooth [smuð]

smoothed [smuðd]

smoothing ['smuð ɪŋ]

smoothly ['smuð li]

smother ['smʌð ɚ]

smothered ['smʌð ɚd]

smothering ['smʌð ɚ ɪŋ]

smudge [smədʒ]

smudged [smədʒd]

smug [sməg]

smuggle [sməgl]

smuggled [sməgld]

smuggles [sməglz]

smuggling ['sməg lɪŋ]

smut [smət]

snack [snæk]

snack bar ['snæk ˌbɑɚ]

snacked [snækt]

snacking ['snæk ɪŋ]

snag [snæg]

snagged [snægd]

snagging ['snæg ɪŋ]

snags [snægz]

snail [snel]

snake [snek]

snap [snæp]

snapped [snæpt]

snapping ['snæp ɪŋ]

snappy ['snæp i]

snapshot ['snæp ˌʃɑt]

snare [snɛɚ]

snared [snɛɚd]

snarl [snɑɚl]

snarled [snɑɚld]

snarling ['snɑɚl ɪŋ]

snatch [snætʃ]

sneak [snik]

sneaked [snikt]

sneakers ['sni kɚz]

sneaking ['snik ɪŋ]

sneaky ['snik i]

sneer [snɪɚ]

sneeze [sniz]

sneezed [snizd]

sneezing ['sniz ɪŋ]

snicker ['snɪk ɚ]

sniff [snɪf]

sniffed [snɪft]

sniffing ['snɪf ɪŋ]

sniffle [snɪfl]

snip [snɪp]

sniper ['snɑɪp ɚ]

snipped [snɪpt]

snob [snɑb]

snoop [snup]

snooped [snupt]

snooty ['snut i]

snooze [snuz]

snoozed [snuzd]

snoozing ['snuz ɪŋ]

snore [snɔɚ]

snored [snɔɚd]

snoring ['snɔɚ ɪŋ]

snorkel ['snɔɚ kl]

snort [snɔɚt]

snorted ['snɔɚt ɪd]

snorting ['snɔɚt ɪŋ]

snotty ['snɑt i]

snout [snæʊt]

snow [sno]

snow tire ['sno ˌtɑɪɚ]

snowball ['sno ˌbɔl]

snowbank ['sno ˌbæŋk]

snowbound ['sno ˌbæʊnd]

snowdrift ['sno ˌdrɪft]

snowed [snod]

snowfall ['sno ˌfɔl]

snowflake ['sno ˌflek]

snowing ['sno ɪŋ]

snowman ['sno ˌmæn]

snowmobile ['sno mə ˌbil]

snowplow ['sno ˌplæʊ]

snowshoe ['sno ʃu]

snowstorm ['sno ˌstɔɚm]

snowy ['sno i]

snub [snəb]

snubbed [snəbd]

snubbing ['snəb ɪŋ]

snuff [snəf]

snug [snəg]

snuggle [snəgl]

snugly ['snəg li]

so [so]

so-and-so ['so ən ˌso]

so-called ['so 'kɔld]

so-so ['so 'so]

soak [sok]

soaked [sokt]

soaking ['sok ɪŋ]

soaks [soks]

soap [sop]

soap opera ['sop 'ɑp rə]

soapbox ['sop ˌbɑks]

soapsuds ['sop ˌsədz]

soapy ['sop i]

soar [sɔɚ]

soarer   ['sɔɚ ɚ]

soaring   ['sɔɚ ɪŋ]

soars   [sɔɚz]

sob   [sɑb]

sobbed   [sɑbd]

sobbing   ['sɑb ɪŋ]

sober   ['so bɚ]

soberly   ['so bɚ li]

sobriety   [sə 'braɪ ɪ ti]

sobs   [sɑbz]

soccer   ['sɑk ɚ]

sociable   ['so ʃə bl]

social   ['so ʃl]

social security   ['so ʃl sɪ 'kjuɚ ɪ ti]

social work   ['so ʃl ˌwɚk]

social worker   ['so ʃl ˌwɚ kɚ]

socialism   ['so ʃə ˌlɪzm]

socialist   ['so ʃə lɪst]

socialite   ['so ʃə ˌlaɪt]

socialize   ['so ʃə ˌlaɪz]

socialized   ['so ʃə ˌlaɪzd]

socializing   ['so ʃə ˌlaɪz ɪŋ]

socially   ['so ʃə li]

society   [sə 'saɪ ɪ ti]

sociologist   [ˌso si 'al ə dʒɪst]

sociology   [ˌso si 'al ə dʒi]

sociopath   ['so si ə ˌpæθ]

sock   [sɑk]

socked   [sɑkt]

socket   ['sɑk ɪt]

sod   [sɑd]

soda   ['so də]

sodium   ['so di əm]

sofa   ['so fə]

sofa bed   ['so fə ˌbɛd]

soft   [sɔft]

soft-boiled   ['sɔft 'bɔɪld]

soft drink   ['sɔft ˌdrɪŋk]

soft-pedal   ['sɔft 'pɛdl]

softball   ['sɔft ˌbɔl]

soften   [sɔfn]

softhearted   ['sɔft 'hɑɚt ɪd]

softly   ['sɔft li]

softness   ['sɔft nɪs]

software   ['sɔft ˌwɛɚ]

soggy   ['sag i]

soil   [sɔɪl]

soiled   [sɔɪld]

sojourn   ['so ˌdʒɚn]

solace   ['sal ɪs]

solar   ['so lɚ]

solar system   ['so lɚ ˌsɪs tm]

sold   [sold]

solder   ['sad ɚ]

soldier   ['sol dʒɚ]

sole   [sol]

solely   ['sol li]

solemn   ['sal əm]

solemnity   [sə 'lɛm nɪ ti]

solemnly   ['sal əm li]

solicit   [sə 'lɪs ɪt]

solicited   [sə 'lɪs ɪ tɪd]

soliciting   [sə 'lɪs ɪ tɪŋ]

solicitor   [sə 'lɪs ɪ tɚ]

solid   ['sal ɪd]

solid-state   ['sal ɪd 'stet]

solidarity   [ˌsal ɪ 'dæɚ ɪ ti]

solidly   ['sal ɪd li]

solitaire   ['sal ɪ ˌtɛɚ]

solitary   ['sal ɪ ˌtɛɚ i]

solitude   ['sal ɪ ˌtud]

solo   ['so lo]

soloed   ['so lod]

soloist   ['so lo ɪst]

solos   ['so loz]

soluble   ['sɑl jə bl]

solution   [sə 'lu ʃn]

solve   [sɑlv]

solved   [sɑlvd]

solvent   ['sɑl vənt]

solves   [sɑlvz]

solving   ['sɑlv ɪŋ]

somber   ['sɑm bɚ]

some   [səm]

somebody   ['səm ˌbɑd i]

someday   ['səm ˌde]

somehow   ['səm ˌhæʊ]

someone   ['səm ˌwən]

someplace   ['səm ˌples]

somersault   ['sɑm ɚ ˌsɔlt]

something   ['səm θɪŋ]

sometime   ['səm ˌtɑɪm]

sometimes   ['səm ˌtɑɪmz]

somewhat   ['səm ˌʍɛt]

somewhere   ['səm ˌʍɛɚ]

son   [sən]

son-in-law   ['sən ɪn ˌlɔ]

sonar   ['so nɑɚ]

song   [sɔŋ]

sonic   ['sɑn ɪk]

sonic boom   ['sɑn ɪk 'bum]

sonnet   ['sɑn ɪt]

soon   [sun]

sooner   ['sun ɚ]

soot   [sʊt]

soothe   [suð]

soothed   [suðd]

soothes   [suðz]

soothing   ['suð ɪŋ]

soothsayer   ['suθ ˌse ɚ]

sophisticated   [sə 'fɪs tə ˌket ɪd]

sophomore   ['sɑf ˌmɔɚ]

soporific   [ˌsɑp ə 'rɪf ɪk]

soprano   [sə 'præn o]

sorcery   ['sɔɚ sə ri]

sordid   ['sɔɚ dɪd]

sore   [sɔɚ]

sorehead   ['sɔɚ ˌhɛd]

sorely   ['sɔɚ li]

soreness   ['sɔɚ nɪs]

sorority   [sə 'rɑɚ ɪ ti]

sorrow   ['sɑɚ o]

sorrowful   ['sɑɚ ə fl]

sorry   ['sɑɚ i]

sort   [sɔɚt]

sorted   ['sɔɚt ɪd]

sorting   ['sɔɚt ɪŋ]

sorts   [sɔɚts]

sought   [sɔt]

soul   [sol]

soulful   ['sol fl]

sound   [sæʊnd]

sound asleep   ['sæʊnd ə ˌslip]

sound effects   ['ʃæʊnd ə ˌfɛkts]

sounded   ['sæʊn dɪd]

sounding   ['sæʊn dɪŋ]

soundly   ['sæʊnd li]

soundproof   ['sæʊnd ˌpruf]

sounds   [sæʊndz]

soundtrack   ['sæʊnd ˌtræk]

soup   [sup]

soupspoon   ['sup ˌspun]

sour   ['sæʊ ɚ]

sour grapes   ['sæʊ ɚ 'greps]

source   [sɔɚs]

south   [sæʊθ]

South Carolina   ['sæʊθ ˌkæɚ ə 'lɑɪ nə]

South Dakota   [ˈsæʊθ də ˈko tə]

southeast   [ˌsæʊθ ˈist]

southeastern   [ˌsæʊθ ˈist ɚn]

southern   [ˈsəð ɚn]

southerner   [ˈsəð ɚ nɚ]

southpaw   [ˈsæʊθ ˌpɔ]

southward   [ˈsæʊθ wɚd]

southwest   [ˌsæʊθ ˈwɛst]

southwestern   [ˌsæʊθ ˈwɛst ɚn]

souvenir   [ˌsu və ˈnɪɚ]

sovereign   [ˈsɑv rɪn]

sovereignty   [ˈsɑv rɪn ti]

sow   [so]

sowed   [sod]

sowing   [ˈso ɪŋ]

sox   [sɑks]

soy   [sɔɪ]

soy sauce   [ˈsɔɪ ˌsɔs]

soybean   [ˈsɔɪ ˌbin]

spa   [spɑ]

space   [spes]

space heater   [ˈspes ˌhi tɚ]

space station   [ˈspes ˌste ʃn]

spacecraft   [ˈspes ˌkræft]

spaced   [spest]

spaceship   [ˈspes ˌʃɪp]

spacesuit   [ˈspes ˌsut]

spacing   [ˈspes ɪŋ]

spacious   [ˈspe ʃəs]

spade   [sped]

spaded   [ˈsped ɪd]

spadework   [ˈsped ˌwɚk]

spading   [ˈsped ɪŋ]

spaghetti   [spə ˈgɛt i]

span   [spæn]

Spaniard   [ˈspæn jɚd]

spaniel   [ˈspæn jəl]

Spanish   [ˈspæn ɪʃ]

spank   [spæŋk]

spanked   [spæŋkt]

spanking   [ˈspæŋ kɪŋ]

spanned   [spænd]

spanning   [ˈspæn ɪŋ]

spans   [spænz]

spar   [spɑɚ]

spare   [spɛɚ]

spare part   [ˈspɛɚ ˈpɑɚt]

spare time   [ˈspɛɚ ˈtaɪm]

spared   [spɛɚd]

spareribs   [ˈspɛɚ ˌrɪbz]

sparing   [ˈspɛɚ ɪŋ]

sparingly   [ˈspɛɚ ɪŋ li]

spark   [spɑɚk]

sparked   [spɑɚkt]

sparkle   [ˈspɑɚ kl]

sparkled   [ˈspɑɚ kld]

sparkling   [ˈspɑɚk lɪŋ]

sparred   [spɑɚd]

sparring   [ˈspɑɚ ɪŋ]

sparrow   [ˈspæɚ o]

sparse   [spɑɚs]

sparsely   [ˈspɑɚs li]

spasm   [spæzm]

spasmodic   [ˌspæz ˈmɑd ɪk]

spastic   [ˈspæs tɪk]

spat   [spæt]

spatial   [ˈspe ʃl]

spatter   [ˈspæt ɚ]

spawn   [spɔn]

speak   [spik]

speaker   [ˈspi kɚ]

speaking   [ˈspi kɪŋ]

spear   [spɪɚ]

spearhead   [ˈspɪɚ ˌhɛd]

spearmint   ['spɪɚ ˌmɪnt]
special   ['spɛʃ əl]
specialist   ['spɛʃ əl ɪst]
specialize   ['spɛʃ ə ˌlaɪz]
specialized   ['spɛʃ ə ˌlaɪzd]
specializing   ['spɛʃ ə ˌlaɪz ɪŋ]
specially   ['spɛʃ ə li]
specialty   ['spɛʃ əl ti]
species   ['spi ʃiz]
specific   [spɪ 'sɪf ɪk]
specifically   [spɪ 'sɪf ɪk li]
specification   [ˌspɛs ɪ fɪ 'ke ʃn]
specified   ['spɛs ə ˌfaɪd]
specifies   ['spɛs ə ˌfaɪz]
specify   ['spɛs ə ˌfaɪ]
specifying   ['spɛs ə ˌfaɪ ɪŋ]
specimen   ['spɛs ə mən]
specious   ['spi ʃəs]
speck   [spɛk]
speckled   [spɛkld]
spectacle   ['spɛk ˌtə kl]
spectacular   [spɛk 'tæk jə lɚ]
spectator   ['spɛk ˌte tɚ]
specter   ['spɛk tɚ]
spectrum   ['spɛk trəm]
speculate   ['spɛk jə ˌlet]
speculated   ['spɛk jə ˌlet ɪd]
speculates   ['spɛk jə ˌlets]
speculating   ['spɛk jə ˌlet ɪŋ]
speculation   [ˌspɛk jə 'le ʃn]
speculative   ['spɛk jə ˌlə tɪv]
speculator   ['spɛk jə ˌle tɚ]
sped   [spɛd]
speech   [spitʃ]
speechless   ['spitʃ lɪs]
speed   [spid]
speed limit   ['spid ˌlɪm ɪt]

speedboat   ['spid ˌbot]
speeded   ['spid ɪd]
speedily   ['spid ɪ li]
speeding   ['spid ɪŋ]
speedometer   [spɪ 'dɑm ɪ tɚ]
speeds   [spidz]
speedster   ['spid stɚ]
speedway   ['spid ˌwe]
speedy   ['spid i]
spell   [spɛl]
spellbinding   ['spɛl ˌbaɪn dɪŋ]
spellbound   ['spɛl ˌbæʊnd]
spelled   [spɛld]
spelling   ['spɛl ɪŋ]
spells   [spɛlz]
spelunker   [spɪ 'lən kɚ]
spend   [spɛnd]
spendthrift   ['spɛnd ˌθrɪft]
spent   [spɛnt]
sperm   [spɚm]
sphere   [sfɪɚ]
sphincter   ['sfɪŋk tɚ]
sphinx   [sfɪŋks]
spice   [spaɪs]
spiced   [spaɪst]
spicing   ['spaɪs ɪŋ]
spicy   ['spaɪs i]
spider   ['spaɪ dɚ]
spiffy   ['spɪf i]
spigot   ['spɪg ət]
spike   [spaɪk]
spiked   [spaɪkt]
spikes   [spaɪks]
spiking   ['spaɪk ɪŋ]
spill   [spɪl]
spilled   [spɪld]
spilling   ['spɪl ɪŋ]

spills ['spɪlz]

spin [spɪn]

spin-off ['spɪn ˌɔf]

spinach ['spɪn ɪtʃ]

spinal [spaɪnl]

spinal cord ['spaɪnl ˌkɔə-d]

spindle ['spɪn dl]

spine [spaɪn]

spinet ['spɪn ɪt]

spinner ['spɪn ə-]

spinning ['spɪn ɪŋ]

spins [spɪnz]

spinster ['spɪn stə-]

spiral ['spaɪ rəl]

spire [spaɪə-]

spirit ['spɪə- ɪt]

spirited ['spɪə- ɪt ɪd]

spiritual ['spɪə- ɪ tʃu əl]

spit [spɪt]

spite [spaɪt]

spiteful ['spaɪt fl]

spits [spɪts]

splash [splæʃ]

splashed [splæʃt]

splashes ['splæʃ ɪz]

splashing ['splæʃ ɪŋ]

splatter ['splæt ə-]

spleen [splin]

splendid ['splɛn dɪd]

splendor ['splɛn də-]

splice [splaɪs]

splint [splɪnt]

splinter ['splɪn tə-]

split [splɪt]

splits [splɪts]

splitting ['splɪt ɪŋ]

splurge [splə-dʒ]

spoil [spɔɪl]

spoiled [spɔɪld]

spoiling ['spɔɪl ɪŋ]

spoils [spɔɪlz]

spoilsport ['spɔɪl ˌspɔə-t]

spoke [spok]

spoken ['spo kn]

spokesman ['spoks mən]

spokesperson ['spoks ˌpə- sn]

spokeswoman ['spoks ˌwʊ mən]

sponge [spəndʒ]

sponged [spəndʒd]

sponges ['spəndʒ ɪz]

sponging ['spəndʒ ɪŋ]

sponsor ['span sə-]

sponsored ['span sə-d]

sponsoring ['span sə- ɪŋ]

sponsors ['span sə-z]

sponsorship ['span sə- ˌʃɪp]

spontaneous [span 'te ni əs]

spoof [spuf]

spooky ['spuk i]

spool [spul]

spoon [spun]

spoon-fed ['spun ˌfɛd]

spoonful ['spun fl]

sporadic [spə 'ræd ɪk]

sporadically [spə 'ræd ɪk li]

sport [spɔə-t]

sport jacket ['spɔə-t ˌdʒæk ɪt]

sporting ['spɔə-t ɪŋ]

sports car ['spɔə-ts ˌkaə-]

sportscast ['spɔə-ts ˌkæst]

sportsman ['spɔə-ts mən]

sportsmanship
['spɔə-ts mən ˌʃɪp]

sportswoman ['spɔə-ts ˌwʊ mən]

sporty [ˈspɔɚ ti]
spot [spat]
spot-check [ˈspat ˌtʃɛk]
spotless [ˈspat lɪs]
spotlight [ˈspat ˌlaɪt]
spotlighted [ˈspat ˌlaɪt ɪd]
spotted [ˈspat ɪd]
spouse [spæʊs]
spout [spæʊt]
sprain [spren]
sprained [sprend]
sprang [spræŋ]
sprawl [sprɔl]
sprawled [sprɔld]
sprawling [ˈsprɔl ɪŋ]
spray [spre]
sprayed [spred]
spread [sprɛd]
spread-eagled [ˈsprɛd ˌi gld]
spreading [ˈsprɛd ɪŋ]
spreads [sprɛdz]
spreadsheet [ˈsprɛd ˌʃit]
spree [spri]
sprig [sprɪg]
spring [sprɪŋ]
spring-cleaning [ˈsprɪŋ ˈklin ɪŋ]
spring fever [ˈsprɪŋ ˈfi vɚ]
springboard [ˈsprɪŋ ˌbɔɚd]
springtime [ˈsprɪŋ ˌtaɪm]
springy [ˈsprɪŋ i]
sprinkle [ˈsprɪŋ kl]
sprinkled [ˈsprɪŋ kld]
sprinkler [ˈsprɪŋk lɚ]
sprinkling [ˈsprɪŋk lɪŋ]
sprint [sprɪnt]
sprinted [ˈsprɪnt ɪd]
sprinter [ˈsprɪnt ɚ]

sprinting [ˈsprɪnt ɪŋ]
sprints [sprɪnts]
sprout [spræʊt]
sprouted [ˈspræʊt ɪd]
sprouting [ˈspræʊt ɪŋ]
spruce [sprus]
sprung [sprəŋ]
spry [spraɪ]
spun [spən]
spunk [spəŋk]
spur [spɚ]
spurn [spɚn]
spurned [spɚnd]
spurns [spɚnz]
spurred [spɚd]
spurring [ˈspɚ ɪŋ]
spurt [spɚt]
sputter [ˈspət ɚ]
sputum [ˈspju tm]
spy [spaɪ]
spying [ˈspaɪ ɪŋ]
squabble [skwabl]
squad [skwad]
squad car [ˈskwad ˌkaɚ]
squadron [ˈskwad rən]
squalid [ˈskwal ɪd]
squall [skwɔl]
squalor [ˈskwal ɚ]
squander [ˈskwan dɚ]
squandered [ˈskwan dɚd]
squandering [ˈskwan dɚ ɪŋ]
squanders [ˈskwan dɚz]
square [skwɛɚ]
square dance [ˈskwɛɚ ˌdæns]
squared [skwɛɚd]
squarely [ˈskwɛɚ li]
squash [skwaʃ]

squashed [skwaʃt]

squashes ['skwaʃ ɪz]

squashing ['skwaʃ ɪŋ]

squat [skwɑt]

squatted ['skwɑt ɪd]

squatter ['skwɑt ɚ]

squatting ['skwɑt ɪŋ]

squaw [skwɔ]

squawk [skwɔk]

squeak [skwik]

squeaked [skwikt]

squeal [skwil]

squealed [skwild]

squealing ['skwil ɪŋ]

squeamish ['skwi mɪʃ]

squeeze [skwiz]

squeezed [skwizd]

squeezes ['skwiz ɪz]

squeezing ['skwiz ɪŋ]

squelch [skwɛltʃ]

squelched [skwɛltʃt]

squib [skwɪb]

squid [skwɪd]

squint [skwɪnt]

squinted ['skwɪn tɪd]

squinting ['skwɪn tɪŋ]

squints [skwɪnts]

squire [skwɑɪɚ]

squirm [skwɚm]

squirmed [skwɚmd]

squirming ['skwɚm ɪŋ]

squirms [skwɚmz]

squirrel ['skwɚ əl]

squirt [skwɚt]

squirted ['skwɚ tɪd]

squirting ['skwɚ tɪŋ]

stab [stæb]

stabbed [stæbd]

stabbing ['stæb ɪŋ]

stability [stə 'bɪl ɪ ti]

stabilize ['steb ə ˌlɑɪz]

stable ['ste bl]

stabs [stæbz]

staccato [stə 'kɑ to]

stack [stæk]

stacked [stækt]

stacking ['stæk ɪŋ]

stacks [stæks]

stadium ['ste di əm]

staff [stæf]

staffed [stæft]

staffing ['stæf ɪŋ]

staffs [stæfs]

stag [stæg]

stag party ['stæg ˌpɑɚ ti]

stage [stedʒ]

stagecoach ['stedʒ ˌkotʃ]

staged [stedʒd]

stagehand ['stedʒ ˌhænd]

stagestruck ['stedʒ ˌstrək]

stagger ['stæg ɚ]

staggered ['stæg ɚd]

staggering ['stæg ɚ ɪŋ]

staggers ['stæg ɚz]

staging ['stedʒ ɪŋ]

stagnant ['stæg nənt]

stagnate ['stæg ˌnet]

staid [sted]

stain [sten]

stained [stend]

stained glass ['stend ˌglæs]

staining ['sten ɪŋ]

stains [stenz]

stair [stɛɚ]

staircase ['stɛɚ ,kes]

stairway ['stɛɚ ,we]

stake [stek]

staked [stekt]

stale [stel]

stalemate ['stel ,met]

stalk [stɔk]

stalked [stɔkt]

stalking ['stɔk ɪŋ]

stalks [stɔks]

stall [stɔl]

stalled [stɔld]

stalling ['stɔl ɪŋ]

stallion ['stæl jən]

stalwart ['stɔl wɚt]

stamina ['stæm ə nə]

stamp [stæmp]

stamp album ['stæmp ,æl bəm]

stamped [stæmpt]

stampede [stæm 'pid]

stampeded [stæm 'pid ɪd]

stampeding [stæm 'pid ɪŋ]

stamping ['stæmp ɪŋ]

stamps [stæmps]

stand [stænd]

stand-in ['stænd ,ɪn]

standard ['stæn dɚd]

standardization
  [,stænd ɚd ɪ 'ze ʃn]

standardize ['stæn dɚ ,daɪz]

standby ['stænd ,baɪ]

standing ['stæn dɪŋ]

standoffish [,stænd 'ɔ fɪʃ]

standpoint ['stænd ,pɔɪnt]

stands [stændz]

standstill ['stænd 'stɪl]

stank [stæŋk]

stanza ['stæn zə]

staple ['ste pl]

stapled ['ste pld]

stapling ['step lɪŋ]

star [stɑɚ]

Star-Spangled Banner
  ['stɑɚ ,spæŋ gld 'bæn ɚ]

starboard ['stɑɚ bɚd]

starch [stɑɚtʃ]

stardom ['stɑɚ dm]

stare [stɛɚ]

stared [stɛɚd]

stares [stɛɚz]

staring ['stɛɚ ɪŋ]

stark [stɑɚk]

stark naked ['stɑɚk 'ne kɪd]

starlight ['stɑɚ ,laɪt]

starred [stɑɚd]

starring ['stɑɚ ɪŋ]

starry ['stɑɚ i]

starry-eyed ['stɑɚ i 'aɪd]

start [stɑɚt]

started ['stɑɚ tɪd]

starter ['stɑɚ tɚ]

starting ['stɑɚt ɪŋ]

startle ['stɑɚ tl]

startled ['stɑɚ tld]

startling ['stɑɚt lɪŋ]

starts [stɑɚts]

starvation [stɑɚ 've ʃn]

starve [stɑɚv]

starved [stɑɚvd]

starving ['stɑɚv ɪŋ]

stash [stæʃ]

state [stet]

stated ['stet ɪd]

stately ['stet li]

statement ['stet mənt]

stateroom ['stet ˌrum]

states [stets]

stateside ['stet ˌsɑɪd]

statesman ['stets mən]

static ['stæt ɪk]

stating ['stet ɪŋ]

station ['ste ʃn]

station break ['ste ʃn ˌbrek]

station wagon ['ste ʃn ˌwægn]

stationary ['ste ʃə ˌnɛɚ i]

stationed ['ste ʃnd]

stationery ['ste ʃə ˌnɛɚ i]

statistical [stə 'tɪs tɪ kl]

statistician [ˌstæt ɪ 'stɪʃn]

statistics [stə 'tɪs tɪks]

statue ['stætʃ u]

statuesque [ˌstætʃ u 'ɛsk]

statuette [ˌstætʃ u 'ɛt]

stature ['stætʃ ɚ]

status ['stæt əs]

status quo ['stæt əs 'kwo]

status symbol ['stæt əs ˌsɪm bl]

statute ['stætʃ ut]

staunch [stɔntʃ]

stay [ste]

stayed [sted]

staying ['ste ɪŋ]

stays [stez]

steadfast ['stɛd ˌfæst]

steadily ['stɛd ɪ li]

steady ['stɛd i]

steak [stek]

steal [stil]

steam [stim]

steamed [stimd]

steamer ['sti mɚ]

steaming ['sti mɪŋ]

steamroller ['stim ˌrol ɚ]

steamship ['stim ˌʃɪp]

steel [stil]

steel wool ['stil 'wʊl]

steep [stip]

steeple ['sti pl]

steeplechase ['sti pl ˌtʃes]

steer [stɪɚ]

steered [stɪɚd]

steering ['stɪɚ ɪŋ]

steering wheel ['stɪɚ ɪŋ ˌʍil]

stellar ['stɛl ɚ]

stem [stɛm]

stemmed [stɛmd]

stemming ['stɛm ɪŋ]

stems [stɛmz]

stemware ['stɛm ˌwɛɚ]

stench [stɛntʃ]

stencil ['stɛn sl]

stenciled ['stɛn sld]

stenographer [stə 'nɑg rə fɚ]

step [stɛp]

stepchild ['stɛp ˌtʃɑɪld]

stepfather ['stɛp ˌfɑ ðɚ]

stepladder ['stɛp ˌlæd ɚ]

stepmother ['stɛp ˌməð ɚ]

stepped [stɛpt]

stepping ['stɛp ɪŋ]

stepping-stone ['stɛp ɪŋ ˌston]

stereo ['stɛɚ i ˌo]

stereophonic [ˌstɛɚ i ə 'fɑn ɪk]

stereotype ['stɛɚ i ə ˌtɑɪp]

sterile ['stɛɚ ɪl]

sterilize ['stɛɚ ə ˌlɑɪz]

sterilized ['stɛɚ ɪ ˌlɑɪzd]

sterilizes ['stɛɚ ɪ ˌlɑɪz ɪz]

sterilizing ['stɛɚ ɪ ˌlaɪz ɪŋ]
sterling ['stɚ lɪŋ]
stern [stɚn]
sternly ['stɚn li]
sternum ['stɚ nəm]
stethoscope ['stɛθ ə ˌskop]
stew [stu]
steward ['stu ɚd]
stewardess ['stu ɚ dɪs]
stewed [stud]
stewing ['stu ɪŋ]
stick [stɪk]
sticker ['stɪk ɚ]
stickler ['stɪk lɚ]
sticks [stɪks]
stickup ['stɪk ˌəp]
sticky ['stɪk i]
stiff [stɪf]
stiffen ['stɪfn]
stiffly ['stɪf li]
stifle ['staɪ fl]
stifled ['staɪ fld]
stifling ['staɪf lɪŋ]
stigma ['stɪg mə]
stigmatize ['stɪg mə ˌtaɪz]
still [stɪl]
stillborn ['stɪl ˌbɔɚn]
stilled [stɪld]
stillness ['stɪl nɪs]
stilted ['stɪl tɪd]
stilts [stɪlts]
stimulant ['stɪm jə lənt]
stimulate ['stɪm jə ˌlet]
stimulating ['stɪm jə ˌlet ɪŋ]
stimulus ['stɪm jə ləs]
sting [stɪŋ]
stings [stɪŋz]

stingy ['stɪn dʒi]
stink [stɪŋk]
stinker ['stɪŋk ɚ]
stinking ['stɪŋk ɪŋ]
stinks [stɪŋks]
stint [stɪnt]
stipend ['staɪ ˌpɛnd]
stipulated ['stɪp jə ˌlet ɪd]
stipulation [ˌstɪp jə 'le ʃn]
stir [stɚ]
stirred [stɚd]
stirring ['stɚ ɪŋ]
stirrup ['stɚ əp]
stirs [stɚz]
stitch [stɪtʃ]
stitched [stɪtʃt]
stitching ['stɪtʃ ɪŋ]
stock [stak]
stock market ['stak ˌmaɚ kɪt]
stock phrase ['stak 'frez]
stockade [sta 'ked]
stockbroker ['stak ˌbro kɚ]
stocked [stakt]
stockholder ['stak ˌhol dɚ]
stocking ['stak ɪŋ]
stockpile ['stak ˌpaɪl]
stocks [staks]
stocky ['stak i]
stockyard ['stak ˌjaɚd]
stodgy ['stadʒ i]
stoical ['sto ɪ kl]
stoke [stok]
stole [stol]
stolen ['sto lən]
stomach ['stəm ək]
stomach ache ['stəm ək ˌek]
stone [ston]

stone-cold ['ston 'kold]

stoned [stond]

stone's throw ['stonz ,θro]

stood [stʊd]

stooge [studʒ]

stool [stul]

stoop [stup]

stooped [stupt]

stooping ['stup ɪŋ]

stop [stɑp]

stopgap ['stɑp ,gæp]

stoplight ['stɑp ,laɪt]

stopover ['stɑp ,o vɚ]

stoppage ['stɑp ɪdʒ]

stopped [stɑpt]

stopper ['stɑp ɚ]

stopping ['stɑp ɪŋ]

stops [stɑps]

stopwatch ['stɑp ,wɑtʃ]

storage ['stɔɚ ɪdʒ]

store [stɔɚ]

stored [stɔɚd]

storefront ['stɔɚ ,frʌnt]

storehouse ['stɔɚ ,hæʊs]

storeroom ['stɔɚ ,rum]

stores [stɔɚz]

storing ['stɔɚ ɪŋ]

stork [stɔɚk]

storm [stɔɚm]

storm door ['stɔɚm ,dɔɚ]

storm window ['stɔɚm ,wɪn do]

stormed [stɔɚmd]

storming ['stɔɚ mɪŋ]

stormy ['stɔɚm i]

story ['stɔɚ i]

storybook ['stɔɚ i ,bʊk]

storyteller ['stɔɚ i ,tɛl ɚ]

stout [stæʊt]

stove [stov]

stowaway ['sto ə ,we]

straddle [strædl]

straight [stret]

straight-faced ['stret 'fest]

straighten [stretn]

straightforward
  ['stret 'fɔɚ wɚd]

strain [stren]

strained [strend]

strainer ['stren ɚ]

straining ['stren ɪŋ]

strains [strenz]

strait [stret]

straitjacket ['stret ,dʒæk ɪt]

straitlaced ['stret 'lest]

strand [strænd]

stranded ['stræn dɪd]

strange [strendʒ]

strangely ['strendʒ li]

stranger ['strendʒ ɚ]

strangle ['stræŋ gl]

stranglehold ['stræŋ gl ,hold]

strangulate ['stræŋ gjə ,let]

strap [stræp]

strapped [stræpt]

strapping ['stræp ɪŋ]

straps [stræps]

stratagem ['stræt ə dʒəm]

strategic [strə 'ti dʒɪk]

strategy ['stræt ɪ dʒi]

straw [strɔ]

straw vote ['strɔ ,vot]

strawberry ['strɔ ,bɛɚ i]

stray [stre]

stray bullet ['stre 'bʊl ɪt]

strayed [stred]

straying ['stre ɪŋ]

strays [strez]

streak [strik]

stream [strim]

streamer ['stri mɚ]

streamline ['strim ˌlaɪn]

streamlined ['strim ˌlaɪnd]

streamlining ['strim ˌlaɪn ɪŋ]

street [strit]

streetcar ['strit ˌkaɚ]

streetwise ['strit ˌwaɪz]

strength [strɛŋθ]

strengthen ['strɛŋ θn]

strenuous ['strɛn ju əs]

stress [strɛs]

stressed [strɛst]

stresses ['strɛs ɪz]

stressful ['strɛs fl]

stressing ['strɛs ɪŋ]

stretch [strɛtʃ]

stretched [strɛtʃt]

stretcher ['strɛtʃ ɚ]

stretches ['strɛtʃ ɪz]

stretching ['strɛtʃ ɪŋ]

stricken [strɪkn]

strict [strɪkt]

strictly ['strɪkt li]

stride [straɪd]

strident ['straɪd nt]

strides [straɪdz]

strife [straɪf]

strike [straɪk]

striking ['straɪk ɪŋ]

string [strɪŋ]

stringent ['strɪn dʒənt]

strip [strɪp]

stripe [straɪp]

striped [straɪpt]

stripped [strɪpt]

stripper ['strɪp ɚ]

stripping ['strɪp ɪŋ]

strive [straɪv]

stroke [strok]

stroked [strokt]

stroking ['strok ɪŋ]

stroll [strol]

strolled [strold]

stroller ['stro lɚ]

strolling ['strol ɪŋ]

strolls [strolz]

strong [strɔŋ]

strongbox ['strɔŋ ˌbɑks]

stronghold ['strɔŋ ˌhold]

strongly ['strɔŋ li]

struck [strək]

structural ['strək tʃɚ əl]

structure ['strək tʃɚ]

struggle [strəgl]

strung [strəŋ]

strut [strət]

struts [strəts]

strutted ['strət ɪd]

stub [stəb]

stubbed [stəbd]

stubble ['stə bl]

stubborn ['stəb ɚn]

stubbornly ['stəb ɚn li]

stucco ['stək ˌo]

stuck [stək]

stuck-up ['stək 'əp]

stud [stəd]

student ['stud nt]

studied ['stəd id]

studies   ['stəd iz]
studio   ['stu di ‚o]
studio couch   ['stu di ‚o ‚kæʊtʃ]
studious   ['stu di əs]
studiously   ['stu di əs li]
study   ['stəd i]
studying   ['stəd i ɪŋ]
stuff   [stəf]
stuffed   [stəft]
stuffing   ['stəf ɪŋ]
stuffs   [stəfs]
stuffy   ['stəf i]
stumble   ['stəm bl]
stumbled   ['stəm bld]
stumbling   ['stəm blɪŋ]
stump   [stəmp]
stun   [stən]
stung   [stəŋ]
stunk   [stəŋk]
stunned   [stənd]
stunning   ['stən ɪŋ]
stuns   [stənz]
stunt   [stənt]
stunted   ['stən tɪd]
stuntman   ['stənt 'mæn]
stupendous   [stu 'pɛn dəs]
stupid   ['stu pɪd]
stupidity   [stu 'pɪd ɪ ti]
stupor   ['stu pə-]
sturdy   ['stɚ di]
stutter   ['stət ɚ]
sty   [staɪ]
style   [staɪl]
styled   [staɪld]
styling   ['staɪl ɪŋ]
stylish   ['staɪ lɪʃ]
stylist   ['staɪ lɪst]

stylus   ['staɪ ləs]
stymied   ['staɪ mid]
styptic pencil   ['stɪp tɪk ‚pɛn sl]
suave   [swav]
subcommittee   ['səb kə ‚mɪt i]
subconscious   [səb 'kan ʃəs]
subcontract   ['səb 'kan trækt]
subdivide   ['səb dɪ ‚vaɪd]
subdivision   ['səb dɪ ‚vɪ ʒn]
subdue   [səb 'du]
subdued   [səb 'dud]
subject   n. ['səb dʒɪkt]
   v. [səb 'dʒɛkt]
subjected   [səb 'dʒɛk tɪd]
subjecting   [səb 'dʒɛk tɪŋ]
subjective   [səb 'dʒɛk tɪv]
sublease   ['səb 'lis]
subleasing   ['səb 'lis ɪŋ]
sublet   ['səb ‚lɛt]
sublime   [sə 'blaɪm]
subliminal   [səb 'lɪm ə nl]
submarine   ['səb mə ‚rin]
submerge   [səb 'mɚdʒ]
submerged   [səb 'mɚdʒd]
submerges   [səb 'mɚdʒ ɪz]
submerging   [səb 'mɚdʒ ɪŋ]
submission   [səb 'mɪʃn]
submissive   [səb 'mɪs ɪv]
submit   [səb 'mɪt]
submitted   [səb 'mɪt ɪd]
submitting   [səb 'mɪt ɪŋ]
subnormal   [səb 'nɔɚ ml]
subordinate   n. [sə 'bɔɚ də nɪt]
   v. [sə 'bɔɚ də ‚net]
subpoena   [sə 'pi nə]
subpoenaed   [sə 'pi nəd]
subscribe   [səb 'skraɪb]

subscribed [səb ˈskraɪbd]

subscriber [səb ˈskraɪb ɚ]

subscribes [səb ˈskraɪbz]

subscribing [səb ˈskraɪb ɪŋ]

subscription [səb ˈskrɪp ʃn]

subsequent [ˈsəb sə kwənt]

subsequently [ˈsəb sə ˌkwənt li]

subservient [səb ˈsɚ vi ənt]

subside [səb ˈsaɪd]

subsided [səb ˈsaɪd ɪd]

subsidence [səb ˈsaɪd əns]

subsides [səb ˈsaɪdz]

subsidiary [səb ˈsɪd i ˌɛɚ i]

subsidies [ˈsəb sɪ diz]

subsiding [səb ˈsaɪd ɪŋ]

subsidize [ˈsəb sɪ ˌdaɪz]

subsidized [ˈsəb sɪ ˌdaɪzd]

subsidizes [ˈsəb sɪ ˌdaɪz ɪz]

subsidizing [ˈsəb sɪ ˌdaɪz ɪŋ]

subsidy [ˈsəb sɪ di]

subsist [səb ˈsɪst]

subsistence [səb ˈsɪs təns]

subsoil [ˈsəb ˌsɔɪl]

substance [ˈsəb stəns]

substandard [ˌsəb ˈstæn dɚd]

substantial [səb ˈstæn ʃl]

substantially [səb ˈstæn ʃə li]

substantiate [səb ˈstæn ʃi ˌet]

substitute [ˈsəb stɪ ˌtut]

substituted [ˈsəb stɪ ˌtut ɪd]

substitutes [ˈsəb stɪ ˌtuts]

substituting [ˈsəb stɪ ˌtut ɪŋ]

substitution [ˌsəb stɪ ˈtu ʃn]

subterfuge [ˈsəb tɚ ˌfjudʒ]

subterranean [ˌsəb tə ˈre ni ən]

subtitle [ˈsəb ˌtaɪtl]

subtle [ˈsətl]

subtlety [ˈsətl ti]

subtotal [ˈsəb ˌtotl]

subtract [səb ˈtrækt]

subtracted [səb ˈtræk tɪd]

subtracting [səb ˈtræk tɪŋ]

subtraction [səb ˈtræk ʃn]

subtracts [səb ˈtrækts]

suburb [ˈsə bɚb]

suburban [sə ˈbɚ bn]

suburbanite [sə ˈbɚ bə ˌnaɪt]

suburbia [sə ˈbɚ bi ə]

subversive [səb ˈvɚ sɪv]

subway [ˈsəb ˌwe]

succeed [sək ˈsid]

succeeded [sək ˈsid ɪd]

succeeding [sək ˈsid ɪŋ]

succeeds [sək ˈsidz]

success [sək ˈsɛs]

successful [sək ˈsɛs fl]

successfully [sək ˈsɛs fə li]

succession [sək ˈsɛʃn]

successive [sək ˈsɛs ɪv]

successor [sək ˈsɛs ɚ]

succinct [sək ˈsɪŋkt]

succor [ˈsək ɚ]

succulent [ˈsək jə lənt]

succumb [sə ˈkəm]

succumbed [sə ˈkəmd]

succumbing [sə ˈkəm ɪŋ]

succumbs [sə ˈkəmz]

such [sətʃ]

suck [sək]

sucked [səkt]

sucker [ˈsək ɚ]

sucking [ˈsək ɪŋ]

suckle [ˈsəkl]

sucks [səks]

sucrose ['su ˌkros]
suction ['sək ʃn]
sudden [sədn]
suddenly ['sədn li]
suds [sədz]
sue [su]
sued [sud]
suede [swed]
suffer ['səf ɚ]
suffered ['səf ɚd]
sufferer ['səf ɚ ɚ]
suffering ['səf ɚ ɪŋ]
suffers ['səf ɚz]
suffice [sə 'faɪs]
sufficient [sə 'fɪʃ ənt]
sufficiently [sə 'fɪʃ ənt li]
suffix ['səf ɪks]
suffocate ['səf ə ˌket]
suffocated ['səf ə ˌket ɪd]
suffocating ['səf ə ˌket ɪŋ]
suffocation [ˌsəf ɪ 'ke ʃn]
suffrage ['səf rɪdʒ]
sugar ['ʃʊg ɚ]
sugarcoat ['ʃʊg ɚ ˌkot]
sugary ['ʃʊg ɚ i]
suggest [səg 'dʒɛst]
suggested [səg 'dʒɛs tɪd]
suggestible [səg 'dʒɛs tə bl]
suggesting [səg 'dʒɛs tɪŋ]
suggestion [səg 'dʒɛs tʃn]
suggestive [səg 'dʒɛs tɪv]
suicidal ['su ɪ ˌsaɪdl]
suicide ['su ɪ ˌsaɪd]
suing ['su ɪŋ]
suit [sut]
suitable ['su tə bl]
suitably ['su tə bli]

suitcase ['sut ˌkes]
suite [swit]
suited ['sut ɪd]
suitor ['su tɚ]
sulfur ['səl fɚ]
sulfuric acid [ˌsəl 'fjʊɚ ɪk 'æs ɪd]
sulk [səlk]
sulked [səlkt]
sulking ['səl kɪŋ]
sullen ['səl ən]
sultry ['səl tri]
sum [səm]
summarize ['səm ə ˌraɪz]
summary ['səm ə ri]
summation [sə 'me ʃn]
summed [səmd]
summer ['səm ɚ]
summertime ['səm ɚ ˌtaɪm]
summing ['səm ɪŋ]
summit ['səm ɪt]
summon ['səm ən]
summons ['səm ənz]
sumptuous ['səmp tʃu əs]
sun [sən]
sunbathe ['sən ˌbeð]
sunbathed ['sən ˌbeðd]
sunbeam ['sən ˌbim]
sunburn ['sən bɚn]
sunburned ['sən ˌbɚnd]
sundae ['sən di]
Sunday ['sən de]
sundial ['sən ˌdaɪl]
sundown ['sən ˌdæʊn]
sundry ['sən dri]
sunflower ['sən ˌflæʊ ɚ]
sung [səŋ]
sunglasses ['sən ˌglæs ɪz]

sunk [səŋk]

sunken ['səŋ kn]

sunlamp ['sən ˌlæmp]

sunlight ['sən ˌlaɪt]

sunlit ['sən ˌlɪt]

sunny ['sən i]

sunrise ['sən ˌraɪz]

sunset ['sən ˌsɛt]

sunshade ['sən ˌʃed]

sunshine ['sən ˌʃaɪn]

sunstroke ['sən ˌstrok]

suntan ['sən ˌtæn]

sunup ['sən ˌəp]

super ['su pɚ]

superb [sə 'pɚb]

superego [ˌsu pɚ 'i go]

superficial [ˌsu pɚ 'fɪʃl]

superfluous [sʊ 'pɚ flu əs]

superhuman [ˌsu pɚ 'hju mən]

superimpose [ˌsu pɚ ɪm 'poz]

superintendent
[ˌsu prɪn 'tɛn dənt]

superior [sə 'pɪɚ i ɚ]

superiority [sə ˌpɪɚ i 'aɚ i ti]

superlative [sə 'pɚ lə tɪv]

superman ['su pɚ ˌmæn]

supermarket ['su pɚ ˌmaɚ kɪt]

supernatural [ˌsu pɚ 'nætʃ ɚ əl]

superpower ['su pɚ ˌpæʊ ɚ]

supersede [ˌsu pɚ 'sid]

superseded [ˌsu pɚ 'sid ɪd]

supersonic [ˌsu pɚ 'san ɪk]

superstition [ˌsu pɚ 'ʃtɪʃn]

superstitious [ˌsu pɚ 'stɪ ʃəs]

supervise ['su pɚ ˌvaɪz]

supervised ['su pɚ ˌvaɪzd]

supervising ['su pɚ ˌvaɪz ɪŋ]

supervision [ˌsu pɚ 'vɪ ʒn]

supervisor ['su pɚ ˌvaɪ zɚ]

supervisory [ˌsu pɚ 'vaɪ zə ri]

supine [su 'paɪn]

supper ['səp ɚ]

supple [səpl]

supplement n. ['səp lə mənt]
v. ['səp lə ˌmɛnt]

supplementary [ˌsəp lə 'mɛn tri]

supplied [sə 'plaɪd]

supplier [sə 'plaɪ ɚ]

supplies [sə 'plaɪz]

supply [sə 'plaɪ]

supplying [sə 'plaɪ ɪŋ]

support [sə 'pɔɚt]

supporter [sə 'pɔɚt ɚ]

suppose [sə 'poz]

supposed [sə 'pozd]

supposedly [sə 'poz ɪd li]

supposing [sə 'poz ɪŋ]

supposition [ˌsə pə 'zɪʃn]

suppress [sə 'prɛs]

suppressed [sə 'prɛst]

suppressing [sə 'prɛs ɪŋ]

suppression [sə 'prɛʃn]

supremacy [sə 'prɛm ə si]

supreme [sə 'prim]

surcharge ['sɚ ˌtʃaɚdʒ]

sure [ʃʊɚ]

surefooted ['ʃʊɚ 'fʊt ɪd]

surely ['ʃʊɚ li]

surf [sɚf]

surface ['sɚ fɪs]

surfaced ['sɚ fɪst]

surfaces ['sɚ fɪs ɪz]

surfacing ['sɚ fɪs ɪŋ]

surfboard ['sɚf ˌbɔɚd]

surfer   ['sɚf ɚ]

surfing   ['sɚ fɪŋ]

surge   [sɚdʒ]

surged   [sɚdʒd]

surgeon   ['sɚ dʒn]

surgery   ['sɚ dʒə ri]

surgical   ['sɚ dʒɪ kl]

surly   ['sɚ li]

surmise   [sɚ 'maɪz]

surmised   [sɚ 'maɪzd]

surmount   [sɚ 'mæʊnt]

surname   ['sɚ ˌnem]

surpass   [sɚ 'pæs]

surpassed   [sɚ 'pæst]

surpasses   [sɚ 'pæs ɪz]

surpassing   [sɚ 'pæs ɪŋ]

surplus   ['sɚ pləs]

surprise   [sɚ 'praɪz]

surprised   [sɚ 'praɪzd]

surprises   [sɚ 'praɪz ɪz]

surprising   [sɚ 'praɪz ɪŋ]

surprisingly   [sɚ 'praɪz ɪŋ li]

surrender   [sə 'rɛn dɚ]

surrendered   [sə 'rɛn dɚd]

surrendering   [sə 'rɛn dɚ ɪŋ]

surrenders   [sə 'rɛn dɚz]

surrogate   ['sɚ ə gɪt]

surrogate mother
   ['sɚ ə gɪt 'mʌð ɚ]

surround   [sə 'ræʊnd]

surrounded   [sə 'ræʊn dɪd]

surrounding   [sə 'ræʊn dɪŋ]

surroundings   [sə 'ræʊn dɪŋz]

surtax   ['sɚ ˌtæks]

surveillance   [sɚ 've ləns]

survey   n. ['sɚ ve] v. [sɚ 've]

surveyed   [sɚ 'ved]

surveying   [sɚ 've ɪŋ]

surveyor   [sɚ 've ɚ]

survival   [sɚ 'vaɪvl]

survive   [sɚ 'vaɪv]

survived   [sɚ 'vaɪvd]

survives   [sɚ 'vaɪvz]

surviving   [sɚ 'vaɪv ɪŋ]

survivor   [sɚ 'vaɪ vɚ]

susceptible   [sə 'sɛp tə bl]

suspect   n. ['səs ˌpɛkt]
   v. [sə 'spɛkt]

suspected   [sə 'spɛk tɪd]

suspecting   [sə 'spɛk tɪŋ]

suspects   [sə 'spɛkts]

suspend   [sə 'spɛnd]

suspended   [sə 'spɛn dɪd]

suspenders   [sə 'spɛn dɚz]

suspending   [sə 'spɛn dɪŋ]

suspends   [sə 'spɛndz]

suspense   [sə 'spɛns]

suspension   [sə 'spɛn ʃn]

suspicion   [sə 'spɪʃn]

suspicious   [sə 'spɪʃ əs]

sustain   [sə 'sten]

sustained   [sə 'stend]

sustaining   [sə 'sten ɪŋ]

sustenance   ['səs tə nəns]

suture   ['su tʃɚ]

swab   [swɑb]

swabbed   [swɑbd]

swagger   ['swæg ɚ]

swallow   ['swɑl o]

swallowed   ['swɑl od]

swallowing   ['swɑl o ɪŋ]

swallows   ['swɑl oz]

swam   [swæm]

swamp   [swɑmp]

swamped [swɑmpt]

swan [swɑn]

swap [swɑp]

swapped [swɑpt]

swapping ['swɑp ɪŋ]

swaps [swɑps]

swarm [swɔɚm]

swarmed [swɔɚmd]

swarming ['swɔɚm ɪŋ]

swarthy ['swɑɚ ði]

swastika ['swɑs tɪ kə]

swat [swɑt]

swatch [swɑtʃ]

swath [swɑθ]

swats [swɑts]

swatted ['swɑt ɪd]

swatting ['swɑt ɪŋ]

sway [swe]

swaybacked ['swe ˌbækt]

swayed [swed]

swaying ['swe ɪŋ]

swear [swɛɚ]

swearword ['swɛɚ ˌwɚd]

sweat [swɛt]

sweated ['swɛt ɪd]

sweater ['swɛt ɚ]

sweating ['swɛt ɪŋ]

sweats [swɛts]

sweatshirt ['swɛt ˌʃɚt]

sweatshop ['swɛt ˌʃɑp]

sweaty ['swɛt i]

Swede [swid]

Swedish ['swi dɪʃ]

sweep [swip]

sweeping ['swip ɪŋ]

sweepstakes ['swip ˌsteks]

sweet [swit]

sweet tooth ['swit ˌtuθ]

sweeten ['swit ən]

sweetened ['swit ənd]

sweetener ['swit ən ɚ]

sweetens [switnz]

sweetheart ['swit ˌhɑɚt]

sweetly ['swit li]

sweetness ['swit nɪs]

swell [swɛl]

swelled [swɛld]

swellhead ['swɛl ˌhɛd]

swelling ['swɛl ɪŋ]

swells [swɛlz]

sweltering ['swɛl tɚ ɪŋ]

swept [swɛpt]

swerve [swɚv]

swerved [swɚvd]

swerving ['swɚv ɪŋ]

swift [swɪft]

swiftly ['swɪft li]

swiftness ['swɪft nɪs]

swim [swɪm]

swimmer ['swɪm ɚ]

swimming ['swɪm ɪŋ]

swimsuit ['swɪm ˌsut]

swindle ['swɪn dl]

swindled ['swɪn dld]

swindling ['swɪnd lɪŋ]

swine [swɑɪn]

swing [swɪŋ]

swinger ['swɪŋ ɚ]

swinging ['swɪŋ ɪŋ]

swings [swɪŋz]

swipe [swɑɪp]

swiped [swɑɪpt]

swirl [swɚl]

swirled [swɚld]

swirling   ['swɚl ɪŋ]

swish   [swɪʃ]

swished   [swɪʃt]

Swiss   [swɪs]

switch   [swɪtʃ]

switch-hitter   ['swɪtʃ 'hɪt ɚ]

switchboard   ['swɪtʃ ,bɔɚd]

switched   [swɪtʃt]

switching   ['swɪtʃ ɪŋ]

swivel   [swɪvl]

swiveled   [swɪvld]

swiveling   ['swɪv lɪŋ]

swivels   [swɪvlz]

swollen   ['swo lən]

swoon   [swun]

swooned   [swund]

swoop   [swup]

swooped   [swupt]

swooping   ['swup ɪŋ]

sword   [sɔɚd]

swordfish   ['sɔɚd ,fɪʃ]

swore   [swɔɚ]

sworn   [swɔɚn]

swung   [swəŋ]

sycamore   ['sɪk ə ,mɔɚ]

syllabic   [sɪ 'læb ɪk]

syllabification   [sɪ ,læb ɪ fɪ 'ke ʃn]

syllable   ['sɪl ə bl]

syllabus   ['sɪl ə bəs]

symbol   ['sɪm bl]

symbolic   [sɪm 'bɑl ɪk]

symbolical   [sɪm 'bɑl ɪ kl]

symbolically   [sɪm 'bɑl ɪk li]

symbolize   ['sɪm bə ,lɑɪz]

symmetrical   [sɪ 'mɛ trɪ kl]

symmetry   ['sɪm ɪ tri]

sympathetic   [,sɪm pə 'θɛt ɪk]

sympathize   ['sɪm pə ,θɑɪz]

sympathized   ['sɪm pə ,θɑɪzd]

sympathizer   ['sɪm pə ,θɑɪz ɚ]

sympathizing   ['sɪm pə ,θɑɪz ɪŋ]

sympathy   ['sɪm pə θi]

symphonic   [sɪm 'fɑn ɪk]

symphony   ['sɪm fə ni]

symposium   [sɪm 'po zi əm]

symptom   ['sɪm tm]

synagogue   ['sɪn ə ,gɑg]

synapse   ['sɪn ,æps]

synchronize   ['sɪn krə ,nɑɪz]

synchronized   ['sɪn krə ,nɑɪzd]

syndicate   n. ['sɪn də kɪt]
　　　v. ['sɪn də ,ket]

syndicated   ['sɪn dɪ ,ket ɪd]

syndicates   ['sɪn də ,kets]

syndicating   ['sɪn dɪ ,ket ɪŋ]

syndication   [,sɪn dɪ 'ke ʃn]

syndrome   ['sɪn drom]

synonym   ['sɪn ə nɪm]

synopsis   [sɪ 'nɑp sɪs]

syntax   ['sɪn tæks]

synthesis   ['sɪn θɪ sɪs]

synthetic   [sɪn 'θɛt ɪk]

syphilis   ['sɪf ə lɪs]

syphon   ['sɑɪ fn]

syphoned   ['sɑɪ fnd]

syphons   ['sɑɪ fnz]

Syracuse (NY)   ['sɪɚ ə ,kjus]

syringe   [sə 'rɪndʒ]

syrup   ['sɪɚ əp]

system   ['sɪs tm]

systematic   [,sɪs tə 'mæt ɪk]

systematically   [,sɪs tə 'mæt ɪk li]

systematize   ['sɪs tə mə ,tɑɪz]

systemic   [sɪ 'stɛm ɪk]

T

T [ti]

T-shirt ['ti ˌʃɚt]

tab [tæb]

table ['te bl]

tablecloth ['te bl ˌklɔθ]

tabled ['te bld]

tablespoon ['te bl ˌspun]

tablespoonful ['te bl ˌspun fl]

tablet ['tæb lɪt]

tableware ['te bl ˌwɛɚ]

tabloid ['tæb lɔɪd]

taboo [tə 'bu]

tabulate ['tæb jə ˌlet]

tabulated ['tæb jə ˌlet ɪd]

tabulating ['tæb jə ˌlet ɪŋ]

tack [tæk]

tacked [tækt]

tacking ['tæk ɪŋ]

tackle [tækl]

tackled [tækld]

tackler ['tæk lɚ]

tackling ['tæk lɪŋ]

tacky ['tæk i]

taco ['tɑ ko]

tact [tækt]

tactful ['tækt fl]

tactical ['tæk tɪ kl]

tactician [ˌtæk 'tɪʃn]

tactics ['tæk tɪks]

tactile ['tæk tɪl]

tactless ['tækt lɪs]

tadpole ['tæd ˌpol]

taffy ['tæf i]

tag [tæg]

tagged [tægd]

tagging ['tæg ɪŋ]

tail [tel]

tailed [teld]

tailgate ['tel ˌget]

tailing ['tel ɪŋ]

taillight ['tel ˌlaɪt]

tailor ['te lɚ]

tailor-made ['te lɚ 'med]

tailored ['te lɚd]

tailpipe ['tel ˌpaɪp]

tailspin ['tel ˌspɪn]

tailwind ['tel ˌwɪnd]

taint [tent]

tainted ['ten tɪd]

take [tek]

take-home pay   ['tek ,hom 'pe]

taken   ['te kn]

takeoff   ['tek ,ɔf]

takeout   ['tek ,æʊt]

takeover   ['tek ,o vɚ]

takes   [teks]

taking   ['tek ɪŋ]

talcum powder
   ['tæl kəm ,pæʊ dɚ]

tale   [tel]

talent   ['tæl ənt]

talented   ['tæl ənt ɪd]

talk   [tɔk]

talkative   ['tɔ kə tɪv]

talked   [tɔkt]

talker   ['tɔk ɚ]

talking   ['tɔk ɪŋ]

talking-to   ['tɔk ɪŋ ,tu]

talks   [tɔks]

tall   [tɔl]

tall story   ['tɔl 'stɔɚ i]

tally   ['tæl i]

tambourine   [,tæm bə 'rin]

tame   [tem]

tamed   [temd]

tames   [temz]

taming   ['tem ɪŋ]

tamper   ['tæm pɚ]

tampered   ['tæm pɚd]

tampering   ['tæm pɚ ɪŋ]

tampers   ['tæm pɚz]

tampon   ['tæm ,pan]

tan   [tæn]

tandem   ['tæn dm]

tangerine   [,tæn dʒə 'rin]

tangible   ['tæn dʒə bl]

tangle   ['tæŋ gl]

tangled   ['tæŋ gld]

tank   [tæŋk]

tank truck   ['tæŋk ,trək]

tanker   ['tæŋ kɚ]

tanned   [tænd]

tanner   ['tæn ɚ]

tantalize   ['tæn tə ,laɪz]

tantalizing   ['tæn tə ,laɪz ɪŋ]

tantamount   ['tæn tə ,mæʊnt]

tantrum   ['tæn trəm]

tap   [tæp]

tap-dance   ['tæp ,dæns]

tap dancing   ['tæp ,dæns ɪŋ]

tape   [tep]

tape measure   ['tep ,mɛʒ ɚ]

taped   [tept]

tapes   [teps]

tapestry   ['tæp ɪ stri]

tapeworm   ['tep ,wɚm]

taping   ['tep ɪŋ]

tapped   [tæpt]

tapping   ['tæp ɪŋ]

taproom   ['tæp ,rum]

taproot   ['tæp ,rut]

taps   [tæps]

tar   [taɚ]

tardy   ['taɚ di]

target   ['taɚ gɪt]

targeted   ['taɚ gɪt ɪd]

targeting   ['taɚ gɪt ɪŋ]

tariff   ['tæɚ ɪf]

tarmac   ['taɚ ,mæk]

tarnish   ['taɚ nɪʃ]

tarpaulin   ['taɚ pə lɪn]

tarred   [taɚd]

tarry   ['tæɚ i]

tart   [taɚt]

tartan   ['tɑɚt n]

tartar sauce   ['tɑɚ tɚ ˌsɔs]

task   [tæsk]

task force   ['tæsk ˌfɔɚs]

tassel   [tæsl]

taste   [test]

tasted   ['test ɪd]

tasteless   ['test lɪs]

tastes   [tests]

tasting   ['test ɪŋ]

tasty   ['test i]

tatter   ['tæt ɚ]

tattered   ['tæt ɚd]

tattletale   ['tætl ˌtel]

tattoo   [tæ 'tu]

tattooed   [tæ 'tud]

taught   [tɔt]

taunt   [tɔnt]

taunted   ['tɔn tɪd]

taut   [tɔt]

tavern   ['tæv ɚn]

tax   [tæks]

tax evasion   ['tæks ɪ ˌve ʒn]

tax return   ['tæks rɪ ˌtɚn]

taxable   ['tæks ə bl]

taxation   [tæks 'e ʃn]

taxed   [tækst]

taxes   ['tæks ɪz]

taxi   ['tæk si]

taxi driver   ['tæk si ˌdraɪv ɚ]

taxicab   ['tæk si ˌkæb]

taxing   ['tæks ɪŋ]

taxpayer   ['tæks ˌpe ɚ]

tea   [ti]

tea bag   ['ti ˌbæg]

teach   [titʃ]

teacher   ['ti tʃɚ]

teaches   ['ti tʃɪz]

teaching   ['titʃ ɪŋ]

teacup   ['ti ˌkəp]

teak   [tik]

teakettle   ['ti ˌkɛtl]

team   [tim]

teamed   [timd]

teammate   ['tim ˌmet]

teamster   ['tim stɚ]

teamwork   ['tim ˌwɚk]

teapot   ['ti ˌpat]

tear   n. moisture from weeping [tɪɚ] v. to make moisture by weeping [tɪɚ] n. a torn place [tɛɚ] v. to rip [tɛɚ]

teardrop   ['tɪɚ ˌdrap]

tearful   ['tɪɚ fl]

tearfully   ['tɪɚ fə li]

tearoom   ['ti ˌrum]

tease   [tiz]

teased   [tizd]

teaser   ['tiz ɚ]

teases   ['tiz ɪz]

teasing   ['tiz ɪŋ]

teaspoon   ['ti ˌspun]

teaspoonful   ['ti ˌspun ˌfʊl]

technical   ['tɛk nɪ kl]

technicality   [ˌtɛk nɪ 'kæl ɪ ti]

technically   ['tɛk nɪk li]

technician   [tɛk 'nɪʃn]

technique   [tɛk 'nik]

technological   [ˌtɛk nə 'ladʒ ɪ kl]

technology   [ˌtɛk 'nal ə dʒi]

tedious   ['ti di əs]

tedium   ['ti di əm]

tee   [ti]

tee shirt   ['ti ˌʃɚt]

teeming   ['tim ɪŋ]

teenage   ['tin ˌedʒ]

teenager   ['tin ˌedʒ ɚ]

teens   [tinz]

teeny   ['ti ni]

teeth   [tiθ]

teethe   [tið]

teethed   [tiðd]

teething   ['tɪð ɪŋ]

teething ring   ['tɪð ɪŋ ˌrɪŋ]

teetotaler   ['ti 'tot lɚ]

Teflon   ['tɛf lɑn]

telecast   ['tɛl ə ˌkæst]

telecaster   ['tɛl ə ˌkæs tɚ]

telecasting   ['tɛl ə ˌkæst ɪŋ]

telegram   ['tɛl ə ˌgræm]

telegraph   ['tɛl ə ˌgræf]

telepathy   [tə 'lɛp ə θi]

telephone   ['tɛl ə ˌfon]

telephoned   ['tɛl ə ˌfond]

telephoning   ['tɛl ə ˌfon ɪŋ]

telescope   ['tɛl ə ˌskop]

telescopic   [ˌtɛl ə 'skɑp ɪk]

telethon   ['tɛl ə ˌθɑn]

televise   ['tɛl ə ˌvaɪz]

televised   ['tɛl ə ˌvaɪzd]

televises   ['tɛl ə ˌvaɪz ɪz]

televising   ['tɛl ə ˌvaɪz ɪŋ]

television   ['tel ə ˌvɪ ʒn]

tell   [tɛl]

teller   ['tɛl ɚ]

telling   ['tɛl ɪŋ]

temerity   [tɪ 'mɛɚ ɪ ti]

temper   ['tɛm pɚ]

temperament   ['tɛm pɚ mənt]

temperamental
   [ˌtɛm pɚ 'mɛn tl]

temperance   ['tɛm pɚ əns]

temperate   ['tɛm pɚ ɪt]

temperature   ['tɛm prə ˌtʃɚ]

tempered   ['tɛm pɚd]

tempest   ['tɛm pɪst]

tempestuous   [tɛm 'pɛs tʃu əs]

template   ['tɛm plɪt]

temple   ['tɛm pl]

temporarily   [ˌtɛm pə 'rɛɚ ɪ li]

temporary   ['tɛm pə ˌrɛɚ i]

tempt   [tɛmpt]

temptation   [tɛmp 'te ʃn]

tempted   ['tɛmp tɪd]

tempting   ['tɛmp tɪŋ]

tempts   [tɛmpts]

ten   [tɛn]

tenable   ['tɛn ə bl]

tenacious   [tə 'ne ʃəs]

tenaciously   [tə 'ne ʃəs li]

tenacity   [tə 'næs ɪ ti]

tenant   ['tɛn ənt]

tend   [tɛnd]

tended   ['tɛn dɪd]

tendency   ['tɛn dn si]

tender   ['tɛn dɚ]

tenderize   ['tɛn də ˌraɪz]

tenderized   ['tɛn də ˌraɪzd]

tenderizing   ['tɛn də ˌraɪz ɪŋ]

tenderly   ['tɛn dɚ li]

tenderness   ['tɛn dɚ nɪs]

tending   ['tɛn dɪŋ]

tendon   ['tɛn dn]

tends   [tɛndz]

tenement   ['tɛn ə mənt]

tenet   ['tɛn ɪt]

Tennessee   [ˌtɛn ɪ 'si]

tennis   ['tɛn ɪs]

tenor   ['tɛn ɚ]

tenpins   ['tɛn ˌpɪnz]

tense   [tɛns]

tensely   ['tɛns li]

tension   ['tɛn ʃn]

tent   [tɛnt]

tentative   ['tɛn tə tɪv]

tenth   [tɛnθ]

tenuous   ['tɛn ju əs]

tenure   ['tɛn jɚ]

tepee   ['ti pi]

tepid   ['tɛp ɪd]

term   [tɚm]

terminable   ['tɚm ə nə bl]

terminal   ['tɚ mə nl]

terminate   ['tɚ mə ˌnet]

terminated   ['tɚ mə ˌnet ɪd]

termination   [ˌtɚ mə 'ne ʃn]

termite   ['tɚ ˌmaɪt]

terrace   ['tɛɚ əs]

terraced   ['tɛɚ əst]

terrain   [tə 'ren]

terrazzo   [tə 'ræz o]

terrible   ['tɛɚ ə bl]

terribly   ['tɛɚ ə bli]

terrier   ['tɛɚ i ɚ]

terrific   [tə 'rɪf ɪk]

terrified   ['tɛɚ ɪ ˌfaɪd]

terrify   ['tɛɚ ə ˌfaɪ]

terrifying   ['tɛɚ ə ˌfaɪ ɪŋ]

territory   ['tɛɚ ɪ ˌtɔɚ i]

terror   ['tɛɚ ɚ]

terrorism   ['tɛɚ ə ˌrɪzm]

terrorist   ['tɛɚ ə rɪst]

terrorize   ['tɛɚ ə ˌraɪz]

terrorized   ['tɛɚ ə ˌraɪzd]

terrorizing   ['tɛɚ ə ˌraɪz ɪŋ]

terse   [tɚs]

test   [tɛst]

test tube   ['tɛst ˌtub]

testament   ['tɛs tə mənt]

tested   ['tɛs tɪd]

testicle   ['tɛs tɪ kl]

testified   ['tɛs tə ˌfaɪd]

testifies   ['tɛs tə ˌfaɪz]

testify   ['tɛs tə ˌfaɪ]

testifying   ['tɛs tə ˌfaɪ ɪŋ]

testimonial   [ˌtɛs tə 'mo ni əl]

testimony   ['tɛs tə ˌmo ni]

testing   ['tɛs tɪŋ]

testosterone   [tɛ 'stɑs tə ˌron]

tests   [tɛsts]

testy   ['tɛs ti]

tetanus   ['tɛt nəs]

tether   ['tɛð ɚ]

Texas   ['tɛk səs]

text   [tɛkst]

textbook   ['tɛkst ˌbʊk]

textile   ['tɛks ˌtaɪl]

texture   ['tɛks tʃɚ]

than   [ðæn]

thank   [θæŋk]

thank you   ['θæŋk ju]

thanked   [θæŋkt]

thankful   ['θæŋk fl]

thanking   ['θæŋk ɪŋ]

thankless   ['θæŋk lɪs]

thanks   [θæŋks]

thanksgiving   [ˌθæŋks 'gɪv ɪŋ]

that   [ðæt]

thatched   [θætʃt]

thatched roof   ['θætʃt 'ruf]

that's   [ðæts]

thaw   [θɔ]

the [ðə]
theater ['θi ə tɚ]
theatergoer ['θi ə tɚ ˌgo ɚ]
theatrical [θi 'æ trɪ kl]
theft [θɛft]
their [ðɛɚ]
theirs [ðɛɚz]
them [ðɛm]
theme [θim]
themselves [ðɛm 'sɛlvz]
then [ðɛn]
theologian [ˌθi ə 'lodʒn]
theological [ˌθi ə 'ladʒ ɪ kl]
theology [θi 'al ə dʒi]
theorem ['θɪɚ əm]
theoretical [ˌθi ə 'rɛt ɪ kl]
theoretically [ˌθi ə 'rɛt ɪk li]
theory ['θɪɚ i]
therapeutic [ˌθɛɚ ə 'pju tɪk]
therapist ['θɛɚ ə pɪst]
therapy ['θɛɚ ə pi]
there [ðɛɚ]
thereabouts ['ðɛɚ ə ˌbæʊts]
thereafter [ˌðɛɚ 'æf tɚ]
thereby [ˌðɛɚ 'baɪ]
therefore ['ðɛɚ ˌfɔɚ]
there's [ðɛɚz]
thereupon [ˌðɛɚ ə 'pan]
therewith [ˌðɛɚ 'wɪθ]
thermal ['θɚ ml]
thermometer [θɚ 'mam ə tɚ]
thermonuclear
   [ˌθɚ mo 'nu kli ɚ]
thermos ['θɚ məs]
thermostat ['θɚ mə ˌstæt]
thesaurus [θɪ 'sɔɚ əs]
these [ðiz]

thesis ['θi sɪs]
they [ðe]
they'd [ðed]
they'll [ðel]
they're [ðeɚ]
they've [ðev]
thick [θɪk]
thick-skinned ['θɪk 'skɪnd]
thicken [θɪkn]
thickly ['θɪk li]
thickness ['θɪk nɪs]
thief [θif]
thievery ['θi və ri]
thieves [θivz]
thigh [θaɪ]
thighbone ['θaɪ ˌbon]
thimble ['θɪm bl]
thin [θɪn]
thin-skinned ['θɪn 'skɪnd]
thing [θɪŋ]
think [θɪŋk]
thinker ['θɪŋk ɚ]
thinking ['θɪŋk ɪŋ]
thinly ['θɪn li]
thinness ['θɪn nɪs]
third [θɚd]
third-class ['θɚd 'klæs]
third degree ['θɚd dɪ 'gri]
third-rate ['θɚd 'ret]
third world ['θɚd 'wɚld]
thirdly ['θɚd li]
thirst [θɚst]
thirsty ['θɚs ti]
thirteen ['θɚ 'tin]
thirteenth ['θɚ 'tinθ]
thirtieth ['θɚ ti ɪθ]
thirty ['θɚ ti]

this [ðɪs]
thorax ['θɔɹ æks]
thorn [θɔɚn]
thorny ['θɔɚn i]
thorough ['θɚ o]
thoroughbred ['θɚ o ˌbrɛd]
thoroughfare ['θɚ o ˌfɛɚ]
thoroughly ['θɚ ə li]
those [ðoz]
though [ðo]
thought [θɔt]
thoughtful ['θɔt fl]
thoughtfully ['θɔt fə li]
thoughtfulness ['θɔt fl nɪs]
thoughtless ['θɔt lɪs]
thoughtlessness ['θɔt lɪs nɪs]
thousand ['θæʊ znd]
thousandth ['θæʊ zndθ]
thrash [θræʃ]
thrashed [θræʃt]
thrashing ['θræʃ ɪŋ]
thread [θrɛd]
threadbare ['θrɛd ˌbɛɚ]
threaded ['θrɛd ɪd]
threading ['θrɛd ɪŋ]
threat [θrɛt]
threaten [θrɛtn]
threatened [θrɛtnd]
threatening ['θrɛtn ɪŋ]
threatens [θrɛtnz]
three [θri]
three-dimensional
  ['θri dɪ 'mɛn ʃə nl]
three-piece suit ['θri ˌpis 'sut]
threefold ['θri ˌfold]
threescore ['θri 'skɔɚ]
threshold ['θrɛʃ ˌhold]

threw [θru]
thrift [θrɪft]
thrift shop ['θrɪft ˌʃap]
thriftiness ['θrɪf ti nɪs]
thrifty ['θrɪf ti]
thrill [θrɪl]
thrilled [θrɪld]
thriller ['θrɪl ɚ]
thrilling ['θrɪl ɪŋ]
thrills [θrɪlz]
thrive [θraɪv]
thrived [θraɪvd]
thrives [θraɪvz]
thriving ['θraɪv ɪŋ]
throat [θrot]
throaty ['θro ti]
throb [θrab]
throbbed [θrabd]
throbbing ['θrab ɪŋ]
throbs [θrabz]
thrombosis [θram 'bo sɪs]
throne [θron]
throng [θraŋ]
throttle [θratl]
through [θru]
throughout [θru 'æʊt]
throughway ['θru ˌwe]
throw [θro]
throw rug ['θro ˌrəg]
throwaway ['θro ə ˌwe]
throwback ['θro ˌbæk]
throwing ['θro ɪŋ]
thrown [θron]
thrust [θrəst]
thud [θəd]
thug [θəg]
thumb [θəm]

thumbed [θəmd]

thumbing ['θəm ɪŋ]

thumbnail ['θəm ˌnel]

thumbtack ['θəm ˌtæk]

thump [θəmp]

thumped [θəmpt]

thunder ['θən dɚ]

thunderbolt ['θən dɚ ˌbolt]

thunderclap ['θən dɚ ˌklæp]

thundercloud ['θən dɚ ˌklæʊd]

thundered ['θən dɚd]

thundering ['θən dɚ ɪŋ]

thunderous ['θən dɚ əs]

thundershower
  ['θən dɚ ˌʃæʊ ɚ]

thunderstorm ['θən dɚ ˌstɔɚm]

Thursday ['θɚz de]

thus [ðəs]

thwart [θwɔɚt]

tic [tɪk]

tic-tac-toe ['tɪk 'tæk 'to]

tick [tɪk]

tick-tock ['tɪk ˌtak]

ticked [tɪkt]

ticker ['tɪk ɚ]

ticker tape ['tɪk ɚ ˌtep]

ticket ['tɪk ɪt]

ticket office ['tɪk ɪt ˌɔ fɪs]

ticking ['tɪk ɪŋ]

tickle [tɪkl]

tickled [tɪkld]

tickles [tɪklz]

tickling ['tɪk lɪŋ]

ticklish ['tɪk lɪʃ]

ticks [tɪks]

tidal [taɪdl]

tidal wave ['taɪdl ˌwev]

tidbit ['tɪd ˌbɪt]

tide [taɪd]

tidied ['taɪd id]

tidings ['taɪd ɪŋz]

tidy ['taɪ di]

tidying ['taɪ di ɪŋ]

tie [taɪ]

tie clip ['taɪ ˌklɪp]

tie-up ['taɪ ˌəp]

tied [taɪd]

tier [tɪɚ]

ties [taɪz]

tiger ['taɪ gɚ]

tight [taɪt]

tight-fisted ['taɪt 'fɪs tɪd]

tight-lipped ['taɪt ˌlɪpt]

tighten [taɪtn]

tightly ['taɪt li]

tightrope ['taɪt ˌrop]

tights [taɪts]

tightwad ['taɪt ˌwad]

tile [taɪl]

tiled [taɪld]

tiling ['taɪl ɪŋ]

till [tɪl]

tiller ['tɪl ɚ]

tilt [tɪlt]

tilted ['tɪl tɪd]

tilting ['tɪl tɪŋ]

tilts [tɪlts]

timber ['tɪm bɚ]

timbre ['tɪm bɚ]

time [taɪm]

time-honored ['taɪm ˌan ɚd]

time off ['taɪm 'ɔf]

time-out ['taɪm 'æʊt]

time sharing ['taɪm ˌʃɛɚ ɪŋ]

time zone ['taɪm ˌzon]

timed [taɪmd]

timekeeper ['taɪm ˌkip ɚ]

timeless ['taɪm lɪs]

timely ['taɪm li]

timepiece ['taɪm ˌpis]

timer ['taɪm ɚ]

times [taɪmz]

timetable ['taɪm ˌte bl]

timid ['tɪm ɪd]

timidly ['tɪm ɪd li]

timing ['taɪ mɪŋ]

tin [tɪn]

tinderbox ['tɪn dɚ ˌbaks]

tinfoil ['tɪn ˌfɔɪl]

tinge [tɪndʒ]

tingle ['tɪŋ gl]

tingled ['tɪŋ gld]

tingles ['tɪŋ glz]

tingling ['tɪŋ glɪŋ]

tinier ['taɪ ni ɚ]

tiniest ['taɪ ni ɪst]

tinker ['tɪŋ kɚ]

tinkered ['tɪŋ kɚd]

tinkering ['tɪŋ kɚ ɪŋ]

tinkers ['tɪŋ kɚz]

tinny ['tɪn i]

tinsel ['tɪn sl]

tint [tɪnt]

tinted ['tɪn tɪd]

tinted glass ['tɪn tɪd ˌglæs]

tinting ['tɪn tɪŋ]

tiny ['taɪ ni]

tip [tɪp]

tip-off ['tɪp ˌɔf]

tip-top ['tɪp 'tap]

tipped [tɪpt]

tipping ['tɪp ɪŋ]

tips [tɪps]

tipster ['tɪp stɚ]

tiptoe ['tɪp ˌto]

tirade ['taɪ ˌred]

tire [taɪɚ]

tire pressure ['taɪɚ ˌprɛʃ ɚ]

tired [taɪɚd]

tireless ['taɪɚ lɪs]

tiresome ['taɪɚ səm]

tiring ['taɪɚ ɪŋ]

tissue ['tɪʃ u]

tissue paper ['tɪʃ u ˌpe pɚ]

tit for tat ['tɪt fɔɚ 'tæt]

titanic [taɪ 'tæn ɪk]

tithe [taɪð]

tithes [taɪðz]

titillate ['tɪt ə ˌlet]

titillated ['tɪt ə ˌlet ɪd]

title [taɪtl]

title role ['taɪtl 'rol]

titular ['tɪt jə lɚ]

tizzy ['tɪz i]

to [tu]

to-do [tə 'du]

toad [tod]

toadstool ['tod ˌstul]

toast [tost]

toasted ['tost ɪd]

toaster ['to stɚ]

toaster oven ['to stɚ ˌə vn]

toasting ['tost ɪŋ]

toastmaster ['tost ˌmæs tɚ]

toasts [tosts]

tobacco [tə 'bæk o]

toboggan [tə 'bagn]

today [tə 'de]

toddle   [tadl]

toddled   [tadld]

toddler   ['tad lə-]

toddling   ['tad lɪŋ]

toe   [to]

toehold   ['to ,hold]

toenail   ['to ,nel]

together   [tə 'gɛð ə-]

togetherness   [tə 'gɛð ə- nɪs]

toil   [tɔɪl]

toilet   ['tɔɪ lɪt]

toilet paper   ['tɔɪ lɪt ,pe pə-]

token   ['to kn]

tokenism   ['to kn ,ɪzm]

told   [told]

Toledo (OH)   [tə 'li do]

tolerable   ['tal ə- ə bl]

tolerance   ['tal ə- əns]

tolerant   ['tal ə- ənt]

tolerate   ['tal ə ,ret]

tolerated   ['tal ə ,ret ɪd]

tolerating   ['tal ə ,ret ɪŋ]

toll   [tol]

tollgate   ['tol ,get]

tomahawk   ['tam ə ,hɔk]

tomato   [tə 'me to]

tomb   [tum]

tomboy   ['tam ,bɔɪ]

tombstone   ['tum ,ston]

tomcat   ['tam ,kæt]

tomorrow   [tə 'maə- o]

ton   [tən]

tone   [ton]

tone-deaf   ['ton ,dɛf]

tongs   [taŋz]

tongue   [təŋ]

tongue in cheek   ['təŋ ɪn 'tʃik]

tongue-lashing   ['təŋ ,læʃ ɪŋ]

tongue-tied   ['təŋ ,taɪd]

tongue twister   ['təŋ ,twɪst ə-]

tonic   ['tan ɪk]

tonic water   ['tan ɪk ,wɔ tə-]

tonight   [tə 'naɪt]

tonsillectomy   [,tan sə 'lɛk tə mi]

tonsillitis   [,tan sə 'laɪ tɪs]

tonsils   ['tan slz]

too   [tu]

took   [tʊk]

tool   [tul]

toot   [tut]

tooted   ['tut ɪd]

tooth   [tuθ]

toothache   ['tuθ ,ek]

toothbrush   ['tuθ ,brʌʃ]

toothpaste   ['tuθ ,pest]

toothpick   ['tuθ ,pɪk]

tooting   ['tut ɪŋ]

toots   [tuts]

top   [tap]

top brass   ['tap 'bræs]

top-drawer   ['tap 'drɔə-]

top-heavy   ['tap ,hɛv i]

top-level   ['tap ,lɛvl]

top-notch   ['tap 'natʃ]

top-secret   ['tap 'si krɪt]

topaz   ['to pæz]

topcoat   ['tap ,kot]

topic   ['tap ɪk]

topical   ['tap ɪ kl]

topless   ['tap lɪs]

topmost   ['tap ,most]

topography   [tə 'pag rə fi]

topped   [tapt]

topping   ['tap ɪŋ]

topple [tapl]

toppled [tapld]

toppling ['tap lɪŋ]

topsoil ['tap ˌsɔɪl]

topsy-turvy [ˌtap si 'tɚ vi]

torch [tɔɚtʃ]

torchbearer ['tɔɚtʃ ˌbɛɚ ɚ]

tore [tɔɚ]

torment n. ['tɔɚ mɛnt]
  v. [tɔɚ 'mɛnt]

torn [tɔɚn]

tornado [tɔɚ 'ne do]

torpedo [tɔɚ 'pi do]

torrent ['tɔɚ ənt]

torrid ['tɔɚ ɪd]

torso ['tɔɚ so]

torte [tɔɚt]

tortoise ['tɔɚ təs]

tortuous ['tɔɚ tʃu əs]

torture ['tɔɚ tʃɚ]

tortured ['tɔɚ tʃɚd]

torturing ['tɔɚ tʃɚ ɪŋ]

toss [tɔs]

tossed [tɔst]

tot [tat]

total [totl]

totaled [totld]

totaling ['totl ɪŋ]

totality [to 'tæl ɪ ti]

totally ['to tə li]

tote [tot]

totter ['tat ɚ]

touch [tətʃ]

touch-and-go ['tətʃ ən 'go]

touchdown ['tətʃ ˌdæʊn]

touched [tətʃt]

touching ['tətʃ ɪŋ]

touchy ['tətʃ i]

tough [təf]

toughen [təfn]

toupee [tu 'pe]

tour [tʊɚ]

toured [tʊɚd]

touring ['tʊɚ ɪŋ]

tourism ['tʊɚ ˌɪzm]

tourist ['tʊɚ ɪst]

tournament ['tʊɚ nə mənt]

tourniquet ['tɚ nə kɪt]

tours [tʊɚz]

tout [tæʊt]

touted ['tæʊt ɪd]

touting ['tæʊt ɪŋ]

touts [tæʊts]

tow [to]

tow truck ['to ˌtrək]

toward [tɔɚd]

towards [tɔɚdz]

towed [tod]

towel ['tæʊ əl]

towel rack ['tæʊ əl ˌræk]

tower [tæʊɚ]

towering ['tæʊɚ ɪŋ]

towing ['to ɪŋ]

town [tæʊn]

town house ['tæʊn ˌhæʊs]

township ['tæʊn ˌʃɪp]

towrope ['to ˌrop]

toxic ['tak sɪk]

toxicologist [ˌtak sə 'kal ə dʒɪst]

toxicology [ˌtak sə 'kal ə dʒi]

toxin ['tak sɪn]

toy [tɔɪ]

toyed [tɔɪd]

trace [tres]

traced [trest]

traces ['tres ɪz]

trachea ['tre ki ə]

tracheotomy [ˌtre ki 'at ə mi]

tracing ['tres ɪŋ]

track [træk]

tracked [trækt]

tracking ['træk ɪŋ]

tracks [træks]

tract [trækt]

traction ['træk ʃn]

tractor ['træk tɚ]

trade [tred]

trade-in ['tred ˌɪn]

trade union ['tred ˌjun jən]

traded ['tred ɪd]

trademark ['tred ˌmaɚk]

tradename ['tred ˌnem]

trader ['tred ɚ]

trades [tredz]

trading ['tred ɪŋ]

tradition [trə 'dɪʃn]

traditional [trə 'dɪʃ ə nl]

traffic ['træf ɪk]

traffic jam ['træf ɪk ˌdʒæm]

traffic lights ['træf ɪk ˌlaɪts]

trafficked ['træf ɪkt]

trafficking ['træf ɪ kɪŋ]

tragedy ['trædʒ ɪ di]

tragic ['trædʒ ɪk]

trail [trel]

trailblazer ['trel ˌble zɚ]

trailed [treld]

trailer ['tre lɚ]

trailer park ['tre lɚ ˌpaɚk]

trailing ['trel ɪŋ]

train [tren]

trained [trend]

trainee [tre 'ni]

trainer ['tren ɚ]

training ['tren ɪŋ]

trains [trenz]

traipse [treps]

trait [tret]

traitor ['tre tɚ]

trajectory [trə 'dʒɛk tə ri]

tramp [træmp]

tramped [træmpt]

tramping ['træmp ɪŋ]

trample ['træm pl]

trampled ['træm pld]

trampoline ['træm pə ˌlin]

tramps [træmps]

trance [træns]

tranquil ['træŋ kwɪl]

tranquility [træŋ 'kwɪl ɪ ti]

tranquilizer ['træŋ kwə ˌlaɪ zɚ]

transact [ˌtræn 'zækt]

transacted [ˌtræn 'zæk tɪd]

transacting [ˌtræn 'zæk tɪŋ]

transaction [ˌtræn 'zæk ʃn]

transacts [ˌtræn 'zækts]

transatlantic [ˌtrænz ət 'læn tɪk]

transcend [træn 'sɛnd]

transcontinental
  [ˌtrænz ˌkan tə 'nɛn tl]

transcribe [træn 'skraɪb]

transcript ['træn skrɪpt]

transcription [træn 'skrɪp ʃn]

transfer n. ['træns fɚ]
  v. [træns 'fɚ]

transferred [træns 'fɚd]

transferring [træns 'fɚ ɪŋ]

transform [træns 'fɔɚm]

transformation
[ˌtræns fɚ 'me ʃn]

transformed [træns 'fɚmd]

transforming [træns 'fɚ mɪŋ]

transfusion [træns 'fju ʒn]

transgress [trænz 'grɛs]

transgressed [trænz 'grɛst]

transgression [trænz 'grɛʃn]

transgressor [trænz 'grɛs ɚ]

transient [ˈtræn ʒənt]

transistor [træn 'zɪs tɚ]

transit [ˈtræn zɪt]

transition [træn 'zɪʃn]

translate [ˈtræns ˌlet]

translated [ˈtræns ˌlet ɪd]

translates [ˈtræns ˌlets]

translating [ˈtræns ˌlet ɪŋ]

translation [træns 'le ʃn]

translator [ˈtræns ˌle tɚ]

transmission [træns 'mɪʃn]

transmit [træns 'mɪt]

transmits [træns 'mɪts]

transmitter [træns 'mɪt ɚ]

transmitting [trænz 'mɪt ɪŋ]

transom [ˈtræn sm]

transparency [træns 'pɛɚ ən si]

transparent [træns 'pɛɚ ənt]

transpire [træn 'spaɪɚ]

transpired [træn 'spaɪɚd]

transpires [træn 'spaɪɚz]

transpiring [træn 'spaɪɚ ɪŋ]

transplant n. [ˈtræns ˌplænt]
v. [træns 'plænt]

transplanted [træns 'plæn tɪd]

transplanting [træns 'plæn tɪŋ]

transport n. [ˈtræns ˌpɔɚt]
v. [træns 'pɔɚt]

transportation
[ˌtræns pɚ 'te ʃn]

transported [træns 'pɔɚ tɪd]

transporting [træns 'pɔɚ tɪŋ]

transports [træns 'pɔɚts]

trap [træp]

trapdoor [ˈtræp 'dɔɚ]

trapeze [træ 'piz]

trapped [træpt]

trapper [ˈtræp ɚ]

trapping [ˈtræp ɪŋ]

trappings [ˈtræp ɪŋz]

trash [træʃ]

trash can [ˈtræʃ ˌkæn]

trauma [ˈtrɔ mə]

traumatic [trɔ 'mæt ɪk]

travel [trævl]

travel agent [ˈtrævl ˌe dʒənt]

traveled [trævld]

traveler [ˈtræv lɚ]

traveler's check
[ˈtræv lɚz ˌtʃɛk]

traveling [ˈtrævl ɪŋ]

travelogue [ˈtræv ə ˌlɑg]

traverse [trə 'vɚs]

travesty [ˈtræv ɪs ti]

tray [tre]

treacherous [ˈtrɛtʃ ɚ əs]

treachery [ˈtrɛtʃ ə ri]

tread [trɛd]

treadmill [ˈtrɛd ˌmɪl]

treason [ˈtri zn]

treasure [ˈtrɛʒ ɚ]

treasured [ˈtrɛʒ ɚd]

treasurer [ˈtrɛʒ ɚ ɚ]

treasury [ˈtrɛʒ ɚ i]

treat [trit]

treated ['trit ɪd]

treating ['trit ɪŋ]

treatise ['tri tɪs]

treatment ['trit mənt]

treats [trits]

treaty ['tri ti]

treble [trɛbl]

tree [tri]

treetop ['tri ˌtap]

trek [trɛk]

tremble ['trɛm bl]

tremendous [trɪ 'mɛn dəs]

tremendously [trɪ 'mɛn dəs li]

tremor ['trɛm ɚ]

trench [trɛntʃ]

trend [trɛnd]

trendy ['trɛn di]

trepidation [ˌtrɛp ɪ 'de ʃn]

trespass ['trɛs ˌpæs]

trespassed ['trɛs ˌpæst]

trespasser ['trɛs ˌpæs ɚ]

trespassing ['trɛs ˌpæs ɪŋ]

trestle [trɛsl]

trial [traɪl]

triangle ['traɪ ˌæŋ gl]

triangular [traɪ 'æŋ gjə lɚ]

tribe [traɪb]

tribulation [ˌtrɪb jə 'le ʃn]

tribunal [traɪ 'bjunl]

tributary ['trɪb jə ˌtɛɚ i]

tribute ['trɪb jut]

trick [trɪk]

tricked [trɪkt]

trickery ['trɪk ə ri]

trickle [trɪkl]

trickled [trɪkld]

tricks [trɪks]

tricky ['trɪk i]

tricycle ['traɪ sɪ kl]

tried [traɪd]

triennial [traɪ 'ɛn i əl]

trifle ['traɪ fl]

trifled ['traɪ fld]

trifling ['traɪf lɪŋ]

trifocals ['traɪ ˌfo klz]

trigger ['trɪg ɚ]

trigonometry [ˌtrɪ gə 'nam ɪ tri]

trill [trɪl]

trillion ['trɪl jən]

trilogy ['trɪl ə dʒi]

trim [trɪm]

trimester ['traɪ ˌmɛs tɚ]

trimmed [trɪmd]

trimmer ['trɪm ɚ]

trimmings ['trɪm ɪŋz]

trims [trɪmz]

trinket ['trɪŋ kɪt]

trio ['tri o]

trip [trɪp]

triple [trɪpl]

triplets ['trɪp lɪts]

triplicate ['trɪp lə kɪt]

tripod ['traɪ ˌpad]

tripped [trɪpt]

tripping ['trɪp ɪŋ]

trite [traɪt]

triumph ['traɪ əmf]

triumphant [traɪ 'əm fənt]

triumphantly [traɪ 'əm fənt li]

trivet ['trɪv ɪt]

trivia ['trɪv i ə]

trivial ['trɪv i əl]

trod [trad]

trodden [tradn]

trolley   ['tral i]

trombone   [tram 'bon]

troop   [trup]

trooper   ['tru pɚ]

trophy   ['tro fi]

tropic   ['trap ɪk]

tropical   ['trap ɪ kl]

trot   [trat]

trots   [trats]

trotted   ['trat ɪd]

trotting   ['trat ɪŋ]

trouble   [trəbl]

troubled   [trəbld]

troublemaker   ['trəbl ˌme kɚ]

troubleshooter   ['trəbl ˌʃu tɚ]

troublesome   ['trəbl səm]

trough   [trɔf]

trounce   [træʊns]

trounced   [træʊnst]

trouncing   ['træʊns ɪŋ]

troupe   [trup]

trousers   ['træʊ zɚz]

trout   [træʊt]

truant   ['tru ənt]

truce   [trus]

truck   [trək]

truck driver   ['trək ˌdraɪv ɚ]

trucker   ['trək ɚ]

trudge   [trədʒ]

trudged   [trədʒd]

trudging   ['trədʒ ɪŋ]

true   [tru]

truism   ['tru ˌɪzm]

truly   ['tru li]

trump   [trəmp]

trumped-up   ['trəmpt 'əp]

trumpet   ['trəm pɪt]

trunk   [trəŋk]

truss   [trəs]

trust   [trəst]

trust fund   ['trəst ˌfənd]

trusted   ['trəs tɪd]

trustee   [ˌtrə 'sti]

trusting   ['trəs tɪŋ]

trusts   [trəsts]

trustworthy   ['trəst ˌwɚ ði]

trusty   ['trəs ti]

truth   [truθ]

truthful   ['truθ fl]

truthfully   ['truθ fə li]

try   [traɪ]

trying   ['traɪ ɪŋ]

tryout   ['traɪ ˌæʊt]

tub   [təb]

tuba   ['tu bə]

tube   [tub]

tuberculosis   [tʊ ˌbɚ kjə 'lo sɪs]

tubing   ['tub ɪŋ]

tuck   [tək]

tucked   [təkt]

Tucson (AZ)   ['tu ˌsan]

Tuesday   ['tuz de]

tuft   [təft]

tug   [təg]

tug-of-war   ['təg əv 'wɔɚ]

tugboat   ['təg ˌbot]

tugged   [təgd]

tugging   ['təg ɪŋ]

tuition   [tu 'ɪʃn]

tulip   ['tu lɪp]

tumble   ['təm bl]

tumbled   ['təm bld]

tumbler   ['təm blɚ]

tumbling   ['təm blɪŋ]

tummy   ['təm i]

tumor   ['tu mɚ]

tumult   ['tu ˌməlt]

tumultuous   [tu 'məl tʃu əs]

tuna   ['tu nə]

tuna fish   ['tu nə ˌfɪʃ]

tune   [tun]

tune-up   ['tun ˌəp]

tuned   [tund]

tunes   [tunz]

tuning   ['tun ɪŋ]

tunnel   [tənl]

turban   ['tɚ bn]

turbine   ['tɚ bɪn]

turbojet   ['tɚ bo ˌdʒɛt]

turboprop   ['tɚ bo ˌprɑp]

turbulence   ['tɚ bjə ləns]

turbulent   ['tɚ bjə lənt]

turf   [tɚf]

Turk   [tɚk]

turkey   ['tɚ ki]

Turkish   ['tɚ kɪʃ]

turmoil   ['tɚ ˌmɔɪl]

turn   [tɚn]

turnabout   ['tɚn ə ˌbæʊt]

turnaround   ['tɚn ə ˌræʊnd]

turned   [tɚnd]

turning   ['tɚn ɪŋ]

turning point   ['tɚn ɪŋ ˌpɔɪnt]

turnip   ['tɚ nɪp]

turnout   ['tɚn ˌæʊt]

turnover   ['tɚn ˌo vɚ]

turnpike   ['tɚn ˌpɑɪk]

turns   [tɚnz]

turnstile   ['tɚn ˌstɑɪl]

turntable   ['tɚn ˌte bl]

turpentine   ['tɚ pən ˌtɑɪn]

turquoise   ['tɚ ˌkɔɪz]

turret   ['tɚ ɪt]

turtle   ['tɚ tl]

turtleneck   ['tɚ tl ˌnɛk]

tusk   [təsk]

tussle   [təsl]

tutelage   ['tut ə lɪdʒ]

tutor   ['tu tɚ]

tutorial   [tu 'tɔɚ i əl]

tuxedo   [tək 'si do]

twang   [twæŋ]

tweed   [twid]

tweezers   ['twi zɚz]

twelfth   [twɛlfθ]

twelve   [twɛlv]

twentieth   ['twɛn ti əθ]

twenty   ['twɛn ti]

twenty-one   ['twɛn ti 'wən]

twice   [twɑɪs]

twig   [twɪg]

twilight   ['twɑɪ ˌlɑɪt]

twin   [twɪn]

twine   [twɑɪn]

twinge   [twɪndʒ]

twinkle   ['twɪŋ kl]

twinkled   ['twɪŋ kld]

twinkling   ['twɪŋk lɪŋ]

twirl   [twɚl]

twirled   [twɚld]

twirling   ['twɚl ɪŋ]

twirls   [twɚlz]

twist   [twɪst]

twisted   ['twɪs tɪd]

twister   ['twɪs tɚ]

twisting   ['twɪs tɪŋ]

twists   [twɪsts]

twitch   [twɪtʃ]

twitter ['twɪt ɚ]

two [tu]

two-bit ['tu ˌbɪt]

two-door ['tu ˌdɔɚ]

two-faced ['tu ˌfest]

two-fisted ['tu 'fɪs tɪd]

two-fold ['tu ˌfold]

two-piece ['tu ˌpis]

two-seater ['tu 'sit ɚ]

two-timed ['tu ˌtaɪmd]

two-timing ['tu ˌtaɪm ɪŋ]

two-way ['tu 'we]

twosome ['tu sm]

tycoon [taɪ 'kun]

tying ['taɪ ɪŋ]

tyke [taɪk]

type [taɪp]

typecast ['taɪp ˌkæst]

typed [taɪpt]

typeface ['taɪp ˌfes]

types [taɪps]

typewriter ['taɪp ˌraɪ tɚ]

typewritten ['taɪp ˌrɪtn]

typhoid ['taɪ ˌfɔɪd]

typical ['tɪp ɪ kl]

typified ['tɪp ə ˌfaɪd]

typify ['tɪp ə ˌfaɪ]

typing ['taɪp ɪŋ]

typist ['taɪ pɪst]

typo ['taɪ po]

tyrannical [tɪ 'ræn ɪ kl]

tyrannize ['tɪɚ ə ˌnaɪz]

tyrannized ['tɪɚ ə ˌnaɪzd]

tyranny ['tɪɚ ə ni]

tyrant ['taɪ rənt]

U

U [ju]

U-turn ['ju ˌtɚn]

ubiquitous [ju 'bɪk wɪ təs]

udder ['əd ɚ]

uglier ['əg li ɚ]

ugliest ['əg li ɪst]

ugly ['əg li]

ulcer ['əl sɚ]

ulceration [ˌəl sə 're ʃn]

ulterior [əl 'tɪɚ i ɚ]

ulterior motive
  [əl 'tɪɚ i ɚ 'mo tɪv]

ultimate ['əl tə mɪt]

ultimately ['əl tə mɪt li]

ultimatum [ˌəl tə 'me təm]

ultra ['əl trə]

ultrasonic [ˌəl trə 'san ɪk]

ultrasound ['əl trə ˌsæʊnd]

ultraviolet [ˌəl trə 'vaɪ ə lɪt]

umbilical cord
  [əm 'bɪl ɪ kl ˌkɔɚd]

umbrage ['əm brɪdʒ]

umbrella [əm 'brɛl ə]

umpire ['əm ˌpaɪɚ]

umpired ['əm ˌpaɪɚd]

umpires ['əm ˌpaɪɚz]

umpiring ['əm paɪɚ ɪŋ]

un-American [ˌən ə 'mɛɚ ɪ kn]

unable [ən 'e bl]

unaccompanied
  [ˌən ə 'kəm pə nid]

unaccountable
  [ˌən ə 'kæʊn tə bl]

unaccountably
  [ˌə nə 'kæʊn tə bli]

unaccustomed [ˌən ə 'kəs təmd]

unafraid [ˌən ə 'fred]

unaided [ən 'ed ɪd]

unanimity [ˌju nə 'nɪm ɪ ti]

unanimous [ju 'næn ə məs]

unanimously [ju 'næn ə məs li]

unannounced [ˌən ə 'næʊnst]

unanswered [ˌən 'æn sɚd]

unarmed [ən 'aɚmd]

unashamed [ˌən ə 'ʃemd]

unassisted [ˌən ə 'sɪs tɪd]

unassuming [ˌən ə 'su mɪŋ]

unattached [ˌən ə 'tætʃt]

unattainable [ˌən ə 'ten ə bl]

unattended [ˌən ə 'tɛn dɪd]

unattractive   [ˌən ə 'træk tɪv]
unauthorized   [ˌən 'ɔ θɚ ˌɑɪzd]
unavailable   [ˌən ə 'vel ə bl]
unaware   [ˌən ə 'wɛɚ]
unbearable   [ˌən 'bɛɚ ə bl]
unbecoming   [ˌən bɪ 'kəm ɪŋ]
unbelievable   [ˌən bə 'liv ə bl]
unbend   [ˌən 'bɛnd]
unbending   [ˌən 'bɛn dɪŋ]
unbiased   [ˌən 'bɑɪ əst]
unborn   [ˌən 'bɔɚn]
unbreakable   [ˌən 'brek ə bl]
unbroken   [ˌən 'brokn]
unbutton   [ˌən 'bətn]
unbuttoned   [ˌən 'bətnd]
uncalled-for   [ˌən 'kɔld ˌfɔɚ]
uncanny   [ˌən 'kæn i]
unceasing   [ˌən 'sis ɪŋ]
uncensored   [ˌən 'sɛn sɚd]
uncertain   [ˌən 'sɚtn]
uncertainly   [ˌən 'sɚtn li]
uncertainty   [ˌən 'sɚtn ti]
unchanged   [ˌən 'tʃendʒd]
unchecked   [ˌən 'tʃɛkt]
uncivilized   [ˌən 'sɪv ɪ ˌlɑɪzd]
uncle   ['əŋ kl]
unclean   [ˌən 'klin]
uncomfortable   [ˌən 'kəmf tɚ bl]
uncommon   [ˌən 'kɑm ən]
uncompromising
    [ˌən 'kɑm prə ˌmɑɪ zɪŋ]
unconcerned   [ˌən kən 'sɚnd]
unconditional   [ˌən kən 'dɪʃ ə nl]
unconscious   [ˌən 'kɑn ʃəs]
unconsciously   [ˌən 'kɑn ʃəs li]
unconstitutional
    [ˌən ˌkɑn stɪ 'tu ʃə nl]

uncontrollable
    [ˌən kən 'trol ə bl]
unconventional
    [ˌən kən 'vɛn ʃə nl]
uncooked   [ˌən 'kʊkt]
uncork   [ˌən 'kɔɚk]
uncouth   [ˌən 'kuθ]
uncover   [ˌən 'kəv ɚ]
uncovered   [ˌən 'kəv ɚd]
uncut   [ˌən 'kət]
undamaged   [ˌən 'dæm ɪdʒd]
undaunted   [ˌən 'dɔn tɪd]
undecided   [ˌən dɪ 'sɑɪ dɪd]
undefeated   [ˌən dɪ 'fit ɪd]
undefended   [ˌən dɪ 'fɛn dɪd]
undeniable   [ˌən dɪ 'nɑɪ ə bl]
under   ['ən dɚ]
under-the-table
    ['ən dɚ ðə 'te bl]
underage   [ˌən dɚ 'edʒ]
underarm   ['ən dɚ ˌɑɚm]
underbrush   ['ən dɚ ˌbrəʃ]
undercharge   [ˌən dɚ 'tʃɑɚdʒ]
underclassman
    [ˌən dɚ 'klæs mən]
underclothes   ['ən dɚ ˌkloðz]
undercoat   ['ən dɚ ˌkot]
undercover   [ˌən dɚ 'kəv ɚ]
undercurrent   ['ən dɚ ˌkɚ ənt]
undercut   ['ən dɚ ˌkət]
underdeveloped
    [ˌən dɚ dɪ 'vɛl əpt]
underdog   ['ən dɚ ˌdɔg]
underdone   [ˌən dɚ 'dən]
underestimate
    [ˌən dɚ 'ɛs tə ˌmet]
underfed   [ˌən dɚ 'fɛd]

underfoot [ˌən dɚ 'fʊt]

undergarment
 [ˈən dɚ ˌgaɚ mənt]

undergo [ˌən dɚ 'go]

undergone [ˌən dɚ 'gɔn]

undergraduate
 [ˌən dɚ 'grædʒ u ɪt]

underground [ˈən dɚ ˌgræʊnd]

undergrowth [ˈən dɚ ˌgroθ]

underhanded [ˈən dɚ 'hæn dɪd]

underline [ˈən dɚ ˌlaɪn]

underlined [ˈən dɚ ˌlaɪnd]

underling [ˈən dɚ ˌlɪŋ]

underlying [ˈən dɚ ˌlaɪ ɪŋ]

undermine [ˈən dɚ ˌmaɪn]

underneath [ˌən dɚ 'niθ]

underpaid [ˌən dɚ 'ped]

underpants [ˈən dɚ ˌpænts]

underpass [ˈən dɚ ˌpæs]

underpinning [ˈən dɚ ˌpɪn ɪŋ]

underprivileged
 [ˌən dɚ 'prɪv lɪdʒd]

underrate [ˌən dɚ 'ret]

underrated [ˌən dɚ 'ret ɪd]

underscore [ˈən dɚ ˌskɔɚ]

underscored [ˈən dɚ ˌskɔɚd]

undersell [ˌən dɚ 'sɛl]

undershirt [ˈən dɚ ˌʃɚt]

undershorts [ˈən dɚ ˌʃɔɚts]

understand [ˌən dɚ 'stænd]

understandable
 [ˌən dɚ 'stænd ə bl]

understanding
 [ˌən dɚ 'stæn dɪŋ]

understatement
 [ˌən dɚ 'stet mənt]

understood [ˌən dɚ 'stʊd]

understudy [ˈən dɚ ˌstəd i]

undertake [ˌən dɚ 'tek]

undertaker [ˈən dɚ ˌte kɚ]

undertaking [ˈən dɚ ˌte kɪŋ]

undertook [ˌən dɚ 'tʊk]

undertow [ˈən dɚ ˌto]

underwater [ˈən dɚ ˌwɔ tɚ]

underwear [ˈən dɚ ˌwɛɚ]

underweight [ˈən dɚ 'wet]

underwent [ˈən dɚ ˌwɛnt]

underworld [ˈən dɚ ˌwɚld]

underwrite [ˌən dɚ 'raɪt]

underwriter [ˈən dɚ ˌraɪt ɚ]

undeserved [ˌən dɪ 'zɚvd]

undesirable [ˌən dɪ 'zaɪɚ ə bl]

undeveloped [ˌən dɪ 'vɛl əpt]

undisturbed [ˌən dɪs 'tɚbd]

undo [ˌən 'du]

undoing [ˌən 'du ɪŋ]

undone [ˌən 'dən]

undoubtedly [ˌən 'dæʊ tɪd li]

undress [ˌən 'drɛs]

undressed [ˌən 'drɛst]

undresses [ˌən 'drɛs ɪz]

undressing [ˌən 'drɛs ɪŋ]

undue [ˌən 'du]

undulate [ˈən djə ˌlet]

unduly [ˌən 'du li]

undying [ˌən 'daɪ ɪŋ]

unearned [ˌən 'ɚnd]

unearth [ˌən 'ɚθ]

unearthed [ˌən 'ɚθt]

unearthing [ˌən 'ɚθ ɪŋ]

unearthly [ˌən 'ɚθ li]

uneasiness [ˌən 'i zi nɪs]

uneasy [ˌən 'i zi]

uneducated [ˌən 'ɛdʒ ə ˌket ɪd]

unemotional [ˌən ə 'mo ʃə nl]

unemployed [ˌən ɛm 'plɔɪd]

unemployment
[ˌən ɛm 'plɔɪ mənt]

unending [ˌən 'ɛn dɪŋ]

unequal [ˌən 'i kwəl]

unerring [ˌən 'ɛr ɪŋ]

uneven [ˌən 'i vn]

uneventful [ˌən ɪ 'vɛnt fl]

unexpected [ˌən ɛk 'spɛk tɪd]

unexpectedly [ˌən ɛk 'spɛk tɪd li]

unexplained [ˌən ɛk 'splɛnd]

unexplored [ˌən ɛk 'splɔəd]

unfailing [ˌən 'fel ɪŋ]

unfair [ˌən 'fɛə]

unfaithful [ˌən 'feθ fl]

unfamiliar [ˌən fə 'mɪl jə]

unfashionable [ˌən 'fæʃ ɪ nə bl]

unfasten [ˌən 'fæsn]

unfavorable [ˌən 'fe və ə bl]

unfeeling [ˌən 'fil ɪŋ]

unfinished [ˌən 'fɪn ɪʃt]

unfit [ˌən 'fɪt]

unfold [ˌən 'fold]

unfolded [ˌən 'fol dɪd]

unfolding [ˌən 'fol dɪŋ]

unfolds [ˌən 'foldz]

unforeseen [ˌən fə 'sin]

unforgettable [ˌən fə 'gɛt ə bl]

unforgivable [ˌən fə 'gɪv ə bl]

unfortunate [ˌən 'fɔə tʃə nɪt]

unfortunately
[ˌən 'fɔə tʃə nɪt li]

unfounded [ˌən 'fæʊn dɪd]

unfriendly [ˌən 'frɛnd li]

ungodly [ˌən 'gad li]

ungrateful [ˌən 'gret fl]

unguarded [ˌən 'gaə dɪd]

unhappily [ˌən 'hæp ə li]

unhappiness [ˌən 'hæp i nɪs]

unhappy [ˌən 'hæp i]

unharmed [ˌən 'haəmd]

unhealthy [ˌən 'hɛl θi]

unheard-of [ˌən 'həd ˌəv]

unhurt [ˌən 'hət]

unidentified
[ˌən aɪ 'dɛnt ə ˌfaɪd]

unified ['ju nɪ ˌfaɪd]

uniform ['ju nə ˌfɔəm]

uniformity [ˌju nə 'fɔə mɪ ti]

uniformly ['ju nə ˌfɔəm li]

unify ['ju nə ˌfaɪ]

unilateral [ˌju nə 'læt ə əl]

unimaginative
[ˌən ɪ 'mædʒ ɪ ˌnə tɪv]

unimportant [ˌən ɪm 'pɔət ənt]

uninformed [ˌən ɪn 'fɔəmd]

uninhabited [ˌən ɪn 'hæb ɪt ɪd]

uninjured [ˌən 'ɪn dʒəd]

uninsured [ˌən ɪn 'ʃʊəd]

unintelligible
[ˌən ɪn 'tɛl ɪ dʒɪ bl]

uninterested [ˌən 'ɪn trɪs tɪd]

uninterrupted
[ˌən ɪn tə 'rəp tɪd]

union ['jun jən]

unionize ['jun jə ˌnaɪz]

unique [ju 'nik]

unison ['ju nɪ sn]

unit ['ju nɪt]

Unitarian [ˌju nɪ 'tɛə i ən]

unite [ju 'naɪt]

united [ju 'naɪ tɪd]

United Nations
[ju 'naɪ tɪd 'ne ʃnz]
United States [ju 'naɪt ɪd 'stets]
uniting [ju 'naɪt ɪŋ]
unity ['ju nɪ ti]
universal [ˌju nə 'və sl]
universally [ˌju nə 'və sə li]
universe ['ju nə ˌvəs]
university [ˌju nə 'və sɪ ti]
unjust [ˌən 'dʒəst]
unjustly [ˌən 'dʒəst li]
unkempt [ˌən 'kɛmt]
unkept [ˌən 'kɛpt]
unkind [ˌən 'kaɪnd]
unknowing [ˌən 'no ɪŋ]
unknown [ˌən 'non]
unlace [ˌən 'les]
unlawful [ˌən 'lɔ fl]
unleash [ˌən 'liʃ]
unleashed [ˌən 'liʃt]
unless [ˌən 'lɛs]
unlettered [ˌən 'lɛt əd]
unlike [ˌən 'laɪk]
unlikely [ˌən 'laɪk li]
unlimited [ˌən 'lɪm ɪ tɪd]
unlisted [ˌən 'lɪs tɪd]
unlisted number
[ˌən 'lɪs tɪd 'nəm bə]
unload [ˌən 'lod]
unloaded [ˌən 'lod ɪd]
unlock [ˌən 'lak]
unlocked [ˌən 'lakt]
unlucky [ˌən 'lək i]
unmarried [ˌən 'mæə id]
unmask [ˌən 'mæsk]
unmentionable
[ˌən 'mɛn ʃə nə bl]

unmistakable [ˌən mɪ 'ste kə bl]
unmoved [ˌən 'muvd]
unnamed [ˌən 'nemd]
unnatural [ˌən 'nætʃ ə əl]
unnecessary [ˌən 'nɛs ɪ ˌsɛə i]
unnoticed [ˌən 'no tɪst]
unobserved [ˌən əb 'zəvd]
unobtainable [ˌən əb 'ten ə bl]
unobtrusive [ˌən əb 'tru sɪv]
unoccupied [ˌən 'ak jə ˌpaɪd]
unofficial [ˌən ə 'fɪʃl]
unopened [ˌən 'o pənd]
unorganized [ˌən 'ɔə gə ˌnaɪzd]
unpack [ˌən 'pæk]
unpacked [ˌən 'pækt]
unpacking [ˌən 'pæk ɪŋ]
unparalleled [ˌən 'pæə ə ˌlɛld]
unpaved [ˌən 'pevd]
unpleasant [ˌən 'plɛz ənt]
unplug [ˌən 'pləg]
unplugged [ˌən 'pləgd]
unpopular [ˌən 'pap jə lə]
unprecedented
[ˌən 'prɛs ɪ ˌdɛn tɪd]
unpredictable [ˌən prɪ 'dɪk tə bl]
unprepared [ˌən prɪ 'pɛəd]
unprofessional [ˌən prə 'fɛʃ ə nl]
unprofitable [ˌən 'praf ɪ tə bl]
unprotected [ˌən prə 'tɛk tɪd]
unpublished [ˌən 'pəb lɪʃt]
unpunished [ˌən 'pən ɪʃt]
unqualified [ˌən 'kwal ə ˌfaɪd]
unquestionably
[ˌən 'kwɛs tʃə nə bli]
unravel [ˌən 'rævl]
unraveled [ˌən 'rævld]
unrealistic [ˌən ri ə 'lɪs tɪk]

unreasonable [ˌən 'ri zə nə bl]

unrelated [ˌən rɪ 'let ɪd]

unreliable [ˌən rɪ 'laɪ ə bl]

unrest [ˌən 'rɛst]

unroll [ˌən 'rol]

unsafe [ˌən 'sef]

unsaid [ˌən 'sɛd]

unsatisfactory
  [ˌən ˌsæt ɪs 'fæk tə i]

unscientific [ˌən ˌsaɪ ən 'tɪf ɪk]

unscrew [ˌən 'skru]

unseasonable [ˌən 'si zə nə bl]

unseen [ˌən 'sin]

unselfish [ˌən 'sɛl fɪʃ]

unsettled [ˌən 'sɛtld]

unshaken [ˌən 'ʃe kn]

unshaven [ˌən 'ʃevn]

unsightly [ˌən 'saɪt li]

unskilled [ˌən 'skɪld]

unsold [ˌən 'sold]

unsolicited [ˌən sə 'lɪs ɪt ɪd]

unspeakable [ˌən 'spi kə bl]

unstable [ˌən 'ste bl]

unsteady [ˌən 'stɛd i]

unstructured [ˌən 'strək tʃəd]

unstuck [ˌən 'stək]

unsuccessful [ˌən sək 'sɛs fl]

unsuitable [ˌən 'su tə bl]

unsure [ˌən 'ʃʊə]

unsuspected [ˌən səs 'pɛk tɪd]

unsympathetic
  [ˌən sɪm pə 'θɛt ɪk]

untangle [ˌən 'tæŋ gl]

untapped [ˌən 'tæpt]

unthankful [ˌən 'θæŋk fl]

unthinkable [ˌən 'θɪŋ kə bl]

untidy [ˌən 'taɪ di]

untie [ˌən 'taɪ]

untied [ˌən 'taɪd]

until [ˌən 'tɪl]

untimely [ˌən 'taɪm li]

unto ['ən tu]

untold [ˌən 'told]

untouchable [ˌən 'tətʃ ə bl]

untouched [ˌən 'tətʃt]

untrained [ˌən 'trend]

untranslatable
  [ˌən ˌtræns 'let ə bl]

untrue [ˌən 'tru]

untruth [ˌən 'truθ]

unused [ˌən 'juzd]

unusual [ˌən 'ju ʒu əl]

unusually [ˌən 'ju ʒu ə li]

unveil [ˌən 'vel]

unveiled [ˌən 'veld]

unwanted [ˌən 'wən tɪd]

unwarranted [ˌən 'waə ən tɪd]

unwavering [ˌən 'we və ɪŋ]

unwed [ˌən 'wɛd]

unwelcome [ˌən 'wɛl kəm]

unwell [ˌən 'wɛl]

unwholesome [ˌən 'hol səm]

unwieldy [ˌən 'wil di]

unwilling [ˌən 'wɪl ɪŋ]

unwind [ˌən 'waɪnd]

unwise [ˌən 'waɪz]

unworthy [ˌən 'wə ði]

unwrap [ˌən 'ræp]

unwrapped [ˌən 'ræpt]

unwritten [ˌən 'rɪtn]

unzip [ˌən 'zɪp]

unzipped [ˌən 'zɪpt]

up [əp]

up-and-coming ['əp ən 'kəm ɪŋ]

up-to-date   ['əp tə 'det]

upbeat   ['əp ˌbit]

upbringing   ['əp ˌbrɪŋ ɪŋ]

upcoming   ['əp ˌkəm ɪŋ]

update   ['əp ˌdet]

updated   [əp 'det ɪd]

upend   ['əp 'ɛnd]

upheaval   [ˌəp 'hi vl]

upheld   [əp 'hɛld]

uphill   ['əp 'hɪl]

uphold   [ˌəp 'hold]

upholster   [ə 'pol stɚ]

upholsterer   [ə 'pol stɚ ɚ]

upholstery   [ə 'pol stɚ i]

upkeep   ['əp ˌkip]

uplift   n.   ['əp ˌlɪft]   v.   [əp 'lɪft]

uplifted   [əp 'lɪf tɪd]

upon   [ə 'pɑn]

upper   ['əp ɚ]

upperclassman   [ˌəp ɚ 'klæs mən]

uppermost   ['əp ɚ ˌmost]

upright   ['əp ˌrɑɪt]

uprising   ['əp ˌrɑɪ zɪŋ]

uproar   ['əp ˌrɔɚ]

uproarious   [ˌəp 'rɔɚ i əs]

uproot   [əp 'rut]

upset   [əp 'sɛt]

upshot   ['əp ˌʃɑt]

upside down   ['əp ˌsɑɪd 'dæʊn]

upstairs   ['əp 'stɛɚz]

upstanding   [ˌəp 'stæn dɪŋ]

upstart   ['əp ˌstɑɚt]

upstate   ['əp 'stet]

upstream   ['əp 'strim]

upswing   ['əp ˌswɪŋ]

uptight   ['əp 'tɑɪt]

uptown   n.   ['əp ˌtæʊn]   adv., adj.   ['əp 'tæʊn]

upturn   n.   ['əp ˌtɚn]   v.   [əp 'tɚn]

upward   ['əp wɚd]

upwards   ['əp wɚdz]

uranium   [jʊ 're ni əm]

urban   ['ɚ bn]

urban renewal   ['ɚ bn ri 'nu əl]

urbane   [ɚ 'ben]

urbanize   ['ɚ bə ˌnɑɪz]

urchin   ['ɚ tʃɪn]

urge   [ɚdʒ]

urged   [ɚdʒd]

urgency   ['ɚ dʒən si]

urgent   ['ɚ dʒənt]

urgently   ['ɚ dʒənt li]

urging   ['ɚdʒ ɪŋ]

urinal   ['jʊɚ ə nl]

urinary   ['jʊɚ ə ˌnɛɚ i]

urinate   ['jʊɚ ə ˌnet]

urinated   ['jʊɚ ə ˌnet ɪd]

urinating   ['jʊɚ ə ˌnet ɪŋ]

urine   ['jʊɚ ɪn]

urn   [ɚn]

urologist   [jʊɚ 'al ə dʒɪst]

urology   [jʊɚ 'al ə dʒi]

us   [əs]

usage   ['ju sɪdʒ]

use   n.   [jus]   v.   [juz]

used   [juzd]

useful   ['jus fl]

usefulness   ['jus fl nɪs]

useless   ['jus lɪs]

user   ['juz ɚ]

user-friendly   ['ju zɚ 'frɛnd li]

using   ['juz ɪŋ]

usual [ˈju ʒu əl]

usually [ˈju ʒu ə li]

usurp [ju ˈsɚp]

Utah [ˈju ˌtɔ]

utensil [ju ˈtɛn sl]

uterus [ˈju tɚ əs]

utilitarian [ju ˌtɪl ɪ ˈtɛɚ i ən]

utility [ju ˈtɪl ɪ ti]

utility room [ju ˈtɪl ɪ ti ˌrum]

utilize [ˈju tə ˌlɑɪz]

utmost [ˈət ˌmost]

Utopia [ju ˈto pi ə]

utter [ˈət ɚ]

utterance [ˈət ɚ əns]

uttered [ˈət ɚd]

utterly [ˈət ɚ li]

V

V [vi]

v-neck ['vi ˌnɛk]

vacancy ['ve kən si]

vacant ['ve kənt]

vacate ['ve ˌket]

vacated ['ve ˌket ɪd]

vacating ['ve ˌket ɪŋ]

vacation [ve 'ke ʃn]

vacationed [ve 'ke ʃnd]

vacationing [ve 'ke ʃə nɪŋ]

vaccinate ['væk sə ˌnet]

vaccinated ['væk sə ˌnet ɪd]

vaccination [ˌvæk sə 'ne ʃn]

vaccine [væk 'sin]

vacillate ['væs ə ˌlet]

vacuum ['væk jum]

vacuum-packed ['væk jum ˌpækt]

vagabond ['væg ə ˌbɑnd]

vagina [və 'dʒɑɪ nə]

vagrant ['ve grənt]

vague [veg]

vaguely ['veg li]

vain [ven]

vainly ['ven li]

valedictorian [ˌvæl ə ˌdɪk 'tɔɚ i ən]

valentine ['væl ən ˌtɑɪn]

valet [væ 'le]

valiant ['væl jənt]

valiantly ['væl jənt li]

valid ['væl ɪd]

validate ['væl ɪ ˌdet]

validated ['væl ɪ ˌdet ɪd]

validity [və 'lɪd ɪ ti]

valise [və 'lis]

valley ['væl i]

valor ['væl ɚ]

valuable ['væl jə bl]

valuation [ˌvæl ju 'e ʃn]

value ['væl ju]

valued ['væl jud]

valve [vælv]

van [væn]

vandal ['væn dl]

vandalism ['væn dl ˌɪzm]

vandalize ['væn dl ˌɑɪz]

vandalized ['væn dl ˌɑɪzd]

vandalizing ['væn dl ˌɑɪz ɪŋ]

vanguard ['væn ˌgɑɚd]

vanilla [vəˈnɪl ə]

vanish [ˈvæn ɪʃ]

vanished [ˈvæn ɪʃt]

vanishing [ˈvæn ɪʃ ɪŋ]

vanity [ˈvæn ɪ ti]

vanquish [ˈvæŋ kwɪʃ]

vanquished [ˈvæŋ kwɪʃt]

vantage [ˈvæn tɪdʒ]

vapor [ˈve pɚ]

vaporize [ˈve pə ˌraɪz]

vaporized [ˈve pə raɪzd]

vaporizer [ˈve pə ˌraɪz ɚ]

variability [ˌvɛɚ i ə ˈbɪl ɪ ti]

variable [ˈvɛɚ i ə bl]

variance [ˈvɛɚ i əns]

variation [ˌvɛɚ i ˈe ʃn]

varicose veins [ˈvɛɚ ɪ ˌkos ˈvenz]

varied [ˈvɛɚ id]

variety [və ˈraɪ ɪ ti]

various [ˈvɛɚ i əs]

varnish [ˈvaɚ nɪʃ]

varnished [ˈvaɚ nɪʃt]

varsity [ˈvaɚ sɪ ti]

vary [ˈvɛɚ i]

vascular [ˈvæs kjə lɚ]

vase [ves]

vasectomy [væ ˈsɛk tə mi]

Vaseline [ˈvæs ə ˌlin]

vast [væst]

vastly [ˈvæst li]

vat [væt]

vaudeville [ˈvɔd vɪl]

vault [vɔlt]

vaulting [ˈvɔl tɪŋ]

veal [vil]

veer [vɪɚ]

veered [vɪɚd]

veering [ˈvɪɚ ɪŋ]

vegetable [ˈvɛdʒ tə bl]

vegetarian [ˌvɛdʒ ɪ ˈtɛɚ i ən]

vegetate [ˈvɛdʒ ɪ ˌtet]

vegetation [ˌvɛdʒ ɪ ˈte ʃn]

vehemence [ˈvi ə məns]

vehemently [ˈvi ə mənt li]

vehicle [ˈvi ˌhɪ kl]

vehicular [ˌvi ˈhɪk jə lɚ]

veil [vel]

veiled [veld]

vein [ven]

velocity [və ˈlas ɪ ti]

velour [və ˈlʊɚ]

velvet [ˈvɛl vɪt]

vendetta [vɛn ˈdɛt ə]

vending machine
[ˈvɛn dɪŋ mə ˌʃin]

vendor [ˈvɛn dɚ]

veneer [və ˈnɪɚ]

venerable [ˈvɛn ɚ ə bl]

venerate [ˈvɛn ɚ ˌet]

venerated [ˈvɛn ɚ ˌe tɪd]

venereal [və ˈnɪɚ i əl]

venereal disease
[və ˈnɪɚ i əl dɪ ˈziz]

venetian blinds
[və ˈni ʃn ˈblaɪndz]

vengeance [ˈvɛn dʒəns]

vengeful [ˈvɛndʒ fl]

venial [ˈvi ni əl]

venison [ˈvɛn ɪ sn]

venom [ˈvɛn əm]

venomous [ˈvɛn ə məs]

venous [ˈvi nəs]

vent [vɛnt]

vented [ˈvɛn tɪd]

ventilate ['vɛn tɪ ˌlet]

ventilated ['vɛn tɪ ˌlet ɪd]

ventilates ['vɛn tɪ ˌlets]

ventilating ['vɛn tɪ ˌlet ɪŋ]

ventilation [ˌvɛn tɪ 'le ʃn]

ventilator ['vɛn tɪ ˌle tɚ]

venting ['vɛn tɪŋ]

ventriloquism
  [vɛn 'trɪl ə ˌkwɪ zm]

ventriloquist [vɛn 'trɪl ə kwɪst]

vents [vɛnts]

venture ['vɛn tʃɚ]

ventured ['vɛn tʃɚd]

ventures ['vɛn tʃɚz]

venturesome ['vɛn tʃɚ səm]

venturing ['vɛn tʃɚ ɪŋ]

venue ['vɛn ju]

veracity [və 'ræs ɪ ti]

verb [vɚb]

verbal ['vɚ bl]

verbalize ['vɚ bə ˌlaɪz]

verbalized ['vɚ bə ˌlaɪzd]

verbalizing ['vɚ bə ˌlaɪz ɪŋ]

verbatim [vɚ 'be tm]

verbose [vɚ 'bos]

verdant ['vɚ dənt]

verdict ['vɚ dɪkt]

verge [vɚdʒ]

verifiable ['vɛɚ ɪ ˌfɑɪ ə bl]

verification [ˌvɛɚ ɪ fɪ 'ke ʃn]

verified ['vɛɚ ɪ ˌfaɪd]

verifies ['vɛɚ ɪ ˌfaɪz]

verify ['vɛɚ ɪ ˌfaɪ]

vermilion [vɚ 'mɪl jən]

vermin ['vɚ mɪn]

Vermont [vɚ 'mɑnt]

vermouth [vɚ 'muθ]

vernacular [vɚ 'næk jə lɚ]

versatile ['vɚ sə tl]

verse [vɚs]

versed [vɚst]

version ['vɚ ʒn]

versus ['vɚ səs]

vertebra ['vɚ tə brə]

vertebrate ['vɚ tə ˌbret]

vertical ['vɚ tɪ kl]

vertigo ['vɚ tə ˌgo]

very ['vɛɚ i]

vessel [vɛsl]

vest [vɛst]

vested ['vɛs tɪd]

vestibule ['vɛs tə ˌbjul]

vestige ['vɛs tɪdʒ]

vet [vɛt]

veteran ['vɛt rən]

veterinarian [ˌvɛ tɚ ə 'nɛɚ i ən]

veterinary ['vɛ tɚ ə ˌnɛɚ i]

veto ['vi to]

vetoed ['vi tod]

vex [vɛks]

vexation [vɛk 'se ʃn]

via ['vi ə]

viable ['vaɪ ə bl]

viaduct ['vaɪ ə ˌdəkt]

vial [vaɪl]

vibrant ['vaɪ brənt]

vibrate ['vaɪ ˌbret]

vibrated ['vaɪ ˌbret ɪd]

vibrates ['vaɪ ˌbrets]

vibrating ['vaɪ ˌbret ɪŋ]

vibration [vaɪ 'bre ʃn]

vibrator ['vaɪ ˌbre tɚ]

vicar ['vɪ kɚ]

vicarious [ˌvaɪ 'kɛɚ i əs]

vice   [vaɪs]

vice president
   [ˈvaɪs ˈprɛz ɪ dənt]

vice versa   [ˈvaɪs ˈvɚ sə]

vicinity   [vɪ ˈsɪn ɪ ti]

vicious   [ˈvɪʃ əs]

viciously   [ˈvɪʃ əs li]

viciousness   [ˈvɪʃ əs nɪs]

vicissitudes   [vɪ ˈsɪs ɪ ˌtudz]

victim   [ˈvɪk tm]

victimize   [ˈvɪk tə ˌmaɪz]

victimized   [ˈvɪk tə ˌmaɪzd]

victor   [ˈvɪk tɚ]

Victorian   [vɪk ˈtɔɚ i ən]

victorious   [vɪk ˈtɔɚ i əs]

victory   [ˈvɪk tə ri]

video   [ˈvɪd i ˌo]

videocassette   [ˈvɪd i ˌo kə ˈsɛt]

videotape   [ˈvɪd i ˌo ˌtep]

vie   [vaɪ]

view   [vju]

viewed   [vjud]

viewer   [ˈvju ɚ]

viewfinder   [ˈvju ˌfaɪn dɚ]

viewing   [ˈvju ɪŋ]

viewpoint   [ˈvju ˌpɔɪnt]

vigil   [ˈvɪdʒ əl]

vigilance   [ˈvɪdʒ ə ləns]

vigilant   [ˈvɪdʒ ə lənt]

vigilante   [ˌvɪdʒ ə ˈlæn ti]

vignette   [vɪn ˈjɛt]

vigor   [ˈvɪg ɚ]

vigorous   [ˈvɪg ɚ əs]

vile   [vaɪl]

vilified   [ˈvɪl ə ˌfaɪd]

vilify   [ˈvɪl ə ˌfaɪ]

vilifying   [ˈvɪl ə ˌfaɪ ɪŋ]

villa   [ˈvɪl ə]

village   [ˈvɪl ɪdʒ]

villain   [ˈvɪl ən]

vim   [vɪm]

vindicate   [ˈvɪn də ˌket]

vindicated   [ˈvɪn də ˌket ɪd]

vindicates   [ˈvɪn də ˌkets]

vindicating   [ˈvɪn də ˌket ɪŋ]

vindication   [ˌvɪn də ˈke ʃn]

vindictive   [vɪn ˈdɪk tɪv]

vine   [vaɪn]

vinegar   [ˈvɪn ɪ gɚ]

vineyard   [ˈvɪn jɚd]

vintage   [ˈvɪn tɪdʒ]

vinyl   [vaɪnl]

viola   [vi ˈo lə]

violate   [ˈvaɪ ə ˌlet]

violated   [ˈvaɪ ə ˌlet ɪd]

violates   [ˈvaɪ ə ˌlets]

violating   [ˈvaɪ ə ˌlet ɪŋ]

violation   [ˌvaɪ ə ˈle ʃn]

violence   [ˈvaɪ ə ləns]

violent   [ˈvaɪ ə lənt]

violently   [ˈvaɪ ə lənt li]

violet   [ˈvaɪ ə lɪt]

violin   [ˌvaɪ ə ˈlɪn]

violinist   [ˌvaɪ ə ˈlɪn ɪst]

violist   [vi ˈo lɪst]

viper   [ˈvaɪ pɚ]

viral   [ˈvaɪ rəl]

virgin   [ˈvɚ dʒn]

Virginia   [vɚ ˈdʒɪn jə]

virginity   [vɚ ˈdʒɪn ɪ ti]

virile   [ˈvɪɚ əl]

virologist   [vaɪ ˈral ə dʒɪst]

virology   [vaɪ ˈral ə dʒi]

virtually   [ˈvɚ tʃu ə li]

virtue   ['vɝ tʃu]

virtuous   ['vɝ tʃu əs]

virulent   ['vɪɝ jə lənt]

virus   ['vaɪ rəs]

vis-à-vis   ['vi zə 'vi]

visa   ['vi zə]

visage   ['vɪz ɪdʒ]

viscera   ['vɪs ɝ ə]

visceral   ['vɪs ɝ əl]

viscous   ['vɪs kəs]

vise   [vaɪs]

visibility   [ˌvɪz ə 'bɪl ɪ ti]

visible   ['vɪz ə bl]

vision   [vɪʒn]

visionary   ['vɪʒ ə ˌnɛɝ i]

visit   ['vɪz ɪt]

visitation   [ˌvɪz ɪ 'te ʃn]

visited   ['vɪz ɪt ɪd]

visiting   ['vɪz ɪ tɪŋ]

visiting hours   ['vɪz ɪt ɪŋ ˌæʊ ɝz]

visitor   ['vɪz ɪt ɝ]

visits   ['vɪz ɪts]

vista   ['vɪs tə]

visual   ['vɪʒ u əl]

visual aid   ['vɪʒ u əl 'ed]

visualization   [ˌvɪʒ u əl ɪ 'ze ʃn]

visualize   ['vɪʒ u ə ˌlaɪz]

visualized   ['vɪʒ u ə ˌlaɪzd]

visualizing   ['vɪʒ u ə ˌlaɪ zɪŋ]

vita   ['vi tə]

vital   [vaɪtl]

vitality   [vaɪ 'tæl ɪ ti]

vitalize   ['vaɪt ə ˌlaɪz]

vitally   ['vaɪt ə li]

vitamin   ['vaɪ tə mɪn]

vivacious   [vaɪ 've ʃəs]

vivid   ['vɪv ɪd]

vividly   ['vɪv ɪd li]

vocabulary   [vo 'kæb jə ˌlɛɝ i]

vocal   ['vo kl]

vocal folds   ['vo kl ˌfoldz]

vocalist   ['vo kə lɪst]

vocalize   ['vo kə ˌlaɪz]

vocalized   ['vo kə ˌlaɪzd]

vocalizing   ['vo kə ˌlaɪz ɪŋ]

vocally   ['vo kə li]

vocation   [vo 'ke ʃn]

vocational   [vo 'ke ʃə nl]

vociferous   [vo 'sɪf ɝ əs]

vociferously   [vo 'sɪf ɝ əs li]

vodka   ['vad kə]

vogue   [vog]

voice   [vɔɪs]

voiced   [vɔɪst]

voiceless   ['vɔɪs lɪs]

voices   ['vɔɪs ɪz]

voicing   ['vɔɪs ɪŋ]

void   [vɔɪd]

volatile   ['val ə tl]

volcanic   [val 'kæn ɪk]

volcano   [val 'ke no]

volition   [vo 'lɪʃn]

volley   ['val i]

volleyball   ['val i ˌbɔl]

volt   [volt]

voltage   ['vol tɪdʒ]

volume   ['val jəm]

voluminous   [və 'lu mə nəs]

voluntarily   [ˌval ən 'tɛɝ ɪ li]

voluntary   ['val ən ˌtɛɝ i]

volunteer   [ˌval ən 'tɪɝ]

voluptuous   [və 'ləp tʃu əs]

vomit   ['vam ɪt]

vomited   ['vam ɪt ɪd]

vomiting ['vɑm ɪt ɪŋ]

vomits ['vɑm ɪts]

voodoo ['vu ˌdu]

voracious [və 're ʃəs]

vortex ['vɔɚ ˌtɛks]

vote [vot]

voted ['vot ɪd]

voter ['vot ɚ]

voting ['vot ɪŋ]

vouch [væʊtʃ]

voucher ['væʊ tʃɚ]

vow [væʊ]

vowed [væʊd]

vowel ['væʊ əl]

vowels ['væʊ əlz]

voyage ['vɔɪ ədʒ]

voyeur [vɔɪ 'jɚ]

vulgar ['vəl gɚ]

vulgarity [vəl 'gæɚ ɪ ti]

vulnerable ['vəl nɚ ə bl]

vulture ['vəl tʃɚ]

W

W ['də bl ‚ju]

wad [wɑd]

waddle [wɑdl]

waddled [wɑdld]

wade [wed]

waded ['wed ɪd]

wades [wedz]

wading ['wed ɪŋ]

wafer ['we fɚ]

waffle [wɑfl]

wag [wæg]

wage [wedʒ]

waged [wedʒd]

wager ['we dʒɚ]

wagered ['we dʒɚd]

wagged [wægd]

wagging ['wæg ɪŋ]

waggle [wægl]

waging ['wedʒ ɪŋ]

wagon [wægn]

wags [wægz]

waif [wef]

wail [wel]

waist [west]

waistline ['west ‚lɑɪn]

wait [wet]

waited ['wet ɪd]

waiter ['we tɚ]

waiting ['wet ɪŋ]

waiting list ['wet ɪŋ ‚lɪst]

waiting room ['wet ɪŋ ‚rum]

waitress ['we trɪs]

waits [wets]

waive [wev]

waived [wevd]

waiver ['we vɚ]

waiving ['wev ɪŋ]

wake [wek]

waked [wekt]

waken [wekn]

wakes [weks]

waking ['wek ɪŋ]

walk [wɔk]

walked [wɔkt]

walker ['wɔk ɚ]

walkie-talkie ['wɔ ki 'tɔ ki]

walking ['wɔk ɪŋ]

walkout ['wɔk ‚ɑʊt]

walkover ['wɔk ‚o vɚ]

walks [wɔks]

walk-up   ['wɔk ˌəp]

walkway   ['wɔk ˌwe]

wall   [wɔl]

Wall Street   ['wɔl ˌstrit]

wallboard   ['wɔl ˌbɔə-d]

walled   [wɔld]

wallet   ['wal ɪt]

wallow   ['wal o]

wallpaper   ['wɔl ˌpe pə-]

walnut   ['wɔl ˌnət]

walrus   ['wal rəs]

waltz   [wɔlts]

wand   [wand]

wander   ['wan də-]

wandered   ['wan də-d]

wanderer   ['wan də- ə-]

wanderlust   ['wan də- ˌləst]

wanders   ['wan də-z]

wane   [wen]

want   [want]

want ad   ['want ˌæd]

wanted   ['wan tɪd]

wanting   ['wan tɪŋ]

wanton   [wantn]

wants   [wants]

war   [wɔə-]

ward   [wɔə-d]

warden   ['wɔə- dn]

wardrobe   ['wɔə-d ˌrob]

warehouse   ['wɛə- ˌhæʊs]

warehoused   ['wɛə- ˌhæʊzd]

warehousing   ['wɛə- ˌhæʊz ɪŋ]

wares   [wɛə-z]

warfare   ['wɔə- ˌfɛə-]

warhead   ['wɔə- ˌhɛd]

warlike   ['wɔə- ˌlaɪk]

warm   [wɔə-m]

warm-blooded   ['wɔə-m 'bləd ɪd]

warm over   ['wɔə-m 'o və-]

warmhearted   ['wɔə-m 'haə- tɪd]

warmly   ['wɔə-m li]

warmonger   ['wɔə- ˌmaŋ gə-]

warmth   [wɔə-mθ]

warn   [wɔə-n]

warned   [wɔə-nd]

warning   ['wɔə- nɪŋ]

warp   [wɔə-p]

warpath   ['wɔə- ˌpæθ]

warrant   ['waə- ənt]

warranty   ['waə- ən ti]

warrior   ['wɔə- i ə-]

warship   ['wɔə- ˌʃɪp]

wart   [wɔə-t]

wartime   ['wɔə- ˌtaɪm]

wary   ['wɛə- i]

was   [wəz]

wash   [waʃ]

wash-and-wear   ['waʃ ən 'wɛə-]

washup   ['waʃ ˌəp]

washable   ['waʃ ə bl]

washbowl   ['waʃ ˌbol]

washcloth   ['waʃ ˌklɔθ]

washdown   ['waʃ ˌdæʊn]

washed   [waʃt]

washer   ['waʃ ə-]

washes   ['waʃ ɪz]

washing   ['waʃ ɪŋ]

Washington   ['wa ʃɪŋ tn]

washout   ['waʃ ˌæʊt]

washroom   ['waʃ ˌrum]

wasn't   ['wəz nt]

wasp   [wasp]

waste   [west]

wastebasket   ['west ˌbæs kɪt]

wasted ['west ɪd]

wasteful ['west fl]

wasteland ['west ˌlænd]

wastepaper ['west ˌpe pɚ]

wasting ['west ɪŋ]

wastrel ['we strəl]

watch [watʃ]

watchband ['watʃ ˌbænd]

watchdog ['watʃ ˌdɔg]

watched [watʃt]

watcher ['watʃ ɚ]

watches ['watʃ ɪz]

watchful ['watʃ fl]

watching ['watʃ ɪŋ]

watchmaker ['watʃ ˌme kɚ]

watchman ['watʃ mən]

watchtower ['watʃ ˌtæʊ ɚ]

watchword ['watʃ ˌwɚd]

water ['wɔ tɚ]

water chestnut
   ['wɔ tɚ ˌtʃɛst nət]

water-cooled ['wɔ tɚ ˌkuld]

water glass ['wɔ tɚ ˌglæs]

water-ski ['wɔ tɚ ˌski]

water-skiing ['wɔ tɚ ˌski ɪŋ]

watercolor ['wɔ tɚ ˌkəl ɚ]

watered ['wɔ tɚd]

waterfall ['wɔ tɚ ˌfɔl]

waterfowl ['wɔ tɚ ˌfæʊl]

waterfront ['wɔ tɚ ˌfrənt]

watering ['wɔ tɚ ɪŋ]

waterline ['wɔ tɚ ˌlaɪn]

waterlogged ['wɔ tɚ ˌlagd]

watermark ['wɔ tɚ ˌmaɚk]

watermelon ['wɔ tɚ ˌmɛl ən]

waterproof ['wɔ tɚ ˌpruf]

waters ['wɔ tɚz]

watertight ['wɔ tɚ ˌtaɪt]

waterway ['wɔ tɚ ˌwe]

waterworks ['wɔ tɚ ˌwɚks]

watery ['wɔ tɚ i]

wave [wev]

waved [wevd]

waver ['wev ɚ]

waving ['wev ɪŋ]

wavy ['wev i]

wax [wæks]

waxed [wækst]

waxed paper ['wækst 'pe pɚ]

waxes ['wæk sɪz]

waxing ['wæk sɪŋ]

waxy ['wæk si]

way [we]

way-out ['we 'æʊt]

waylay ['we ˌle]

ways [wez]

wayside ['we ˌsaɪd]

we [wi]

weak [wik]

weaken ['wi kn]

weakling ['wik lɪŋ]

weakly ['wik li]

weakness ['wik nɪs]

wealth [wɛlθ]

wealthy ['wɛl θi]

wean [win]

weaned [wind]

weaning ['win ɪŋ]

weapon ['wɛ pn]

weaponry ['wɛ pn ri]

wear [wɛɚ]

wear and tear ['wɛɚ ænd 'tɛɚ]

wearable ['wɛɚ ə bl]

wearily ['wɪɚ ɪ li]

weariness   ['wɪɚ i nɪs]

wearisome   ['wɪɚ i səm]

wears   [wɛɚz]

weary   ['wɪɚ i]

weasel   ['wi zl]

weather   ['wɛð ɚ]

weather-beaten   ['wɛð ɚ ˌbitn]

weatherman   ['wɛð ɚ ˌmæn]

weatherproof   ['wɛð ɚ ˌpruf]

weatherstrip   ['wɛð ɚ ˌstrɪp]

weave   [wiv]

weaved   [wivd]

weaver   ['wiv ɚ]

weaves   [wivz]

weaving   ['wiv ɪŋ]

web   [wɛb]

webbed   [wɛbd]

webbing   ['wɛb ɪŋ]

webfoot   ['wɛb 'fʊt]

we'd   [wid]

wed   [wɛd]

wedded   ['wɛd ɪd]

wedding   ['wɛd ɪŋ]

wedding ring   ['wɛd ɪŋ ˌrɪŋ]

wedge   [wɛdʒ]

wedged   [wɛdʒd]

wedging   ['wɛdʒ ɪŋ]

wedlock   ['wɛd ˌlɑk]

Wednesday   ['wɛnz de]

weed   [wid]

weed killer   ['wid ˌkɪl ɚ]

weeded   ['wid ɪd]

week   [wik]

weekday   ['wik ˌde]

weekend   ['wik ˌɛnd]

weekly   ['wik li]

weep   [wip]

weeping   ['wi pɪŋ]

weepy   ['wi pi]

weigh   [we]

weighed   [wed]

weight   [wet]

weight lifter   ['wet ˌlɪf tɚ]

weightless   ['wet lɪs]

weighty   ['we ti]

weird   [wɪɚd]

welcome   ['wɛl kəm]

welcomed   ['wɛl kəmd]

welcomes   ['wɛl kəmz]

welcoming   ['wɛl kəm ɪŋ]

weld   [wɛld]

welded   ['wɛl dɪd]

welding   ['wɛl dɪŋ]

welfare   ['wɛl ˌfɛɚ]

welfare state   ['wɛl ˌfɛɚ ˌstet]

we'll   [wil]

well   [wɛl]

well-appointed   [ˌwɛl ə 'pɔɪn tɪd]

well-balanced   ['wɛl 'bæl ənst]

well-behaved   ['wɛl bɪ 'hevd]

well-being   ['wɛl 'bi ɪŋ]

well-bred   ['wɛl 'brɛd]

well-built   ['wɛl 'bɪlt]

well-done   ['wɛl 'dən]

well-dressed   ['wɛl 'drɛst]

well-fed   ['wɛl 'fɛd]

well-fixed   ['wɛl 'fɪkst]

well-founded   ['wɛl 'fæʊn dɪd]

well-groomed   ['wɛl 'grumd]

well-grounded   ['wɛl 'græʊn dɪd]

well-heeled   ['wɛl 'hild]

well-informed   ['wɛl ɪn 'fɔɚmd]

well-intentioned
   [ˌwɛl ɪn 'tɛn ʃənd]

well-known   [ˈwɛl ˈnon]

well-made   [ˈwɛl ˈmed]

well-mannered   [ˈwɛl ˈmæn ɚd]

well-meaning   [ˈwɛl ˈmin ɪŋ]

well-off   [ˈwɛl ˈɔf]

well-read   [ˈwɛl ˈrɛd]

well-rounded   [ˈwɛl ˈræʊn dɪd]

well-spoken   [ˈwɛl ˈspo kn]

well-thought-of   [ˌwɛl ˈθɔt əv]

well-to-do   [ˈwɛl tə ˈdu]

well-trained   [ˈwɛl ˈtrend]

well-wisher   [ˈwɛl ˌwɪʃ ɚ]

well-worn   [ˈwɛl ˈwɔɚn]

Welsh   [wɛlʃ]

welt   [wɛlt]

went   [wɛnt]

wept   [wɛpt]

we're   [wɪɚ]

were   [wɚ]

weren't   [ˈwɚ nt]

west   [wɛst]

West Virginia
    [ˈwɛst vɚ ˈdʒɪn jə]

westerly   [ˈwɛs tɚ li]

western   [ˈwɛs tɚn]

westerner   [ˈwɛs tɚ nɚ]

westward   [ˈwɛst wɚd]

wet   [wɛt]

wet blanket   [ˈwɛt ˈblæŋ kɪt]

wet paint   [ˈwɛt ˈpent]

we've   [wiv]

whack   [ʍæk]

whale   [ʍel]

whaler   [ˈʍel ɚ]

wharf   [ʍɔɚf]

wharves   [ʍɔɚvz]

what   [ʍət]

whatever   [ʍət ˈɛv ɚ]

what's   [ʍəts]

whatsoever   [ˌʍət so ˈɛv ɚ]

wheat   [ʍit]

wheel   [ʍil]

wheelbarrow   [ˈʍil ˌbæɚ o]

wheelchair   [ˈʍil ˌtʃɛɚ]

wheeled   [ʍild]

wheeler-dealer   [ˌʍi lɚ ˈdi lɚ]

wheeze   [ʍiz]

wheezed   [ʍizd]

wheezing   [ˈʍiz ɪŋ]

when   [ʍɛn]

whenever   [ʍɛn ˈɛv ɚ]

where   [ʍɛɚ]

whereabouts   [ˈʍɛɚ ə ˌbæʊts]

whereas   [ʍɛɚ ˈæz]

whereby   [ʍɛɚ ˈbaɪ]

where's   [ʍɛɚz]

whereupon   [ˌʍɛɚ ə ˈpan]

wherever   [ʍɛɚ ˈɛv ɚ]

whet   [ʍɛt]

whether   [ˈʍɛð ɚ]

whetstone   [ˈʍɛt ˌston]

which   [ʍɪtʃ]

whichever   [ʍɪtʃ ˈɛv ɚ]

whiff   [ʍɪf]

while   [ʍaɪl]

whim   [ʍɪm]

whimper   [ˈʍɪm pɚ]

whimsical   [ˈʍɪm zɪ kl]

whimsy   [ˈʍɪm zi]

whine   [ʍaɪn]

whined   [ʍaɪnd]

whines   [ʍaɪnz]

whining   [ˈʍaɪn ɪŋ]

whinny   [ˈʍɪn i]

whip [ʍɪp]

whiplash ['ʍɪp ˌlæʃ]

whipped [ʍɪpt]

whipping ['ʍɪp ɪŋ]

whippoorwill ['ʍɪp ɚ ˌwɪl]

whips [ʍɪps]

whirl [ʍɚl]

whirlpool ['ʍɚl ˌpul]

whirlwind ['ʍɚl ˌwɪnd]

whirlybird ['ʍɚ li ˌbɚd]

whisk [ʍɪsk]

whisked [ʍɪskt]

whisker ['ʍɪs kɚ]

whiskey ['ʍɪs ki]

whisks [ʍɪsks]

whisper ['ʍɪs pɚ]

whispered ['ʍɪs pɚd]

whispering ['ʍɪs pɚ ɪŋ]

whispers ['ʍɪs pɚz]

whistle [ʍɪsl]

whistle stop ['ʍɪsl ˌstap]

whistled [ʍɪsld]

whistles [ʍɪslz]

whistling ['ʍɪs lɪŋ]

white [ʍaɪt]

white-collar ['ʍaɪt 'kal ɚ]

white-hot ['ʍaɪt 'hat]

White House ['ʍaɪt ˌhæʊs]

whiteness ['ʍaɪt nɪs]

whitewash ['ʍaɪt ˌwaʃ]

whittle [ʍɪtl]

whiz [ʍɪz]

whizzed [ʍɪzd]

who [hu]

whoa [wo]

who'd [hud]

whoever [hu 'ɛv ɚ]

whole [hol]

wholehearted ['hol 'haɚ tɪd]

wholesale ['hol ˌsel]

wholesaler ['hol ˌsel ɚ]

wholesome ['hol səm]

who'll [hul]

wholly ['ho li]

whom [hum]

whooping cough ['hup ɪŋ ˌkɔf]

whopper ['ʍap ɚ]

whopping ['ʍap ɪŋ]

whore [hɔɚ]

whorl [ʍɚl]

who's [huz]

whose [huz]

why [ʍaɪ]

wick [wɪk]

wicked ['wɪk ɪd]

wickedness ['wɪk ɪd nɪs]

wicker ['wɪk ɚ]

wide [waɪd]

wide-awake ['waɪd ə 'wek]

wide-eyed ['waɪd ˌaɪd]

widely ['waɪd li]

widen [waɪdn]

widespread ['waɪd 'sprɛd]

widow ['wɪd o]

widower ['wɪd o ɚ]

width [wɪdθ]

wield [wild]

wielded ['wil dɪd]

wielding ['wil dɪŋ]

wiener ['wi nɚ]

wife [waɪf]

wifely ['waɪf li]

wig [wɪg]

wiggle [wɪgl]

wiggled   [ˈwɪgld]

wiggles   [ˈwɪglz]

wiggling   [ˈwɪg lɪŋ]

wigwam   [ˈwɪg ˌwɑm]

wild   [wɑɪld]

wild-eyed   [ˈwɑɪld ˌɑɪd]

wild-goose chase
    [ˈwɑɪld ˈgus ˌtʃes]

wildcat   [ˈwɑɪld ˌkæt]

wilderness   [ˈwɪl dɚ nɪs]

wildfire   [ˈwɑɪld ˌfɑɪɚ]

wildlife   [ˈwɑɪld ˌlɑɪf]

wildly   [ˈwɑɪld li]

will   [wɪl]

willful   [ˈwɪl fl]

willfully   [ˈwɪl fə li]

willing   [ˈwɪl ɪŋ]

willingly   [ˈwɪl ɪŋ li]

willingness   [ˈwɪl ɪŋ nɪs]

willow   [ˈwɪl o]

willpower   [ˈwɪl ˌpæʊ ɚ]

wilt   [wɪlt]

wily   [ˈwɑɪ li]

win   [wɪn]

wince   [wɪns]

winch   [wɪntʃ]

wincing   [ˈwɪn sɪŋ]

wind   n. [wɪnd] v. [wɑɪnd]

winded   [ˈwɪn dɪd]

windfall   [ˈwɪnd ˌfɔl]

windmill   [ˈwɪnd ˌmɪl]

window   [ˈwɪn do]

windowpane   [ˈwɪn do ˌpen]

windowsill   [ˈwɪn do ˌsɪl]

windpipe   [ˈwɪnd ˌpɑɪp]

windscreen   [ˈwɪnd ˌskrin]

windshield   [ˈwɪnd ˌʃild]

windstorm   [ˈwɪnd ˌstɔɚm]

windward   [ˈwɪnd wɚd]

windy   [ˈwɪn di]

wine   [wɑɪn]

wine cellar   [ˈwɑɪn ˌsɛl ɚ]

winery   [ˈwɑɪn ə ri]

wing   [wɪŋ]

winged   [wɪŋd]

wingspan   [ˈwɪŋ ˌspæn]

wink   [wɪŋk]

winked   [wɪŋkt]

winking   [ˈwɪŋ kɪŋ]

winks   [wɪŋks]

winner   [ˈwɪn ɚ]

winning   [ˈwɪn ɪŋ]

winsome   [ˈwɪn sm]

winter   [ˈwɪn tɚ]

winterize   [ˈwɪn tə ˌrɑɪz]

wintertime   [ˈwɪn tɚ ˌtɑɪm]

wintry   [ˈwɪn tri]

wipe   [wɑɪp]

wiped   [wɑɪpt]

wipeout   [ˈwɑɪp ˌæʊt]

wipes   [wɑɪps]

wiping   [ˈwɑɪp ɪŋ]

wire   [wɑɪɚ]

wired   [wɑɪɚd]

wireless   [ˈwɑɪɚ lɪs]

wiretap   [ˈwɑɪɚ ˌtæp]

wiretapped   [ˈwɑɪɚ ˌtæpt]

wiretapping   [ˈwɑɪɚ ˌtæp ɪŋ]

wiring   [ˈwɑɪɚ ɪŋ]

wiry   [ˈwɑɪɚ i]

Wisconsin   [ˌwɪs ˈkɑn sn]

wisdom   [ˈwɪz dm]

wisdom tooth   [ˈwɪz dm ˌtuθ]

wise   [wɑɪz]

wiseacre   ['wɑɪz ˌe kɚ]

wisecrack   ['wɑɪz ˌkræk]

wisely   ['wɑɪz li]

wish   [wɪʃ]

wishbone   ['wɪʃ ˌbon]

wished   [wɪʃt]

wishes   ['wɪʃ ɪz]

wishing   ['wɪʃ ɪŋ]

wishy-washy   ['wɪʃ i ˌwɑʃ i]

wisp   [wɪsp]

wistful   ['wɪst fl]

wit   [wɪt]

witch   [wɪtʃ]

witchcraft   ['wɪtʃ ˌkræft]

with   [wɪθ]

withall   [wɪθ 'ɔl]

withdraw   [wɪθ 'drɔ]

withdrawal   [wɪθ 'drɔ əl]

withdrawn   [wɪθ 'drɔn]

withdrew   [wɪθ 'dru]

wither   ['wɪð ɚ]

withheld   [wɪθ 'hɛld]

withhold   [wɪθ 'hold]

within   [wɪθ 'ɪn]

without   [wɪθ 'æʊt]

withstand   [wɪθ 'stænd]

withstanding   [wɪθ 'stæn dɪŋ]

withstood   [wɪθ 'stʊd]

witness   ['wɪt nɪs]

witty   ['wɪt i]

wives   [wɑɪvz]

wizard   ['wɪz ɚd]

wizardry   ['wɪz ɚ dri]

wobble   [wɑbl]

wobbled   [wɑbld]

wobbles   [wɑblz]

wobbling   ['wɑb lɪŋ]

woe   [wo]

woebegone   ['wo bi ˌgɔn]

woeful   ['wo fl]

woke   [wok]

woken   ['wo kn]

wolf   [wʊlf]

wolves   [wʊlvz]

woman   ['wʊm ən]

womanize   ['wʊm ə ˌnɑɪz]

womanizer   ['wʊm ə ˌnɑɪz ɚ]

womanly   ['wʊ mən li]

womb   [wum]

women   ['wɪm ɪn]

won   [wən]

wonder   ['wən dɚ]

wonderful   ['wən dɚ fl]

wonderfully   ['wən dɚ fli]

wonderland   ['wən dɚ ˌlænd]

won't   [wont]

wonton soup   ['wɑn ˌtɑn ˌsup]

woo   [wu]

wood   [wʊd]

woodcarving   ['wʊd ˌkɑɚ vɪŋ]

woodcraft   ['wʊd ˌkræft]

woodcut   ['wʊd ˌkət]

wooded   ['wʊd ɪd]

wooden   ['wʊdn]

woodland   ['wʊd ˌlænd]

woodpecker   ['wʊd ˌpɛk ɚ]

woodpile   ['wʊd ˌpɑɪl]

woodwind   ['wʊd ˌwɪnd]

woodwork   ['wʊd ˌwɚk]

woody   ['wʊd i]

wooed   [wud]

wooing   ['wu ɪŋ]

wool   [wʊl]

woolen   ['wʊl ən]

wooly ['wʊl i]

woozy ['wu zi]

word [wəd]

worded ['wə dɪd]

wording ['wə dɪŋ]

wordy ['wə di]

wore [wɔə]

work [wək]

work force ['wək ˌfɔəs]

workable ['wə kə bl]

workaholic [ˌwək ə 'hɑl ɪk]

workbench ['wək ˌbɛntʃ]

workbook ['wək ˌbʊk]

workday ['wək ˌde]

worked [wəkt]

worker ['wə kə]

workhorse ['wək ˌhɔəs]

workhouse ['wək ˌhæʊs]

working ['wə kɪŋ]

working-class ['wə kɪŋ ˌklæs]

workingman ['wə kɪŋ ˌmæn]

workman ['wək mən]

workmanship ['wək mən ˌʃɪp]

workmen ['wək mɛn]

workout ['wək ˌæʊt]

works [wəks]

worksheet ['wək ˌʃit]

workshop ['wək ˌʃɑp]

workstation ['wək ˌste ʃn]

world [wəld]

worldly ['wəld li]

worldwide ['wəld 'wɑɪd]

worm [wəm]

worn [wɔən]

worn-out ['wɔən 'æʊt]

worried ['wə id]

worrier ['wə i ə]

worrisome ['wə i səm]

worry ['wə i]

worse [wəs]

worsen ['wə sn]

worsened ['wə snd]

worsening ['wə sə nɪŋ]

worsens ['wə snz]

worship ['wə ʃɪp]

worshiped ['wə ʃɪpt]

worshiper ['wə ʃɪp ə]

worshiping ['wə ʃɪp ɪŋ]

worst [wəst]

worsted ['wə stɪd]

worth [wəθ]

worthless ['wəθ lɪs]

worthwhile ['wəθ 'ʍɑɪl]

worthy ['wə ði]

would [wʊd]

would-be ['wʊd ˌbi]

wouldn't ['wʊd nt]

wound [wund]

wove [wov]

woven ['wo vn]

wrangle ['ræŋ gl]

wrangled ['ræŋ gld]

wrangling ['ræŋ glɪŋ]

wrap [ræp]

wrap-up ['ræp ˌəp]

wrapped [ræpt]

wrapper ['ræp ə]

wrapping ['ræp ɪŋ]

wrapping paper
    ['ræp ɪŋ ˌpe pə]

wrath [ræθ]

wreak [rik]

wreath [riθ]

wreathe [rið]

wreck [rɛk]

wreckage [ˈrɛk ɪdʒ]

wrecked [rɛkt]

wrecker [ˈrɛk ɚ]

wren [rɛn]

wrench [rɛntʃ]

wrest [rɛst]

wrestle [rɛsl]

wrestled [rɛsld]

wrestling [ˈrɛs lɪŋ]

wretch [rɛtʃ]

wretched [ˈrɛtʃ ɪd]

wretchedness [ˈrɛtʃ ɪd nɪs]

wriggle [rɪgl]

wriggled [rɪgld]

wriggles [rɪglz]

wring [rɪŋ]

wringer [ˈrɪŋ ɚ]

wrinkle [ˈrɪŋ kl]

wrinkled [ˈrɪŋ kld]

wrist [rɪst]

wristwatch [ˈrɪst ˌwatʃ]

writ [rɪt]

write [rɑɪt]

write-in [ˈrɑɪt ˌɪn]

writer [ˈrɑɪ tɚ]

writhe [rɑɪð]

writing [ˈrɑɪt ɪŋ]

written [rɪtn]

wrong [rɔŋ]

wrote [rot]

wrought [rɔt]

wrought iron [ˈrɔt ˌɑɪɚn]

wrung [rəŋ]

Wyoming [ˌwɑɪ ˈo mɪŋ]

X

X [ɛks]

X-ray ['ɛks ˌre]

xenophobia [ˌzɛn ə 'fo bi ə]

xerography [zɪɚ 'ɑg rə fi]

xylophone ['zaɪ lə ˌfon]

Y

Y [waɪ]
yacht [jɑt]
yachting [ˈjɑt ɪŋ]
yachtsman [ˈjɑts mən]
yam [jæm]
yank [jæŋk]
Yankee [ˈjæŋ ki]
yap [jæp]
yapped [jæpt]
yapping [ˈjæp ɪŋ]
yard [jɑɚd]
yardage [ˈjɑɚ dɪdʒ]
yardstick [ˈjɑɚd ˌstɪk]
yarn [jɑɚn]
yawn [jɔn]
yawned [jɔnd]
yawning [ˈjɔ nɪŋ]
yawns [jɔnz]
yea [je]
yeah [jɛ]
year [jɪɚ]
yearbook [ˈjɪɚ ˌbʊk]
yearling [ˈjɪɚ lɪŋ]
yearly [ˈjɪɚ li]
yearn [jɚn]

yearned [jɚnd]
yearning [ˈjɚ nɪŋ]
yearns [jɚnz]
yeast [jist]
yell [jɛl]
yellow [ˈjɛl o]
yellowish [ˈjɛl o ɪʃ]
yelp [jɛlp]
yen [jɛn]
yeoman [ˈjo mən]
yes [jɛs]
yesterday [ˈjɛs tɚ ˌde]
yet [jɛt]
yield [jild]
yielded [ˈjil dɪd]
yielding [ˈjil dɪŋ]
yields [jildz]
yippie [ˈjɪp i]
yodel [jodl]
yoga [ˈjo gə]
yogurt [ˈjo gɚt]
yoke [jok]
yokel [ˈjo kl]
yolk [jok]
yonder [ˈjɑn dɚ]

324

you   [ju]
you'd   [jud]
you'll   [jul]
young   [jəŋ]
youngster   ['jəŋ stɚ]
your   [jʊɚ]
you're   [juɚ]
yours   [jʊɚz]
yours truly   [jʊɚz 'tru li]

yourself   [jʊɚ 'sɛlf]
yourselves   [jʊɚ 'sɛlvz]
youth   [juθ]
youthful   ['juθ fl]
youthfully   ['juθ fə li]
you've   [juv]
yuletide   ['jul ˌtaɪd]
yummy   ['jəm i]
yuppie   ['jəp i]

Z

Z [zi]

zany ['ze ni]

zag [zæg]

zap [zæp]

zeal [zil]

zealot ['zɛl ət]

zealous ['zɛl əs]

zebra ['zi brə]

zenith ['zi nɪθ]

zephyr ['zɛf ɚ]

zero ['zɪɚ o]

zero hour ['zɪɚ o ˌæʊ ɚ]

zest [zɛst]

zestful ['zɛst fl]

zigzag ['zɪg ˌzæg]

zillion ['zɪl jən]

zinc [zɪŋk]

Zionism ['zɑɪ ə ˌnɪzm]

Zionist ['zɑɪ ə nɪst]

zip [zɪp]

zip code ['zɪp ˌkod]

zipped [zɪpt]

zipper ['zɪp ɚ]

zodiac ['zo di ˌæk]

zone [zon]

zoned [zond]

zoning ['zon ɪŋ]

zoo [zu]

zoological [ˌzo ə 'lɑdʒ ɪ kl]

zoologist [zo 'ɑl ə dʒɪst]

zoology [zo 'ɑl ə dʒi]

zoom [zum]

zoomed [zumd]

zooming ['zum ɪŋ]

zooms [zumz]

zucchini [zu 'ki ni]

zwieback ['swɑɪ ˌbɑk]